21世纪高职高专财经类能力本位型规划教材
国际贸易专业教学改革教材

国际贸易实务操作

主　编　王言炉　刘颖君
副主编　刘　敏　吴奇帆
　　　　叶杨翔　高田歌
　　　　虞　贞

内 容 简 介

本书是一本融外贸业务原理、操作和规则为一体的能力本位型教材，结合大量操作实例，系统地阐述了国际贸易业务员的主要工作内容，包括寻找国际买家、外贸跟单、租船订舱与投保等基础知识。本书编写创新之处在于合理安排教学内容中教与学的比例，强化学生动手动脑的训练，以切实提高教学效率和效果。

本书采用全新体例编写，内容实用，案例丰富，设有知识链接、技能训练等环节，每个项目还附有多种题型习题供读者练习。

本书既可作为高职高专国际贸易相关专业的教材和指导用书，也可作为外贸业务员职业资格考试的参考资料。

图书在版编目(CIP)数据

国际贸易实务操作/王言炉，刘颖君主编. —北京：北京大学出版社，2012.1
(21 世纪高职高专财经类能力本位型规划教材)
ISBN 978-7-301-19962-6

Ⅰ.①国… Ⅱ.①王…②刘… Ⅲ.①国际贸易—贸易实务—高等职业教育—教材 Ⅳ.①F740.4

中国版本图书馆 CIP 数据核字（2011）第 270460 号

书　　　名：	国际贸易实务操作
著作责任者：	王言炉　刘颖君　主编
策 划 编 辑：	王红樱
责 任 编 辑：	蔡华兵
标 准 书 号：	ISBN 978-7-301-19962-6/F·3014
出　版　者：	北京大学出版社
地　　　址：	北京市海淀区成府路 205 号　　100871
网　　　址：	http://www.pup.cn　　http://www.pup6.cn
电　　　话：	邮购部 62752015　　发行部 62750672　　编辑部 62750667　　出版部 62754962
电 子 邮 箱：	pup_6@163.com
印　刷　者：	北京鑫海金澳胶印有限公司
发　行　者：	北京大学出版社
经　销　者：	新华书店
	787 毫米×1092 毫米　16 开本　19.5 印张　453 千字
	2012 年 1 月第 1 版　　2014 年 1 月第 2 次印刷
定　　　价：	37.00 元

未经许可，不得以任何方式复制或抄袭本书之部分或全部内容。

版权所有，侵权必究　　举报电话：010-62752024
电子邮箱：fd@pup.pku.edu.cn

前　言

本书为北京大学出版社"21世纪高职高专财经类能力本位型规划教材"之一。为适应21世纪职业技术教育发展的需要，培养相关行业中具备外贸业务员知识和技能的应用型人才，我们结合当前国际贸易业务发展的实际需要编写了本书。

本书内容共分10个项目，主要包括出口前的准备工作、选择厂家和样品、出口价格核算、交易磋商、生产跟单、信用证业务操作、出口货物运输与投保、出口报关与报检、出口制单与收汇、出口纠纷及处理。

本书教学可按照40～60学时安排，推荐学时分配为每个项目4～6学时，教师可根据不同的专业灵活安排学时。使用本书教学时，课堂重点讲解每个项目中的主要知识模块，项目中的知识链接、应用案例和习题等环节可安排学生课后阅读和练习。

本书突破了传统教材的知识框架，注重理论与实践相结合，采用全新体例编写。本书内容实用，案例丰富，并增加了知识链接、技能训练等模块；此外，本书中的每个项目还附有选择题、判断题、操作题、案例分析题等多种题型习题供读者练习。通过对本书的学习，读者可以掌握外贸业务员必备的基本理论和操作技能。

本书由浙江工贸职业技术学院王言炉、刘颖君担任主编，浙江工贸职业技术学院刘敏、吴奇帆、叶杨翔、高田歌和无锡城市学院虞贞担任副主编。本书具体编写分工为：王言炉和刘颖君编写项目一和项目九，刘敏编写项目二和项目三，吴奇帆编写项目四和项目八，叶杨翔编写项目五和项目六，高田歌编写项目七和项目十，虞贞参与编写项目三、项目六和项目八。王言炉和刘颖君负责全书的修改和统稿等工作。

本书在编写过程中，参考和引用了国内外相关文献资料，在此谨向相关文献资料的作者表示衷心的感谢！

由于编者水平有限，本书难免存在不足和疏漏之处，敬请各位读者批评指正。

编　者
2011年11月

目 录

项目一 出口前的准备工作 …………… 1
　1.1 了解国际贸易的基本流程 ………… 1
　　1.1.1 出口业务流程 ……………… 1
　　1.1.2 应用实例 …………………… 2
　　1.1.3 技能训练 …………………… 13
　1.2 熟悉产品和出口市场 ……………… 13
　　1.2.1 熟悉产品 …………………… 13
　　1.2.2 了解市场 …………………… 15
　　1.2.3 应用实例 …………………… 16
　　1.2.4 技能训练 …………………… 19
　1.3 利用网络开发客户 ………………… 20
　　1.3.1 建立网站宣传产品 ………… 20
　　1.3.2 登录B2B贸易平台发布
　　　　　广告 …………………………… 21
　　1.3.3 写开发信 …………………… 22
　　1.3.4 发电子邮件 ………………… 23
　　1.3.5 技能训练 …………………… 24
　项目小结 …………………………………… 25
　课后习题 …………………………………… 25

项目二 选择厂家和样品 …………………… 27
　2.1 选择合适的生产供应商 …………… 27
　　2.1.1 供应商选择的基本流程 …… 27
　　2.1.2 调查供应商的登记注册信息 … 29
　　2.1.3 评估供应商的生产能力 …… 33
　　2.1.4 完成验厂报告 ……………… 36
　　2.1.5 确定拟合作的生产供应商 … 39
　　2.1.6 技能训练 …………………… 40
　2.2 打样与寄样 ………………………… 42
　　2.2.1 样品的种类与作用 ………… 42
　　2.2.2 样品制作 …………………… 43
　　2.2.3 寄样 ………………………… 45
　　2.2.4 样品管理 …………………… 47
　　2.2.5 技能训练 …………………… 49
　项目小结 …………………………………… 49
　课后习题 …………………………………… 50

项目三 出口价格核算 ……………………… 52
　3.1 出口报价核算 ……………………… 52
　　3.1.1 计价货币的选择 …………… 52

　　3.1.2 计量单位的选择 …………… 54
　　3.1.3 贸易术语的选择 …………… 56
　　3.1.4 单价金额的计算 …………… 63
　　3.1.5 应用实例 …………………… 66
　　3.1.6 出口报价策略 ……………… 68
　　3.1.7 技能训练 …………………… 69
　3.2 出口还价核算 ……………………… 70
　　3.2.1 出口还价的核算方法 ……… 71
　　3.2.2 出口盈亏核算指标的核算 … 72
　　3.2.3 应用实例 …………………… 74
　　3.2.4 出口还价策略 ……………… 75
　　3.2.5 技能训练 …………………… 76
　项目小结 …………………………………… 77
　课后习题 …………………………………… 77

项目四 交易磋商 …………………………… 80
　4.1 书写发盘函 ………………………… 80
　　4.1.1 询盘 ………………………… 80
　　4.1.2 发盘 ………………………… 82
　　4.1.3 应用实例 …………………… 86
　　4.1.4 技能训练 …………………… 88
　4.2 书写还盘函 ………………………… 88
　　4.2.1 还盘函的内容 ……………… 88
　　4.2.2 还盘的技巧 ………………… 89
　　4.2.3 回复还盘函 ………………… 91
　　4.2.4 接受 ………………………… 94
　　4.2.5 技能训练 …………………… 95
　4.3 签订国际货物买卖合同 …………… 96
　　4.3.1 国际货物买卖合同的结构 … 96
　　4.3.2 国际货物买卖合同的成立的
　　　　　有效条件 ……………………… 96
　　4.3.3 国际货物买卖合同解读 …… 97
　　4.3.4 应用实例 …………………… 101
　　4.3.5 技能训练 …………………… 102
　项目小结 …………………………………… 103
　课后习题 …………………………………… 103

项目五 生产跟单 …………………………… 105
　5.1 采购跟单 …………………………… 105
　　5.1.1 采购跟单概述 ……………… 105
　　5.1.2 采购跟单的流程 …………… 106

5.1.3　采购催单的规划 …………… 109
　　5.1.4　技能训练 ………………… 109
5.2　生产过程跟单 ……………………… 111
　　5.2.1　生产过程跟单概述 ……… 111
　　5.2.2　生产过程跟单的流程 …… 112
　　5.2.3　应用实例 ………………… 115
　　5.2.4　生产质量跟单 …………… 117
　　5.2.5　应用实例 ………………… 118
　　5.2.6　技能训练 ………………… 119
5.3　包装跟单 …………………………… 120
　　5.3.1　出口包装概述 …………… 120
　　5.3.2　出口包装的分类 ………… 121
　　5.3.3　出口包装的要求 ………… 121
　　5.3.4　出口包装标志的种类 …… 123
　　5.3.5　出口包装材料的分类 …… 124
　　5.3.6　合同中的包装条款 ……… 125
　　5.3.7　应用实例 ………………… 127
　　5.3.8　技能训练 ………………… 129
项目小结 …………………………………… 132
课后习题 …………………………………… 132

项目六　信用证业务操作 ……………… 137
6.1　解读信用证 ………………………… 137
　　6.1.1　信用证的特点 …………… 138
　　6.1.2　信用证的内容 …………… 138
　　6.1.3　信用证的流程 …………… 143
　　6.1.4　应用实例 ………………… 144
　　6.1.5　技能训练 ………………… 146
6.2　审核信用证 ………………………… 151
　　6.2.1　信用证审核的要点 ……… 151
　　6.2.2　应用实例 ………………… 152
　　6.2.3　技能训练 ………………… 155
项目小结 …………………………………… 158
课后习题 …………………………………… 159

项目七　出口货物运输与投保 ………… 160
7.1　国际货物运输 ……………………… 160
　　7.1.1　托运订舱流程 …………… 161
　　7.1.2　选择货代 ………………… 162
　　7.1.3　计算运费 ………………… 163
　　7.1.4　填写订舱委托书 ………… 167
　　7.1.5　装运条款 ………………… 171
　　7.1.6　应用实例 ………………… 174
　　7.1.7　技能训练 ………………… 176
7.2　国际货物运输保险 ………………… 177
　　7.2.1　选择保险险别 …………… 177
　　7.2.2　确定保险金额和计算
　　　　　 保险费 ………………… 181
　　7.2.3　填制投保单并交付保险费 … 182
　　7.2.4　取得保险单据 …………… 183
　　7.2.5　买卖合同中的保险条款 … 183
　　7.2.6　应用实例 ………………… 183
　　7.2.7　技能训练 ………………… 184
项目小结 …………………………………… 185
课后习题 …………………………………… 185

项目八　出口报关与报检 ……………… 189
8.1　出口报检 …………………………… 189
　　8.1.1　出口商品的检验程序 …… 189
　　8.1.2　检验方式 ………………… 190
　　8.1.3　填制报检单 ……………… 191
　　8.1.4　应用实例 ………………… 194
　　8.1.5　技能训练 ………………… 197
8.2　出口报关 …………………………… 203
　　8.2.1　出口通关的基本程序 …… 204
　　8.2.2　填制报关单 ……………… 206
　　8.2.3　应用案例 ………………… 223
　　8.2.4　技能训练 ………………… 226
项目小结 …………………………………… 226
课后习题 …………………………………… 227

项目九　出口制单与收汇 ……………… 229
9.1　出口制单 …………………………… 229
　　9.1.1　常见的出口结汇单据 …… 229
　　9.1.2　出口结汇单据的填制方法 … 233
　　9.1.2　应用实例 ………………… 249
　　9.1.3　技能训练 ………………… 255
9.2　出口审单 …………………………… 257
　　9.2.1　单据的审核 ……………… 257
　　9.2.2　应用实例 ………………… 260
　　9.2.3　技能训练 ………………… 262
9.3　出口收汇 …………………………… 263
　　9.3.1　出口收汇方法 …………… 263
　　9.3.2　出口收汇核销 …………… 264
　　9.3.3　出口退税 ………………… 266
　　9.3.4　应用实例 ………………… 267
　　9.3.5　技能训练 ………………… 268
项目小结 …………………………………… 269
课后习题 …………………………………… 269

项目十　出口纠纷及处理 ……………… 277
10.1　出口业务善后函 …………………… 277

10.1.1 出口业务善后函的种类和
　　　 写法 ………………… 277
10.1.2 应用实例 ……………… 278
10.1.3 技能训练 ……………… 280
10.2 不可抗力 ……………………… 280
10.2.1 不可抗力概述 ………… 280
10.2.2 不可抗力的法律后果 … 281
10.2.3 不可抗力事件的处理 … 281
10.2.4 买卖合同中的不可抗力
　　　 条款 ………………… 282
10.2.5 应用实例 ……………… 284
10.2.6 技能训练 ……………… 284
10.3 争议与索赔 …………………… 284
10.3.1 争议 …………………… 285
10.3.2 索赔和理赔 …………… 285

10.3.3 理赔或索赔的处理 …… 287
10.3.4 买卖合同中的索赔条款 … 288
10.3.5 应用实例 ……………… 289
10.3.6 技能训练 ……………… 292
10.4 仲裁 …………………………… 292
10.4.1 仲裁概述 ……………… 293
10.4.2 仲裁协议 ……………… 293
10.4.3 买卖合同中的仲裁
　　　 条款 ………………… 294
10.4.4 应用实例 ……………… 296
10.4.5 技能训练 ……………… 296
项目小结 ……………………………… 297
课后习题 ……………………………… 297

参考文献 ………………………………… 301

项目一　出口前的准备工作

 学习目标

通过对本项目的学习,学生应了解国际货物出口的基本流程;掌握熟悉产品、了解市场和寻找国际买家的途径和方法;能通过这些方法来为产品的出口做好准备工作。

工作任务描述

A公司是一家小型的外贸公司,主要经营各类鞋产品的出口业务,公司位于浙江省温州市。最近,公司招聘了刚毕业的大学生小张做外贸业务员。初入公司,小张的主要工作是先熟悉产品,了解公司的出口市场,并寻找愿意与公司合作的外贸客户。坐在办公桌前,小张想,该从哪里入手来开展这些业务呢?

 任务内容

(1) 了解国际贸易基本流程。
(2) 掌握熟悉产品和分析市场的基本途径和方法。
(3) 掌握寻找国际买家的途径和方法。

工作任务实施

(1) 通过多种方式熟悉产品和了解市场。
(2) 演示通过网络寻找国际买家的办法。

1.1　了解国际贸易的基本流程

1.1.1　出口业务流程

对外贸易流程的环节很多,各个环节之间往往都有着密切联系。在实际工作中,还经常出现先后交叉进行的情况。总体而言,出口业务程序大体可分为交易准备、交易磋商和签订合同、履行合同三个阶段(如图1.1所示)。

1. 交易准备

交易准备工作主要包括了解产品;开展国际市场调查研究;制定经营方案;开发客户,落实货源和开展广告宣传等。

2. 交易磋商和签订合同

此阶段工作主要是根据方针政策、国际规则和企业的经营意图,按照经营方案,运用国际市场通用做法，与国外客户进行磋商，通过发盘、还盘和接受的程序达成协议。根据我国法律，对外贸易合同必须采用书面形式，双方当事人履行各自义务和处理争议要以书面合同为依据。

3. 履行合同

即买卖双方当事人根据合同规定各自履行自己的义务。任何一方违反合同的规定，并使对方遭受损失时，均应依法承担赔偿对方损失的责任。

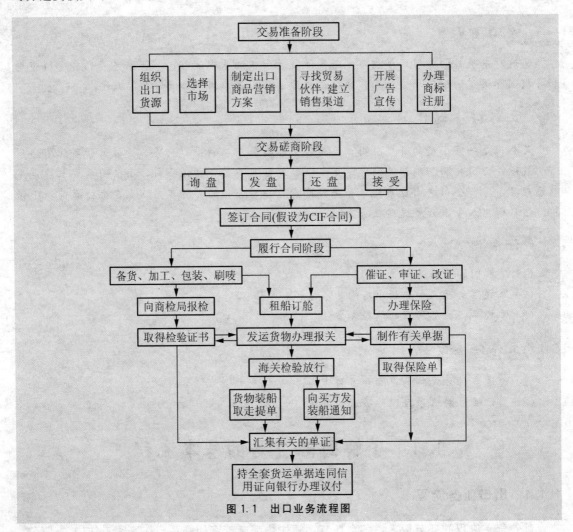

图 1.1　出口业务流程图

1.1.2　应用实例

外贸公司：南京唐朝纺织服装有限公司（简称唐朝公司）
NANJING TANG TEXTILE GARMENT CO., LTD.
HUARONG MANSION RM2901 NO. 85 GUANJIAQIAO, NANJING 210005, CHINA TEL：0086 - 25 - 4715004　FAX：0086 - 25 - 4711363

国外客户：FASHION FORCE CO., LTD.（简称 F.F. 公司）
P.O. BOX 8935 NEW TERMINAL, ALTA, VISTA OTTAWA, CANADA
TEL：001 - 613 - 7893503　FAX：001 - 613 - 7895307

交易商品：COTTON BLAZER 全棉运动上衣
成交方式：CIF
付款方式：即期信用证（L/C AT SIGHT）
通知行：中国银行江苏省分行
出口口岸：上海
服装加工厂：无锡季节制衣有限公司
面、辅料工厂：无锡百合纺织有限公司
货运代理公司：上海凯通国际货运代理有限公司
承运船公司：中国远洋集装箱运输有限公司
备注说明：本实例涉及唐朝3个部门，即业务部、单证储运部、财务部。其中，业务部负责接洽业务，单证储运部负责出运安排、制单、核销，财务部门负责应收、应付账款。

这是一笔唐朝公司和加拿大客户F.F.公司就女式全棉上衣交易的贸易。出口到加拿大的纺织品有配额限制，在准备单证时需注意及时申请"输加拿大纺织品出口许可证"，另需注意缮制"加拿大海关发票"等单证，及时寄出给客户用于进口清关。

本实例涉及贸易公司业务部、单证储运部、财务部三个部门，以及工厂、货运代理公司等。在实际业务中，租船订舱、报验、申领核销单、申请配额等工作往往是由贸易公司的各个部门同时进行，次序不分先后。

1. 交易磋商

南京公司是经商务部批准的具有进出口经营权的贸易公司，从事纺织服装等产品进出口业务。

加拿大客户F.F.公司与唐朝公司是合作多年的业务伙伴。2000年12月2日，F.F.公司传真一份制作女式全棉上衣的指示书，并邮寄面料、色样及一件成衣样品给唐朝公司，要求唐朝公司2001年3月25日前交货，并回寄面料、色样及两件不同型号的成衣样品确认。

2000年12月8日上午，唐朝公司收到该样件后，立即联络无锡百合纺织有限公司（面、辅料工厂，简称百合纺织），根据F.F.公司提供的样件打品质样和色卡，然后用DHL邮寄给F.F.公司确认。

2001年12月12日，F.F.公司收到唐朝公司寄去的样件，回复确认合格，要求唐朝公司再寄两件不同型号的成衣样品供其确认。接此通知，唐朝公司立即联络无锡季节制衣有限公司（服装加工厂，简称季节制衣）赶制成衣样品。12月17日下午，服装加工厂将两件不同型号的成衣样品送到唐朝公司。当天，唐朝公司又将该成衣样品用DHL邮寄给F.F.公司确认。

2001年12月22日，F.F.公司收到唐朝公司寄去的成衣样品，确认合格，要求唐朝公司报价。当天，唐朝公司根据指示书要求，以面辅料工厂和服装厂的报价、公司利润等为基础向F.F.公司报价。

经过多次磋商，12月26日，双方最终确定以每件USD 12.80的报价成交。F.F.公司要求唐朝公司根据该份报价单制作合同传真供其会签，同时传真形式发票供其开具信用证。合同签订后，双方就成衣细节进行修改和最终确认。

本环节涉及单据：指示书、报价单、外销合同、形式发票。

2. 落实信用证

2001年1月31日,中国银行江苏省分行通知唐朝公司收到F.F.公司通过BNP PARIBAS(CANADA) MONTREAL银行开来的编号为63211020049的信用证电开本。

其中与缮制单据有关的条款如下所述。

(1) 开证行：BNP PARIBAS(CANADA) MONTREAL

(2) 通知行：中国银行江苏省分行

(3) 不可撤销信用证号：63211020049；开证日期：2001年1月29日

(4) 信用证有效期及地点：2001年4月10日，中国

(5) 申请人：FASHION FORCE CO., LTD. P. O. BOX 8935 NEW TERMINAL, ALTA, VISTA OTTAWA, CANADA

(6) 受益人：NANJING TANG TEXTILE GARMENT CO., LTD. HUARONG MANSION RM2901 NO.85 GUANJIAQIAO, NANJING 210005, CHINA

(7) 信用证金额：USD 32640.00

(8) 商品描述：LADIES COTTON BLAZER(100% COTTON，40SX20/140X60)；

    STYLE NO.　　PO NO.　　QTY/PCS　　USD/PC

    46－301A　　10337V　　2550　　12.80

    SALES CONDITIONS：CIF MONTREAL/CANADA；

    SALES CONTRACT NO：F01LCB05127

(9) 分批装运及转运：从中国运至加拿大蒙特利尔港口。不允许分批装运，允许转运

(10) 最后装船期：2001年3月25日

(11) 议付单据要求：

① 商业发票六份，受益人代表签名。

② 加拿大海关发票四份。

③ 3/3全套正本已装船的清洁海运提单，抬头人为"TO THE ORDER OF BNP PARIBAS(CANADA)"，显示运费预付，通知人为开证人的名称和地址。

④ 明细装箱单三份。

⑤ 普惠制产地证一份副本(FORM A)。

⑥ 输加拿大纺织品出口许可证一份副本。

⑦ 受益人证明，证明装运后5天内，将普惠制产地证正本、输加拿大纺织出口许可证正本、商业发票副本、明细装箱单副本、正本提单的复印件已经由快递方式直接寄送给开证人，并附快件回执。

⑧ 提供开证人的传真确认函，确认货物在装运前生产的样品由开证人认可。

⑨ 印有承运人抬头的证明，显示承运公司的名称和地址、海运提单号、集装箱号，以及本次承运人的集装箱内不含有任何原生木料制成的支撑物或托盘，以及其他任何原生木制包装材料。

⑩ 客检证正本一份，要求出运前15天用DHL寄四件不同型号的成衣样品，经检验合格后由F.F.公司出具客检证。

⑪ 中国人民保险公司出具的保险单一份正本一份副本。

(12) 附加条款

① 如果提供的单据不符合信用证条款的规定，每个不符点USD 55.00。

② 一切结算费用由受益人支付。

③ 本信用证的数量和金额有3%的溢短。
④ 所有的单据、证明、申明必须签字及标明日期。
⑤ 如下内容仅作参考，请注意，从1999年1月4日开始，所有从中国运往加拿大的货物，如果包装物中含有木制成分，将被加拿大海关禁止，因为原生木质中含有一种亚州长角甲虫（LONG HORNED）。
⑥ 加拿大政府现在坚持所有进行加拿大的货物必须提供上述所有文件。
⑦ 海运提单和商业发票必须证明如下内容，集装箱内不含有任何原生木料制成的支撑物或托盘，以及其他任何原生木制包装材料。
⑧ 受益人的银行账号为0777103281054。

注意事项：议付单据中有关客检证条款项，对我方公司极为不利。如果客户信誉良好，多会在样品检验合格后及时签发客检证明。但有些客户会故意拖延签发客检证的时间，导致我方不能及时交单议付。因此，遇到有此项条款的信用证，我方公司需特别注意及时寄样和提醒客户及时签发客检证。

本环节涉及单据：信用证通知书、信用证。

3. 出口备货

收到信用证后，2001年2月1日，唐朝公司立即与早已联络好的服装加工厂签订订购合同，指定服装厂使用百合纺织的面辅料。2月5日，服装加厂正式投产。

根据信用证规定，3月2日，唐朝公司寄出4件不同型号的成衣样品给F.F.公司检验。3月6日，F.F.公司收到后，经检验合格，签发客检证正本一份并用DHL寄回唐朝公司。

注意事项：关于品质检验和客检证的签发，视客户检验的具体状况而定。一般不外乎有以下两种方式。

（1）客户派员亲自来厂检验，检验合格后当场签发客检证，或该员将检验结果向客户汇报后，由客户将客检证寄给我方。在此种方式下，客户一般是在出运前4～5天来厂检验，此时工厂的加工、包装已基本结束。验货通过后即可安排出运。

（2）将样品寄给客户检验，检验合格后，客户签发客检证并寄给我方。在此种方式下，一般客户会要求我方在出货前10～15天寄样品供其检验。

本环节涉及单据：服装订购合同、客检证。

4. 租船订舱

本批出口商品系采用集装箱班轮运输，故在落实信用证及备货时，唐朝公司即向上海各家货运代理公司询价，最终确定委托上海凯通国际货运有限公司（简称上海凯通）代为订舱，以便及时履行合同及信用证项下的交货和交单的义务。

2001年3月9日，服装全部生产、包装完毕，工厂制作装箱单传真给唐朝公司。唐朝公司根据工厂报来的装箱单，结合合同及信用证货物明细描述，开列出仓通知单，单证储运部门根据出仓通知单、工厂制的装箱单、信用证统一缮制全套的出运单据。出运单据包括出口货物明细单、出口货物报关单、商业发票、装箱单。

单证储运部门先将出口货物明细单传真上海凯通配船订舱,确认配船和费用后,准备全套报关单据,包括出口货物明细单、报关委托书、出口货物报关单、商业发票、装箱单、出口收汇核销单、输加拿大纺织品出口许可证(海关联),寄到上海凯通用于报关、出运。同时,准备普惠制产地证用于出运后寄客户作进口清关。

上海凯通在确认配船和费用后,传真送货通知给唐朝公司,要求唐朝公司3月16日中午前将货物运至指定仓库。

注意事项:在FOB条件下,运输公司大多由客户指定。

本环节涉及单据:工厂制作装箱单、出仓通知单、出口货物明细单、出口货物报关单、商业发票、装箱单、配船和费用的确认、报关委托书、出口收汇核销单、输加拿大纺织品出口许可证(海关联)、普惠制产地证、送货通知。

5. 出口报验

由于唐朝公司出口的全棉女式上衣属于法定检验的商品范围,即属于《商检机构实施检验的进出口商品种类表》(简称《种类表》)商品范畴,在商品报关时,报关单上必须有商检机构的检验放行章方可报关。因此,2001年3月9日,唐朝公司寄出商业发票、装箱单、报检委托书,委托服装加工厂向无锡市商检局申请出口检验。

申请出口商品检验时,工厂必须填写出口商品检验申请单,并随附报检委托书、外销合同、信用证复印件、商业发票、装箱单、纸箱证等单据。

3月13日,此批货物经检验合格,无锡市商检局出具换证凭单给工厂。当天,工厂将换证凭单寄给唐朝公司指定的上海凯通用于报关。

本环节涉及单据:出口商品检验申请单、报检委托书、外销合同、信用证、商业发票、装箱单、换证凭单。

6. 申领核销单

由于唐朝公司有计划内的核销单,2001年3月9日,单证员凭出口货物明细单在本公司申领核销单。

注意事项:如果核销单已用完,需到外汇局申领出口收汇核销单。

具体操作如下。

(1) 在到外汇局申领核销单前,先上网向外汇局申请所需领用核销单份数。

(2) 外汇局确认唐朝公司已上网申领核销单后,凭唐朝公司核销员所持本人操作员IC卡、核销员证向该核销员发放核销单。

(3) 外汇局根据唐朝公司网上申领的核销单份数和外汇局本地核销系统确认的出口企业可领单数两者中的较小数,向唐朝公司发放核销单。

本环节涉及单据:出口货物明细单、核销单。

项目一 出口前的准备工作

7. 申请配额

2001年3月9日,唐朝公司向对外经济贸易委员会(简称外经贸委)申领纺织品配额。3月13日,拿到已签发的输加拿大纺织品出口许可证。

注意事项:对没有配额的公司而言,必须要申领到配额后方能出口。申领纺织品配额一般有以下几种方式。

(1) 外经贸部、地方的外经贸厅每年下发给外贸公司的配额。

(2) 外贸公司加入纺织品商会,通过商会每年举办的配额招标投标获取配额。

(3) 寻找有配额的公司调剂,一种是纺织商会组织的公开的调剂,另一种是私下的不规范的转卖。

本环节涉及单据:输加拿大纺织品出口许可证。

8. 出口报关

单证部门拿到核销单和输加拿大纺织品出口许可证后,2001年3月13日,将上海凯通报关所需的报关委托书、出口货物报关单、出口收汇核销单、商业发票、装箱单、外销合同、输加拿大纺织品出口许可证用快件寄出。

3月14日,上海凯通收到唐朝公司寄来的上述单据。

3月15日上午,上海凯通收到工厂寄来的商检换证凭单,当天下午即凭此单到上海出入境检验检疫局换取出境货物通关单。

3月16日上午,唐朝公司根据上海凯通的送货通知按时将货物送到上海凯通指定的仓库。

根据新的海关报关规定要求:货物的出口报关必须在货物进入港口仓库或集装箱整箱进入堆场后才能进行。由于3月17日、18日是周六、周日,故3月16日下午,上海凯通即向上海海关报关,以免耽误3月20日的船期。

上海凯通在报关前,先上网向上海海关进行核销单的口岸备案,并如实向海关申报成交方式(Cost Insurance and Freight, CIF),按成交方式申报成交总价、运费等,以后外汇局即根据实际成交方式及成交总价办理收汇核销手续。

报关时需填写《中华人民共和国海关出口货物报关单》(白色的报关联和黄色的出口退税联),并随附报关委托书、商业发票、装箱单、出口收汇核销单、出境货物通关单、输加拿大纺织品出口许可证等单证向海关报关,海关依此份报关单验货,并退回已盖章的核销单和两份报关单。报关通过后,上海凯通安排集装箱将货物运至船公司指定的码头。

注意事项:

(1) 未进行口岸备案的核销单不能用于出口报关,对已备案成功的核销单,还可变更备案。

(2) 报关时必须要"出口收汇核销单",否则海关不予受理。货物出境后,海关在核销单上加盖"放行章"或"验讫章",并随同加盖海关"验讫章"的一份带有海关编号的白色报关单、一份黄色的报关单出口退税联一同返还口岸代理上海凯通(从上海海关退回一般需1个月左右),最后口岸代理上海凯通寄给唐朝公司用于向外汇管理部门核销。

(3) 纺织品出口许可证是政府机关批准配额纺织品出口的证明文件,其作用是出口商凭此办理出口报关和进口商凭此申领进口许可证并办理进口报关手续。因此,出口加拿大的纺织品在报关时必须要附加拿大纺织品出口许可证,否则海关不予受理。

本环节涉及单据：报关委托书、出口货物报关单、出口收汇核销单、商业发票、装箱单、外销合同、输加拿大纺织品出口许可证、商检换证凭单、出境货物通关单、送货通知。

9. 出口保险

由于是按 CIF 条件成交，保险由唐朝公司办理，所以 2001 年 3 月 16 日，唐朝公司按约定的保险险别和保险金额，向保险公司投保。

投保时应填制投保单和支付保险费（保险费＝保险金额×保险费率），并随附商业发票，保险公司凭以出具保险单。

注意事项：实际业务中，一些和外贸公司长期合作的保险公司，有时只需外贸公司提供商业发票，甚至可以不填制投保单，直接凭商业发票出具保险单。

本环节涉及单据：出口货物运输保险投保单、商业发票、货物运输保险单。

10. 装船出运

上海凯通接受唐朝公司的订舱委托后，2001 年 3 月 12 日，根据唐朝公司提供的出口货物明细单缮制集装箱货物托运单，这是外运机构向船公司订舱配载的依据。该托运单一式数联，分别用于货主留底、船代留底、运费通知、装货单、缴纳出口货物港务费申请书、场站收据、货代留底、配舱回单、场站收据副本（大副联）等。其中比较重要的单据有装货单（Shipping Order，S/O）和场站收据副本（Mate's Receipt，M/R）。

3 月 19 日，货物离港前，上海凯通传真海运提单给唐朝公司确认。

3 月 20 日，在确定货物安全离港后，唐朝公司传真装运通知给 F.F. 公司。

3 月 22 日，唐朝公司将海运提单复印件、输加拿大纺织品出口许可证（正本）、商业发票、装箱单、加拿大海关发票、普惠制产地证用 DHL 寄给 F.F. 公司供其作进口清关用，同时将 DHL 回执留存准备缮制议付单据。

注意事项：将来船公司签发的提单上相应栏目的填写也会参照订舱委托书的写法，因此，托运人、收货人、通知人这三栏的填写应该严格按照信用证提单条款的相应规定填写。

本环节涉及单据：出口货物明细单、装货单、场站收据副本、装运通知、海运提单、输加拿大纺织品出口许可证（正本）、商业发票、装箱单、加拿大海关发票、普惠制产地证、DHL 回执。

11. 制单结汇

在办理货物出运工作的同时，唐朝公司也开始了议付单据的制作。2001 年 3 月 20 日，上海凯通作为承运人中国远洋运输公司下属的中远集装箱运输有限公司的代理，签发了 COS6314623142 号提单。根据信用证的规定，唐朝公司备齐了全套议付单据(3/3 海运提单正本、商业发票、装箱单、普惠制产地证、受益人证明、汇票、客检证、货物运输保险单)，于 4 月 2 日向议付银行——中国银行江苏省分行交单议付。

本环节涉及单据：海运提单(3/3)、商业发票、装箱单、普惠制产地证、受益人证明、汇票、客检证、货物运输保险单。

12. 财务付款

3月22日，唐朝公司的财务人员收到上海凯通寄来的海运费发票和港杂费发票。3月27日，收到服装加工厂寄来的增值税发票和出口专用缴款书。议付单据交单后，3月30日，财务人员向服装加工厂支付货款，并和上海凯通结清海运费、港杂费等费用，同时提醒上海凯通退核销单。

本环节涉及单据：海运费发票、港杂费发票、增值税发票、出口专用缴款书。

13. 收汇核销

4月20日，唐朝公司收到上海凯通寄来的上海海关退回的出口收汇核销单和报关单。当天，核销员在网上将此核销单向外汇局交单，并在进行网上交单时，对核销单、报关单的电子底账数据进行认真核对。4月23日，唐朝公司收到银行的收汇水单，开证行已如数付款。至此，该笔交易已安全收汇。

网上交单成功之后，4月24日，核销员持纸质的收汇水单（即出口收汇核销专用联，经银行盖有"出口收汇核销专用章"）、出口收汇核销单（已经出口海关盖章，第三联）、报关单（白色报关联，海关已盖章）、商业发票及自制的核销单送审登记表（外汇局留存联）到外汇局办理核销手续。核销完毕后，外管局当场将加盖"已核销章"的核销单（出口退税联）退回给唐朝公司。

核销完成后，核销员将上述单据转交财务办税人员办理退税事宜。

本环节涉及单据：出口收汇核销单、报关单、收汇水单、商业发票、核销单送审登记表。

14. 出口退税

2001年4月25日，唐朝公司的财务办税人员将公司需要办理认证的增值税发票整理后一并申报国家税务局（简称国税局）进行发票认证。当天，拿到国税局认证结果通知书和认证清单。

4月26日，财务办税人员将退税要用的单据收集齐全无误后装订成册。其中，核销单（外管退回的出口退税专用联）、报关单（黄色出口退税联）、商业发票为一册，增值税发票（抵扣联）、出口专用缴款书、认证结果通知书、认证清单为一册，并在退税申报软件中逐条录入进货明细及申报退税明细。录入完毕，核对无误后打印并生成退税处所需的表格及软盘，连同《外贸企业出口货物退税汇总申报审批表》送交外经贸委稽核处加盖稽核章。

2001年5月7日，财务办税人员将上述资料送交国税局稽核部门待批。5月28日，接到国税局通知，于5月7日申报的资料已通过。5月29日，财务人员到银行查询，查到申报退税额已足额退回。

至此，该笔业务顺利完成。

本环节涉及单据：认证结果通知书、认证清单、核销单、报关单（退税联）、商业发票、增值税发票（抵扣联）、出口专用缴款书、外贸企业出口货物退税汇总申报审批表。

应用案例 1.1

进口业务流程（以 FOB 术语成交）

进口业务程序也可分为交易准备、交易磋商和签订合同、履行合同三个阶段，如图1.2所示。

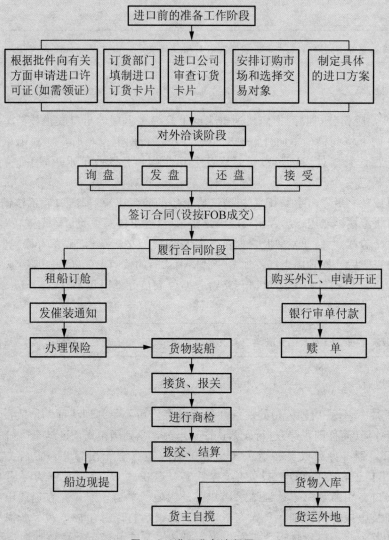

图1.2 进口业务流程图

下面仍以一个实例来进行说明。

外贸公司：南京德尚贸易有限公司（简称 DESUN 公司）
NANJING DESUNS TRADING CO., LTD.

HUARONG MANSION RM2901 NO. 85 GUANJIAQIAO, NANJING 210005, CHINA
TEL：0086 - 25 - 4715004 FAX：0086 - 25 - 4711363
国外客户：EAST AGENT COMPANY(简称 EAST 公司)
3 - 72, OHTAMACHI, NAKA - KU, YOKOHAMA, JAPAN 231
TEL：045 - 662 - 7432 FAX：045 - 662 - 7436
国内客户：南京星蓝有限公司
开证银行：中国银行江苏省分行
交易商品：MITSUBISHI DAIYA PACKAGED AIR CONDITIONER(INDOOR UNIT)PARTS(三菱空调附件)
成交方式：FOB NAGOYA(名古屋)
付款方式：L/C AT SIGHT(即期信用证)
进口口岸：南京
货运代理公司：中国南京外轮代理公司(简称南京外代)
承运船公司：中国外运江苏公司
保险公司：中国人民保险公司
备注说明：①DESUN 公司有自营进出口权，本实例系南京星蓝有限公司委托 DESUN 公司向日本 EAST 公司进口三菱空调附件，并在委托时告知 DESUN 公司需进口的规格型号和数量；②空调属机电产品，在向外订货前，需填报"进口许可证申请表"，连同有关证件向发证部门申请进口许可证。

1. 签订合同
2002 年 3 月 1 日，DESUN 公司接受南京星蓝公司委托，向日本 EAST 公司代理进口三菱空调附件。2002 年 3 月 15 日，DESUN 公司和 EAST 公司签订进口合同，DESUN 公司和星蓝公司签订外贸产品代理进口合同。3 月 18 日，星蓝公司给付货款总额。

2. 申领许可证
2002 年 3 月 19 日，DESUN 公司持自动进口许可证申请表、进口合同、外贸产品代理进口合同到外经贸委申领进口许可证。3 月 20 日，外经贸委签发进口许可证。

3. 开立信用证
2002 年 3 月 21 日，DESUN 公司持进口合同、开证申请书、购汇/用汇申请书、代理合同、进口许可证、进口付汇核销单，向中国银行江苏省分行申请开立信用证。

3 月 22 日，中国银行提供信用证副本给 DESUN 公司审证，DESUN 公司审证确认后，中国银行将信用证电开至 EAST 指定的银行。

其中与缮制单据有关的条款如下。
(1) 开证行：中国银行江苏省分行
(2) 通知行：SUMITOMO MITSUI BANKING CORPORATION
1 - 2, YURAKUCHO 1 - CHOME, CHIYODA - KU, TOKYO 100, JAPAN
(3) 不可撤销信用证号：LC340149
(4) 信用证有效期：2002 年 4 月 15 日
(5) 申请人：NANJING DESUN TRADING CO., LTD.
HUARONG MANSION RM2901 NO. 85 GUANJIAQIAO, NANJING 210005, CHINA
(6) 受益人：EAST AGENT COMPANY
5 - 8 - 21, MINANI - AZABU, MINATO - KU, TOKYO, JAPAN
(7) 信用证金额：JPY 1728600.00
(8) 分批装运及转船运输：不允许分批装运及转船运输，从日本名古屋运至中国南京

(9) 最后装船期：2002 年 3 月 31 日
(10) 商品描述：MITSUBISHI DAIYA PACKAGED AIR CONDITIONER (INDOOR UNIT) PARTS
(11) 议付单据要求：
① 商业发票 6 份，每份标明信用证号和合同号。
② 3/3 全套正本已装船的清洁海运提单，1 份复印件，空白抬头人，显示运费预付，通知人为开证人。
③ 装箱单/重量单 3 份，显示毛重、净重数量。
④ 受益人证明装船出运后 2 天内，将装船通知(SHIPPING ADVICE)用电传或传真的方式通知开证人，要求 SHIPPING ADVICE 显示货物名称、船名、日期、数量、重量、货值。

4. 租船订舱

DESUN 公司本向各家货运代理公司询价，最终确定委托南京外代代为订舱，承运船公司为中国外运江苏公司。

5. 办理保险

2002 年 3 月 27 日，收到 EAST 公司的装船通知后，DESUN 公司凭此填写进口运输预约保险投保单到中国人民保险公司办理保险事宜。

6. 银行审单付款

2002 年 4 月 1 日，我方银行收到 EAST 公司的全套议付单证(海运提单、商业发票、箱单/重量单、箱单附页、原产地证明、重量/质量证明、无木质包装申明、装船通知)后，书面通知 DESUN 公司领取全套单据。DESUN 公司在审单后，未发现不符点，在承付/拒付通知书上签字盖章。

4 月 9 日，我方银行对外付汇，将贸易进口付汇核销单(代申报单)第三联退回 DESUN 公司。

7. 委托报验报关

2002 年 3 月 31 日，DESUN 公司收到船公司(中国外运江苏公司)的到货通知书。

2002 年 4 月 1 日，DESUN 公司在海运提单正本背面加盖公司公章，并将其他议付单据(商业发票、箱单/重量单、箱单附页、原产地证明、重量/质量证明、无木质包装申明、装船通知)以及海运提单复印件、进口合同、报关委托书、进口许可证、报检委托书送交南京外代，委托南京外代办理进口报验、报关手续。

8. 换提货单

2002 年 4 月 2 日，南京外代凭带背书的海运提单正本到船公司(中国外运江苏公司)，和船公司结清运费及杂费，换取船公司签发的提货单。提货单共有五联，分别为到货通知联(Arrival Notice)提货单联(Delivery Order)、费用账单(1)联、费用账单(2)联、交货记录联(Delivery Record)。

9. 进口报验

2002 年 4 月 3 日上午，南京外代的报检人员持提货单、报检委托书、入境报检单、无木质包装申明、进口合同、进口许可证、商业发票、箱单/重量单、箱单附页、海运提单复印件等到商检机构办理报验手续。按规定交纳检验费后，商检机构在提货单上加盖商检通关章。

10. 进口报关

2002 年 4 月 3 日上午，南京外代的报关人员上网录入报关单信息，提交通过后，进行网上申报，然后等待回执。

4 月 3 日下午，收到回执，报关人员打印出进口货物报关单，随附报关委托书、商业发票、箱单/重量单、箱单附页、进口合同、进口许可证、海运提单复印件、商检机构已盖章的提货单、运输发票等单证，交到海关的工作柜进行人工审单。海关审核单据内容无误，出具税单(海关进口关税专用缴款书、海关代征增值税专用缴款书)。

4 月 4 日，在税款缴清后，海关经查验，在提货单上盖放行章，并签发放行条。4 月 9 日，海关退回盖有海关验讫章的进口报关单。

11. 提货拨交

2002 年 4 月 9 日，南京外代持盖章放行的提货单及费用账单、交货记录共五联到 NICC(南京国际集装箱装卸有限公司)办理申请提货作业计划，NICC 核对提货单及有关放行章后，将提货单、费用账单联留下作为放货依据,结算和收取费用,并在交货记录联上盖章,以示确认手续完备,受理提货作业申请,安排提货作业计划。

4月10日,南京外代持NICC已盖章的交货记录联,到库场提取货物。提货完毕后,在交货记录联签名以示确认提取的货物无误。交货记录上的货物全部提完后,NICC收回交货记录(场站联),将交货记录(货代联)退给南京外代。

NICC凭收回的交货记录联核算费用,填制费用账单一式二联,结算费用,并将"费用账单(一)"留存,将"费用账单(二)"作为向收货人收取费用的凭证,并将提货单及交货记录(场站联)留存归档备查。

南京外代提取货物后,直接运至DESUN公司指定的仓库。

12. 财务结算

2002年4月10日,南京外代传真费用清单给DESUN公司,财务核对无误后,和南京外代结清费用。当天,DESUN公司按实际支出传真所有费用清单,和南京星蓝公司结清费用(多退少补)。

13. 付汇核销

2002年4月19日,DESUN公司的核销人员持进口付汇到货核销表、进口货物报关单正本和银行退回的进口付汇核销单(第二联)及企业IC卡到外汇局,用企业IC卡进入"进口付汇系统",输入有关付汇核销资料,确认资料输入无误后,打印出清单,附在这一笔业务的核销单后面。

输入所有要核销的资料,并打印出清单附在核销单后面,再交外汇局进口核销人员审核。审核无误,该员签字并将DESUN公司报审的全部单据和IC卡留存,用留存的报关单与企业IC卡通过"报关单联网核查系统"检验报关单的真伪。检验无误,退回企业IC卡,并在到货核销表和报关单上加盖"已报审"章退还DESUN公司留存。

1.1.3 技能训练

1. 技能训练一

根据下列业务背景,简要说明出口商履约流程。

出口商:中国奥康集团有限公司

进口商:美国ABC贸易公司

合 同:法定检验商品,集装箱海运,CIF NEW YORK,必须提供商会原产地证明,即期议付信用证结算。

2. 技能训练二

根据下列业务背景,简要说明进口商履约流程。

出口商:意大利ABC贸易公司

进口商:康奈集团有限公司

合 同:法定检验商品,集装箱海运,FOB GENOA,必须提供商会原产地证明,即期议付信用证结算。

1.2 熟悉产品和出口市场

1.2.1 熟悉产品

熟悉自己经营的产品,是每一个外贸业务员开展出口业务的基本要求。外贸业务员应了解的主要产品内容包括:产品生产过程及工艺、产品专业分类、产品生产标准和品质标准以及产品专业词汇等。外贸业务员熟悉产品的途径很多,主要有以下几个方面。

1. 专业书籍、专业网站

外贸业务员通过专业书籍补充产品知识，优势在于专业书籍通常对于专业知识有较为系统的介绍，但不足之处也很明显，主要在于：①容量有限，介绍内容覆盖面不广；②受书籍印刷成本限制，大多数内容限于文字介绍，缺少直观印象；③书籍内容再整理编辑不易；④书籍内容通常具有一定的滞后性。专业网站相对内容丰富、容量较大，但知识零散，不成体系，需要业务员自行整理。而且虽然网络资源使用方便，但对于信息真伪及新旧的判断则需要业务员有较高的辨别能力。

2. 样品间或工厂

外贸业务员可以通过经常深入样品间或工厂来增加自身的产品知识。这种方式可以给业务员形象、直观、感性的认识，有助于业务员将原有的书本知识转化为直观印象，对业务员业务能力的提高至关重要。外贸业务员需要将产品知识的感性认识与抽象认识相互结合，不仅提高自身的业务素质，也增加专业知识储备，使两种方式各自发挥优势。

目前很多民营中小型工厂都希望开展外贸业务，因此，纷纷招聘新人来开辟国外市场。相对而言，工厂的生活条件和工作条件比不上大城市里的外贸公司，但是对新人而言，却是个很好的学习机会。在工厂的时候，学习掌握具体的生产工艺和成本核算，就能为独立进行外贸业务打下扎实的基础。是否下过车间生产线，对于产品品质与价格的掌控能力是完全不同的，这一点在激烈的外贸竞争谈判中常常凸现出来。

3. 向老业务员请教

外贸业务员在成长过程中需要一代代业务员言传身教的传、帮、带，这对业务经验的传承起到重要的作用。在熟悉产品时，向老业务员请教也是重要的方法之一。

 知识链接 1-1

经销产品的选择

如果是因为自己经营外贸而选择经销产品时，应考虑选择自己能够有效控制成本的产品。公司本身是生产工厂最好，否则找到一家好的配合工厂，比选择一个产品要重要得多。

如果公司本身就是生产厂家，不宜把现有的产品直接出口，因为内销和出口在产品品质、外观、功用等方面常常会有差异，国内畅销的商品，不一定符合国外消费者的习惯与喜好。因此，在刚开始进行业务的时候不妨模仿同行工厂，向同行业中有出口业务的工厂学习，分析他们的产品，了解彼此差异。特别留意那些出口量大、客户多次订购的产品。一旦有机会，甚至不妨争取与同行工厂合作，即使不盈利也可以分包其一些生产任务，以求积累实际操作经验。模仿他们产品，通常不会有什么利润，但却是稳妥的第一步。

如果既不了解产品和外贸，也没有现成的供货方和客户关系，一般的选择应是倾向于日常消费品，体积小、耐储藏、价格弹性大、品质标准比较模糊、不涉及进出口商品检验检疫的商品，如工艺品、流行饰品、时装箱包等，避免食品、农副产品、大宗纺织品、电器这类较专业、各国限制较多的类别。

此外，外贸产品的品质不是一成不变的。即使同一类产品，销往不同国家，品质也大不相同。外贸业务员要学会通过调整品质来调整成本，适应不同国家市场，从而取得价格上的竞争优势。

在经销产品的选择上，外贸业务员要避免常见的三个误区：

（1）品质越高越好。品质并非越高越好，因为买家往往也是商人，并不是最终消费者，而商人关心的永远是利润。假如一个低品质的产品比其同类的高品质产品利润空间大的话，国际批发商会更乐意选择前者并努力去推销它。毕竟质优价高是基本常例，高品质产品的利润高、资金占用量大，可市场相对较窄、订量小。大部分的国际商人会根据其当地市场的接收程度在品质和价格间寻求短暂的平衡点。市场的构成则通常是金字塔或橄榄形的，在实际的外贸中，中等或中下等品质反倒是主流。对刚开始做外贸的公司而言，资金不多、行情不熟、中间及大路货反倒比较易于上手。等发展到站稳根基寻求突破的阶段，从竞争与抢占市场的角度再考虑高端产品不迟。

（2）价格越低越有竞争力。同样，价格越低，也并非一定越有竞争力"一分价钱一分货"是商界永恒的真理，有经验的国际买家也不会忘记这一点。在与外国人谈生意的时候，常常会听到这样的讨价还价："某某工厂的价格比你的低许多。"对这样的表述不要太当真，更不要因此乱了阵脚而贱卖产品。假如价格越低就越有竞争力的话，客户此时就该扭头就走去与低价者签约才是。除去技术革新的因素，同一时期同一产品的生产成本相差不会太大。作为国际买家，很难知道生产商的成本底线，为防范风险，最常见的就是"去掉一个最高分，去掉一个最低分"，位于中间价位的竞争者往往更受买家重视。

（3）关心产品是否属于朝阳产业。实际上，对新手而言，产品是否属于朝阳产业并没有多少意义。一个传统的产品，可能因为结构功效上的某些改进而脱胎换骨；一个新的产品，也会迅速为后来者取代。市场与消费口味永远在变化之中。此外，因为前景好、利润高，朝阳产业的竞争尤为激烈，而一些所谓的传统产业，因为技术成熟，市场平稳，又需要革新进取，反倒比较易于吸纳生力军。新人入行，相对也有更多的机会去磨砺学习。排除对高品质、超低价、新潮朝阳产业等的速度追求，心态就趋于平和，对产品的选择面也变得更广。

目前，用互联网进行外贸市场的推广很普遍。无论是在个人交易网站如eBay上，还是在公司贸易的B2B网站上，要发布供求信息，都要求对产品进行逐层详细分类，如（大类）纺织品—（二类）家用纺织品—（三类）针织品—（四类）绒线织物—（五类）女装毛衣。按照国外的贸易和消费习惯准确归类才更容易被真正的买家找到。这与超市里摆放货品的道理一样，木梳子摆在盥洗用品区，比放在木制日用品或工艺品区里更容易卖出去，虽然归在后两类也没什么错。新手往往欠缺专业知识，对国外的行业习惯习俗也不大了解，合理分类并不太容易。例如，一个用铁丝扭编的烛台，应该在哪一类产品区域发布信息？此时可利用eBay之类的网站，寻找网站上的类似产品，看看多数摆放在什么地方——乱摆的情形很常见，应该选择最多同类产品的区域，并且记住网站上对这类产品的归类名称，以后在其他地方宣传时套用即可。

与上同理，在eBay一类的网站上，可以看看国外经营类似产品的商家是如何描述和推广的。很多新手在撰写产品说明和广告词时，容易生搬单词，闹出笑话。学习模仿英语国家商家的推销用语是个捷径。

1.2.2 了解市场

外贸业务员应该对国际市场，尤其是目标国市场的市场规模、经济环境、政策及法律环境，甚至包括文化环境进行了解与调研。在此基础上，还需要对目标国市场上商品供给、需求情况进行了解和调研，做到"知己知彼"。

（1）调查目标市场对产品的品质要求，包括国外产品的质量性能、品质公差的范围、畅销品种的特点等。

（2）调查目标市场的供求关系，包括供大于求、供不应求、供求平衡等。

（3）调查目标市场的销售价格，包括通常的交货条件、进口价格结构、现金支付的价格折扣及每一笔交易的数量折扣、每笔交易的利润额、价格趋势、进口代理佣金、对进口产品征收的消费税、营业税等。

（4）调查目标市场的法律规定及贸易壁垒，包括反倾销法、工业产权法、原产地证明法、检验法、非正常竞争法等；是否有进口配额、进口许可证的申领规定等市场准入条件。

（5）调查目标市场的文化背景、风俗习惯，包括消费者个人偏好、贸易习惯等。

（6）调查目标市场的外汇管制，包括进口商惯常使用的支付方式、外汇管制是否严格、是否需要对进口商提供信贷等。

不同的市场，对同类产品有各自的偏好。从消费习惯来看，可大致分为美加（美国和加拿大）市场、欧洲市场、日韩市场、东欧市场、中东市场、非洲市场这几类。一般而言，日韩市场特别是日本市场，偏爱精致优质、高、精、尖、小巧美观的产品，喜好中国传统文化，喜爱一些具有民族特色的产品，也能接受高价格，但数量不会太大；美加与西欧、北欧、南欧等英语国家市场一般对品质要求适中，喜欢简洁流畅、新奇多变的产品风格，价格适中，量比较大，是中国出口商的重要客户；中东市场对品质要求不高，对产品的审美方面较为朴实甚至俗气，价格也低，数量也比较大；非洲市场弹性最大，本土文化与前英语殖民地文化、前法语殖民地文化交织，口味复杂，奢侈品和品质极差的产品都能接受。

在了解国际市场的同时，还需要充分了解国内市场。外贸业务员对于国内市场的了解，不仅包括国内同类产品的同类生产企业行情，如生产技术、生产能力、竞争情况等，而且还包括同类产品的国家标准、国家政策等。

外贸业务员了解国内外市场可以借助多种途径：可以通过网络资源了解信息，如各搜索引擎、各专业网站等；可以通过各政府部门了解信息，如商务部、海关、外汇管理局、中国驻外使领馆等部门；可以通过银行等机构了解信息；可以通过行业协会等组织了解信息；也可以通过各类交流会了解信息。外贸业务员了解市场信息途径众多，对于不同信息的搜集能力各有不同，优秀的业务员要善于利用多种途径了解市场。

1.2.3　应用实例

浙江金苑进出口有限公司（ZHEJIANG JINYUAN IMPORT AND EXPORT CO.，LTD.）是经商务部批准成立的具有进出口经营权的贸易公司，主要从事纺织服装、轻工业品、日用品、五金产品等产品的进出口业务，下设业务部、单证储运部、财务部、人事部等部门。2007年7月，公司因为业务需要招聘了一名新业务员小田，从事纺织服装的出口业务工作。作为新业务员，小田必须为独立开展出口业务做好充分的准备。

1. 通过多种方式熟悉纺织服装产品知识

外贸业务员小田为丰富自身的产品知识，通过网络搜索、向老业务员请教、深入样品间或工厂等多种方式熟悉纺织服装产品知识。

第一步，外贸业务员小田通过网络搜索纺织服装产品基础知识，重点了解产品分类、产品生产工艺知识、产品专业术语等知识。

外贸业务员小田通过网络搜索纺织服装产品知识，加深自己对产品的了解，经过一段时间的积累，小田大有收获。例如，小田掌握了服装产品多种分类：服装根据用途可以分为内衣和外衣两类；根据穿着组合可以分为整件装、套装、外套、背心、裙、裤等；根据服装面料与工艺制作可以分为中式服装、西式服装、刺绣服装、呢绒服装、丝绸服装棉布服装、毛皮服装、针织服装、羽绒服装等；根据性别可以分为男装与女装；根据年龄可以分为婴儿服、儿童服、成人服等；根据服装的厚薄和衬垫材料不同还可分为单衣类、夹衣类、棉衣类、羽绒服、丝棉服等。每一种分类中又可进行细分。在外贸业务中涉及的具体商品通常都是综合运用多种分类方式确定的，如女式全棉夹克等。

此外,小田还初步了解了服装生产的主要工序,如梭织服装要经过面辅料进厂检验、技术准备、裁剪、缝制、锁眼钉扣、整烫、成衣检验、包装、入库或出运等多个环节。对于产品专业术语,包括中英文专业术语需要一个长期的积累过程,为此,小田专门准备了笔记本,记录随时遇到的专业词汇,如 LABDIPS(色样)、SIDEPANEL(侧幅)等。

第二步,外贸业务员小田通过与老业务员沟通掌握纺织服装生产过程的关键环节。

外贸业务员小田在积累产品知识方面,除利用网络资源外,还经常与老业务员沟通、向老业务员请教,以进一步掌握纺织服装生产过程的关键环节,掌握控制产品品质的关键要素,为业务洽谈积累经验。

第三步,外贸业务员小田深入样品间及工厂,实地了解产品生产过程。

能够深入了解一类或一种产品的专业知识,对业务员来讲是至关重要的,是业务员顺利开展业务的基础。因此,外贸业务员小田利用每一次机会深入样品间或工厂,了解产品的生产过程,增加感性认识,对产品的了解进一步增强。

2. 通过多种方式了解纺织服装出口市场

第一步,外贸业务员小田通过网络搜索我国服装出口主要目标国。

外贸业务员小田接触纺织服装出口行业时间不久,对于纺织服装产品出口的主要情况并不了解,小田通过商务部了解到 2007 年第一季度纺织服装产品主要出口国家和地区为欧盟、美国、日本、中国香港及韩国。小田自然也就更多关注这五个国家和地区对于中国纺织服装产品的政策。

第二步,外贸业务员小田通过网络搜索、向老业务员请教了解不同目标国的情况。

了解出口主要目标国对于新业务员是重要的,也是必要的。小田通过网络搜索不断丰富自己对目标市场的了解。例如,欧盟中的德国,田娜对其地理、人口、经济等方面都有了一定的了解。

德国是欧洲最大的经济体及人口第二大国,是欧洲的政治、经济中心之一。德国地处波罗的海沿岸,位于荷兰、波兰之间,面积为 357021 平方千米,人口为 82369552,男女性别比为 0.97∶1。国家为联邦共和国政体,首都柏林是欧洲主要城市之一。德国共 16 个州,德国是世界上主要的发达国家之一,经济上以先进的制造业为主,是世界钢铁、煤炭、机械设备等的主要制造国之一,2007 年国内生产总值(Gross Domestic Product,GDP)达 332 万亿美元,其中出口 135 万亿美元,进口 107.5 万亿美元,主要进口产品包括机械、设备、化学品、纺织服装、金属等。德国作为欧盟主要成员国,贸易政策秉承自由贸易政策,但对进口商品的安全、环保等指标要求较高,如向德国出口服装,要尤其注意服装染料不含偶氮染料等。

小田感觉对目标市场的充分了解是需要花大力气的,也必将是一个长期的过程,在以后的工作中还需要继续坚持。

3. 参加中国进出口商品交易会(简称广交会)

公司决定派小田参加第 103 届广交会外贸业务员小田希望充分利用广交会平台,做好各项准备工作,通过广交会开发客户。

第一步,外贸业务员小田做好广交会参展准备。

(1) 参展商品种类的确定。参展商品种类的确定要以"专业、有针对性"为原则。要克服"唯恐产品带不全"的心理,因为广交会上同类商品的大量厂家集中在一起,如果参展样品种类繁多且无特色,很容易淹没在展厅中,给人繁杂不专业的感觉。因此,参展商品的确定要具有针对性,要体现出参展厂家的专业程度。当然,商品大类的选择应该综合考虑厂家自身的优势产品、国际流行时尚、竞争者情况等多方面的因素。

(2) 参展商品明细的确定。在确定了商品大类后,需要进一步确定具体的参展商品种类。

例如，面料参展，选择T/R染色布面料参展，在具体品种上还需要依据参展商品种类确定的原则来确定具体的参展面料，要采用常规产品加新产品的组合方式，这样容易形成参展企业自身的特色和竞争力。

（3）参展商品样品的准备。面料产品的特点是即便同种成分、同样规格、同样颜色的面料，不同厂家生产出来的布料也不相同，因此，对于面料产品实物样品至关重要，相比而言，图样效果较差。

（4）应携带主要的文件资料。包括：①所带商品的价格表，以备客商询问时查询用；②主要产品的装箱尺寸，以备客商询问时查询用；③空白的笔记本，用来整理客商名片用；④公司题头的便笺纸，可用这种纸粘贴客户感兴趣的布样然后分发给客户；⑤空白的形式发票，主要是为广交会上下单的客户准备；⑥个人名片，分发名片给潜在的客户，积累商机是广交会的重要用途。

（5）应携带主要的工具。对于纺织面料来讲，常见的工具主要是剪刀（用于剪布样）、照布镜（用于测算面料经纬密度）、打火机（用于验证面料成分）、胶带纸（用于粘贴布样）、订书机（用于订名片）等。

（6）要做好知识准备工作。参展前要对参展商品的报价、规格尽可能地熟悉。客商每询问一种商品，业务员就查看报价单，则显得不专业，容易引起客商的不信任。此外，对于参展商品的产品知识也要尽可能地充实，来咨询商品的客商极有可能是经营该类商品多年的厂商，他们随口询问的专业问题就很可能成为交易成功与否的关键所在，因此，业务员对参展产品越熟悉越好，这是业务员专业水平的体现。

因此，同事提醒小田，在参展前的这段时间，除做好参展的准备工作外，还要多花时间熟悉产品知识。

第二步，外贸业务员小田参加广交会。

2008年4月12日，小田动身前往广州参加广交会，广交会期间小田接触了来自不同国家的众多客商，形形色色的客商不仅考验了小田的业务水平、专业知识、英语水平，还考验了小田的心理素质与身体素质。广交会期间工作强度大，每天要应对各种各样的采购商，经常遇到各式各样的专业问题或困难，这对一名外贸新人而言，的确是一次非常好的锻炼机会。

小田每天协助同事接待大量的客商，逐渐发现客商的交易意愿不同表现出来的态度也有所不同。有些客商询问非常专业、详细，甚至会谈及交易的具体条件；也有些客商不过走马观花，随便问问。小田细心地将所有的客商大致地分为以下几类：

第一类，有明确交易意向，并成功在广交会上下单的客商。例如，来自阿拉伯联合酋长国的穆巴拉克与同事签订了全棉衬衫的采购合同。

第二类，有明确交易意向，但因交易条件不能洽谈一致而未能下单的客商。例如，来自英国的拉玛尔对于产品的客检要求非常严格。

第三类，交易商品明确，却未能在交易会上详细洽谈的客商。例如，来自德国的德科对女式夹克非常感兴趣。

第四类，只要求提供详细资料的客商。例如，来自日本的松山先生、来自新加坡的马先生、来自澳大利亚的凯文先生等。这一类客商在全部客商中是居多数的。

第五类，走马观花的客商。这类客商也很多。

六天的广交会结束后，小田感觉收获颇丰。她在收集名片的笔记本上对不同客商的类别、其询问的产品、规格、数量、报价等信息都作了记录。

第三步，外贸业务员小田广交会结束后客户跟踪。

2008年4月22日，小田投入工作，加紧时间对广交会积累的客户资源进行梳理及跟踪处理。

(1) 对于第一类客商,按照客商要求寄送其所需的详细资料。

如将穆巴拉克所需材料用快递寄出,并致函穆巴拉克,通知其相关材料已经由 DHL 寄出,快递号为 2721415056,请其注意查收,并提醒其支付预付款,以便尽早开始合同的履约。

同事提醒小田,要密切关注对方客商的反应。有些客商在广交会上虽然与我方签订了合同,却并不表示一定会给我方。这种情况也不少见。有些客户跟我方签订合同后,又在其他的供应商处获得更优惠的条件或更合适的商品,就会下单给其他供应商。或者回国后产品市场发生变化,也可能改变主意取消订单等。这种情况下合同虽然可以约束双方行为,但索赔或追究对方责任通常耗时耗力。同事提醒小田,一旦发现穆巴拉克迟迟不支付预付款就需要提高警惕,及时与其沟通,尽可能防患于未然。

(2) 对于第二类客商,仔细斟酌未能与对方取得共识的交易条件。

如果确定该交易条件可以接受,可以致函对方,但建议不要立刻表明态度,因为也许客商已经考虑接受我方的交易条件。试探性的询问是个很好的过渡处理方式。

(3) 对于第三类客商,要及时联系,要变潜在客户为现实客户。

这类客商是广交会上到会客商的主流,大多数客商在广交会上广泛比较同类产品与供应商,随时再有选择地询价或洽谈。对于这类客商要保持联系,即便该笔业务无法达成,他也始终是潜在客户。

(4) 对于第四类客商,可以有选择地寄送客商要求的资料。

(5) 对于第五类客商,可以进一步了解客商信息,以判断其是否有交易可能。

1.2.4 技能训练

中国佰纳鞋业有限公司(简称佰纳)是一家专业从事鞋类产品设计、生产和销售为一体的全国无区域企业。经过多年的发展,公司具有较大的生产规模,目前,最高日产量 20000 双左右,产品品种累计达 12000 多个款式。

佰纳 20 多年成长历史的积淀,形成了鲜明的企业文化理念,公司本着"海纳百川,追求卓越"的企业理念,以"和谐、务实、稳健、发展"作为企业经营思想,坚持"内抓管理,外塑形象"的运作方针,致力于皮鞋产品的开发与市场开拓。佰纳的产品畅销全国 28 个省市地区,并远销中东、西欧等各个国家和地区。

2008 年 1 月,因从事鞋产品出口的业务员辞职,公司招聘了一名新业务员小王,从事鞋产品的出口业务工作。作为新业务员,小王必须为独立开展出口业务做好充分的准备工作,小王的工作任务如下:

1. 技能训练一

通过多种方式熟悉鞋产品知识。

外贸业务员小王丰富自身的产品知识,通过网络搜索、向老业务员请教、深入样品间或工厂等多种方式熟悉产品知识。

2. 技能训练二

通过多种方式了解五金产品出口市场。

外贸业务员小王通过多种方式了解鞋产品的出口市场等信息。

1.3 利用网络开发客户

客户开发的途径很多,主要包括网络开发、展会开发、机构开发和人际开发等,下面以网络开发为例进行说明。

1.3.1 建立网站宣传产品

除非已经有了现成的客户,否则建立一个好的外贸网站,将使公司的贸易机会增加几倍,不但可以找客户,而且客户也可以找到自己的公司。同时,有固定的网站,客户在一定程度上也增加了对公司的信心。

建立商业网站成本并不高,只需要找一家"ISP 网络服务商",即国家电信部门授权进行网络服务的运营商,通过 ASP 网络服务商注册一个域名,域名的格式一般是 www.×××.com。其中×××部分是自己起的名字,由数字或英文字母组成。要避免使用下划线与短杠,或数字"0"与字母"o"混用等,因为这容易造成别人抄写地址时的笔误。最简单的方法是用公司名字的拼音或英文来做名字。此外,还需要向网络服务商租用一个虚拟主机。虚拟主机可以理解为互联网中一台 24 小时开机的、所有人都能使用的计算机,用以存放自己网站上的网页内容,如产品图片和介绍文字等。虚拟主机的容量一般在 100MB 以上——这个容量足以存放数千张普通图片和百万字的介绍——完全可以保证一个外贸公司的需求。

有不少正规的网络服务商都可以提供注册域名和租赁虚拟主机的服务,在搜索引擎里输入关键词"域名注册"和"虚拟主机",可以找到大量这样的服务商,如中国资源网。域名和主机两项加起来,每年的费用目前在 400~2000 元。租用虚拟主机的时候,通常还会提供一个专有的、以自己的域名为后缀名的电子信箱。可以设置更多的电子信箱,后缀名一样而前缀不同,分给下属或同事使用,或自己用于不同的地方——ISP 服务商会详细说明设置方法。

有了域名和虚拟主机,接下来就可以建立网站。网站由多个网页组成,网页的制作,可以委托自己的 ISP 网络服务商或专门的网站设计制作公司来做。根据网页内容的复杂程度,费用在几百至几千不等。当然,如果自己掌握网页制作的技术,就省去了不断委托别人修改的麻烦。

一般的外贸商业网站,都会有中英文两个版本,以方便国内与国外的访问者。假如公司的产品有特定的客户群,如基本上销往日本,那么不妨加上日本版。内容上至少包含"企业介绍"(company profile)、"产品介绍"(product)和"联系方式"(contact)三部分。

网站建立以后,一定要利用一切机会来做推广。醒目明确的标题、实质性的内容、被搜索引擎列在比较靠前的位置、稳定且较快的浏览速度是网站建设的四个关键因素。

例如,如果你是一位采购女士鞋的客户,打算在网上寻找供应商,通常会运用搜索引擎尝试搜索,在搜索框中输入"女士鞋",计算机界面会列出了几十万个网页,包括女士鞋的供应商、供求信息以及关于女士鞋的各类知识与新闻,还有大量没有价值的网页。你当然不会有耐心和精力去翻阅几十万个网页,最有可能被你挑选中浏览的,是前几页的、醒目标注着"供应女士鞋"等标题的网页。而在那些被你选中的网页中,能够顺利地迅速打开,网页中提供了较多图片信息,详细联系方式的,显然更受欢迎,更容易成为你联系询问的对象。

1.3.2 登录 B2B 贸易平台发布广告

国际贸易 B2B(Business to Business)贸易平台就是互联网上专供国际买卖双方发布各自供求信息,以促进合作的网站,是国际商人聚会的大本营,其重要性不言而喻。

B2B 网站的主要模式分为三类:大型企业的 B2B 网站、第三方经营的 B2B 网站以及行业生态型的 B2B 网站。下面介绍的是第二种,即第三方经营的 B2B 网站,登录网站后一般采取以下步骤。

1. 搜索

每个网站 search 的页面不同,一般就在首页。如果在首页没有找到,就多点击几个页面。通常最多也就在二级页面。搜索后,你可能会看到很多的 trade leads(供求信息);也有可能被告知无权搜索。前者是我们最想要的结果,因为可以开始收集上面客户的信息;而被告知无权搜索,可能有两个结果,必须注册才可搜索和必须注册且交费才可以搜索。注意:我们的目标不仅仅是寻找信息量大的网站,最重要的是这些信息要适合自己做的产品。

2. 注册

基本了解了这家网站的访问量和免费会员的权限后,接下来就是注册。注册要准备的相关资料一般有产品的海关编码、公司介绍(成立时间、年产量、年销售额、出口额、员工人数、技术员人数以及总经理姓名等)和产品概述、单个主推产品的详细描述、公司地址、电话、传真、邮箱和网站。在复制公司地址等信息时,要注意网站是否有字段限制;如果有,要根据网站限制的字段重新组合,防止客户看到的是不完整的信息。

有的网站提供的"查看客户联系方式"的权限只对新用户开放,给新用户一个试用期测试网站的效果,一定时间后就取消。如果想长期免费享有这种权限,过了一个试用期限后就要马上重新注册,网站审核一般是通过判断你的用户名和邮箱,也就是说二次申请的时候,最好用新的用户名和邮箱以保证顺利通过审核,重新获得权限。

3. 发布信息

注册之后,先发布产品信息。需要准备的有产品英文描述、技术资料、认证信息、价格(如果是库存产品)、图片(一般不能超过 36KB)等。根据不同网站的权限,可以免费发布的产品数量也不一样。只要网站有上传图片的功能,应尽量用到,这样会让潜在客户给公司加分。

接下来发布商情信息。较多的网站都有商情发布的功能,如一些欧美的 B2B 网站,即使没有注册权,也可以免费发布。这一功能有几种常见的英文表述,如"Post an offer"、"Post offer"、"Post trade leads"等。发布信息要注意更新的周期和关键词的设定。更新的周期要参考几个因素:一是网站允许的更新时间,二是网站审核通过新信息发布需要的时间,三是网站的信息量(针对我们产品的求购信息量),四是采购商的质量(可以根据采购商的国家、规模等来判断)。关键词的设定,最好和发布信息的主题一致。同时,应该是写产品名称而不是型号,除非你的产品知名度相当高。网站允许的关键词一般多于 1 个,建议排列的顺序范围由小到大,如全棉面料、面料、纺织品等,因为从搜索的习惯来看,一般人都是从具体到宽泛。

4. 搜索和收集

这个搜索和第一点的搜索有所不同。第一点属于试探性搜索，而这一步要进行的搜索是需要记录详细信息的。搜索要注意的有几个因素，一是关键词，与信息发布一样，搜索范围也应该是从小到大，这样提高了匹配性，同时也节约了时间；二是选择搜索的类别（type），我们要找的是买家（buyer）；三是时间，从近到远，从最新的信息开始收集。

注意事项：搜索的时候，如果 buyer 的资源有限，也可以搜索 seller。在 seller 列表中的公司是你的竞争对手，但是也绝对可能成为你的客户，毕竟，现在的"OEM"（贴牌加工）业务非常普遍。

5. 联系客户

搜索工作告一段落之后，进入客户联系阶段。有些网站可以搜到客户的详细信息，如 E-mail、传真、电话和网址等，可以做好记录，自主联系客户，这是最理想的状态。而有的网站不公布出客户的联系信息，只能通过网站的平台来发送邮件。后者需要注意该网站是把客户反馈的邮件发到会员注册时登记的邮箱还是在网站里的 inbox。例如，Made in China 会把会员通过网站发送给客户的邮件复制一份发到你的邮箱；如果收到客户的询价或者反馈，也可以直接到邮箱，而且直接回复时收件人就是客户的 E-mail 地址。这些做法都相当人性化。当然，也有的网站，会把询价都存在会员账户里，必须登录才可以看到。为了避免错过客户的询价，最好看清楚网站的说明，做好记录，定时打开网站的收件箱。

加入 B2B 贸易网站，一般都会有免费会员制和收费会员制两种方式。是否付费做会员，要特别谨慎。不妨先免费用一段时间，如果真的有不少客户主动联系自己，说明这个网站确实有一定影响，此时再考虑做付费会员不迟。

在 B2B 网站上发布供求信息，要注意几点：①有些网站对供求信息规定了时限，过期则自动删除，所以每隔一段时间要及时更新或重新发布广告信息；②登录 B2B 贸易网站发布和查看信息，是网上外贸最基本的工作之一，但是不要抱有太大期望，不过其成本低，所以要持之以恒地去做；③要将产品正确归类，突出优势，如质优价廉或款式新颖等；④绝大多数的 B2B 网站都不允许在信息栏公布联系方式，联系方式仅提供给付费会员，否则信息会被删除。

此外，完善自己企业的网站也很重要，要将企业所有的优点都体现在网站上，在版面设计、产品信息、公司信息和资料的更新上做好功课。随着网上咨询业务的增多，要开始对客户一一分析，然后逐个归类。同时注意与客户的沟通要以诚心换诚意，要具备丰厚的专业知识、快捷优质的服务和良好的心态。

1.3.3 写开发信

得到潜在客户的联系方式以后，接下来当然是主动出击，吸引客户，争取贸易机会。写给客户的第一封信很重要，外贸上称为开发信。

开发信习惯的格式，首先是说明获得客户联系方式的途径，以免唐突，如"有幸在广交会上得到您的名片"、"经同行介绍"、"在××网站上看到您的求购信息"等。接下来，简要介绍一下自己的情况，包括公司规模、成立时间（国际贸易商青睐成立时间较久的企业，觉得信用度较高）、产品（特别是主打产品）简介、对双方合作的诚意以及联系方式等。以下是一封开发信的示例。

Dear Mr. Steven Hans,

We get your name and email address from your trade lead on http：//www.tradelead.com that you are in the market for ball pen. We would like to introduce our company and products and hope that we may build business cooperation in the future.

We are factory specializing in the manufacture and export of ball pen for more than six years. We have profuse designs with series quality grades, and expressly, our price is very competitive because we are manufactory, we are the source. You are welcome to visit our website http：//www.aaa.com which includes our company profiles, history and latest designs.

Should any of these items be of interest to you, please let us know, We will be happy to give you details.

As a very active manufacture, we develop new designs nearly every month, If you have interest in it, it's my pleasure to offer news to you regularly.

Best Regards,

Dafu Wang

这封开发信简洁明了，鲜明地展示了自己的特点：工厂成立时间长、款式多、价格有竞争力，并建议客户绕开中间商直接与厂家合作。因为不知道客户的详情，特别强调有多种品质，这样无论对方是走精品路线还是廉价路线，都有洽谈的空间。

注意事项：开发信要自己写，应根据客户的不同略作调整，不宜千篇一律。开发信的目的是引起客户的注意和兴趣，吸引客户回复联系。不宜太过详细，长篇大论。

1.3.4 发电子邮件

电子邮件目前是外贸中最基本的联系方式。如果建立了网站，通常会同时拥有一个网站下的电子信箱。这是外贸的首选，因为这种电子邮箱会以网站名字作为后缀名，给人一种正规、有实力的感觉。同时申请一个hotmail免费电子信箱也非常必要。hotmail邮箱是目前应用最广泛、最稳定的电子信箱，因为不受国别限制，不易被电脑病毒侵袭。无论是使用Outlook Express还是foxmail来收发邮件，都建议做个签名档，即固定的邮件落款，以显示正规。

电子邮箱本身也能提供信息。假如收到一封客户邮件，其邮箱为a@aa.com，那么aa.com可能是某个提供免费电子信箱服务网站，但更可能是客户自己的网站。如果是后者，直接访问http：//www.aa.com就能直接查看客户的背景信息；反过来，除了aa.com这个后缀名之外，国外贸易商很喜欢用info、buy、sales等作前缀名。因此，当看到一位客户的网站aa.com，上面并没有提供具体联系邮件的话，可以尝试发邮件给info@aa.com、buy@aa.com等，猜中的概率很大。

发送电子邮件时，最常见的问题就是客户不回信。如何解决这一问题？

首先要排除技术故障，弄清楚客户是否收到了邮件。最简单的方法是在发送邮件的时候请求阅读回执。如果收到客户的回执邮件，说明顺利发送，否则就有可能是技术故障。此外，如果用的是网站邮箱，可以给自己的hotmail邮箱发一封信，看看是否能顺利收到，如果收不到，可以与网站服务商联系，说明情况，检查故障。同时尝试用hotmail免费邮箱发送邮件。

确定邮箱没有技术故障，那么就是客户不愿意回复，对付这种僵局，可分步进行：首先，保持联系，多发几封邮件。但不可太频繁，如每周一封，但注意一定不要重复内容。可以采用"通报企业动态"、"交流行业信息"、"介绍新款产品"、"通告价格调整"等形式，给客户一种

"即使暂时不合作，我方也乐意提供行业资讯给您参考"的态度。多数的国际贸易商当然愿意了解更多的行业相关信息，这样做就把多次发邮件引起反感的风险降至最低其次，可以在邮件中加上一句"如我方邮件打扰了您深表歉意，请回复空白邮件，我们将不再发给您"。如果客户回复空白信拒绝，说明暂时无望合作，可以不必再继续坚持联系。只要不拒绝，就仍可继续联系；联系一段时间以后，客户也许会有所动摇，可能会询问价格。这时也不要急，不要大喜过望，以平常心对待，周到礼貌、详细回应。如果回应后客户继续沉默，就继续保持联系。此时行文就不妨轻松些，每逢客户所在国的重大节日，也可以发送祝贺性的邮件。

假如客户一直没有动静，可以寻找突破口，寻找机会给客户交易报一个超低的成本价。但是，当然不要真的以这个超低价格与客户交易，可以在客户回应以后，解释说这是某批订单的超额生产余量因此低价等。低价的目的仅仅是打开僵局，了解客户沉默的真正原因。同时，作为突破的做法，可以直截了当问客户，一直没有回复是否是因为对产品不感兴趣等。

总之，应对沉默客户的原则，一是确保不是技术故障，二是保持无重复内容的联系，三是适当寻找突破口，找出客户沉默的原因。

1.3.5 技能训练

1. 通过网络找到一个国际买家

外贸业务员小王通过网络搜索找到一条鞋产品的国际买家信息。

2. 写一份外贸开发信

外贸业务员小王通过计算机和网络，写一份出口鞋产品的外贸开发信。

知识链接 1-2

利用网络寻找客户的常见方法

1. 关键词法

中文词汇丰富，因此在选择关键词时，可以用同义词或近义词。此外，涉及行业术语的，还要注意英文中的行业术语，以及不同客户最常用的表达方式。例如，水果菠萝，一般使用 pineapple，但也有不少外国商人喜欢用 ananas 的。多了解一些相关的英文行业术语，有助于收集信息。判断几个同义词中哪一个词更受国际喜爱、更为常用有个小窍门，就是分别用搜索引擎搜索，看哪个词语得到的网页数量更多——特别是专业网站的网页更多。这不但可以为以后搜索信息提供参考，也同样可以成为日后与外商交流时用词的参考。

由于 B2B 网站里免费看到的求购信息通常没有联系方式，但却会显示公司名称，那么以这个公司名称作为关键字去搜索，就有可能找到这个公司的网站，自然就可以获得其联系方式。

2. 相关产品法

原则上每种产品都有销售上的相关产品。例如，经营的产品英文名为 bidet(浴盆)，如果某个进口商进口 bidet(浴盆)，那么很大程度上还会进口 washbasin(脸盆)，那么尝试在搜索引擎中输入 bidet washbasin(实际输入时不用引号)，这时的结果相关性往往大大增强，而且有可能发现一些目标客户。

以上方法的原理是，如果某个网页提及一系列相关产品，那么这个网页可以成为该产品专家级别的网页，通常就是经营、生产或者研究这类产品公司的网页。所以这类网页很值得关注，并且一定有潜在客户。注意，这些产品名称一定要准确而且客户也可以识别的英文名。

项目一　出口前的准备工作

3. 产品目录法

例如，输入"product list shoe"或者"catalog shoe"，搜索结果的网页通常就是某个shoe（鞋）经营者的产品网页，如果他们卖shoe但却不是生产商的话，这极有可能就是一个目标客户。

4. 进口商法

例如，输入"shoe importers"，搜索页面大部分和shoe产品（或shoe的相关产品）的进口商有关，有的就是目标客户的网页，有的就是部分B2B网站给出的shoe产品的进口商名单。

5. 利用企业名录

例如，世界黄页（http：//www.worldyellowpages.com）提供来自92个国家的128个公司名录的链接，同时还提供98个国家的4926种产品的查询服务；北美制造企业名录（http：//www.thomasregister.com）提供北美覆盖7万多个产品的、超过17万多家工业产品制造商的企业名录资料；世界贸易指南（http：//www.gtdirectory.com）提供全球95万多家企业的名录，是全球最大的产品和服务名录之一，可免费检索全球企业和商业机会，也可检索产品的HS海关编码，同时也提供世贸指南、进入中国市场指南以及中小企业指南等服务；欧洲制造企业名录（http：//www.tremnet.com）提供欧洲17个国家、超过18万家工业产品制造商的企业名录资料，包括基本联系信息和产品信息；美国制造企业名录（http：//ww.thomasregional.com）可查询美国各行业50多万家优秀企业，链接了其他与贸易有关的政府、企业网站。

项目小结

进出口贸易的基本业务程序是国际贸易的运行过程，包括三大步骤，即出口前的准备工作、对外洽谈和签订合同以及履约。

交易前的准备工作包括熟悉产品、了解市场和开发客户，开展这些业务均有多种途径。

开发客户的途径包括展会开发、网络开发、机构开发和朋友开发等，由于参加展会的费用较高，很多中小外贸企业往往是通过其他低成本的途径来开发客户，网络开发是首选。

课后习题

1. 简答题

(1) 出口前应该做好哪些准备工作？

(2) 展会上应该注意哪些问题？

(3) 网络开发客户的主要方法有哪些？

(4) 如何利用客户找客户？

(5) 如何利用竞争对手找客户？

(6) 对于采用CIF和信用证支付方式的出口合同，卖方履约时一般要经过哪些环节？

2. 案例分析题

(1) 2003年3月初，山东某乡镇企业与A国的M贸易公司签订了一份出口烤花生的合同。合同规定，付款方式为即期信用证，交货时间为当年的4月30日前，目的港为A国S港。由于M贸易公司对货物的内包装袋设计不满意，于是签约时决定使用自己的包装袋，所以在合同的包装条款中附带一项：内包装袋由 A 方提供。

合同签订后，我方抓紧时间组织加工，同时催促 A 方抓紧运送包装袋。我方于 4 月 15 日将货物加工完毕，只等 A 方包装袋到位，但 A 方包装袋始终未到。我方多次催促之后，A 方提供的内包装袋终于在 4 月 24 日到货。我方立即组织装袋打包，但货物终于没能赶上 28 号的船期，我方于 28 日致电 A 方公司，指出由于 A 方公司内包装袋的迟交，导致了我方公司不能按时交货，所以要求将交货期改为 5 月 15 日之前。

29 日，对方回电说："由于贵方延迟交货已成事实，我方不同意贵方迟交系由我方造成的说法。但我方考虑到贵方的实际困难，要求贵方公司在价格上减让 10%，否则拒绝改期交货。"我方加工厂在接到对方的电函后，与对方交涉，对方作出让步，同意交货期改为 5 月 15 日之前，我方价格减让 8%。考虑到货物迟交已经形成事实，而且货物已经准备就绪，市场行情不断看跌，别无选择，只好同意对方的要求。试分析发生纠纷的原因。

（2）我国某出口公司与外商就某商品按 CIP 和即期信用证付款条件达成一项数量较大的出口合同，合同规定 11 月装运，但未规定具体开证日期，后因该商品市场价格趋降，外商便拖延开证。我方为防止延误装运期，从 10 月中旬起即多次致电提醒开证，终于使该外商在 11 月 16 日开来信用证。但由于该商品开证太晚，使我方安排装运发生困难，遂要求对方对信用证的装运期和议付有效期进行修改，分别推迟一个月。但外商拒不同意，并以我方未能按期装运为由单方面宣布解除合同，我方也就此作罢。试分析我方如此处理是否适当，应从中吸取哪些教训？

（3）菲律宾客户与上海某自行车厂洽谈进口"永久"牌自行车 10000 辆，但要求我方改用"剑"牌商标，并在包装上不得注明"Made In China"字样。请分析原因是什么？

项目二　选择厂家和样品

学习目标

通过对本项目的学习，学生应能够掌握选择生产供应商的基本方法；熟悉测算企业实际生产能力的方法；能够选择合适的生产供应商，并填制验厂报告；能够处理出口产品打样、寄样及样品管理等相关事宜。

工作任务描述

经过一番努力，小张顺利找到了一位潜在客户，接下来他必须去落实生产供应商并向买家提供样品。那么，供应商的类型有哪些？应该如何选择生产供应商？确定生产供应商后，该如何选择样品？寄送样品有哪些注意事项？小张跟着资深业务员开始边学习边工作。

任务内容

(1) 了解供应商的定义与分类。
(2) 掌握选择合适供应商的基本方法。
(3) 熟悉样品费的计算方法。
(4) 掌握样品的一般跟单流程及注意事项。

工作任务实施

(1) 寻找合适的生产供应商。
(2) 填制验厂报告。
(3) 制作并选择合适的样品寄送给买家。
(4) 计算样品的寄送费用。

2.1　选择合适的生产供应商

目前，国内的外贸企业大多数没有生产实体，为保证外贸订单按时按质完成，外贸公司必须熟识生产企业，并能根据业务确定最合适的生产企业，即生产供应商。

2.1.1　供应商选择的基本流程

供应商是指那些向买方提供产品或服务并收取相应货币作为报酬的实体，是可以为企业生产提供物料、设备、工具及其他资源的企业。供应商可以是生产企业，也可以是流通企业，企业要维持正常生产，就必须要有一批可靠的供应商为自己提供各种各样的物资供应。

1. 供应商的类型

1) 订单型生产

订单型生产(Engineer To Order，ETO)又称按订单制造式生产，是指按用户订单进行的生产，生产的是顾客所要求的特定产品。在这种生产类型中，产品的生产批量很小，但是设计工作和最终产品往往非常复杂，如大多数服装生产。

2) 订单装配型生产

订单装配型生产(Assemble To Order，ATO)是指为了缩短交货期，事先制作零部件，在接到订单后，将有关的零部件装配成顾客所需要的产品。当然，按订单装配式生产必须以零部件通用化和标准化为前提。例如，汽车、家电等的生产，都可以认为是按订单装配式生产。

3) 备货型生产

备货型生产(Make To Stock，MTS)是指按已有的标准产品或产品系列进行生产，生产的直接目的是补充成品库存，通过维持一定量成品库存来满足用户的需要。典型备货型生产的产品有家具、文件柜、小批量的消费品以及某些工业设备。

4) 连续型生产

连续型生产(Continuous)是指在连续生产类型中，单一产品的生产永不停止，机器设备一直运转。连续生产的产品一般是企业内部其他工厂的原材料。产品基本没有客户化。此类产品主要有石化产品、钢铁和初始纸制品。

2. 供应商选择的基本流程

供应商的选择涉及外贸企业是否能够及时获取所需的原材料产品，是出口贸易的重要环节，直接关系到外贸企业的采购成本和运作效率，也是决定外贸企业综合竞争力的重要因素。

1) 分析供方市场环境

结合本企业自身发展现状，对企业的市场环境进行全面分析，充分了解国内外有关本产业相关政策的发展动态及趋势，从而确定供应商的范围。

2) 成立供应商评定小组

由于供应商的评价指标涉及企业的各个层面，所以供应商的评价选择不只是由采购部自行负责，而应该是由采购部主导，联合技术部门、品质管理等其他部门成立一个跨部门的评价小组，分别对有关评价因素进行评价分析。

3) 确定供应商的范围

划定供应商的选择范围主要是通过三种方式：①企业已有的供应商；②新的未曾合作的传统供应商；③新开发的供应商。企业应根据自身情况进行选择。

4) 对供应商进行分类

根据供应商的资金、规模、信用情况和在行业中的影响力对其进行分类，以降低企业进行供应商选择的成本和风险，提高选择效率。

5) 综合评价

对供应商的综合评价是整个供应商选择的核心工作，需要建立一套完整的供应商选择评价指标体系，并根据调查收集的资料对各个供应商的相关指标进行赋值，得出供应商的总体成绩，以成绩高者作为合作伙伴。

3. 寻找供应商的途径

1）通过合作企业了解

向有一定业务联系或曾经有意向合作的企业了解。假如长期业务合作的企业能够接单那将是最理想的，因为彼此相对了解，对各自的产品特色、优势也较容易把握，同时日后的交货、付款等都能较顺利地完成。

2）通过媒体如报纸、杂志、互联网搜索

互联网是当今信息搜索的重要途径，特别是各行业都有自己的专门网站，可以利用这些商务网站找到相关产品的供应商。此外，还可以利用国内外采购指南、各类出版物品的厂商名录和电信黄页搜索企业和商品信息。找到供应商后，可以通过电话与其联系，有时电话沟通比网上沟通更容易达到目的。

3）通过相关产品的主要交易网站网络平台张贴采购信息

通过网络发布采购信息也是一个寻找供应商企业的重要途径，特别是随着网络贸易和电子商务的日益壮大，许多企业开始通过网络平台来拓展业务。目前比较有名的网络平台有阿里巴巴（http：//www.alibaba.com/）、中国制造（http：//www.made-in-china.com/）和慧聪网（http：//www.hc360.com/）等。

4）通过参加展销会或订货会

参加国内外产品展销会或政府组织的各类商品订货会，直接了解产品和企业的有关信息。

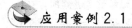

应用案例 2.1

通过网络平台寻找服装面料供应商

以慧聪网为例，小张打算上网寻找针织衫的供应商。登录慧聪网注册免费会员后，在搜索栏里输入关键词即可搜寻到供应商信息。根据产品的关键词"针织衫"或者更细化的关键词，如"女士针织衫"、"短袖"、"全棉"等主要产品信息寻找潜在的供应商。

同时，小张还可以免费发布求购信息。在注册了公司的相关资料后，发布产品要求、细节等，等待供应商主动联系。

2.1.2 调查供应商的登记注册信息

不同的企业在对供应商的选择上有不同的管理要求。内部管理体制较健全的企业会确定一个牵头部门，会同采购部、质检部专项管理这项工作。许多经营规模较大的外贸企业也有专职部门或专项工作小组管理这项工作。在实际工作中也存在一些企业分散管理供应商的情况。

但不论企业内部采用什么形式管理，作为直接面对多个供应商的跟单员，应掌握科学地分析判断供应商优劣的基本技能，详细核实企业法人登记注册情况，了解其生产经营状况，测算其实际生产能力，为本企业减少经营风险提供准确参考。

核实企业法人登记注册情况，任何个人或组织都可以到当地工商注册管理部门查询。工商部门对企业注册登记表上的几十项内容是开放的，个人查询也可获得较为全面、真实的情况。但对于查询企业注册、变更的全部文件档案，需要办理相关批准手续。一般而言，需要核实的企业登记注册信息主要包括以下几个方面。

1. 核实营业执照

工商管理部门核发的《中华人民共和国企业法人营业执照》(简称《营业执照》)是企业取得法人资格和合法经营权的凭证,是经营单位取得合法经营权的凭证。经营单位凭据《营业执照》可以刻制公章,开立银行账户,开展核准的经营范围以内的生产经营活动。

每年工商管理部门要对营业执照进行年检年审,加贴年检标签。如果没有此标签,应当查明原因。

2. 核实企业法人名称

企业法人名称一般由企业所在地行政区划名称、字号(或者商号)、行业或者经营特点、组织形式构成。一般可从名称中可以判断企业的行业、经营特点和组织形式等,如某百货集团公司、某实业总公司、某有限公司、某投资公司、某公司、某分公司等。一般可从名称上判断企业的要点,相关说明见表2-1。

表2-1 核实企业法人名称的要点

鉴别要点	说 明
企业行政区划	如杭州××贸易有限公司,表明该公司在杭州市注册。但如果该企业地址不在杭州而在温州,跟单员就应引起注意,须向工商部门了解真伪,以防上当
企业所处的行业或经营类型	如某纺织有限公司、某五金矿产进出口公司、某阀门分公司、某机械制造实业总公司、某鞋业有限公司等,可以判断出企业是生产型还是贸易型等。同时,还可以判断出该企业主营的业务大类。如果在名称中只列明"名购"、"东方"等中性内容,跟单员需要认真了解该企业内部具体经营商品的内容,以防与不熟悉产品的企业开展经营活动
企业组织形式	工商管理部门根据注册企业提交的文件和章程所反映的财产所有权、资金来源和分配形式,核准企业的经济性质,如股份合作公司、有限责任公司、股份有限公司、私营企业、外资企业、中外合资经营企业等。与不同类型的企业合作,双方所承担的法律责任和义务不同,如股份有限公司以其全部资产对其债务承担责任,而私营独资企业的投资者则要对企业债务承担无限责任。一般而言,集团公司规模大于实业公司,实业公司规模大于有限公司。分公司不是独立法人企业,需上一级法人企业授权其经营

3. 核实企业注册地址及经营场所

企业注册地址是工商部门按企业所在市、县、乡(镇)及街道门牌号码的详细地址确定注册登记的。按照《中华人民共和国公司登记管理条例》规定,住所是企业主要办事机构所在地,经工商部门注册登记的公司住所只能有一个。

如果营业执照注册地与企业经营办公地不一致,需要认真查明原因;否则一旦双方经营合作后出现纠纷,需诉诸法律,就会涉及法律文书送达事宜,如无法送抵,起诉人将无法进行法律诉讼。在实际工作中有些信誉不好、行为不端的供应商,就常常通过这一方式逃避债务纷争。一般而言,营业执照注册地与企业经营办公地不一致的主要从几个方面查明原因:时间所限不能及时变更、历史原因或企业求发展。

另外,对企业改变地址也应予以重视,最好到工商管理部门查询变更原因。

项目二 选择厂家和样品

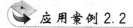

查询登记企业信息

小张登录中华人民共和国国际工商行政管理总局网站（http://www.saic.gov.cn/），可在线查询企业相关信息。如图2.1所示，只需输入企业名称、法定代表人、注册号，即可查询指定企业的相关信息。

图2.1 企业信息查询

4. 核实企业法定代表人

企业法人的法定代表人是经工商管理部门注册登记，代表企业行使职权的主要负责人，是代表企业法人根据章程行使职权的签字人。其签字包括：符合企业法定代表人身份的承诺签字，企业文件、证件真实性的承诺签字，董事会成员、经理、监事任职证明的亲笔签字，产权人的签字，被委托人的签字以及企业提交股东会议决议、董事会决议、章程修正案等。

法定代表人的签字很重要，需承担相应的法律责任，必须真实。凡要求由法定代表人签字的，应是该法定代表人的亲笔签字，仅加盖人名章将视为无效。

5. 核实经济性质

核实供应商或生产企业的经济性质（注册类型）很重要。与不同注册类型的企业合作，若出现经营问题等，所采取的措施将不同。工商管理部门根据注册企业提交的文件和章程所反映的财产所有权、资金来源和分配形式，核准企业的经济性质，并将企业登记注册类型分为三大类：内资企业，港、澳、台商投资企业和外商投资企业。

6. 核实经营范围

经营范围是指国家允许企业法人生产和经营的商品类别、品种及服务项目，反映企业法人业务活动的内容和生产经营方向，是企业法人业务活动范围的法律界限，体现企业法人民事权利能力和行为能力的核心内容。经营范围分为许可经营项目和一般经营项目。

7. 核实注册资本、注册资金

企业的注册资本是指公司在工商登记机关登记注册的资本额，又称法定资本。注册资金

是国家授予企业法人经营管理的财产或者企业法人自有财产的数额体现。

8. 核实企业的成立时间及经营期限

企业成立时间是指企业在工商管理部门的注册登记得到批准的日期。通常企业注册成立的年限越长，积累的经营经验、专业经验就越多，内部管理机制就越健全。对于成立时间不足两年的生产企业，跟单员需要实地认真考察，要严格地估计其实际生产经营能力，而不能过多地相信该企业的自我介绍。

经营期限是指联营企业、外商投资企业等在章程、协议或者合同中所确定的经营期限。跟单员要核实与对方的业务是否在经营期限内。

9. 核实企业的联系方式

联系方式包括长途区号、电话号码、分机号、手机号、传真号码、邮政编码、电子信箱和网站地址等。跟单员可通过下列方式核实企业联系方式。

（1）直接登录企业官方网址，查看其中所需的内容。

（2）查找企业在网上披露的所有信息。可直接输入"企业名称"或"区号加电话号码"、"区号加传真号码"或"企业地址"等分别搜寻网页相关内容，查找企业在网上披露的所有信息。如果网络上搜索到的企业信息相对集中和单一，表明这家企业相对稳定；如果网上查询没有这家企业的任何信息或记录，原则上不宜与其开展业务。

（3）咨询地方工商部门。核实企业联系方式是否过去被其他单位或个人使用过，以查询了解企业成立或变更情况。

 知识链接 2-1

企业登记注册类型

1. 内资企业

（1）国有企业是指企业全部资产归国家所有，并按《中华人民共和国企业法人登记管理条例》（简称《企业法人登记管理条例》）规定登记注册的非公司制的经济组织，不包括有限责任公司的国有独资公司。

（2）集体企业是指企业资产归集体所有，并按《企业法人登记管理条例》规定登记的经济组织。

（3）股份合作企业是指以合作制为基础，由企业职工共同出资入股，吸引一定比例的社会资产投资组建，实行自主经营、自负盈亏、共同劳动、民主管理、按劳分配与按股分红相结合的一种集体经济组织。

（4）联营企业是指两个及两个以上相同或不同所有制性质的企业法人或事业单位法人，按照自愿、平等、互利的原则，共同投资组成的经济组织。

（5）有限责任公司是指根据《企业法人登记管理条例》规定登记注册，由两个以上、五十个以下的股东共同出资，每个股东以其所认缴的出资额对公司承担有限责任，公司以其全部资产对其债务承担责任的经济组织。有限责任公司包括国有独资公司以及其他有限责任公司。国有独资公司是指国家授权的投资机构或者国家授权的部门单独投资设立的有限责任公司；其他有限责任公司是指国有独资公司以外的其他有限责任公司。

（6）股份有限公司是指根据《企业法人登记管理条例》规定登记注册，其全部注册资本由等额股份构成并通过发行股票筹集资本，股东以其认购的股份对公司承担有限责任，公司以其全部资产对其债务承担责任的经济组织。

（7）私营企业是指由自然人投资设立或由自然人控股，以雇佣劳动为基础的营利性经济组织。私营企业包括按照《中华人民共和国公司法》、《中华人民共和国合伙企业法》、《中华人民共和国私营企业暂行条例》规定登记注册的私营有限责任公司、私营股份有限公司、私营合伙企业和私营独资企业。

2. 港、澳、台商投资企业

港、澳、台商投资企业主要包括港、澳、台商合资经营企业，港、澳、台商合作经营企业，港、澳、台商独资经营企业和港、澳、台商投资股份有限公司。

3. 外商投资企业

外商投资企业分为中外合资经营企业、中外合作经营企业、外资企业和外商投资股份有限公司。

知识链接 2-2

许可经营项目和一般经营项目

1. 许可经营项目

许可经营项目是指企业在申请登记前依据法律、行政法规、国务院决定应当报经有关部门批准的项目。

2. 一般经营项目

一般经营项目是指不需批准，企业可以自主申请的项目，但企业从事未经登记的一般经营项目，工商部门将按照超范围经营依法予以查处。

跟单员需要关注该企业经营范围涉及的经营项目内容，如果该企业没有经有关部门"许可经营项目"批准，或超"一般经营项目"范围开展业务，就不能与该企业从事未经"许可经营项目"和超"一般经营项目"范围的业务。

知识链接 2-3

注册资金与注册资本的差异

注册资金反映的是企业经营管理权；注册资本则反映的是公司法人财产权，所有的股东投入的资本一律不得抽回，由公司行使财产权。

注册资金是企业实有资产的总和，注册资本是出资人实缴的出资额的总和。注册资金随实有资金的增减而增减，当实有资金比注册资金增加或减少 20% 以上时，企业需要办理工商变更登记。

跟单员要尽可能严格核查企业虚报注册资本、虚假出资和抽逃注册资本的行为。这类企业一旦出现经营危机，不具备应有的偿付能力，随时都可能损害其债务人、消费者、职工等相关利益人；并且由于这些企业没有被清算或破产的后顾之忧，更容易违法乱纪、铤而走险，给外贸经营造成很大的隐患。

另外，跟单员应学会分析判断能否与其开展业务。跟单员应认真核实企业注册资本，依据注册资本及企业的财务审计报告，判断其生产经营能力，如一家新办的企业只有 50 万注册资本，但需要做一笔 300 万元的业务，显然选择这家企业不太合适，一旦遇到风险就容易使公司利益受损。

2.1.3 评估供应商的生产能力

企业生产能力简称产能，是指单一企业的生产设备在一定时间内所能生产的产品数量，通常以工时为单位。跟单员应该会分析计算企业产能，衡量企业能否按期保质保量交货。供应商的生产能力可从以下几个方面进行评估。

1. 全年生产经营情况

了解掌握供应商的生产经营能力，对于选择相对稳定可行的供应商，保证对外出口产品按时、按质交货，降低经营风险等具有积极作用。跟单员可通过调查工业总产值、工业销售产值、本年生产量、本年销售量、企业自用量、产品库存量和年末生产能力等指标来了解企业生产经营情况。

2. 生产经营条件

跟单员可通过了解企业生产设备、从业人员、经营场地和设施、环境保护和安全生产及企业内部经营管理能力等情况来核实企业的生产经营条件。此外，还应了解供应商的技术能力情况。例如，技术人员是否知道产品在技术上的改进点，是否了解产品的竞争对手在技术上的差异；生产工人是否知道产品技术上的特征和技术重点；公司是否有技术专业杂志及资料；技术人员是否关心行业的技术开发动向和前沿技术等。

3. 实际生产能力

企业的生产能力通常具有一定的稳定性。对一个企业生产能力的计算，一般有理想产能、计划产能和有效产能三种测算方法，这三种产能的计算方法见表2-2。跟单员在得出各种设备一周有效产能后，再根据单一产品各工序生产所需工时，计算出完成订单总数量在各工序所需总工时，以检查企业生产能力能否在订单规定的期限内完成生产和对外交货。

表2-2 企业生产能力的计算方法

方法	内 涵	计 算 公 式	举 例 说 明
理想产能	在所有的机器设备运转完好，每周工作7天，每天工作三班，每班工作8小时，期间没有任何停机时间，产品合格率为100%的情况下生产的产品数量	理想产能＝每小时产量×理想产能标准工时 理想产能标准工时＝可用设备数×工作天数×每天班数×每班时间	以10台车床为例，每台配置车工1人，总人数为10人，按每周工作7天，每天3班，每班8小时，1周理想产能标准工时为10×7×3×8＝1680工时
计划产能	假设机器设备运转完好，产品合格率为100%，根据企业每周实际工作天数、排定的班次及每班员工工作时间来确定	计划产能＝每小时产量×计划产能标准工时 计划产能标准工时＝可用设备数×实际工作天数×实际每天班数×实际每班时间	以10台车床为例，每周计划开动5天，每天2个班次，每班次员工工作8小时，因此计划产能标准工时为10×5×2×8＝800工时
有效产能	以计划产能为基础，减去因停机和产品不合格率而造成的标准工时损失，产品不合格的损失包括可避免的和不可避免的报废品的直接工时	有效产能＝每小时产量×有效产能标准工时 有效产能标准工时＝计划产能标准工时×工作时间目标百分比×产品合格率	以10台车床为例，车床存在设备检修、保养、待料等待的时间，实际工作时间只有计划时间的80%，产品不合格率为95%，则有效产能标准工时为800×80%×95%＝608工时

应用案例 2.3

企业生产能力的计算

假如唐朝公司有某设备 8 台,该设备每小时平均生产 80 件女式衬衫,每周计划工作 6 天,每天 2 班,每班 8 小时,工作时间目标为 90%,产品合格率 95%。试计算该设备一周的理想产能、计划产能和有效产能。

解:理想产能＝80 件/小时×8 台×7 天/周×3 班/天×8 小时/班＝107520(件/周)

计划产能＝80 件/小时×8 台×6 天/周×2 班/天×8 小时/班＝61440(件/周)

有效产能＝61440 件×90%×95%＝52531(件/周)

应用案例 2.4

企业生产能力测算

例如唐朝公司接到一笔服装订单,数量为 17000 件,交货期为 6 个星期。A 供应商的生产车间产能为平均每工时 40 件左右;按 A 公司的员工人数,一天可排两个班次,一周常规的工作时间是 5 天,每天两个班次工作 8 小时;按照以往经验数据工作时间目标约为 90%(有效工作时间),产品合格率为 95%。因此,该公司的理想产能、计划产能和有效产能分别如下:

(1) 理想产能,按每个班次工作 12 小时,每周工作 7 天来计算,该公司的理想产能为

12×2×7×6×40＝40320 件＞17200 件(订单数)

(2) 计划产能,按每个班次工作 8 小时,每周工作 5 天计算,该公司的计划产能为

8×2×5×6×40＝19200 件＞17000 件(订单数)

(3) 有效产能,按每个班次工作 8 小时,每周工作 5 天计算,考虑工作时间百分率和产品合格率计算,得该公司的有效产能为

8×2×5×6×90%×95%×40＝16416 件＜17000 件(订单数)

尽管 A 公司 6 周的有效产能比订单数量少 584 件,但是考虑到计算的前提条件已经考虑工作时间百分率和产品合格率,且是按每个班次工作 8 小时,每周工作 5 天计算的,因此还有每班 1～2 小时和每周 1～2 天的加班弹性。若每天按正常工作 8 小时,每周多加班一天计算,得 A 公司的产能为 8×2×6×6×90%×95%×40＝19699.2 件＞17000 件(订单数)

因此,就产能而言,A 公司符合要求,可以选择。

4. 应对企业生产能力不足的对策

在现实工作中,确实存在一些企业因各种原因,出现生产能力不足的问题。当发现企业生产能力不足,不能保证订单按时交货时,为了确保按时交货,跟单员必须要求企业或生产部门采取以下措施:

(1) 延长工作时间,由一班制改为两班制、三班制或延长员工工作时间。

(2) 增加机器设备台数,延长开机时间。

(3) 增加其他车间生产支持或将部分生产任务拨给其他车间承担。

(4) 调整生产计划,将部分生产向后推。

(5) 部分产品进行外包生产。

(6) 增加临时用工。

(7) 产能长期不足时,应增加人员和机器设备。

将以上所述信息汇总成一个表格,即供应商基本资料调查表(见表2-3),以便进行分析比较。根据以上所述内容和方法,将相应的资料填入供应商基本资料调查表中,一个供应商对应一份表格。

表2-3 供应商基本资料调查表　　　　　年　月　日

公司全名				企业性质	□国有　□集体　□私营　□合资　□独资		
地址							
公司负责人姓名:			职务:		联系手机:		
业务联系人姓名:							
电话			开户银行		法人代表		
传真			银行账号		成立年月		
E-mail			税种		投资金额		
网址			税号		厂房面积		
			月结天数		产品标准		
员工总数		人	技术主管姓名		技术人员		人
管理人员		人	品管主管姓名		品管人员		人
生产人员		人	生管主管姓名		生管人员		人
主要产品	1.		2.		3.		
月产量	1.		2.		3.		
主要客户	1.		2.		3.		
	生产设备			检测设备			
设备名称	规格	数量	评估状况	设备名称	规格	数量	评估状况
附件	□营业执照　□税务登记证　□银行账户　□组织结构图　□评估资料 □其他证明:						
实地评估人员							
评估结论及建议:□A级　　□B级　　□C级　　□D级							
	××××公司				供应商		
核准	审核	拟制	公司章	确认		填表	

2.1.4 完成验厂报告

在收集到供应商的资料之后,需要挑选合格的供应商。这一过程非常重要,有时甚至可以决定一个企业的兴衰。有的企业就因供应商选择不当,造成重大损失,甚至破产。如何找到合适的供应商或使生产企业按时、按质、按量完成订单?如何在已有的供应商中好中选优?如何避免或降低企业的经营风险?这就需要跟单员根据供应商的信息进行分析判断,最好能够进行实地考察,进一步甄选出最适合的企业进行合作。

1. 验厂分析判断的方法

(1)望。"望"主要是看供应商、生产企业背景,了解企业出资人背景实力、经营管理的模式、业务种类。一般而言,成立时间长,业务流程规范的企业风险较小;而新成立的小企业、缺少必要监管的企业、新业务层出不穷的企业出现风险概率较高。

(2) 闻。"闻"主要是了解供应商、生产企业实力，如企业所处行业中的地位如何、企业在消费者中的口碑如何、企业的内部管理是否完善、企业的产品受市场欢迎程度如何、企业员工的精神面貌等。

(3) 问。"问"主要是调查供应商、生产企业管理。一问企业发展目标（战略目标），了解企业制定的发展目标是否符合国家的产业政策、是否符合企业的实际情况；二问企业投资策略，看企业投资业务是否过于分散、投资业务比重是否过大、是否过度大规模扩张等；三问企业是否达到相关国际管理体系或质量管理体系标准、是否使用童工等。

(4) 切。"切"主要是掌握供应商、生产企业现金流。现金流直接反映企业经营状况和资金链。考察企业现金情况，可以对企业现金流量表进行分析。如果长时间的经营活动所产生的现金净流量较少，企业必然在某些方面出现问题，并想方设法通过其他手段掩盖资金短缺问题。

 应用案例 2.5

调查供应商、生产企业管理

小张接到客户的发盘，要求生产供应商必须取得 ISO 9001 国际质量体系认证证书，生产必须遵循社会责任标准（Social Accountability 8000，SA 8000）要求。于是小张在未通知其潜在供应商 A 公司具体验厂时间的情况下，对 A 公司的情况进行突击调查。

首先，查看 A 公司由中国质量认证中心颁发的 ISO 9001 证书；其次，对 A 公司的员工进行抽样独立调查，调查内容包括工资工时、工作生活环境、人权保障等各方面。通过调查，了解到 A 公司一周正常工作时间为 5 天，每天工作 8 小时，不存在使用童工、强迫劳动及各种形式的歧视或经常性加班且无加班工资等现象。根据 A 公司财务部门提供的工人工资记录表，发现最低工资达到当地最低工资标准。对厂房、安全消防设施等也进行了仔细的排查，发现基本符合 SA 8000 关于提供员工良好安全的工作环境标准。通过这次突击检查，A 企业符合要求，可以列为选择对象。

 知识链接 2-4

验厂参考网址

中国验厂网：http://www.sa8000cn.cn/
中国验厂论坛（CSA）：http://www.china-coc.org/
中国认证网：http://www.renzheng.com/
中国国标网：http://www.gb-china.cn/
国际劳工组织（ILO）：http://www.oil.org/global/lang-en/index.htm/
公平劳工协会（FLA）：http://www.fairlabor.org/fla/
工人权益组织：http://www.workersrights.org/

2. 验厂报告

在经过系列的验厂分析判断后，跟单员必须根据收集了解的信息汇总，完成验厂报告（Factory Quality Assessment）（见表 2-4）。

表 2-4 Factory Quality Assessment 示例

Factory Information(工厂信息)
Project – Description(项目名称)
Manufacturer for Project No.(生产项目号码)
Factory Name(工厂名称)
Company status(公司性质)
Factory owner(法人代表)
Factory has been in operation since(工厂成立时间)
Telephone(电话)　　　　　　　　　　　　　　Fax(传真)
E – mail(电子邮件)　　　　　　　　　　　　　Contact Person(联系人)
Staffing Information(内部员工信息)
Manufacturing Personnel(生产工人)
Quality Controllers(QC)
Engineers(技术人员)
Production Information(生产信息)
Monthly Production Capacity(平均每月产量)
Produce Peak season(s)(生产旺季)From(从)　　　　　To(至)
Which kind of quality certificate test report did factory pass?
(工厂有没有通过一些相关的认证)
How many operators per line?(每条线有多少工人)
How many Quality Controllers per line(每条线上有多少 QC)
What is the production sq. ft/sq. mtrs?(生产区域面积)
Major Product – Range(主要产品范围)
Major Product Range(主要原材料范围)
Export Countries(出口国家)
Country Ratio(国家比例)
Specialist for(主打产品)
Turnover Export(出口额)
Main Production(主要产品)
Production Capacity(产能)
Technology Equipment(技术设备)
Type of Machines(机器种类)
Technology & Age(技术与年限)
Clearness(整洁)
Production Process(生产过程)
Working Instructions(工作要求)
Packing(包装)
ISO – Certification(国际标准组织认证)
Test Instruction(测试要求)
Test Equipment(测试设备)
Incoming(原材料入厂)
In line(生产线)
Final(出厂)
own warehouse(自己仓库)
Warehouse Capacity(仓库容量)
Warehouse Condition(仓库条件)

2.1.5 确定拟合作的生产供应商

企业为了长远的发展或在供应商链上更有保障,往往会对供应商的地理位置布局、各行业供应商的数量、各供应商在其本行业中的大小、供应商性质的内容做一份详细的规划,便于跟单员的工作更有方向。

在做供应商结构规划时,一般要对本企业的产品或材料按 ABCD 分析法先分等级,对每一类产品或材料在一定时期内选定几个主要的供应商,其他供应商也要适当地下一些订单,用以维持合作关系,同时还可用以应急。

在选定供应商时,一般也讲究规模的"门当户对",即大企业的供应商最好也是相对大规模的生产企业,至少也不能小于中型企业;中型企业的供应商一般都为中小型企业,如选择相对大型的企业,则不利于企业对供应商的控制,但也不宜用"家庭作坊"式的企业,否则难以保证品质。

若同时有好几家供应商都符合要求,一时间难以取舍,则各个供应商的报价将成为谁是最佳供应商的决定性因素。

在综合考虑上述各方面的重要因素之后,就可以给每个供应商打出综合评分,填制供应商考核表(见表 2-5),选择出合格的供应商。

表 2-5 供应商考核表

供应商名称				联系人		
地址及邮编				电话		
项目	配分		考核内容及方法		得分	考核人
价格	最高为 40 分,标准分为 20 分		根据市场最高价、最低价、平均价、自行估价制定一标准价格,标准价格对应分数为 20 分。 每高于标准价格 1%,标准分扣 2 分,每低于标准价格 1%,标准分加 2 分。 同一供应商供应几种物料,得分按平均计算。			
品质	30 分		以交货批退率考核: 批退率=退货批数÷交货总批数 得分=30 分×(1-批退率)			
逾期率	20 分		逾期率=逾期批数÷交货批数 得分=20 分×(1-逾期率) 另外,逾期 1 天,加扣 1 分;逾期造成停工,待料 1 次,扣 2 分。			
配合度	10 分		1. 出现问题,不太配合,每次扣 1 分。 2. 公司会议正式批评或抱怨,每次扣 2 分。 3. 客户批评或报怨,每次扣 3 分。			
总计						
备注	1. 得分在 85~100 分者为 A 级,A 级为优秀供应商,可加大采购量。 2. 得分在 70~84 分者为 B 级,B 级为合格供应商,可正常采购。 3. 得分在 60~69 分者为 C 级,C 级为应辅导供应商,需进行辅导,减量采购或暂停采购。 4. 得分在 59 分以下者为 D 级,D 级为不合格供应商,应予以淘汰。					
品管部		采购部		开发部		财务部

2.1.6 技能训练

（1）W 服装厂，有 A 设备 8 台，每台每小时平均生产 80 件衬衣，每周开工 5 天，每天 3 班，每班 8 小时，工作时间目标为 90%，产品合格率为 90%，每台机器由 1 人操作。若有半个月内完成 6 万件的订单，该厂是否可以接受？

（2）杭州某外贸公司接到国外客商一份订单。跟单员小王通过网络找到一家供应商，该公司注册地址为江苏南京，但通过电话联系后得知其目前的经营地址为江苏无锡，为此小王进行实地考察。小王在核实供应商登记注册情况时应注意哪些事项？

知识链接 2-5

国际惯例标准体系

1. ISO 9000 质量管理体系标准

ISO 9000 族标准是国际标准化组织（ISO）于 1987 年制定，后经不断修改完善而成的系列标准。截至 2011 年，已有 90 多个国家和地区将此标准等同转化为国家标准。根据该组织章程，每一个国家只能有一个最有代表性的标准化团体作为其成员。

ISO 9000 族标准认证，也可以理解为质量管理体系注册，是由国家批准的、公正的第三方机构——认证机构，依据 ISO 9000 族标准，对组织的质量管理体系实施评价，向公众证明该组织的质量管理体系符合 ISO 9000 族标准，提供合格产品，公众可以相信该组织的服务承诺和组织的产品质量的一致性。

ISO 9000 族标准并不是产品的技术标准，而是针对组织的管理结构、人员、技术能力、各项规章制度、技术文件和内部监督机制等一系列体现组织保证产品及服务质量的管理措施的标准。具体而言，ISO 9000 族标准在以下四个方面规范质量管理。

（1）机构。标准明确规定为保证产品质量而必须建立的管理机构及职责权限。

（2）程序。组织的产品生产必须制定规章制度、技术标准、质量手册、质量体系操作检查程序，并使之文件化。

（3）过程。质量控制是对生产的全部过程加以控制，而且是面的控制，不是点的控制。从根据市场调研确定产品、设计产品、采购原材料，到生产、检验、包装和储运等，其全过程按程序要求控制质量，并要求过程具有标志性、监督性和可追溯性。

（4）总结。不断地总结、评价质量管理体系，不断地改进质量管理体系，使质量管理呈螺旋式上升。

ISO 9000：2000 系列标准

自 ISO 组织于 1987 年公布第一版 ISO 9000 族标准至今，ISO 9000 系列标准已经经过两次修订，第一次修订是在 1994 年，1994 年版对 1987 年版作了一些修订并发布了 ISO 9000：1994 系列标准；2000 年又对 1994 年版作了重大的调整并发布了目前广泛采用的 ISO 9000：2000 系列标准。ISO 9000：2000 系列标准的编号和名称包括：ISO 9000 质量管理体系基础和术语、ISO 9001 质量管理体系要求、ISO 9004 质量管理体系业绩改进指南、ISO 19011 质量和环境审核指南以及 ISO 10012 测量控制系统。其中 ISO 9000、ISO 9001、ISO 9004 以及 ISO 190114 项标准是 2000 年版中的核心标准。

2. ISO 14000 环境管理体系标准

ISO 14000 认证系列标准是一个系列的环境管理体系标准，是由国际环境管理技术委员会（ISO/TC207）负责制定的一个国际通行的环境管理体系标准。它包括环境管理体系、环境审核、环境标志、生命周期分析等国际环境管理领域内的许多焦点问题。其目的是指导各类组织（企业、公司）取得正确的环境行为。但不包括制定污染物试验方法标准、污染物及污水极限值标准及产品标准等。该标准不仅适用于制造业和加工业，还适用于建筑、运输、废弃物管理、维修及咨询等服务业。该标准共预留 100 个标准号，共分 7 个系列，其编号为 ISO 14000—14100。

特点：ISO 14000 系列标准是为促进全球环境质量的改善而制定的。它是通过一套环境管理的框架文件来加强组织（公司、企业）的环境意识、管理能力和保障措施，从而达到改善环境质量的目的。它目前是组织（公司、企业）自愿采用的标准，是组织（公司、企业）的自觉行为。在我国是采取第三方独立认证来验证组织（公司、企业）对环境因素的管理是否达到改善环境绩效的目的，满足相关方要求的同时，满足社会对环境保护的要求。

目标：ISO 14000 的目标是通过建立符合各国的环境保护法律、法规要求的国际标准，在全球范围内推广 ISO 14000 系列标准，达到改善全球环境质量，促进世界贸易，消除贸易壁垒的最终目标。

3. SA 8000 社会责任管理体系标准

社会道德责任标准（Social Accountability 8000，SA 8000）自 1997 年问世以来，受到了公众极大的关注，在美欧工商界引起了强烈反响。专家们认为，SA 8000 是继 ISO 9000、ISO 14000 之后出现的又一个重要的国际性标准，并迟早会转化为 ISO 标准；通过 SA 8000 认证将成为国际市场竞争中的又一重要武器。有远见的组织家应未雨绸缪，及早检查本组织是否履行了公认的社会责任，在组织运行过程中是否有违背社会公德的行为，是否切实保障了职工的正当权益，以把握先机，迎接新一轮的世界性挑战。组织年度报告和公司宣传册中关于道德责任的陈述逐年增多，这一现象表明，管理与社会责任相结合的需求日益增大。尽管许多组织在运营中并无不道德行为，但却无从评判。而今天，组织行为是否符合社会公德可以根据该组织与 SA 8000 要求的符合性予以确认和声明。

SA 8000——世界上第一个社会道德责任标准，是规范组织道德行为的一个新标准，已作为第三方认证的准则。SA 8000 认证是依据该标准的要求审查、评价组织是否与保护人类权益的基本标准相符，在全球所有的工商领域均可应用和实施 SA 8000。SA 8000 涉及以下主要内容：

（1）童工。企业必须按照法律控制最低年龄、少年工、学校学习、工作时间和安全工作范围。

（2）强制雇佣。企业不得进行或支持使用强制劳工或在雇佣中使用诱饵或要求抵押金，企业必须允许雇员轮班后离开并允许雇员辞职。

（3）健康安全。企业须提供安全健康的工作环境，对可能的事故伤害进行防护，进行健康安全教育，提供卫生清洁设备和常备饮用水。

（4）联合的自由和集体谈判权。企业尊重全体人员组成和参加所选工会并进行集体谈判的权利。

（5）差别待遇。企业不得因种族、社会地位、国籍、伤残、性别、生育倾向、会员资格或政治派系等存在歧视。

（6）惩罚措施。不允许物质惩罚、精神和肉体上的压制和言词辱骂。

（7）工作时间。企业必须遵守相应法规，加班必须是自愿的，雇员一周至少有一天的假期。

（8）报酬。工资必须达到法定和行业规定的最低限额，并在满足基本要求外有任意收入。雇主不得以虚假的培训计划规避劳工法规。

（9）管理体系。企业须制定一个对外公开的政策，承诺遵守相关法律和其他规定；保证进行管理的总结回顾，选定企业代表监督实行计划和实施控制，选择同样满足 SA 8000 的供应商，确定表达意见的途径并采取纠正措施，公开与审查员的联系，提供应用的检验方法，并出示支持的证明文件和记录。

4. OHSAS 18000 职业安全卫生管理标准

OHSAS 18000 全名为 Occupational Health and Safety Assessment Series 18000，是一个国际性安全及卫生管理系统验证标准。OHSAS 之所以发展，主要为解决客户群在面对诸多验证机构自行开发的安卫管理系统验证标准时，如何取舍的问题以及取代知名度较高 BS 8800（仅为指导纲要，而非验证标准）而成为可正式验证之国际标准。

职业安全卫生管理体系是国际上继 ISO 9000 质量管理体系标准和 ISO 14000 环境管理体系标准后世界各国关注的又一管理标准。美国、英国、澳大利亚、日本等国家正在实施职业安全卫生管理体系。目前，许多国家和地区都依据 ISO 9001、ISO 14001 和管理模式制定了相应的职业安全卫生管理体系标准。

目标：推行、实施并通过认证职业安全卫生管理体系，可以确保企业能够提供给全体员工一个职业安全健康卫生要求得到控制的环境，保证员工、企业和相关方的各种利益。

OHSAS 18000 认证引用标准有以下几个。
(1) ILO/OSH 2001：职业安全健康管理体系准则，国际劳工组织。
(2) 职业安全健康管理体系指导意见：2001，中华人民共和国国家经济贸易委员会。
(3) 职业安全卫生管理体系试行标准：1999，中华人民共和国国家经济贸易委员会。
(4) OHSAS 18001：1999。

2.2 打样与寄样

2.2.1 样品的种类与作用

样品(sample)是能够代表商品品质的少量实物，或者是从整批商品中抽取出来作为对外展示模型和产品质量检测所需，或者在大批量生产前根据商品设计而先行由生产者制作、加工而成，并将生产出的样品标准作为买卖交易中商品的交付标准。

样品的作用主要体现在几个方面：①样品能够体现一个企业的形象，直接反映一个企业的经营推广能力和生产制造能力；②样品能够体现产品的品质水平。客户从样品就能了解到企业生产的产品档次及适合的消费群体；③样品是跟单员与客户沟通的重要桥梁。通过样品，跟单员可以更加充分地了解客户的需求及购买意向；④样品是验货和索赔的依据。一旦验货不通过或者发生索赔，双方确认的样品就成为重要的谈判依据。

样品的种类很多，下面重点介绍几个常见样品种类与功能，见表 2-6。

表 2-6 常见样品种类与功能

序号	样品种类	样品功能
1	推广样(Salesmanship Sample)	指企业用于境内外参展、对外展示的实物。通常是从一批商品中抽取或设计加工出来的，能代表交货商品的品质，向公众反映出商品品质全貌的实物形态
2	原样(Original Sample)	通常由卖方提供，代表其供货品质
3	复样(Duplicate Sample)	卖方向买方提供原样时，同时留存的具有同样品质的样品，以保证买卖双方各执一份同样品质的样品，作为品质纠纷的解决依据
4	对等样品(Counter Sample)	在由买方提供样品的情况下，选择品质相近的样品提供给买方，卖方根据买方来样仿制或从现有货物中选以供买方确认
5	封样(Sealed Sample)	由第三方或公证机关在一批货物中抽取同样质量的样品，采用铅丸、钢卡、封条等各种方式加封识别，由第三方或公证机关留存备案的样品
6	测试样(Test Sample)	交由买方客户通过某种测试检验卖方产品品质的样品
7	确认样(Approved Sample)	原样或对等样品品质经买方确认后即成为确认样，作为交易货物品质的依据
8	产前样(Pre-production Sample)	大货生产之前，买方要求卖方寄送的以确定商品颜色或工艺的样品
9	生产样(Production Sample)	卖方在大货生产过程中，应买方要求随机抽取的样品，用以反映大货生产的产品品质的样品
10	出货样(Shipment sample)	在大货生产完成后，卖方在做好全部出货准备后寄送的样品，用来确定产品的品质及包装

此外，不同的行业，还会有该行业特有的一些样品种类。以纺织服装为例，常见的样品种类见表2-7。

表2-7 纺织服装样品种类与功能

序号	样品种类	样品功能
1	款式样（Pattern Sample）	确定服装款式效果、用料，向客户展示生产工艺水平
2	齐色齐码样（Size/color set sample）	款式确定后，根据客户要求，提供所有颜色和尺寸的样品
3	水洗样（Washing Sample）	确定面料的水洗效果，确定产品水洗后的尺寸稳定性
4	色样（Lab Dip）	确定面、辅料的染色效果
5	辅料样（Accessory Material Sample）	确定辅料品质，需特殊注意服装辅料中如染料、纽扣或拉链中金属含量等指标，注意保证其符合客户所在国及出口国的法规要求
6	尺码样（Size Sample）	确定服装各部位尺寸
7	绣/印花样（Embroidery/Printed Sample）	确定绣/印花资料准备，颜色搭配，花型等符合要求

2.2.2 样品制作

样品制作是进出口业务中不可缺少的一部分，是订单确认的前奏，因此，跟单员需要认真对待样品的制作与选择工作。

1. 辨析客户索样意向

一般情况下，寄出的样品越多，接单的可能性也越大。但从公司整体利益及长远的发展来说，外贸跟单员需分辨是否很有必要为客户提供样品。因为公司的资源有限，且要考虑到节约成本，最好能够实行"按需分配，整体统计"的原则。按需分配，即按跟单员所需来制作样品；整体统计，即对每个跟单员打样数量进行统计。

应用案例2.6

辨析客户索样意向

有一位中东客户发来电子邮件表示对小张公司产品感兴趣，要求提供报价表。报价表提供之后，客户再次发来电子邮件，要求提供样品以便促销。业务员小张回复表示"样品可以提供，但由于最近索要样品的客户实在太多，很抱歉样品费以及运费需要客户支付"。但从此之后，再也没有任何答复。

对于客户索样，尤其是新客户的索要样品要求，应该坚持收费的做法。如果是有诚意的客户，他应该理解这种要求。

2. 打样

1) 打样要求

跟单员需要准确、全面地理解买方客户的打样要求。再向样品制作部门下单要求制作样品前，需要和客户完成样品所有细节方面的确认，然后再向样品制作部门下达制作指示，发出《样品制作通知单》（见表2-8）。同时，与样品制作部门进行沟通，确认样品制作细节，保证寄出的样品符合要求，质量令客户满意。

表2-8 样品制作通知单

样品单编号： 客户编号： 交期：

序号	产品代码	名称规格	颜色	数量	工艺要求	包装要求	备注

样品制作负责人： 跟单员：

2) 打样时间

样品完成时间也是体现企业能力的一部分。样品制作部门应尽一切办法协助外贸跟单员保证在要求时间内完成样品的制作。

打样时间不仅包括样品的生产时间，还必须考虑到样品原辅料的采购时间；如果某些商品的买方客户对样品的包装也有详细要求，还必须在打样时间内考虑到包装及包装材料的购置时间。此外，打样的生产时间需要在寄样时间前，一般应预留寄样时间。跟单员需要根据寄样的安排调整对打样时间的要求。

3) 打样数量

在确定打样数量时，跟单员需要结合业务的具体情况、产品是否具有普遍性等特点考虑样品数量。对于某些不涉及知识产权、专利等问题的产品，保留一定数量的样品可以方便出口商以后的业务开展，不必要每次接到客户的询盘都必须重新打样。

同时，跟单员必须留存一套相同样品，以作为将来与客户进行沟通的基础，也是订单确认的标准，这一点非常重要。

4) 打样费用

对于样品费，优秀的外贸跟单员可以通过样品费的处理判断买方客户的购买需求是否真实。一般而言，有诚意的客户通常不会在乎一点运费，如果客户下订单的话，供应商还可以考虑免费提供样品，仅在付款时扣除其所支付的运费。对于比较在意样品费支出的买方客户，可以承诺订单签订后退还样品费，通过这种方法，既可以增加交易达成的概率，又可以减少公司的费用支出。

样品制作产生的费用主要包括开模具费、原材料费、加工费等。这些费用可以由国外客户、生产厂家或外贸公司独自承担，也可以通过商谈由多家共同分担等。一般在国际贸易中会涉及大量的样品，常见的情况有以下几种：

(1) 生产供应商承担所有费用。如果有较好合作关系的生产供应商，生产厂商出于对未来订单的需求会放弃眼前的小利益而免费承担打样任务，这对外贸企业而言自然最为理想。

(2) 外贸企业承担或外贸企业与供应商共同承担。如果与生产供应商首次合作，跟单员要根据业务的具体情况采取不同的处理办法，能够争取双方共同承担最好。如果生产厂商坚持外贸企业全额支付打样费用，跟单员需要确定其企业资质、生产水平等是否可以作为生产厂商的确定人选；否则，在不确定生产厂商资质的情况下盲目支付打样费用，则很可能造成浪费。

(3) 国外客户支付模具费用，生产厂家承担原材料费和加工费。外贸公司收到国外客户的模具费用后，将国外客户的样品和工艺要求一并交生产厂家。生产厂家承担原材料费和加工费，并在规定的时间内完成样品制作。

(4) 国外客户支付模具费用，外贸公司承担原材料费，生产工厂承担加工费。外贸公司在收到国外客户的模具费用后，将客户提供的样品和工艺要求、完成时间等资料信息交给生产工厂或生产车间，由其在规定的时间内完成样品制作。原材料费由外贸公司承担，加工费由生产工厂承担。

此外，在打样费用问题的处理过程中，外贸跟单员还需要与外贸业务员密切联系，确定买方客户的购买意愿的真实性与发生概率。

 应用案例2.7

打样费用的分摊

小张收到客户要求打样的信息，他是否应该向客户索要样品费呢？

如果样品较少且价格低廉，可以向客户提供免费样品，但同时要求提供账号、运费到付；如果样品比较大且比较贵，可以要求客户先汇样品费，运费到付。如果没有账号，则汇样品费及运费。在第二种情况下，客户也有可能提出只提供账号、运费到付，仍需要提供免费样品，则可以建议客户先付样品费和运费，到有正式订单的时候，再从订单金额中扣除原来的样品费。一般情况下，有诚意合作的客户都能接受这样的处理方式。

2.2.3 寄样

1. 寄样前的准备工作

跟单员需对制作完成的样品进行检查，以确保所有细节符合客户要求。

（1）样品要有代表性，一般从批量生产的产品中抽样得到。选取的样品能够代表日后生产的大部分产品的品质。

（2）制作样品标签（见表2-9）。

（3）样品制作完成后须拍照后才能寄出。样品寄出时，需妥善包装，以保证在运输过程中不被损坏。

（4）要留下样品及其生产批次等相关资料以备日后核查。

（5）与客户确认寄样地址，以免损失样品和错过商机。

表2-9 样品标签

| 样品名称： |
| 批次号： |
| 规格： |
| 取样日期： |
| 测试项目： |
| 备注： |
| ××××公司 |
| 电话：0577-×××××××× 传真：0577-×××××××× |

2. 寄样方式

1）邮政航空大包

邮政的航空大包价格较便宜，航程大约在两周（不含目的国的海关检验和其国内的邮政递送时间）。此方法可适用于大宗的低值产品寄送。可在各地邮局办理。一般商品（非危险品)可正常寄送。如系危险化工或者疑似危险化工(如钛白粉)产品,需要出具特殊的证明,并办理特殊托运。需要注意的是,最小邮寄重量是2kg,20kg为一个限重单位,超出部分,需要另行打包计费。

2) 航空快递

航空快递分为国内邮政的 EMS 和国际快递公司(UPS 美国联合包裹速递公司、Fedex 联邦快递、DHL 中外运敦豪、TNT 等),其费率大致相当。较邮政的航空大包贵,若与快递公司有协议,则可有折扣价。时间大约是一周(3~5天)。一般而言,国际特快专递公司对特定物品的寄送有相关要求,可以通过其官方网站或电话查询。国际知名的主要快递公司服务各有所长,见表2-10。

表2-10 主要快递公司服务比较

快递公司	价　　格	速度	优　　势
EMS	较低	较慢	若货物在国外扣关,可以免费运回;适合小件货物且不要求时间的情况
UPS	6~21kg 或>100kg 比较低	较快	在美加(美国、加拿大)、南美、英国等几个区域有优势,速度快
Fedex	>21kg 比较低	较快	东南亚有价格优势,速度快
DHL	<5.5kg 或 21~100kg 比较低	较快	运送中等货物运价较低
TNT	较高	较快	西欧地区有优势

3) 寄样费用

(1) 寄样费用的支付方式。在国际贸易中,寄送样品一般通过快递公司。从事国际快递业务的 EMS、Fedex、DHL、TNT、UPS 等这些快递公司邮寄费用一般采用(寄件方)预付或(收件方)到付的方法。预付(freight prepaid)方式多用于寄送费用低、客户信誉好或老客户及成交希望太的情况下。到付(freight collect)支付方式多用于寄送费用高、客户信誉差或新客户及成交希望无法确定的情况下。此时,最好要求收件人提供相应快递公司的到付账号,避免收件人在当地采取拒付,最后快递公司仍需寄件方支付费用。

 应用案例2.8

样品到付须要求对方提供到付账号

A公司有一塞浦路斯客户索要样品,由于已于交易会上同客户签订合同,所以即使样品较大,也同意免费提供,但客户答应运费到付。后来样品寄到对方后,可能由于客户市场需求发生变化,客户拒收样品,也不开来信用证。结果为了避免退回国内产生双程运费,经过与快递公司交涉,在外国当地即时销毁样品。同时A公司补回几千块单程运费(由于远,运费贵)。

现在快递公司越来越多,为了招揽生意,一般开账号都是免费的,所以基本上每个客人都会有个快递账号,不要听信对方说没有账号。

(2) 样品寄送的运费计算。快递的运费是根据不同的地区,按文件或包裹来计算的。某个时期某快递公司寄往世界各地的快件运费价格表见表2-11。

表 2-11　某快递公司快递运费价格表　　　　　　　　单位：人民币(元)

资费区	国家或地区	起重 500g 文件	起重 500g 物品	续重 500g 或其零数
一区	中国香港、中国澳门	90	130	30
二区	日本、韩国、中国台湾	115	180	49
三区	新加坡、马来西亚、泰国、印度尼西亚	130	190	45
四区	澳大利亚、新西兰	160	210	55
五区	欧洲	180	240	75
六区	美国、加拿大	220	280	75
七区	东南亚	240	300	80
八区	中南美	260	335	100
九区	中东地区	370	445	120

其计算方法是：首先确定国家(地区)；然后确定分类(是文件还是包裹)，从而找出对应的价格；再以 0.5kg 作为基准重量，此基准重量也称首重，超过 0.5kg 部分，按每 500g(或每增加 0.5kg)作为一个续重(也有称为超重部分)。那么，总的快件邮寄费可按"总快件邮费＝首重价格＋续重价格×续重个数"来表示。

 应用案例 2.9

样品快递费用的计算

小张以快递方式邮寄重量为 2.2kg 样品至英国。他选择了表 2-11 中的快递公司，请按该快递公司的资费计算需支付多少人民币邮寄费？

解：英国属于欧洲地区，按五区资费计算

首重价格：240 元

续重个数＝(2200－500)/500＝3.4≈4(个)

总快件邮费＝首重价格＋续重价格×续重个数＝240＋75×4＝540(元)

2.2.4　样品管理

1. 样品通知

外贸跟单员在寄交样品后，应该根据邮件或快递底单第一时间通知客户发样信息，以方便客户做好接收准备。通知的信息主要有以下几方面：

(1) 发样信息。包括样品名称、材料规格(样品编号、数量、重量、体积等)。

(2) 邮件底单的内容。发送时间和预计到达时间、样品跟踪号码、承运公司名称。

(3) 请客户收到样品后进行确认。

这样的操作将使外贸企业与买方客户之间建立一种良好的互动关系，为后续的业务发展打好基础。

2. 样品管理

外贸企业通常有自己的样品管理流程，一般情况下，跟单员需要将一笔交易对应的不同阶段的样品进行登记管理，将样品留样分别编号管理。还可以采用以下几种形式：

(1) 设计样品管理表，包括送样国别、客户、样品名和材料规格、样品的版本及生产批次、编号、样品数量、金额、客户对样品的评估内容、寄送时间等。

(2)建立样品管理库或样品间,用以管理样品的相关信息资料及陈列已经寄出国外的留样。这样一方面可以方便组织生产、交货或处理质量纠纷,另一方面也可以用于向参观者展示公司的面貌和实力。

3. 样品跟踪

样品是获得订单的有效途径之一,样品跟踪是引领下一单生意的准备,是将新客户转化成老客户的基本手段。外贸跟单员在样品寄出后,根据寄样所需时间,在适当的时候询问客户样品是否顺利到达。一方面体现了企业对客户的重视程度和外贸服务技能,另一方面也提醒客户关注此笔业务。此外,对于需要进行测试的样品,还要跟进每一测试项目的进展情况,如测试终端用户使用后的感受等。

应用案例 2.10

快递查询方法

目前,可以通过多种途径来跟踪快递的实时信息,主要有网络跟踪、电话跟踪、邮件查询、手机短信跟踪等。不同的国际快递公司有不同的方法,但大体相同,现以 DHL 为例来说明跟踪快递的几种方式。

(1)网络跟踪,通过访问 http://www.cn.dhl.com 网站,输入运单号即刻直接进行快递的实时跟踪查询。

(2)电话跟踪,通过其客服热线 8008108000(免费)或 4008108000(手机用户拨打)查询。

(3)邮件查询,将待查邮件号码作为电子邮件的内容发送至 track@dhl.com,系统会自动查询,并将查询结果自动回复给查询信箱。

(4)手机短信跟踪,将待查运单号作为短信内容发送给客服手机号码,系统会自动将结果发送到查询手机。

若在合理时间内,客户仍未收到样品,应在第一时间联系快递公司,查询原因,找到解决方法,同时跟客户沟通,进行安抚。若客户顺利收到样品并对样品确认无误后,跟单员需填写样品确认单,见表 2-12,并由双方鉴定人员签名。然后将样品装入样品袋中,注明送样日期、质量状况、材质情况、检验人姓名及其他要求事项。如果发现问题,应及时与客户协商处理;如有重大错误,要重新试制样品。

表 2-12 样品确认单

客户名称			
电话		传真	
联系人		日期	
样品名称		样品数量	
发送状态	完好□ 不完好□	发送人签名	
以下由接收样品单位填写:			
接收单位名称:			
联系地址:			
联系电话:	传真:		
收到样品日期:			
联系人:			
接收时,被测样品状态是否良好:是□ 否□			
如需要,对接收状态的详细说明:			
接收人签名:			
备注: 1. 销售产品规格、品质与确认样品相符。 2. 客户收到样品后,请及时填写本表格,并尽快传真回我公司。 Fax: 0577-××××××			

在实际操作中不是每一次提供样品的客户都会下单。碰到这种情况,要有耐心,能有订单最好,若没有,也很正常。但要努力去跟踪客户的情况,以求得到最好的效果。因此,每一次寄样后,都要及时倾听客户的意见,了解市场需要何种类型的商品以及客户的目标价格等。通过电子邮件、传真、电话等手段,定期与客户保持联系,适时通知新样品(产品)开发的最新情况,尽量与拿样客户建立起一种稳定的联系。但要注意沟通时机和沟通节奏,不要引起客户的反感。

2.2.5 技能训练

(1) 某跟单员以快递方式邮寄重量为 3150g 样品至日本。按照表 2-11 的快递运费价格表的资费计算,需支付多少人民币邮寄费?

(2) 唐朝公司收到欧洲一客商的邮件,称需要大量订购公司产品,要求寄各类样品供其参考,只留下收件姓名与地址,其他一概没有细述。公司将其样品目录与价格快递一周后,客商发来邮件称:看了样品目录与价格后很满意,只要质量好,价格高点不是问题。在没有派人来实地考察的情况下,即称要签 500 万美元的合同。你作为唐朝纺织服装有限公司的外贸跟单员,认为这个样品要不要寄?为什么?

(3) 某公司与德商签订出口合同,数量为 100 公吨,CIF Bremen GBP 80 per MT,水分最高 15%、杂质不超过 3%,交货品质以中国进出口商品检验检疫局(简称商检局)品质检验为最后依据。在成交前我方曾向对方寄送样品,合同签订后又电告对方,确认成交货物与样品相似。货物装运前由商检局签发品质规格合格证书。货物运抵德国后,对方提出:虽有商检局出具的品质合格证书,但货物的品质却比样品差,卖方应有责任交付与样品一致的货物,因此要求每公吨减价 6 英镑。我方以合同中并未规定凭样交货,而仅规定了凭规格交货为由拒绝减价。于是德国公司请该国某检验公司进行检验,出具了所交货物平均品质比样品低 7% 的检验证明,并据此向我方提出索赔 600 英镑的请求。我方则仍坚持原来理由而拒赔。德国公司遂请求中国国际贸易促进委员会对外贸易仲裁委员会协助解决此案。此时,我方进一步陈述,这笔交易在交货时商品是经过挑选的,因该商品系农产品,不可能做到与样品完全相符,但不至于比样品低 7%。由于我方已将留存的复样遗失,对自己的陈述无法提供有力证明,所以仲裁机构也难以处理,最终只好以赔付一笔品质差价而结案。假设你是一名跟单员,从本案中吸取了哪些教训?

项 目 小 结

在寻找到有潜在购买意向的国际买家之后,即应着手寻找合适的生产供应商,并为国际买家提供符合要求的样品。

供应商是指可以为企业生产提供物料、设备、工具及其他资源的企业。外贸企业可以通过多种渠道获得供应商信息,并在此基础上调查选择,通过填制验厂报告,综合分析选择合格的生产供应商。在选择供应商时,要注意选择"门当户对"的供应商,并维护好与供应商的关系。

外贸跟单员应要求生产供应商制作出符合客户需要的样品,并进行样品的寄送、管理与跟踪。寄送的样品要具有代表性,以免以后发生纠纷。

课后习题

1. 单项选择题

(1) 下列做法错误的是( )。

A. 经营单位凭据《中华人民共和国企业法人营业执照》可以刻制公章,开立银行账户

B. 企业重要的经营性文件需要法定代表人签字及盖公章

C. 法定代表人变更时,只要公章不变影响不大

D. 核实企业法人登记注册情况,任何个人或组织都可以到当地工商注册管理部门查询。

(2) 关于营业执照企业注册地与企业经营办公地,下列说法错误的是( )。

A. 营业执照企业注册地与企业经营办公地必须一致

B. 有的老企业,在当时注册时就存在住所、办公室、生产场所分处三地或多地的情况

C. 经工商部门注册登记的公司住所只能有一个

D. 企业注册地与企业经营办公地不一致是我国法律允许的行为

(3) 关于测算企业的实际生产能力,以下说法正确的是( )。

A. 跟单员不需要懂得企业的产能计算方法

B. 有效产能是假定所有的机器设备完好,工人一天24小时上班,期间没有任何停机时间的理想状态生产能力

C. 计划产能是计算根据企业每周实际工作天数、排定的班次及每班次员工工作时间来确定

D. 理想产能是以计划产能为基础,减去因停机和产品不合格率所造成标准工时损失。产品不合格的损失,包括可避免和不可避免的报废品的直接工时

(4) 对于注册资本与注册资金的关系,以下正确的是( )。

A. 注册资本就是注册资金,两者含义相同

B. 注册资本随着企业经营效益的变化而变化

C. 注册资本是所有的股东投入的资本,一律不得抽回

D. 注册资金反映的是公司法人财产权

(5) 内资企业包括( )。

A. 联营企业　　　　B. 国有企业　　　　C. 私营企业　　　　D. 以上均是

(6) 如果凭样品买卖的买方不知道样品有瑕疵,则损失由( )。

A. 买方承担　　　　　　　　　　　　B. 卖方承担

C. 如果瑕疵是隐蔽的,则损失由卖方承担　　D. 视具体情况而定

(7) 你认为最重要的样品是( )。

A. 参考样　　　　B. 修改样　　　　C. 确认样　　　　D. 所有样品都重要

(8) 对样品通知工作主要有( )。

A. 用邮件或快递单第一时间通知客户发样信息,包括样品跟踪号码,何时发送,大约何时到达等信息

B. 送交形式发票

C. 请客户收到样品后确认

D. 以上三项都是

(9) 国外的老客户要求你寄送一般丝绸面料样品，量不多但要求快速，应选择（　　）寄送样品和处理样品寄送费用。
　　A. 邮政的航空大包，寄费到付　　　B. 邮政的航空大包，寄费预付
　　C. 航空快递，寄费预付　　　　　　D. 航空快递，寄费到付
(10) 样品寄出时，应将（　　）传给客户确认回传。
　　A. 样品确认单　　B. 购销合同　　C. 形式发票　　D. 报价单

2. 判断题

(1) 有关批准部门批准企业的属"许可经营项目"的经营范围，企业的依法经营期限是无限的。（　　）
(2) 股份有限公司股东以其所有财产对公司承担责任。（　　）
(3) 一般经营项目是指不需批准，企业可以自主申请的项目，包括未经登记的一般经营项目。（　　）
(4) 企业成立时间是指企业在工商管理部门的注册登记得到批准的日期。（　　）
(5) 跟单员应根据企业的理想产能来估算生产时间。（　　）
(6) 给客户寄送样品时，至少需保留一件留样，以便作为日后生产大货订单的实物依据。（　　）
(7) 推销样是指卖方向买方提供仅作为双方谈判参考用的样品。（　　）
(8) 寄样费用一般采用预付的支付方式。（　　）
(9) 询问样品是否顺利到达体现了对客户的重视程度和外贸服务技能，避免被客户忘记。（　　）
(10) 寄送样品时，应挑选质量最好的样品寄送给客户。（　　）

3. 简答题

(1) 获取生产供应商信息的途径有哪些？
(2) 在调查供应商信息时，应了解哪些方面的信息？
(3) 制作样品时要注意哪些问题？
(4) 如何进行样品跟踪？

4. 操作题

(1) 唐朝公司新接了订单，要采购服装面料及辅料，有很多国内外的服装面料、辅料供应商发来供货信息，但是唐朝公司对这些前来供货的公司不是很了解。如果你是唐朝公司的跟单员，应该如何帮助公司核实供应商的资料？选择好合适的供应商后，又如何对他们的供货情况进行跟踪监控？
　　供应商提供的具体信息如下。
　　企业名称：温州 A 公司
　　企业地址：浙江省温州市府东路
　　电话号码：0577 - 86888888
　　传真号码：0577 - 86888886

(2) 唐朝公司跟单员经过调查，决定与温州 A 公司合作。现客户要求进行打样，跟单员应如何进行样品跟单？

项目三 出口价格核算

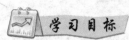 **学习目标**

通过本项目学习,学生应了解出口货物的价格构成、出口报价和出口还价的策略;合理选择计价货币;掌握常用的贸易术语,并能用贸易术语的解释通则分析案例及提出解决方法;掌握出口报价的核算和出口还价的核算。

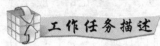 **工作任务描述**

国际买家对小张寄来的样品比较满意,就开始询问商品的价格,外贸业务员小张面临的任务是如何对自己的商品进行价格核算以及如果对方还价,应该如何进行合理应对。

任务内容

(1) 掌握常用的贸易术语,合理选用国际贸易术语
(2) 掌握出口报价的核算和出口还价的核算。
(3) 了解出口货物的价格构成、出口报价和出口还价的策略。

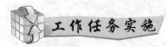 **工作任务实施**

(1) 出口报价核算。
(2) 出口还价核算。

3.1 出口报价核算

在国际货物买卖中,货物的价格是买卖双方争论的焦点,是决定货物能否进入市场的重要因素,关系着买卖双方的切身利益,因此,出口报价成为合同的主要交易条件。

商品价格包括单价和总值两部分。单价通常由计价货币、单位金额、计量单位和贸易术语四个部分组成。例如,出口美国的茶具报价为 USD 20.00 PER SET CIF NEW YORK(每套20美元 CIF 纽约),即 USD(货币名称)、20.00(单价金额)、SET(计量单位)、CIF NEW YORK(贸易术语);又如,出口英国的衣服报价为 GBP 10.00 PER PIECE FOB SHANGHAI(每件10英镑 FOB 上海)。总值是单价与成交数量的乘积,即货款的总金额。

3.1.1 计价货币的选择

计价货币是指合同中规定的用来计算价格的货币。这些货币可以是出口国或进口国的货币,也可以是第三国的货币,但必须是自由兑换货币。具体采用哪种货币,由双方协商确定。对那些与我国签订支付协定并限定使用某种货币的国家,可使用规定的货币。

具体的货币及对应简称见表3-1,其中较为常用的有美元、欧元、英镑等。

表3-1 货币及对应简称

货币名称	货币简称	货币名称	货币简称	货币名称	货币简称
人民币	CNY	美元	USD	西班牙比塞塔	ESP
日元	JPY	欧元	EUR	马来西亚林吉特	MYR
英镑	GBP	德国马克	DEM	菲律宾比索	PHP
瑞士法郎	CHF	法国法郎	FRF	新加坡元	SGD
加拿大元	CAD	澳大利亚元	AUD	泰铢	THB
港币	HKD	奥地利先令	ATS	葡萄牙埃斯库多	PTE
芬兰马克	FIM	比利时法郎	BEF	印尼盾	IDR
爱尔兰镑	IEP	意大利里拉	ITL	新西兰元	NZD
俄罗斯卢布	SUR	韩国元	KRW		

业务中,有时需要把本币折成外币,有时需要把外币折成本币,还有时需要将一种外币折成另一种外币。换算过程中,要用到汇率,即一个国家的货币折算成另一个国家的货币的比率。汇率的折算有直接标价与间接标价两种方法,我国采用直接标价法,即用本国货币来表示外国货币的价格(外币是常数,本币是变量)。例如,100美元=630元人民币。

我国外汇牌价,一般列有买入价和卖出价两栏,买入价是银行买入外汇的价格,卖出价是银行卖出外汇的价格。出口结汇是银行付出本国货币,买入外汇,用买入价;进口付汇是银行买入本国货币,卖出外汇,用卖出价。

1. 本币折成外币

换算的思路是,出口商要把收取的外币卖给银行,换回所需要的本币,银行则是用本币买入出口商的外币。站在银行的角度,用买入价。其计算公式为

$$外币=本币×100/汇率(买入价)$$

应用案例3.1

唐朝公司出口一批玩具,价值人民币42000元,客户要求以美元报价。当时外汇汇率为买入价100美元=600元,卖出价100美元=700元,那么,对外美元报价应为多少?

解:外币=本币×100/汇率(买入价)=42000×100/600=7000(美元)

2. 外币折成本币

换算的思路:企业向银行购买外汇用于支付进口货物款项,银行卖出外汇。站在银行的角度,用卖出价。其计算公式为

$$本币=外币×汇率/100(买入价)$$

应用案例3.2

唐朝公司进口一批价值7000美元的工艺品,当时外汇汇率为买入价100美元=600元,卖出价100美元=700元,那么,付汇时需要向银行支付多少人民币?

解:本币=外币×100/汇率(卖出价)=7000×700/100=49000元

3. 一种外币折成另一种外币

先看货物是进口还是出口，再用上面的换算思路即可。例如，货物出口，则按照银行的买入价将两种外币都折成人民币，然后间接地算出两种外币的兑换率。

应用案例 3.3

> 唐朝公司出口一批商品，对外报价为每公吨 300 英镑 CIF 纽约。国外客户要求改为美元报价。当日外汇牌价为 100 英镑＝1200 元（买入价）/1300（卖出价）；100 美元＝600（买入价）/700（卖出价）。那么，该商品美元报价为多少？
>
> 解：出口报价＝外币Ⅰ的买入价/外币Ⅱ的买入价×外币Ⅰ的原报价＝300×1200/600＝600（美元）

在国际上普遍实行浮动汇率的情况下，买卖双方都要承担一定汇率风险。为此，可根据汇率浮动情况制定保值条款。出口贸易中，计价和结汇争取使用硬币（即币值稳定或具有一定上浮趋势的货币，Hard Currency）；进口贸易中，计价和付汇力争使用软币（即币值不够稳定且具有下浮趋势的货币，Soft Currency）。

例如，出口一艘帆船，报价 120 万港元，签约前美元与港元的汇率为 1 美元＝6 港元，则 120 万港元＝20 万美元。双方同意用软币港元计价，以硬币美元保值。按合同支付条件规定日期的前一天，若 1 美元＝6.5 港元，港元贬值，按合同规定用美元保值，即 20×6.5＝130 万港元。虽然签约时为 120 万港元，但由于采用了美元保值，所以应支付 130 万港元。

3.1.2 计量单位的选择

在国际贸易中，使用的计量方法通常有六种：①按重量（weight）计量；②按容积（capacity）计量；③按个数（numbers）计量；④按长度（length）计量；⑤按面积（area）计量；⑥按体积（volume）计量。究竟采用何种计量方法，要视货物的性质、包装、种类、运输方法以及市场习惯等情况而定。

由于很多货物是采用按重量计量的方法，所以下面重点介绍计算重量的方法。

1. 毛重

毛重（Gross Weight）指货物本身的重量加皮重（tare），即包括包装材料的重量。在国际贸易中，有些低值产品常常以毛重作为计算价格的基础，称作"以毛作净"（Gross For Net）。

2. 净重

净重（Net Weight）指毛重减去皮重后的重量，即货物的实际重量。那么皮重如何计算，应根据货物的特性、包装的特点、数量的多少和交易习惯等，由双方事先约定。业务中，如果货物按重量计量或计价，但未规定采用何种方法计算重量和价格时，根据惯例，应按净重计量。

应用案例 3.4

> 某出口公司与意大利客商签订一份出口 500 公吨大豆的合同，合同规定：双线新麻袋包装，每袋 50 千克，每公吨 200 美元 CIF 那不勒斯，即期信用证支付。因合同与信用证中均未规定每袋 50 千克是毛重还是净重，我公司以每袋 50 千克毛重出口，货款结汇后，收到客商来电，要求我方退回因短量而多收的货款，因为实际净重每袋只有 49 千克，实际总净重 490 公吨。对方要求是否合理？为什么？

对方的要求是合理的。卖方交货的数量应严格按照合同(信用证)的规定执行,如果合同中未注明是按毛重还是净重计价时,按惯例应该是按净重计价。现在货物毛重50千克,净重49千克,即我方短装10公吨,但收取了全额的货款,因此,买方有权索回其不该支付的货款。

3. 法定重量

法定重量(Legal Weight)指货物和销售包装加在一起的重量。有些国家进口税采用从量征收方法,规定货物重量必须包括直接接触产品的包装材料(如小瓶、小金属盒、纸盒等)在内。

4. 实物净重

实物净重(Net Weight)也称纯净重或净净重,是指从法定重量中扣除直接接触产品的包装物料后的重量。此重量多为海关征收关税时计算之用。

5. 公量

公量(Conditioned Weight)指先用科学的方法从产品中抽出所含的实际水分,然后加入标准水分而求得的重量。这种计算方法主要用于羊毛、生丝、棉纱、棉花等易吸潮湿,重量不太稳定而经济价值又较高的产品。其计算公式为

公量＝商品净重×(1+公定回潮率)/(1+实际回潮率)

实际回潮率＝实际含水量/干重

应用案例 3.5

某公司出口10公吨羊毛,公定回潮率为11%,求该批货物的公量。

解:取10千克的羊毛,用科学的方法去掉水分,干量为8千克,则该批货物的实际回潮率为2/8=25%

公量＝10×(1+11%)/(1+25%)＝8.889(公吨)

6. 理论重量

理论重量(Theoretical Weight)指对某些固定规格,固定尺寸,重量大致相等的货物,以其单个重量乘以件数(或张数)而推算出来的重量,如马口铁、钢板等。

在确定好计量单位后,还要注意其所适用的度量衡制度。国际贸易中常用的度量衡制度有米制、英制、美制及国际单位制。米制(the Metric System)又称为公制,它以十进位制为基础;英制(the British System)曾在纺织品等交易中有较大的影响,但由于它不采用十进制,换算很不方便,因此,使用范围逐渐减小;美制(the U.S. System)以英制为基础,多数计量单位的名称与英制相同,但含义有差别,主要体现在重量单位和容量单位中;国际单位制(the International System of Units)是1960年国际标准计量组织大会通过的,是在米制的基础上发展起来的,已为越来越多的国家所采用,有利于计量单位的统一,标志着计量制度的日趋国际化和标准化,对国际贸易的进一步发展起着推动作用。

我国使用以国际单位制为基础的法定计量单位。《中华人民共和国计量法》明确规定:"国家采用国际单位制。国际单位制计量单位和国家选定的其他计量单位为国家法定计量单位"。在外贸业务中,除非出口合同有规定,均应使用法定计量单位。一般不进口非法定计量单位的仪器设备。如有特殊需要,须经标准计量管理机构批准才能使用。

应用案例3.6

某出口公司在某次交易会上与外商当面谈妥出口大米10000公吨，每公吨USD 275 F.O.B.中国口岸。但我方在签约时，合同上只笼统地写了10000吨(ton)，我方当事人主观认为合同上的吨就是指公吨(Metric ton)而言。后来，外商来证要求按长吨(Long ton)供货。如果我方照证办理则要多交160.5公吨，折合美元USD 44137.5。于是我方要求修改信用证，而外商坚持不改，双方发生贸易纠纷。

外贸业务员在报价的时候，是用吨还是公吨，一定要明确度量衡制度。公吨是tonne或者metric ton，吨是ton。英国和美国对ton的定义不同。在英国1 ton等于1016千克，又叫long ton(长吨)；在美国1 ton等于907千克，又叫short ton(短吨)。所以，1公吨(tonne, metric ton)＝1000千克，1吨(ton)＝1016千克(Br英制)或907.2千克(US美制)。由于用公吨的人太多，人们通常把metric ton缩略为ton。为避免混淆，建议与客户谈单位的时候，都统一采用metric ton这种说法，制定合同更应如此。

知识链接3-1

常用的计量单位

1. 重量单位

常用计量单位：千克(Kilogram, or kg.)、吨(ton, or t.)、公吨(metric ton, or m/t)、公担(quintal. or q.)、克(gram, or gm.)、磅(pound, or lb.)、盎司(ounce, or oz.)、长吨(long ton, or 1/t)、短吨(short ton or s/t)。适用货物：一般天然产品以及部分工业制成品，如羊毛、棉花、谷物、矿产品、油类、沙盐、药品等。

2. 容积单位

常用计量单位：公升(litre, or l.)、加仑(gallon, or gal.)、蒲式耳(bushel, or bu.)等。适用货物：谷物类以及部分流体、气体物品，如小麦、玉米；煤油、汽油、酒精、啤酒、双氧水、天然瓦斯等。

3. 个数单位

常用计量单位：只(piece, or pc.)、件(package, or pkg.)、双(pair)、台、套、架(set)、打(dozen, or doz.)、罗(gross, or gr.)、大罗(great gross, or g.gr)、令(ream, or rm.)、卷(roll, or coil)、辆(unit)、头(head)。有些产品也可按箱(case)、包(bale)、桶(barrel, drum)、袋(bag)等计量。适用货物：一般日用工业制成品以及杂货类产品，如文具、纸张、玩具、成本、车辆、拖拉机、活牲畜等。

4. 长度单位

常用计量单位：码(yard, or yd.)、米(metre, or m.)、英尺(foot, or ft)、厘米(centi-metre, or cm.)。适用货物：纺织品匹头、绳索、电线电缆等。

5. 面积单位

常用计量单位：平方码(square yard, or yd²)、平方米(square metre or m²)、平方英尺(square foot, or ft²)、平方英寸(square inch)。适用货物：皮制产品、塑料制品等，如塑料篷布、塑料地板、皮革、铁丝网等。

6. 体积单位

常用计量单位：立方码(cubic yard, or yd³)、立方米(cubic metre, or m³)、立方英尺(cubic foot, or ft³)、立方英寸(cubic inch)。适用货物：化学气体、木材等。

3.1.3 贸易术语的选择

国际贸易术语又称价格术语或交货条件，通常是三个字母的缩写，国际贸易术语能够说明价格的构成及买卖双方有关责任、费用和风险的划分，如果在合同中采用了一个国际贸易术语，并标明该术语以某一惯例解释为准，则该术语的惯例对双方当事人就有法律约束力。

《国际贸易术语解释通则》是目前国际贸易中最普遍使用的解释通则，最新的版本是 2010 年修改的《2010 年国际贸易术语解释通则》，统一解释了 11 个贸易术语，分为两类，为适用于各种运输方式的贸易术语和适用于水运的贸易术语，是在《2000 年国际贸易术语解释通则》的基础上修改而来，2011 年开始正式执行。下面重点讲述三种贸易术语，即 FOB、CFR、CIF。

1. FOB

FOB 的全称是 Free On Board(named part of shipment)，即船上交货(指定装运港)，是指卖方必须在合同规定的装运期内在指定装运港将货物交至买方指定的船上，并负担货物装上船为止的一切费用和货物灭失或损坏的风险。在 FOB 术语下，买卖双方的主要义务如下所述。

卖方的主要义务：①负责在合同规定的日期或期间内，在指定装运港，将符合合同的货物按港口惯常方式交至买方指定的船上，并给予买方充分的通知；②负责办理货物出口手续，取得出口许可证或其他核准书；③负担货物在装运港装上船为止的一切费用和风险；④负责提供商业发票和证明货物已交至船上的通常单据。如果买卖双方约定采用电子通信，则所有单据均可被具有同等效力的电子数据交换(Electronic Data Interchange，EDI)信息所替代。

买方的主要义务：①负责按合同规定支付价款；②负责租船或订舱，支付运费，并给予卖方关于船名、装船地点和要求交货时间的充分的通知；③自负风险和费用取得进口许可证或其他核准书，并办理货物进口以及必要时经由另一国过境运输的一切海关手续；④负担货物在装运港装上船后的一切费用和风险；⑤收取卖方按合同规定交付的货物，接受与合同相符的单据。

在采用 FOB 术语时，需注意以下问题：

（1）买方应及时租船订舱，并将船名、装船地点和时间及时通知卖方，以便卖方及时备货，安排装船。否则将构成买方违约。卖方可要求解除合同及/或要求损害赔偿。

（2）美国对 FOB 术语的特殊解释。《1941 年美国对外贸易定义修正本》中对 FOB 术语的特殊解释主要表现在几个方面：①美国对 FOB 笼统地解释为在任何一种运输工具上交货，因此，对美加地区进出口货物签订 FOB 合同时，必须在 FOB 后加缀"vessel(船)"字样，并列装运港名称，才表明卖方在装运港船上交货；②在费用负担上，规定买方要支付卖方协助提供出口单证的费用以及出口税和因出口而产生的其他费用；③FOB 有六种不同解释，因此，从美国或美洲地区国家进口货物使用 FOB 术语时，应在合同及信用证内明确使用的是哪种解释，以免发生纠纷。

应用案例 3.7

我国某公司每公吨 242 美元 FOB Vessel New York 进口 200 公吨钢材。我方如期开出信用证，但美商来电要求增加信用证金额至 50000 美元，不然有关出口捐税及签证费应由我方另行电汇。美商此举是否合理？

合理。《2010 年国际贸易术语解释通则》规定：F.O.B. 条件下由卖方负责出口通关手续费用。而《1941 年美国对外贸易定义修正本》规定：F.O.B. 条件下由买方自行负责出口手续费用，由于卖方是美商，所以其提出的要求合理。

2. CFR

CFR 全称是 Cost and Freight(named port of destination)，即成本加运费(指定目的港)，是指卖方必须在合同规定的装运期内，在装运港将货物交至运往指定目的港的船上，负担货物装上船为止的一切费用和货物灭失或损坏的风险，并负责租船或订舱，支付抵达目的港的正常运费。按照《2010年国际贸易术语解释通则》，CFR合同买卖双方的主要义务如下所述。

卖方的主要义务：①负责在合同规定的日期或期间内，在装运港将符合合同的货物交至运往指定目的港的船上，并给予买方充分的通知；②负责办理货物出口手续，取得出口许可证或其他核准书；③负责租船或订舱，并支付至目的港的运费；④负担货物在装运港装上船为止的一切费用和风险；⑤负责提供商业发票和货物运往约定目的港的通常运输单据。如果买卖双方约定采用电子通信，则所有单据可被具有同等效力的电子数据交换信息所替代。

买方的主要义务：①负责按合同规定支付价款；②负责办理货物进口手续，取得进口许可证或其他核准书；③负担货物在装运港装上船后的一切费用和风险；④负责办理保险手续和支付保险费；⑤收取卖方按合同规定交付的货物，接受与合同相符的单据。

按CFR术语订立合同，一定要注意装船通知问题。因为在CFR术语下，卖方负责安排运输，而买方自行办理保险，所以在货物装上船前，即风险转移至买方前，买方及时向保险公司办妥保险是CFR合同中一个至关重要的问题。因此，《2010年国际贸易术语解释通则》强调卖方必须毫不迟延地通知买方货物已装上船；否则，卖方要承担违约责任。

应用案例3.8

我方从泰国A公司进口一批大米，签订"CFR上海"合同，货轮在台湾海峡附近沉没。A公司未及时向我方发出装船通知，我方未办理投保，无法向保险公司索赔。故我方要求对方承担责任，但泰国A公司以货物离港，风险已经转移给我方为由拒绝承担责任。泰国A公司的行为是否合理，究竟应该由谁承担责任？为什么？

不合理。因为我方未及时投保是卖方未及时通知造成的，因此泰国A公司应该承担责任。

CFR术语中有关卸货费用负担情形，通常采用CFR术语的变形。例如，CFR班轮条件(CFR liner terms)，指卸货费用按班轮条件处理，即由支付运费的卖方负担；CFR舱底交货(CFR ex ship's hold)指卖方负担将货物从舱底吊至船边卸离吊钩为止的费用；CFR吊钩交货(CFR ex tackle)指买方负担将货物从舱底起吊卸到码头的费用；CFR卸到岸上(CFR landed)指卖方负担将货物卸到目的港岸上的费用。

3. CIF

CIF全称是Cost Insurance and Freight(named port of destination)，即成本、保险费加运费(指定目的港)，是指卖方必须在合同规定的装运期内在装运港将货物交至运往指定目的港的船上，负担货物装上船为止的一切费用和货物灭失或损坏的风险，并负责办理货运保险，支付保险费，以及负责租船或订舱，支付从装运港到目的港的运费。按照《2010年国际贸易术语解释通则》，CIF合同买卖双方的主要义务如下所述。

卖方的主要义务：①负责在合同规定的日期或期间内，在装运港将符合合同的货物交至运往指定目的港的船上，并给予买方充分的通知；②负责办理货物出口手续，取得出口许可证或其他核准书；③负责租船或订舱，并支付至目的港的运费；④负责办理货物运输保险，支付保险费；⑤负担货物在装运港装上船为止的一切费用和风险；⑥负责提供商业发票，保险单和货物运往约定目的港的通常运输单据。如果买卖双方约定采用电子通信，则所有单据可被具有同等效力的电子数据交换信息所替代。

买方的主要义务：①负责按合同规定支付价款；②负责办理货物进口手续，取得进口许可证或其他核准书；③负担货物在装运港装上船后的一切费用和风险；④收取卖方按合同规定交付的货物，接受与合同相符的单据。

在采用CIF术语时，需注意以下问题：

（1）CIF合同属"装运合同"，尽管我们通常称为"到岸价"，但这是指价格的构成，是"成本运费＋保险费"。而不是指卖方也负责货物到岸前的风险。卖方在按合同规定的装运地将货物交付装运后，对货物可能发生的任何风险不再承担责任。

（2）CIF合同属于象征性交货(Symbolic Delivery)合同。卖方只提交符合合同要求的单据，即等同于交付货物，即使在卖方提交单据时，货物已经灭失或损坏，买方仍必须凭单据付款，但他可凭提单向船方或凭保险单向保险公司要求赔偿。

应用案例3.9

卖方按合同规定装船完毕后，取得包括提单在内的全套装运单据。但是，装货轮船在起航后第二天就触礁沉没，买方闻讯后提出拒收单据，拒付货款。卖方应该如何处理？为什么？

买方无权拒收单据拒付货款，因为在CIF条件下，只要卖方如期向买方提交了符合要求的全套单据，即使货物在装船后或在运输途中发生意外，买方也必须履行付款的义务。所以卖方可以把保险单给买方，让买方去追保险公司索赔。如果经过双方商洽，买方还是拒收单据拒付货款，卖方可以用法律来维护自己的利益。

（3）租船或订舱的责任。卖方按照通常条件下习惯的航线，租用适当船舶将货物运往目的港。对于买方提出的限制船舶的国籍、船型、船龄、船级以及指定装载某班轮公司的船只等项要求，卖方有权拒绝接受。但卖方能够办到又不增加额外费用时，也可考虑接受。

（4）办理保险的责任。在CIF术语中，卖方是为买方的利益而办理货运保险的，主要是保障货物在运输途中的风险。根据《2010年国际贸易术语解释通则》，卖方只需按最低的保险险别投保，如协会货物保险条款的C险和中国保险条款的平安险(Free from Particular Average, FPA)。最低保险金额为合同规定的价款加10%，即按CIF的发票金额加10%投保。

应用案例3.10

在20世纪80年代，有一出口商同国外买方达成一交易，合同约定的价格条件为CIF，当时正值海湾地区爆发战争，装有出口货物的轮船在公海上航行时，被一发导弹误中而沉。由于在投保时没有加保战争险，不能取得保险公司的赔偿。买方为此向卖方提出索赔是否合理？

合理。在CIF术语下，卖方负责投保，但在买方没有提出要求的情况下，卖方无需投保战争险。

CIF术语中有关卸货费用负担情形，与CFR术语的变形相似。

4. 其他的贸易术语

1）FCA

FCA全称是Free Carrier(named place)，即货交承运人(指定地)，是指卖方必须在合同规定的交货期内在指定地或地点将经出口清关货物交给买方指定的承运人监管，并负担货物被交由承运人监管为止的一切费用和货物灭失或损坏的风险。买方必须自负费用订立从指定地或地点发运货物的运输合同，并将有关承运人的名称、要求交货的时间和地点，充分地通知卖方；负担货交承运人后的一切费用和风险；负责按合同规定收取货物和支付价款。FCA术语适用于各种运输方式，特别是集装箱运输和多式联运。

卖方的主要义务：①负责在合同规定的交货期内，在指定地或地点，将符合合同的货物交至买方指定的承运人。若交货地点是卖方所在地，则当货物被装上买方指定的承运人或代表买方的其他人提供的运输工具时完成；若交货地点不是卖方所在地，则货物在卖方的工具上，尚未卸货而交给卖方指定的承运人或其指定的人处置时完成交货。②责办理货物出口手续，取得出口许可证或其他核准书。③担货物在货交承运人以前的一切费用和风险。④负责提供商业发票和证明货物已交至承运人的通常单据。如果买卖双方约定采用电子通信，则所有单据均可被具有同等效力的电子数据交换信息（EDI message）所替代。

买方的主要义务：①负责按合同规定支付价款；②负责订立运输合同，支付运费，并给予卖方关于承运人的名称、要求交货的时间和地点的充分的通知；③自负风险和费用取得进口许可证或其他核准书，并办理货物进口以及必要时经由另一国过境运输的一切海关手续；④负担货物在交给承运人后的一切费用和风险；⑤收取卖方按合同规定交付的货物，接受与合同相符的单据。

在采用 FCA 术语时，需注意以下问题：

（1）交货点和风险转移点是买方指定的承运人对货物接受监管的指定地或地点。上述指定地或地点可能是铁路终点站、启运机场、货运站、集装箱码头或堆场、多用途货运终点站或类似的收货点，如承运人将装货的集装箱送至卖方所在处所收取货物，则交货点和风险转移点将在卖方所在处所（工厂或仓库）。

（2）FCA 术语下买方必须自付费用订立运输合同，但若卖方能协助取得更好的效果，可由卖方协助订立运输合同，但有关费用和风险由买方负担。

（3）在采用 FCA 术语时，货物大多都做了集合化或成组化，如装入集装箱或装上托盘，因此，卖方应考虑将货物集合化所需的费用，也计算在价格之内。

2) CPT

CPT 全称是 Carriage Paid To(named place of destination)，即运费付至（指定目的地）是指卖方支付货物运至指定目的地的运费。在货物被交由承运人保管时，货物灭失或损坏的风险，以及由于在货物交给承运人后发生的事件而引起的额外费用，即从卖方转移至买方。

卖方的主要义务：①负责在合同规定的日期或期间内，将符合合同的货物交至承运人；并及时通知买方，以便买方及时办理保险。②负责办理货物出口手续，取得出口许可证或其他核准书。③负责订立运输合同，并支付至目的地的运费。④负担货物在货交承运人为止的一切费用和风险。⑤负责提供商业发票和货物运往约定目的地的通常运输单据。如果买卖双方约定采用电子通信，则所有单据可被具有同等效力的电子数据交换信息所替代。

买方的主要义务：①负责按合同规定支付价款；②负责办理货物进口手续，取得进口许可证或其他核准书；③负担货物在货交承运人后的一切费用和风险；④负责办理保险手续和支付保险费；⑤收取卖方按合同规定交付的货物，接受与合同相符的单据。

3) CIP

CIP 全称是 Carriage And Insurance Paid To(named place of destination)，即运费、保险费付至（指定目的地），是指卖方除了须承担在 CPT 术语下同样的义务外，还须对货物在运输途中灭失或损坏的买方风险取得货物保险，订立保险合同，并支付保险费。

卖方的主要义务：①负责在合同规定的日期或期间内，将符合合同的货物交至承运人；②负责办理货物出口手续，取得出口许可证或其他核准书；③负责订立运输合同，并支付至目的地的运费；④负责订立货物保险合同，并支付保险费；⑤负担货物在货交承运人为止的一切费用和风险；⑥负责提供商业发票和货物运往约定目的地的通常运输单据。如果买卖双方约定采用电子通信，则所有单据可被具有同等效力的电子数据交换信息所替代。

买方的主要义务：①负责按合同规定支付价款；②负责办理货物进口手续，取得进口许可证或其他核准书；③负担货物在货交承运人后的一切费用和风险；④收取卖方按合同规定交付的货物，接受与合同相符的单据。

4) EXW

EXW 全称是 Ex Works(named place),即工厂交货(指定目的地),是指卖方在其所在处所(工厂、仓库等)将货物提供给买方时,即履行了交货义务。除非另有约定,卖方不负责将货物装上买方备妥的车辆,也不负责出口清关。买方负担自卖方所在处所提取货物至目的地所需的一切费用和风险。因此,EXW 是卖方负担最少义务(minimum obligation)的术语。如买方不能直接或间接地办理出口手续,则不应使用该术语,而应使用 FCA 术语。

5) FAS

FAS 全称是 Free Alongside Ship(named port of shipment),即船边交货(指定装运港),是指卖方在指定的装运港码头或驳船上将货物交至船边,并办理出口清关手续,即履行了交货义务。这是指买方必须自该时刻起,负担一切费用和货物灭失或损坏的一切风险。

6) DAT

DAT 全称是 Delivered At Terminal(named place),即目的地或目的港集散站交货(指定地点)。该术语类似于 2000 版中的 DEQ 术语,指卖方在指定的目的地卸货后将货物交给买方处置即完成交货,术语所指目的地包括港口。卖方应承担将货物运至指定的目的地的一切风险和费用(除进口费用外)。该术语适用于任何运输方式或多式联运。

7) DAP

DAP 全称是 Delivered at Place(named place),即目的地交货(指定地点)。该术语类似于 DAF、DES 和 DDU 术语,指卖方在指定的目的地交货(无需卸货)。术语所指的到达车辆包括船舶,目的地包括港口。卖方应承担将货物运至指定的目的地的一切风险和费用(除进口费用外)。该术语适用于任何运输方式、多式联运方式及海运。

8) DDP

DDP 全称是 Delivered Duty Paid(named place of destination),即完税后交货(指定目的地),是指卖方将货物运至进口国的指定地,可供买方收取时,即履行了交货义务。卖方必须负担货物运至该处的风险和费用,包括关税、税捐和其他费用,并办理货物进口的清关手续。与 EXW 相反,DDP 是卖方负担最多义务(maximum obligation)的术语。如果卖方不能直接或间接地取得进口许可证,则不应使用该术语。

所有 11 种贸易术语中,EXW 术语下,卖方承担最小责任,进出口报关均由买方负责;DDP 术语下,买方承担最小责任,进出口报关均由卖方负责;其余 9 种,均是卖方负责办理出口报关,买方负责办理进口报关。11 种贸易术语的比较见表 3-2。

表 3-2 《2010 年国际贸易术语解释通则》中 11 种贸易术语比较

英文及缩写	中文全称	交货地点	风险划分	适用运输方式	标价注明
EXW	工厂交货	卖方处所	买方接管货物后	各种运输方式	指定地点
FAS	船边交货	装运港船边	货交船边后	水运	装运港名称
FOB	船上交货	装运港船上	装运港船上	水运	装运港名称
CFR	成本加运费	装运港船上	装运港船上	水运	目的港名称
CIF	成本加保险费加运费	装运港船上	装运港船上	水运	目的港名称
FCA	货交承运人	出口国内地、港口	承运人接管货物后	各种运输方式	装运地名称
CPT	运费付至	出口国内地、港口	承运人接管货物后	各种运输方式	目的地名称

续表

英文及缩写	中文全称	交货地点	风险划分	适用运输方式	标价注明
CIP	运费、保险费付至	出口国内地、港口	承运人接管货物后	各种运输方式	目的地名称
DAT	目的地或目的港集散站交货	目的地或目的港集散站	卸货交给买方处置	各种运输方式	目的地名称
DAP	目的地交货	目的地	货交买方(运输工具上,无需卸货)	各种运输方式	目的地名称
DDP	完税后交货	目的地	买方在指定地收货	各种运输方式	目的地名称

5. 选择贸易术语应该考虑的因素

1) 熟悉程度

FOB、CFR、CIF是我国贸易界最熟悉的三种术语,在长期的使用中积累了丰富的经验,今后在运输方式为单一的海运时仍可运用。在出口贸易中,应尽量争取采用CIF和CFR,这样既有利于我方衔接船货,按时完成出口任务,也有利于促进我国远洋运输事业和保险事业的发展,增加外汇运费和保险费收入。但在出口大宗商品,国外买方要求自行租船运货时,也可采用FOB。

2) 运输方式

在货物是通过铁路、航空、多式联运等方式运输时,宜采用FCA、CPT、CIP这三种术语。这样做有两个方面的好处:①使风险转移的时间提前,由越过船舷提前到货交承运人,减少我方的风险;②使我方的收汇时间提前,在FCA、CPT、CIP三种术语中,我方只要将货物交给承运人,就可自承运人取得运输单据并凭其向买方或指定银行收取货款。而承运人将接管货物装上船,通常需要几天的时间,有的甚至多达15天,如果不选用货交承运人的术语,仍按原来的FOB、CIF、CFR,则收汇时间就要推迟。

3) 相关国家的政策

在国际贸易业务中,各个国家为了保护和发展本国的航运与保险业,节省运费、保险费的外汇支出,鼓励其商人原则上进口采用FOB条件,出口采用CIF条件。多数发展中国家甚至以立法的形式对此做出明确规定。因此,在选择价格条件时,首先应考虑双方国家的政策。一般做法是:对发达资本主义国家,出口宜采用CIF或CFR条件,进口采用FOB条件;对于发展中国家,出口可采用FOB或CFR条件,进口则采用CFR或CIF条件。

此外,在国际贸易中,有些国家规定,只能由结关所在国的当事人安排或代为办理进出口货物的结关手续,此时,买方不宜按EXW条件成交,卖方不宜采用DDP条件成交。

4) 办理运输的能力

买卖双方采用何种贸易术语,首先应考虑采用何种运输方式运送。在本身有足够运输能力或安排运输无困难,而且经济上又合算的情况下,可争取按由自身安排运输的条件成交(如按FOB进口,按CIF或CFR出口);否则,则应酌情争取按由对方安排运输的条件成交(如按FOB出口,按CIF或CFR进口)。

5) 货源情况

小宗货物买卖采用CIF条件,简捷方便。这是因为,小额交易若采用FOB条件,由买方安排航运及保险十分不便。而采用CIF条件,航运保险等事宜均由卖方办理,显然对买方有利。相反,大宗货物的买卖,在航运保险竞争激烈的情况下,货主可凭其优越的条件与运输入、保险人谈判，取得优惠的运费与保险费，买方甚至可自行租船载货，从而节省大笔运费的支出，因此进口商大多选择FOB条件。

6）运费因素

在装卸港口发生拥挤、罢工、武装对抗等情况时，轮船公司大都不愿行驶上述区域，或者加收额外费用，因此选择FOB条件对卖方有利。这是因为，在FOB条件下，租船订舱的责任归属于买方，一切额外支出理应均由买方负担。此外，在运费看涨的形势下，进口商宜用CFR或CIF条件，使运费可能上涨的负担由对方承担；反之，则应采用FOB条件，这样可节省下跌差额的运费及其他费用。

7）海上风险

在国际贸易中，出口人一般都不愿意用目的地交货类的价格术语，如DDP；进口人一般不愿意用出口国内陆交货的价格术语，如EXW。这主要是由于对国外的情况不了解，双方均不愿意承担风险。

8）国外港口装卸条件和港口惯例

各国港口的装卸条件不同，装卸费和运费水平也不一样，并且某些港口还有一些习惯做法，交易中往往难以把握。如果我方进口时，国外装运港的条件较差，费用较高，则力争采用CIF或CFR术语；出口时，如果目的港条件较差，费用较高，我方应力争用FOB术语成交。

9）结算方式

在远期信用证或远期D/P的支付方式下，采用CIF或CFR条件对买方有利，因为这两类价格条件的运费、保费由卖方负担，卖方支出运费、保费后而买方的付款却是远期的，从而得到一定的资金融通。一方面，采用即期信用证或即期D/P支付，若运费、保费在全部成本中占较大比率时，选择FOB条件对买方有利，因为FOB条件一般为到付运费，自然减少了开证金额和费用。另一方面，在资金不足的情况下，采用CIF、CFR对卖方有利。因为由卖方租船订舱（或代理），可及时将货物装运，以便迅速押汇加快资金周转；如果采用FOB条件，若是买方指定的船舶迟到，将严重影响卖方的资金周转，同时会加重利息、仓租负担。

10）时令习惯和安全

对于时令性强的商品，如圣诞节礼物、狂欢节啤酒、感恩节火鸡等，为争取贸易机会，赶上销售的最佳时节，买方应以FOB条件为最佳选择，以免卖方的延误而造成重大损失。对于厂方向国外订购的零配件、主机等商品，宜采用FOB条件，由买方自行安排最有利的装船时机、最可靠的船运公司承运，以确保货物安全及准时抵达。

3.1.4 单价金额的计算

在国际贸易中，不同的贸易术语表示其不同的价格构成因素，即包括不同的从属费用。

在我国进出口业务中，最常使用的贸易术语是FOB、CFR和CIF三种。FOB价习惯上被称为成本价。FOB、CFR和CIF三种价格的基本构成为

    FOB＝实际成本＋国内费用＋预期利润

    CFR＝实际成本＋国内费用＋出口运费＋预期利润

    CIF＝实际成本＋国内费用＋出口运费＋出口保险费＋预期利润

1. 商品数量的核算

在国际货物运输中，经常使用的是20英尺和40英尺集装箱，20英尺集装箱的有效容积为25立方米，40英尺集装箱的有效容积为55立方米。出口商在做报价核算时，建议按照集装箱可容纳的最大包装数量来计算报价数量，以节省海运费。

在主页的"产品展示"中查看产品详细情况,根据产品的体积、包装单位、销售单位、规格描述来计算报价数量。

应用案例 3.11

商品三色戴帽熊的包装单位是 CARTON(箱),销售单位是 PC(只),规格描述是每箱装 60 只,每箱体积为 0.164 立方米,试分别计算该商品用 20 英尺、40 英尺集装箱运输出口时的最大包装数量和报价数量。

解:每 20 英尺集装箱,包装数量=25/0.164=152.439(箱),取整 152 箱。
报价数量=152×60=9120(只)
每 40 英尺集装箱:包装数量=55/0.164=335.365(箱),取整 335(箱)。
报价数量=335×60=20100(只)

2. 商品成本的核算

出口货物的成本(cost)主要是指采购成本,是贸易商向供货商采购商品的价格,也称进货成本。其计算公式为

$$实际成本 = 进货成本 - 退税金额$$
$$退税金额 = 进货成本/(1+增值税率) \times 退税率$$

应用案例 3.12

某公司出口陶瓷茶杯,每套进货成本人民币 90 元(包括 17% 的增值税),退税率为 8%,请核算实际成本。

解:实际成本=进货成本-退税金额
退税金额=进货成本/(1+增殖税率)×退税率=90/(1+17%)×8%=6.15(元)
实际成本=90-6.15=83.85(元)

3. 商品费用的核算

费用(expenses/charges)主要是指商品流通费。业务中经常出现的费用有如下几种:

(1) 包装费(packing charges),通常包括在进货成本中,如果客户有特殊要求,须另加。
(2) 仓储费(warehousing charges),提前采购或另外存仓的费用。
(3) 国内运输费(inland transport charges),装货前发生的内陆运输费用。
(4) 认证费(certification charges),出口商办理出口许可、配额、产地证以及其他证明所支付的费用。
(5) 港区港杂费(port charges),货物装运前在港区码头支付的各种费用。接受订舱的货运公司,出于揽生意的考虑,往往只对订舱人负责,把费用转嫁到另一方。因此,在 FOB 的条件下,出口方有必要事先和货运公司核对一下该项费用。如果发现费用分担明显不公,则与国外客户联系协商要求调整。
(6) 商检费(inspection charges),出口商品检验机构根据国家有关规定或出口商的请求对货物进行检验所发生的费用。
(7) 捐税(duties and taxes),国家对出口商品征收、代收或退还的有关税费,通常有出口关税、增值税等。
(8) 垫款利息(interest),出口商买进卖出期间垫付资金支付的利息。
(9) 业务费用(operating charges),出口商经营过程中发生的有关费用,也称经营管理

费，一般是在进货成本基础上计算费用定额率。费用定额率＝定额费用/进货价。

（10）银行费用（banking charges），出口商委托银行向国外客户收取货款、进行资信调查等所支出的手续费。如果出口贸易的总利润较少，应让客户承担该项费用。

（11）佣金（commission）与折扣（discount），佣金是出口商向中间商支付的报酬。包含佣金的合同价格，称为含佣价。如果对外报价时，佣金率不明示在价格中，这种佣金称为"暗佣"；如果在价格条款中，明确表示佣金多少，称为"明佣"。佣金的支付方法通常有两种：一种是由中间代理商直接从货价中扣除，另一种是在卖方收妥货款后，再按事先约定的期限和佣金率，另外支付给中间代理商。

折扣是卖方在原价格的基础上给予买方的一定比例的价格减让。使用折扣方式减让价格，而不直接降低报价，使卖方既保持了商品的价位，又明确表明了给予买方的某种优惠，是一种促销手段，如数量折扣、清仓折扣、新产品的促销折扣等。

在价格条款中，佣金和折扣有不同的表示方法。
① 用文字表示。例如，
USD 200 per M/T CIF New York including 3％ commission
HKD 355 per cubic meters FOB Guangzhou less 2％ discount
② 用C表示佣金。可以在贸易术语后面加C和佣金率来表示佣金，折扣一般不用此法。例如，
USD 200 per M/T CIFC3％ New York
或 USD 200 PER M/T CIFC3 New York
③ 用绝对数表示。例如，
Pay ABC Company USD 25 as commission per M/T
Discount USD S per M/T
相关计算公式为

$$折扣的计算公式为折扣额＝发票金额×折扣率$$
$$佣金的计算公式为佣金＝含佣价×佣金率$$
$$净价＝含佣价－佣金＝含佣价×（1－佣金率）$$

 应用案例3.13

金鑫公司出口一批陶瓷卫浴产品，报价每套80美元 CIFC5 LONDON，共计1000套，请计算该产品每套的净价和佣金。

解：佣金＝含佣价×佣金＝80美元×5％＝4（美元）

净价＝含佣价－佣金＝含佣价×（1－佣金率）＝80美元×（1－5％）＝76（美元）

报净价为每套76美元 CIF LONDDON。

（12）出口运费（freight charges），货物出口时支付的海运、陆运、空运及多式联运费用。出口交易中，在采用CFR、CIF贸易术语成交的条件下，出口商需核算海运费。

 应用案例3.14

商品"三色戴帽熊"要出口到加拿大，目的港是蒙特利尔港口。请计算报价数量为6000件的海运费。

解：先查到该商品的体积是每箱0.2立方米，每箱装60只。根据查到的产品资料，产品的总体积＝6000÷60×0.2＝20（立方米）；再查到运至加拿大蒙特利港的海运费为20英尺集装箱 USD 1350，拼箱为每立方米 USD 60，则产品的海运费＝20×60＝1200（美元）；由于当天美元的汇率为6.4元人民币兑换1美元，则海运费（人民币）＝1200×6.4＝7680（元）

(13) 保险费(insurance premium)，出口商向保险公司购买货运保险或信用保险支付的费用。出口交易中，在以 CIF 术语成交的情况下，出口商需要核算保险费。其计算公式为

$$保险费＝保险金额×保险费率$$
$$保险金额＝CIF 货价×(1＋保险加成率)$$

在进出口贸易中，根据有关的国际惯例，保险加成率通常为 10%。出口商也可根据进口商的要求与保险公司约定不同的保险加成率。

 应用案例 3.15

商品"三色戴帽熊"的 CIF 价格为 USD 8937.6，进口商要求按成交价格的 110%投保一切险(保险费率 0.8%)和战争险(保险费率 0.08%)，试计算出口商应付给保险公司的保险费用？

解：保险金额＝8937.6×110%＝9831.36(美元)

保险费＝9831.36×(0.8%＋0.08%)＝86.52(美元)

若当日人民币对美元汇率是 6.4∶1，则换算人民币为 86.52×6.4＝553.728(元)

4. 商品预期利润的核算

预期利润(expected profit)是出口商的收入，是经营好坏的主要指标。

利润的核算方法可以某一固定数额作为商品的利润，也可用某一基数的一定百分比作为经营的利润率来核算利润额。其计算公式为

$$利润＝报价×预期利润率$$

 应用案例 3.16

某公司实际成本为人民币 180 元，利润率 15%，计算价格和利润率。
(1) 实际成本为依据：
销售价格＝实际成本＋利润额＝实际成本＋实际成本×利润率＝180＋180*15%＝207(元)
利润＝实际成本×利润率＝180×15%＝27(元)
(2) 以销售价格为依据：
销售价格＝实际成本＋利润额＝实际成本＋销售价格×利润率
移项：销售价格＝实际成本/(1－利润率)＝180/(1－15%)＝211.77(元)
利润＝211.77×15%＝31.77(元)

3.1.5 应用实例

唐朝公司业务员小张收到加拿大 FASHION FORCE 公司的询盘，表示对其女式运动上衣感兴趣，要求报 CIF 蒙特利尔价，小张从工厂得知采购成本为每件 130 人民币元，包含 17%的增值税，经查，当前该商品出口退税率为 16%；到加拿大的蒙特利尔海运费为每 20 英尺集装箱 1350 美元，做出 FOB、CFR、CIF 的外币报价核算。

报价资料如下所列。

商品名称：女式运动上衣

商品资料：每箱装 10 件，每箱体积 0.164 立方米

供货价格：每件 120 元

税率：供货单价中均包括17%的增值税，女式运动上衣的退税率为16%

国内费用：内陆运费（每立方米）100元，报检费120元，报关费150元，核销费100元，公司综合费用3000元

银行费用：报价的1%（L/C银行手续费1%）

海运费：从上海至加拿大蒙特利尔港口一个20英尺集装箱的费用为1350美元

货运保险：CIF成交金额的基础上加10%投保中国人民保险公司海运货物保险条款中的一切险（费率0.8%）和战争险（费率0.08%）

报价利润：报价的10%

报价汇率：6.36元人民币兑换1美元

报价核算操作如下所列。

成本：

    含税成本＝120（元/只）

    退税收入＝120/(1＋17%)×16%＝16.4102（元/件）

    实际成本＝120－16.4102＝103.8598（元/件）

    20英尺集装箱包装件数＝25/0.164＝152（箱）

    报价数量＝152×10＝1520（件）

费用：

    国内费用＝(1520/10×0.164×100＋120＋150＋100＋3000)/1520

          ＝3.8571（元/件）

    银行费用＝报价×1%

    海运费＝1350×6.36/1520＝5.6486（元/件）

    保险费＝CIF报价×110%×0.88%

利润：报价×10%

    FOB报价＝实际成本＋国内费用＋银行手续费＋利润

         ＝103.8598＋3.8571＋报价×1%＋报价×10%

         ＝(103.8598＋3.8571)/(1－1%－10%)

         ＝107.7169/0.89/6.36

         ＝19.0300（美元/件）

    CFR报价＝实际成本＋国内费用＋海运费＋银行手续费＋利润

         ＝103.8598＋3.8571＋5.6486＋报价×1%＋报价×10%

         ＝(103.8598＋3.8571＋5.6486)/(1－1%－10%)

         ＝113.3655/0.89/6.36

         ＝20.0279（美元/件）

    CIF报价＝实际成本＋国内费用＋海运费＋保险费＋银行手续费＋利润

         ＝103.8598＋3.8571＋5.6486＋报价×110%×0.88%＋报价×1%＋报价×10%

         ＝(103.8598＋3.8571＋5.6486)/(1－110%×0.88%－1%－10%)

         ＝113.3655/0.88032/6.36

         ＝20.2481（美元/件）

出口女式运动上衣的报价如下（注：计算时保留4位小数，最后报价取小数点后2位）。

USD 19.03 PER PIECE FOB SHANGHAI（每件0.8美元上海港船上交货）

USD 20.03 PER PIECE CFR MONTREAL（每件0.97美元成本加运费至蒙特利尔）

USD 20.25 PER PIECE CIF MONTREAL（每件0.98美元成本加运保费至蒙特利尔）

3.1.6 出口报价策略

1. "低价留尾"和"高价留尾"

"低价留尾"就是报个低价,且规定一个比较大的订货量,甚至大大高于客户可能的订购量也没有关系,关键是用低价吸引客户兴趣,又为将来的涨价提供顺理成章的依据;"高价留尾"就是报个高价,且规定一个小的订货量,并许诺如果超过此量,价格会有折扣。

采用低价法还是高价法,应视客户的情形而定,一般而言,可以先在网上检查一下客户的情况,如果发现客户有大规模的网站和分支机构,或者在网上大量发布求购信息,这样的客户最好用低价法,因为会有很多竞争者,刚开始价格一高,客户理都不理睬;反之,对那些不熟悉行业的中间商,可以用高价法,并且在往来信函中主动介绍"内行的"产品技术情况,在回信中附上产品的相关资料,如包装情况、集装箱情况、产品图片等,以求给客户留下专业和热情的印象。

2. 变被动为主动

有些客户询盘的时候比较空泛,既无具体款式,又无订购数量、目标市场等能够用来衡量及调整价格的参数。这时候不能坐等客户表示"明确意向",要设法引导客户说出其目的。例如,泛泛地报出 FOB 价之后,告诉客户"请告知您所需的目的港,我很乐于折算一个 CFR 价格给您做参考";又或,"请告知您可能的订购量和交货时间,我看看是否能给您一个优惠价格或折扣"。这样一来,就获知了客户的基本信息,再根据这些信息有针对性地调整报价,有的放矢,促使成交。

新手外贸业务员对报价的处理过程往往比较简单:上级经理给个价格就往外报价,客户还价就汇报给上级经理。这样做,往往比较被动。而化被动为主动,要注意以下几点:

(1)价格是活的。根据订量的大小,生产期的安排,运输方式和付款方式的不同,会有很大的差别。同时,一个产品的成本构成是复杂的,某个零部件或者加工步骤改变一下,往往能够带来相当幅度的成本变动。

(2)客户不一定会固守其对产品的要求。特别是消费类、工艺类产品,如本来计划订 1000 个,如果谈得好,客户有了信心,可能最终会增加到 5000 个。或者本来客户希望是全金属制品,而最后可能为了获得低价,接受类似于"外部金属而底部及内部采用树脂或塑料部件"这样的建议。通过这样的变通建议,双方在价格上就可进行协调。

(3)公司不一定会固守所谓的产品价格底线。特别是产品款式多的工厂,销售部门多半只能事先预估成本,加上预期利润成为报价底线。而实际上,这种报价底线的变数很大。例如,下个月是生产空档,为维持生产,可能微利甚至平本也接单。或者资金紧张,急需一笔资金来周转或一份信用证来贷款。利用这些变数,业务员不但缓解了工厂的窘境,也达成了本来无望的交易,获得业绩。

(4)"低价"可以,但多半要与"量大"、"预付款多"、"余款及时安全"、"交货期长"等条件捆绑。注意,为什么"交货期长"是个便利条件?因为这样可以从容安排,作为填补生产空档之用,此外还可以选择运费较低廉的时候交货,或拼顺路的货,以节约成本。

(5)主动给客户提建议,如上面提及的零部件与加工步骤的调整建议。很多时候客户最关心的是价格,在品质能够被客户市场接受的前提下,业务员如果能够主动提供工艺上的替代方案以削减价格,客户往往很欢迎。

(6)多与客户交流,了解客户的真实想法。例如,客户还价太低的时候,侧面了解一下原因,做到有针对性的处理。

(7) 主动与工厂生产部门交流，了解工厂的生产和财务状况，寻找一些零配件供货渠道，探讨根据不同品质要求而从工艺上进行替代调整的可能性。这样既配合了生产和财务管理，又促进了低价客户的成交可能。

(8) 主动收集商业情报。例如，一个有名的大买家询盘，新手业务员却不知道对手是谁，上级经理因不知详情也没有给予足够重视，结果因贪图一点利润而错失了进入这个大买家供货体系的机会。

3.1.7 技能训练

请根据下面所给的资料报出口的 CIF 美元单价。

商品名称：陶瓷餐茶具，型号 HB512

进货成本：152.00 元/套，单件包装体积 0.4M×0.32M×0.36M

税率：供货单价中均包括 17% 的增值税，出口陶瓷制品的退税率为 9%

国内费用：出口一个 20 英尺集装箱需发生的费用有运杂费 800 元，商检费 150 元，报关费 50 元，港区港杂费 650 元，公司业务费 1200 元，其他费用 900 元

海运费：陶瓷餐具从上海至加拿大的多伦多一个 20 英尺集装箱的包箱费率 1750 美元，一个 20 英尺集装箱货柜的可装 25 立方米的货物

保险：CIF 成交金额的基础上加 10% 投保中国人民保险公司海运货物保险条款中的水渍险、碰损破碎险和战争险，费率分别为 0.5%、0.3% 和 0.16%

客户佣金：成交价格的 5%

报价利润：报价的 10%

报价汇率：8.25 元人民币兑换 1 美元

知识链接 3-2

核算 FOB、CFR、CIF 的进口价格

我国进口业务大多数是按 FOB 价格条件成交，准确核算 FOB、CFR、CIF 价格，将更有利于询盘和还盘。因此，在计算价格时，首先需要明确价格的构成，即价格中将有哪些组成部分，然后需清楚地了解各组成部分的计算方法，也就是成本、各项费用以及利润的计算依据，最后将各部分加以合理的汇总即可。下面举一个例子加以说明。

进口资料如下所列。

商品名称：三色戴帽熊

商品资料：每箱装 60 只，每箱体积 0.164 立方米

市场零售价：每只 1.5 美元

供货价格：出口商报 FOB 价每只 0.8 美元，CFR 价每只 0.97 美元，CIF 价每只 0.98 美元

税率：出口毛绒玩具的进口关税率为 7%

业务费用：报检费 200 美元，报关费 200 美元，公司综合费用 500 美元

银行费用：开证费 100 美元，赎单费 100 美元

海运费：从上海至加拿大蒙特利尔港口一个 20 英尺集装箱的费用为 1350 美元

货运保险：投保中国人民保险公司海运货物保险条款中的一切险（费率 0.8%）和战争险（费率 0.08%）

预期利润：进口成本的 20%

进口核算操作如下所列。

购货价格：
  20 英尺集装箱包装件数＝25/0.164＝152（箱）
  进口数量＝152×60＝9120（只）
  FOB 价＝0.8×9120＝7296（美元）
  CFR 价＝0.97×9120＝8846.4（美元）
  CIF 价＝0.98×9120＝8937.6（美元）

支出费用：
  FOB 进口关税＝7296×7％＝510.72（美元）
  CFR 进口关税＝8846.4×7％＝619.248（美元）
  CIF 进口关税＝8937.6×7％＝625.632（美元）
  业务费用＝200＋200＋500＝900（美元）
  银行费用＝100＋100＝200（美元）
  海运费＝1350（美元）

保险费：
  FOB 保险费＝7296×（1＋1350/9120×100％＋0.88％）×0.88％
    ＝74.27（美元）
  CFR 保险费＝8846.4×（1＋0.88％）×0.88％
    ＝78.53（美元）

进口总成本：
  FOB 进口＝FOB 价＋进口关税＋业务费用＋银行费用＋海运费＋保险费
    ＝7296＋510.72＋900＋200＋1350＋74.27
    ＝10330.99（美元）
  CFR 进口＝CFR 价＋进口关税＋业务费用＋银行费用＋保险费
    ＝8846.4＋619.248＋900＋200＋78.53＝10644.178（美元）
  CIF 进口＝CIF 价＋进口关税＋业务费用＋银行费用
    ＝8937.6＋625.632＋900＋200＝10663.232（美元）

平均每只玩具的进口成本：
  FOB 进口＝10330.99/9120＝1.1328（美元/只）
  CFR 进口＝10644.178/9120＝1.1671（美元/只）
  CIF 进口＝10663.232/9120＝1.1692（美元/只）

加上利润，每只玩具的零售价：
  FOB 进口＝1.1328×（1＋20％）＝1.3593（美元/只）
  CFR 进口＝1.1671×（1＋20％）＝1.4005（美元/只）
  CIF 进口＝1.1692×（1＋20％）＝1.4030（美元/只）

目前市场零售价格为每只 1.5 美元，根据以上核算结果得出，出口商所报价格在可接受价格范围之内（注：计算时保留 4 位小数，最后取小数点后 2 位）。

3.2 出口还价核算

  在国际贸易中，一方的报价往往会遭到了对方的还价，收到对方的还价以后，应当针对还价进行必要的核算，了解价格降低以后对出口商预期利润的影响程度，分析价格构成中各要素的变化和调整，以保证自身的利益不受损失。因此，正确地进行还价核算是出口商应具备的一种重要操作技能。

3.2.1 出口还价的核算方法

（1）根据进口商的还价对出口利润进行核算，该核算是出口商是否接受还价的依据。其计算公式为

$$出口利润＝出口价格－出口成本－出口费用$$

（2）根据设定的出口利润，在出口价格和出口费用不变的情况下，对采购成本进行核算，该核算是出口商是否要求供应商调价的依据。其计算公式为

$$采购成本＝出口价格－出口利润－出口费用＋出口退税额$$

（3）根据设定的出口利润，在出口价格、采购成本和其他出口费用不变的情况下，对某项出口费用进行核算，该核算是出口商是否要调整某项出口费用的依据。其计算公式为

$$某项出口费用＝出口价格－出口利润－出口成本－其他出口费用$$

应用案例 3.17

某公司出口陶瓷餐具，进货成本150元/套（含17%增值税率和9%退税率）。20英尺货柜需发生的费用有：运杂费900元，商检报关费200元，港区杂费700元，公司业务费1300元，其他费用950元，大连—温哥华20英尺集装箱包箱费2750美元。利润为报价的10%，美元对人民币的汇率为1∶6.4。外箱体积为0.4m×0.35m×0.38m。我方对外报价每套32.43美元CFR温哥华，客户还价每套28.43美元CFR温哥华。

（1）按照客户的还价，核算我方盈亏状况。

外箱体积＝0.4m×0.35m×0.38m＝0.0532m³

报价数量＝20尺（1米＝3尺）货柜（按25m³计算）

包装件数＝25/0.0532＝470箱（每箱装一套）

销售收入＝28.43×6.4＝181.95(元)

退税金额＝购货成本/(1＋增值税率)×退税率

实际成本＝购货成本－退税金额

＝购货成本－购货成本/(1＋增值税率)×退税率

＝150－150/(1＋17%)×14%

＝138.461 5(元/套)

国内费用＝运杂费＋商检报关费＋港区杂费＋公司业务费＋其他费用

＝900＋200＋700＋1300＋950＝4050(元)

每套餐具国内费用＝4050/470＝8.617(元)

海运费＝2750×6.4/470＝37.446 8(元)

销售利润＝销售收入－实际成本－国内费用－海运费

＝181.95－138.461 5－8.617－37.446 8＝－2.530 3(元/套)

利润呈负数，亏损2.530 3元/套。亏损占销售收入的比率为2.530 3/181.95＝1.39%

（2）保持8%利润的国内采购价格调整情况。

实际成本＝销售收入－销售利润－海运费－国内费用

＝28.43×6.4－28.43×6.4×8%－37.446 8－8.617

＝121.332 0(元/套)

采购成本＝实际成本×(1＋增值税率)/(1＋增值税率－退税率)

＝121.332 0×(1＋17%)/(1＋17%－9%)

＝131.443(元/套)

供货商需要在原价基础上降价18.557元才可以成交。

(3) 保持5%利润的还价情况。

  CFR价＝实际成本＋国内费用＋海运费＋利润
    ＝138.4615＋8.167＋37.4468＋报价×5%

两边移项得

  CFR价(1－0.05)＝186.6686
  CFR价＝193.7635(元)
  折成美元为193.7635/6.4＝30.2755(美元/套)

3.2.2 出口盈亏核算指标的核算

1. 换汇成本的核算

换汇成本即出口商品获得每一单位外汇的人民币成本，即出口净收入1美元所耗费的人民币数额。换汇成本如高于银行外汇牌价，出口为亏损；反之，则为盈利。例如，A企业做茶具出口，一套茶具的成本为68元人民币(包括在生产、运输、交易以及履约过程中产生的所有费用)，然后该企业以50美元的价格卖给美国B企业，那么就相当于A企业用68元人民币换来了50美元。假设这个时候银行的美元汇率卖出价是1∶6.8，即如果A企业现在要到银行去换美元，那么6.8元人民币可以换1美元，68元人民币可以换10美元，但是通过出口，茶具企业用68元人民币换回了50美元，所以企业通过贸易盈利了。

换汇成本的计算公式为

  出口换汇成本＝出口商品总成本(人民币)/出口外汇净收入(FOB价下的外币)

其中，出口总成本是指实际成本加上出口前的一切费用和税金。出口销售外汇净收入是指出口商品按FOB价出售所得的外汇净收入。

应用案例3.18

一套家具国内进价为人民币7270元，加工费900元，流通费700元，税金30元，出口销售外汇净收入为1100美元，求出口换汇成本。

  出口总成本＝7270＋900＋700＋30
    ＝8900(元人民币)
  换汇成本＝8900元人民币/1100美元
    ＝8(人民币元/美元)

2. 出口盈(亏)额和出口盈利率的核算

出口盈(亏)额即出口销售人民币净收入与出口总成本的差额，前者大于后者为盈利；反之为亏损。其计算公式为

  出口盈(亏)额＝(出口销售外汇净收入×银行外汇买入价)－出口总成本

出口盈利率是盈利额与出口总成本之比。其计算公式为

  出口盈利率＝(盈利额/出口总成本)

应用案例 3.19

中国某出口商出口麻底鞋 36000 双,出口价每双 0.78 美元 CIF 格丁尼亚(波兰),CIF 总价 28080 美元,其中海运费 4394 美元,保险费 207 美元。进货成本每双人民币 4 元,共计人民币 144000 元(含 17% 增值税率),出口退税率 14%,费用定额率 12%。银行美元买入价为 1 美元 = 6.4 元人民币。麻底鞋换汇成本、盈利额及出口盈利率的计算如下:

(1) 换汇成本 = 出口总成本(人民币)/出口销售外汇净收入(美元)

= {进货成本 − [进货成本/(1+增值税率)×退税率] + 进货成本×12%}/(出口销售外汇净收入 − 运费 − 保险费)

= {144000 − [144000/(1+17%)×14%] + 144000×12%}/(28080 − 4394 − 207)

= (144000 − 144000/1.17×0.14 + 17280)/23479

= 144049.23/23479 = 6.135(元/美元)

麻底鞋换汇成本低于外汇牌价,盈利。

(2) 出口盈利额 = (出口销售外汇净收入×银行外汇买入价) − 出口总成本

= 23479×6.4 − 144049.23 = 6216.37(元)

麻底鞋出口盈利人民币 6216.37 元。

(3) 出口盈利率 = (盈利额/出口总成本)×100%

= (6216.37/144049.23)×100% = 4.315%

麻底鞋出口盈利率为 4.315%。

3. 销售利润率和成本利润率的核算

销售利润率是企业利润总额与净销售收入的比率,成本利润率是利润与成本之比,二者都被广泛采用以评估企业的营运效益。相关计算公式为

成本利润率 = 出口利润/采购成本 = (出口报价 − 出口成本 − 出口费用)/采购成本

销售利润率 = 出口利润/销售收入 = (出口报价 − 出口成本 − 出口费用)/销售收入

采购成本 = 销售收入 + 退税收入 − 各项费用 − 利润

应用案例 3.20

贸易双方就童车进行交易磋商,出口商报价 34.5484 美元/辆 CIF HONGKONG,客户还价为 USD 36.92 美元/辆 CIF HONGKONG,订购数量为 1 个 20 英尺集装箱,试计算利润额和利润率。具体资料如下所示。

品名:Baby Stroller 童车;货号:TC3112

包装方式:纸箱装,1 辆/箱;纸箱尺寸:47cm×36.5cm×84.5cm;纸箱毛/净重:14KG/12KG;报价数量/起订量:100 辆

采购成本:170 元/辆(含增值税);增值税率:17.00%;出口退税率:13.00%

出口费用:单位商品的出口包干费为 5.50 元

20 英尺集装箱的包干费率为 800.00 元

件杂货/拼箱海运费率为(计算标准 "M")USD 75.00(每吨运费),

20 英尺集装箱的海运包箱费率为 USD 1500.00

出口定额费率为(按采购成本计)4%

垫款周期:30 天

银行贷款年利率(1 年按 360 天计):6%

海运货物保险费率:0.65%

投保加成率:10.00%

银行手续费额(按每笔交易计):USD 80.00

汇率(1美元兑换人民币):6.4元

解:一个20英尺集装箱的体积约为25立方米

一个20英尺集装箱可装数量=25/(0.47×0.365×0.845)=25/0.145=172(辆/箱)

销售收入:172×36.92×6.4=40641.536(元)

退税收入:172×170×13%/(1+17%)=3248.8889(元)

实际成本:172×170×(1+17%−13%)/(1+17%)=25991.1111(元)

采购成本:172×170=29240(元)

贷款利息:172×170×6‰×30/360=146.2(元)

定额费:172×170×4‰=1169.6(元)

出口包干费:800(元)

海运费:1500×1×6.4=9600(元)

保险费:172×36.92×6.4×(1+10%)×0.65‰=290.587(元)

银行费用:80×6.4=512(元)

利润额:收入(销售收入+退税收入)−支出(采购成本+各项费用)
      =销售收入−实际成本−各项费用
      =40641.536−25991.1111−146.2−1169.6−800−9600−290.587−512
      =2132.0379(元)

销售利润率:2132.0379/40641.536=5.246%

成本利润率:2132.0379/29240=7.29%

3.2.3 应用实例

唐朝公司拟出口全棉男式衬衫1000打至纽约,其中,购货成本:650元/打;增值税率:17%;退税率:9%;国内费用:25元/打;海运费:10美元/打;保险:加成10%,费率为1%;预期利润率:10%;汇率:6.4∶1;报价124.35美元/打CIF纽约。对方还价116美元/打CIF纽约。

(1) 试根据客户还价,进行还价利润核算(按总量计)

销售收入=1000×116×6.4=742400(元)

退税收入=1000×650×9%/(1+17%)=50000(元)

采购成本=1000×650=650000(元)

国内费用=1000×25=25000(元)

海运费=1000×10×6.4=64000(元)

保险费=1000×116×6.4×(1+10%)×1‰=8166.4(元)

还价利润=收入(销售收入+退税收入)−支出(采购成本+各项费用)
       =销售收入+退税收入−采购成本−国内费用−海运费−保险费
       =742400+50000−650000−25000−64000−8166.4
       =45233.6(元)

销售利润率=45233.6/742400=6.09%

成本利润率=45233.6/650000=6.96%

(2) 如果接受客户每打116美元的还价,同时出口商又要保持其10%的成本利润率,在其他费用和订购数量保持不变的情况下,试计算出口商的国内采购成本应为每打多少元人民币。

销售收入＝116×6.4＝742.4(元)
退税收入＝采购成本×9%/(1+17%)
国内费用＝25(元/打)
海运费＝10×6.4＝64(元/打)
保险费＝116×6.4×(1+10%)×1%＝8.1664(元/打)
利润＝采购成本×10%
还价成本(采购成本)＝收入(销售收入＋退税收入)－各项费用－利润
　　　　　　　　　＝销售收入＋退税收入－国内费用－海运费－保险费－利润
　　　　　　　　　＝742.4＋采购成本×9%/(1+17%)－25－64－8.1664－采购成本×10%
采购成本＝(742.4－25－64－8.1664)/［1－9%/(1+17%)＋10%］＝645.2336/1.0231
　　　　＝630.6652(元/打)

因此，出口商需要生产供应商降价近20元/打方能接受客户的还价，且保持10%的成本利润率。

（3）如果出口商要保持的是10%销售利润率，而非10%成本利润率，那么此时的还价成本计算将为

销售收入＝116×6.4＝742.4(元)
退税收入＝采购成本×9%/(1+17%)
国内费用＝25(元/打)
海运费＝10×6.4＝64(元/打)
保险费＝116×6.4×(1+10%)×1%＝8.1664(元/打)
利润＝116×6.4×10%＝74.24(元/打)
还价成本(采购成本)＝收入(销售收入＋退税收入)－各项费用－利润
　　　　　　　　　＝销售收入＋退税收入－国内费用－海运费－保险费－利润
　　　　　　　　　＝742.4＋采购成本×9%/(1+17%)－25－64－8.1664－74.24
采购成本＝(742.4－25－64－8.1664－74.24)/［1－9%/(1+17%)］
　　　　＝570.9936/0.9231＝618.5609(元/打)

3.2.4 出口还价策略

出口商在了解了对方的还价的全部内容后，就要透过其还盘的内容，来判断对方的意图，在此基础上可以分析出怎样能使交易既对自己有利又能满足对方的某些要求。将双方的意图和要求逐一进行比较，弄清双方分歧所在，估计对方的谈判重点。针对进口商的还盘，出口商主要采取以下四种对策。

1. 说服对方让步，不做退让

出口商可以从商品的品质、包装、交易数量等方面与进口商进行还价谈判，还可以根据不同的业务特点和商品特点，寻找各种还价的理由，如品牌、专利等，保持商品的价格不变。但是采取这种策略的最大风险就是可能失去成交的机会甚至失去客户。

2. 减少利润，满足降价要求

贸易磋商中讨价还价过程更多的是让步过程。让步时一定要考虑三个问题：怎么让步，分几次让步，每次让步幅度为多少。在实际中，采用较多的是小幅递减让步、大幅递减让

步,这两种方式适应一般人心理,易为对方接受。

这一策略需要较高的谈判技巧,经验丰富的外贸业务员能以很小的让步换取对方较大的让步,并且还让对方感到心满意足,愉快地接受;相反,也有即使做出大幅度的让步,对方并不满意的情况。

3. 减少费用开支,达到降价目的

如果出口商希望缩小公司业务费用以外的费用,如运费等,则必须和有关方面进行新的价格磋商。

4. 降低采购成本

这一策略通常需要与供货商进行讨价还价,压低采购成本。

3.2.5 技能训练

1. 中国某出口商与香港 A 公司签订饮水机贸易合同

品名:饮水机

计量单位:台

包装方式:1 台/纸箱

每个纸箱尺码:36.5cm×33cm×88cm(长×宽×高)

每个纸箱毛/净重:20.5KG/18.5KG

报价数量/起订量:100 台

采购成本:110 元/台

出口费用:

单位商品出口的包干费约为	4.50 元
20 英尺集装箱的包干费率为	680.00 元
40 英尺集装箱的包干费率为	1150.00 元
件杂货/拼箱海运费率为(计费标准 W/M)	USD 52.00(每运费吨)
20 英尺集装箱的海运包箱费率为	USD 1500.00
40 英尺集装箱的海运包箱费率为	USD 2400.00
出口定额费率为(按采购成本计)	3.00%
垫款周期为	30 天
银行贷款年利率为(1 年按 360 天计)	7.00%
海运货物保险费率为	0.65%
投保加成率为	10%
增值税率为	17%
出口退税率为	13%
国外客户的佣金率为(按报价计)	2%
银行手续费率为(按报价计)	0.30%
汇率为(1 美元兑换人民币)	6.4 元
预期利润:销售利润率为(按报价计)	7.00%

(1) 出口商经过计算,报价 20.6 美元/台 CFR 香港。但是收到客户还价,表示其能接收到

单价为 19.52 美元/台 CFRC2 香港，订购数量为 100 台。试进行还价利润核算（按总量计）。

（2）如果接受客户还价，同时出口商又必须保持 7％的销售利润率，在其他费用和订购数量不变的情况下，试进行还价成本核算（按单位商品计）。

2. 荷兰 WT 公司欲求购中国产遥控车两个货号 600 辆

商品：遥控赛车
货号：YE803/TE600
颜色：蓝、红、黄
包装方式：1 辆/盒　3 辆/纸箱
尺码：120cm×84cm×60cm/纸箱
毛/净重：33KG/28KG
供货单价：（含税）210 元/辆　250 元/辆
　　　　　已知遥控赛车的增值税率为 17％，出口退税为 9％
国内费用：出口包装费每辆 10 元
　　　　　整批货物（两个货号 600 辆）共需仓储费 500 元
　　　　　国内运杂费 1000 元，商检费 650 元，报关费 50 元，港口费 800 元，业务费 2000 元，其他 1000 元
出口运费：上海至鹿特丹（Rotterdam）的集装箱运费为拼箱每运费吨 103 美元，20 英尺集装箱 2400 美元，40 英尺集装箱 4350 美元
保险：发票金额加 10％投保一切险和战争险，费率分别为 0.6％和 0.3％
公司要求的预期利润率为成交价格的 10％并以即期信用证作为付款方式（人民币对美元的汇率为 6.4∶1）。
中国出口商报价，YE803：56.44 美元/辆 CIF Rotterdam；TE600：62.925 美元/辆 CIF Rotterdam。

（1）计算根据 WT 公司的还价货号 YE803：53.75 美元/辆 CIF Rotterdam，货号 TE600：58.75 美元/辆 CIF Rotterdam，公司是否还有利润，总利润为多少元？销售利润率又为多少（货号 YE803 和 TE600 各 300 辆）？

（2）若接受对方价格，而公司的销售利润率又不得少于 6％，那么在其他条件不变的情况下，公司应掌握的国内收购价为多少（人民币对美元的汇率为 6.4∶1）？

项目小结

企业进出口货物，不论是作何用途，都必须核算进出口的成本，估算进出口商品的盈亏率，以便进行经济效益的分析，降低成本，提高企业的经济效益。通过本项目的学习，我们可以掌握每种贸易方式下不同的价格构成以及不同贸易方式下的成本核算方法。

课后习题

1. 改错题

（1）每码 3.5 美元 CIF 香港。

(2) 每打 10 美元 FOB 纽约。
(3) 每双 80 元 CFR 西藏。
(4) 2000 日元 CIF 大阪。
(5) 每桶 30 美元 FOB 上海包括 3％佣金。

2. 计算题

(1) 某公司某商品报价为每台 120 元人民币，现客户要求改报美元价。(中国市场：$1＝¥6.30～¥6.40)

(2) 某公司某商品报价为每台 80 美元，现客户要改报人民币价。(中国市场：$1＝¥6.30～¥6.40)

(3) 我对外报某商品每台 USD200，国外要求改报英镑价。(中国银行牌价：$1＝¥6.30～¥6.40 £1＝¥10～10.4)

(4) 棉花 12 公吨，实际含水量 20％，标准含水量 15％，试计算公量。

3. 操作题

温州名购公司(Wenzhou Minko Company, No. 17, Fudong Road, Lucheng District, Wenzhou, China)于 2011 年 5 月 10 日收到 BAKER COMPANY(No. 12, Riverside Street, New York, America)来函，表示对温州名购公司出售的瓯塑产品感兴趣，希望得到报价并说明交易条件。瓯塑产品的相关信息如下。

品名货号：No. 0817 Ou Sculpture
供货价格：1160 元/件(含增值税 16％，退税率 16％)
包装规格：每件纸箱包装毛/净重 150kg/120kg；纸箱规格：0.5m×0.4m×1.0m
报价术语：CIF New York
包装为每个纸箱装一件，100 件装一个 20 尺集装箱，上海至美国纽约 20FCL 运费为 3000 美元，美元兑人民币汇率为 1∶7
国内费用为每件 50 元
按照发票金额的 110％投保战争险和一切险(费率合计 2％)
付款条件为即期不可撤销信用证
预期利润率为 7.8％

请根据以上材料完成以下任务：
(1) 根据上述材料进行报价核算。
(2) 根据相关材料填制出口商品价格核算单。

4. 案例分析题

(1) 我某出口企业按 FCA Shanghai Airport 条件向印度 A 商出口手表一批，货价 5 万美元，规定交货期为 8 月份。自上海运往孟买；支付条件：买方凭由孟买某银行转交的航空公司空运到货通知即期全额电汇付款。我出口企业于 8 月 31 日将该批手表运到上海虹桥机场交由航空公司收货并出具航空运单。我方随即用电传向印商发出装运通知。航空公司于 9 月 2 日将该批手表空运至孟买，并将到货通知连同有关发票和航空运单交孟买某银行。该银行立即通知印商收取单据并电汇付款。此时，国际手表价格下跌，印商以我方交货延期，拒绝付款、提货。我出口企业坚持对方必须立即付款、提货。双方争执不下，遂提交仲裁。如果你是仲裁员，应如何处理？并说明理由。

（2）印度孟买一家电视机进口商与日本京都电器制造商洽谈买卖电视机交易。从京都（内陆城市）至孟买，有集装箱多式运输服务，京都当地货运商以订约承运人的身份可签发多式运输单据。货物在京都距制造商5千米的集装箱堆场装入集装箱后，由货运商用卡车经公路运至横滨，然后再装上船运至孟买。京都制造商不愿承担公路和海洋运输的风险；孟买进口商则不愿承担货物交运前的风险。试对以下问题提出你的意见，并说明理由。

① 京都制造商是否可以向孟买进口商以 FOB、CFR、CIF 术语报价？

② 京都制造商是否应提供已装船运输单据？

③ 按以上情况，你认为京都制造商应该采用何种贸易术语？

（3）我某公司以 CIF 条件对外出口一批罐头，合同签订后，接到买方来函，声称合同规定的目的港最近经常发生暴乱，要求我方在办理保险时加保战争险，对此，我方应如何处理？这批货物抵达目的港后，我方接到买方支付货款的通知，声明因货物在运输途中躲避风暴而增加的运费代我方支付给船公司，故此付款中已将此项费用扣除。对此，我方应该如何处理？

项目四　交易磋商

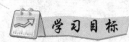 **学习目标**

通过本项目的学习,学生应了解书写外贸函电和起草外贸合同时候注意事项,能够进行交易磋商,正确书写出口发盘函和出口还盘函。并根据来往函电的磋商结果起草买卖合同或确认书。

 工作任务描述

国际买家对小张寄来的样品比较满意,开始询问商品的价格,外贸业务员小张面临的任务是在自己对商品可以进行价格核算的前提下,如何给对方写一份合适的发盘函和还盘函,并起草一份合适的外贸合同。

 **任务内容**

(1) 了解书写外贸函电和起草外贸合同时的注意事项。
(2) 正确书写出口发盘函和出口还盘函。
(3) 起草买卖合同或确认书。

 工作任务实施

(1) 书写出口发盘函。
(2) 书写出口发盘函。
(3) 起草外贸合同。

4.1　书写发盘函

交易磋商的内容涉及拟签订的买卖合同的各项条款,包括品名、品质、数量、包装、价格、装运、支付、保险以及商品检验、索赔、仲裁和不可抗力等,其中前七项为主要内容或主要交易条件。买卖双方欲达成交易、订立合同,至少必须就这七项交易条件进行磋商并取得一致意见(特殊情况可以例外)。业务中,企业一般使用固定格式的合同,上述条款中的商检、索赔、仲裁、不可抗力等通常就印在合同当中,只要对方没有异议,就不必逐条协商,可节省洽商时间和费用开支。

交易磋商的程序一般分为询盘、发盘、还盘和接受四个环节。其中,发盘和接受是达成交易的基本环节,是合同成立的必要条件。国际贸易中,买卖双方无论采用口头或书面方式磋商,均需通过发盘和接受达成交易。

4.1.1　询盘

询盘(enquiry)是指交易的一方有意购买或出售某种商品,向对方询问买卖该商品的

项目四 交易磋商

有关交易条件。实践上看，询盘的内容可以只询问价格，也可询问其他一项或几项交易条件。询盘可由买方发出，也可由卖方发出；可采用口头方式，也可采用书面方式；写信人泛泛地询问为一般性的询盘，写信人针对某一商品具体地询问为具体询盘。

磋商函电示例一：卖方询盘（2月5日去电）

ABC TRADING CORPORATION

115 Hangzhou Road，Chaoyang District，Changchun，China

Tel：（0431 8656627） Fax：（0431 8678777）

TO：DEF INTERNATIONAL TRADING CO （Tel：001 212 789 1678）
FM：ABC TRADING CORPORATION （FAX：0431 8678777）
DATE：FEB.5，2001

Dear Sirs，

Through the courtesy of our Commercial Councilor's Office in America, we notice that you are interested in doing business with us.

Our lines are mainly exp. & imp. of light industrial products. We wish to establish business relations by some practical transactions. To give you a general idea of the various kinds of shoes now available for export, we enclose a copy of our latest catalogue and a price list for your reference. We hope some of these will interest you. It will be a great pleasure to receive your inquiries for any of the items against which we will send you our favorable quotations.

We would appreciate receiving your specific inquiries.

Yours Faithfully,

Huang He long(Mr)

Shoes Department.

磋商函电示例二：买方询盘（2月6日来电）

DEF INTERNATIONAL TRADING CO.

GStreet，H. box 1234. California，U. S. A.

Tel：（001 212 782 5345） Fax：（001 212 789 1678）

Mr. Huang Helong
ABC Trading Corporation.
115 Hangzhou Road，Chaoyang District，Changchun，China
Date：Feb.6，2001

Dear Mr. Huang,

We are pleased to receive your fax of Feb. 5, and are glad to do business with you. At present, we are in the market for excellent working boots, please quote us Art No. JB601 in your catalogue with indications of packing, may shipment, CIF New York, including our 3% commission.

We await your early reply.

Yours Sincerely,

Villard Henry

Purchasing division.

询盘虽然不具有法律约束力,但是外贸业务员也应该及时处理与答复,以免失掉信誉。

4.1.2 发盘

1. 发盘的构成要素

发盘(Offer)也称发价,法律上称为要约,是一方当事人(发盘人)向另一方当事人(受盘人)提出各项交易条件并且愿意按这些条件与受盘人达成交易、订立合同的表示。

实际业务中,发盘的形式有多种,发盘通常由交易一方在收到另一方的询盘后,以对询盘信答复的形式发出报盘,也可在没有对方询盘情况下直接主动发出报盘;发盘可以由买方提出,也可以由卖方提出;可以是书面的,也可以是口头的。依据一个发盘是否具有约束力,发盘可划分为有约束力(offer with engagement)发盘和无约束力发盘(offer without engagement),即实盘和虚盘。

按照法律规定,一项发盘必须具备以下条件才能构成实盘的要素。

1) 表明订约意旨

按《联合国国际货物销售合同公约》(简称《公约》)规定,一方当事人是否向对方表明在发盘被接受时承受约束的意旨是判别一项发盘的基本标准。表明承受约束的意旨可以是明示的或是暗示的。对于明示的表示,发盘人可在发盘中明确地说明或写明"发盘"(offer)、"发实盘"(firm offer)或明确规定发盘有效期;对于暗示的表示,则应与其他有关情况结合起来考虑,包括双方磋商的情况、双方已确立的习惯做法、惯例、当事人随后的行为等。在实际业务中,若存在疑问,受盘人应及时采用快速通信的方式,要求对方予以澄清。若一方当事人在其提出的售货或购货建议中未表明在被接受时承受约束的意旨,那就不能断定其有订立合同的愿望,因此,该项建议就不能构成发盘,而仅应被视为发盘邀请(invitation to make an offer)。

2) 向一个或一个以上特定的人提出

"特定的人"是指在发盘中指明个人姓名或企业名称的受盘人。这样发盘就与在报刊上刊登广告,向国外客户寄发商品目录、价格单或其他宣传品的行为区分开来。在后一种情况下,广告的对象是广大社会公众,商品目录、价目单和宣传品普遍寄发给为数众多的客商,这些对象均不属于特定的人。

3) 内容十分确定

一项订约建议只要列明货物、数量和价格三项条件即可被认为其内容"十分确定",从而构成一项有效发盘。所缺少的其他内容,如货物包装、交货、支付条件,可在合同成立后,按双方之间已确立的习惯做法、惯例或《公约》规定予以补免。

造成发盘表面交易条件不完整的主要原因有三种:①买卖双方事先订有"一般交易条件"的协议;②援引来往函电及先前的合同;③买卖双方在先前业务中已形成某些习惯做法。为防止误解和可能发生的争议,我国外贸企业在实际工作中,在对外发盘时,应该明示或暗示地至少规定六项主要交易条件,即货物品质、数量、包装、价格、交货和支付条件。

4) 传达到受盘人

这是《公约》和各国法律普遍的要求。发盘不论是口头的还是书面的,只有被传达到受盘人时才生效。如发盘人用信件或电报发盘,如该信件或电报因邮局误递或在传递过程中遗失,以致受盘人没有收到,则该发盘无效。

应用案例 4.1

1990年6月27日,中国甲公司应荷兰乙商号的请求,报出C514某产品200吨,每吨CIF鹿特丹人民币1950元的实盘,但对方接到中方报盘,未作还盘,而是一再请求中国增加数量,降低价格,并延长还盘有效期。中方曾将数量增至300吨,价格每吨CIF鹿特丹减至人民币1900元,有效期经两次延长,最后期限为7月25日,荷兰乙商号于7月22日来电,接受该盘,并提出"不可撤销,即期信用证付款,即期装船,提供卫生检疫证书、产地证、磅码单及良好合适海洋运输的袋装"。但中方接到该电传时,发现该产品的国际市场价格猛涨,于是中方甲公司拒绝成交,并复电称:"由于世界市场的变化,货物在收到电报前已售出"。可是荷兰乙商号不同意中方的说法,认为自己是在发盘有效期内接受发盘,坚持要按发盘的条件执行合同,否则要中方赔偿差价损失人民币23万元,接受仲裁裁决。中方在接到荷方7月22日来电后,于7月24日发出拒绝成交的复电是否符合国际贸易规则和惯例?为什么?你认为应如何处理该问题?

分析:中方在接到荷兰7月22日作出的承诺复电后,于7月24日给荷方发出拒绝成交的复电是违反国际贸易中的"约定信守原则"的。因为按照国际贸易惯例,荷兰的承诺是在发盘有效期内作出的,中方已经收到,荷方的承诺已经生效,表明合同已成立。中方应按合同的约定履行自己报价中规定的义务。否则,应负违约行为所产生的法律责任。

对方7月22日的电传虽然是接受的表示,但是带有附加条件的接受,中方应利用这个机会进行讨价还价。同时,对自己销售的这类出口商品,应注意调查研究,密切注意价格变动的各种新因素,以便掌握谈判的主动权。

2. 发盘的撤回与撤销

发盘的撤回是指发盘人在发出发盘之后,在其尚未到达受盘人之前,即在发盘尚未生效之前,将发盘收回,使其不发生效力。由于发盘没有生效,所以发盘原则上可以撤回。对此《公约》规定:"一项发盘,即使一项不可撤销的发盘都可以撤回,只要撤回的通知在发盘到达受盘人之前或与其同时到达受盘人。"业务中如果我们发现发出的发盘有误即可按公约的精神采取措施以更快的通讯联络方式将发盘撤回(发盘尚未到达受盘人)。例如,以信函方式所做发盘,在信函到达之前,即可用电报或传真方式将其撤回。

应用案例 4.2

我方于周一上午10点以电传方式向英商发盘,公司原定价格为每单位2000英镑CIF伦敦,由于经办人员失误,错报为每单位2000美元CIF伦敦,如果当天下午2点发现问题,应如何处理?如果第二天上午9点发现问题,而客户未接受,又应如何处理?请按照《公约》的规定进行解释。(注释:发盘传至对方需10小时)

分析:由于采用电传方式发盘到对方需要10个小时,如果当天下午2点发现问题,可以采用更为迅捷的方式,如打电话等撤回该发盘,但是撤回的通知必须要在发盘之前到达受盘人所在地或者同时到达,撤回才有效;而第二天9点发现该问题,由于发盘已经生效,如果发盘人要想取消发盘的效力,只能采用撤销的方式,但是撤销的通知必须要在对方接受之前到达受盘人所在地,撤销才有效。

发盘的撤销指发盘人在其发盘已经到达受盘人之后,即在发盘已经生效的情况下,将发盘取消,废除发盘的效力。在发盘撤销这个问题上,英美法国家和大陆法国家存在着原则上的分歧。《公约》为协调解决两大法系在这一问题上的矛盾,一方面规定发盘可以撤销,一方面对撤销发盘进行了限制。《公约》第16条第1款规定:"在合同成立之前,发盘可以撤销,但撤销通知必须于受盘人作出接受之前送达受盘人。"而公约第16条第2款则规定:"下列两种情况下,发价一旦生效,即不得撤销:①发盘中已经载明了接受的期限,或以其他方式表示发盘是不可撤销的;②受盘人有理由信赖该发盘是不可撤销的,并已经本着对该项发盘的信赖行事。"

应用案例 4.3

我某对外承包公司于5月3日以传真请德国供应商发盘出售一批钢材。我方在电传中声明这一发盘是为了计算一项承造一栋大楼的标价和确定是否参与投标,我方必须于5月15日向招标人送交投标书,而开标日为5月31日。德供应于5月5日用电传就上述钢材向我方发盘。我方据以计算标价,并于5月15日向招标人递交投标书。5月20日德供应商因钢材价格上涨,发来传真通知撤销其5月5日的发盘。我方当即复电表示不同意,于是双方发生争议。5月31开标,我方中标。随即传真通知德商我方接受5月5日的发盘,但德商坚持该发盘已于5月20日撤销,合同不成立。合同是否成立?为什么?

分析:合同已经成立,因为根据《公约》的规定,如果受要约人有理由信赖该要约是不可撤销的,并以该信赖行事,则该要约不可撤销。本案中,受要约人在要约邀请中明确表明将根据所作出的要约来参加工程投标,要约人作出的要约中并没有对此提出其他意见,因此,受要约人有理由认为该要约是不可撤销的,实际中,受要约人也根据该要约计算成本并参与了报价,可以说,要约人正是根据该要约来行事,所以,该要约不可撤销。因此,只要受要约人根据报价作出承诺,合同即宣告成立。

《公约》的这些规定主要是为了维护受盘人的利益、保障交易的安全。我国是公约的缔约国,我国企业在同营业地处于其他缔约国企业进行交易,一般均适用公约。因此,必须对《公约》的上述规定予以特别的重视和了解。

3. 发盘的生效与失效

发盘在被送达受盘人时生效,即发盘须用口头通知或其他方式送达受盘人或其营业所在地;如无营业地,则应送交其惯常居所。

在下列情况下,发盘失去效力:

(1) 受盘人拒绝。拒绝的方式既有明确表示的,也有对发盘人的交易条件进行讨价还价的。发盘一旦被拒绝后,其效力即不再存在,即使其有效期限尚未届满。

应用案例 4.4

我出口企业于6月1日用传真向英商发盘销售某商品,限6月7日复到。6月2日收到英商发来传真称:"如价格减5%可接受。"我方未对英商来电做出答复,由于该商品的国际市价剧涨,英商又于6月3日来传真表示:"无条件接受你6月1日发盘,请告合同号码。"在这种情况下,我方应如何处理?为什么?

分析:我方应拒绝英商6月3日通过传真表示的无条件接受,应按照最新市场价格洽谈。因为发盘在还盘生效时失效,我方6月1日的发盘在英商6月2日传真要求降价5%时已经失效。英商6月3日的无条件接受不是在6月1日的发盘有效期内作出的,因此不是有效的接受,是一项新的发盘,我方完全可以拒绝。发盘的有效期限已满。如果有具体的承诺期限,则该期限届满发盘即终止;如果没有具体的承诺期限,则于一段合理的时间期满时发盘终止。

(2) 因发盘人有效撤回或撤销自己的发盘而失效。
(3) 规定的接受期限已满或"合理期限"已过。

应用案例 4.5

H公司有一批羊毛待售,4月2日公司销售部以信件的形式向某市第一纺织厂发出要约,将羊毛的数量、质量、价格等主要条款作了规定,约定若发生争议将提交某仲裁委员会仲裁。并特别注明希望在15日内得到答复。但由于工作人员疏忽,信件没有说明要约的起算日期,信件的落款也没有写日期。4月4日公司人员将信件投出,4月17日纺织厂收到信件。恰巧纺织厂急需一批羊毛,第二天即发电报请其准备尽快发货。邮局于4月19日送达H公司。不料H公司却在4月18日由于未收到纺织厂的回信，已将羊毛卖给另一纺织厂。第一纺织厂几次催货未果，向仲裁委员会提请仲裁，要求H公司赔偿其损失。请根据《公约》规定对此案例进行分析。

分析：根据《公约》规定，发盘有效期开始的时间是以发盘到达受盘人所在地开始计算。本案例中虽然没有约定发盘有效期的起始时间，也是以发盘到达受盘人所在地开始，受盘人在4月17日收到发盘，4月19日就表示接受，在发盘人规定的15日以内。故双方合同关系成立，该公司可以向H公司索赔。

（4）有关部门国家政府突然颁布禁止进出口该发盘中的商品的法令。

（5）在发盘接受前，双方当事人丧失了行为能力，或死亡，或法人破产。

4. 发盘的内容

因撰写情况或背景不同，发盘在内容、要求上也有所不同。但总体而言，其结构一般包括下列内容：

（1）感谢对方询盘，明确答复对方来函所询问的事项。例如，Thank you for your inquiry for...

（2）阐明交易的条件（品名、规格、数量、包装、价格、装运、支付、保险等）。例如，For the Butterfly sewing machine, the best price is US＄79.00 per set FOB Shanghai.

（3）声明发盘有效期或约束条件。例如，In reply we would like to offer, subject to your reply reaching us before...

（4）鼓励对方订货。例如，We hope that you place a trial order with us.

实盘信函示例如下：

A Firm Offer

Dear Sirs,
Thank you for your inquiry of July 10th, asking us to make you a firm offer for black tea. We are now offering you 50 metric tons of black tea at USD ××× net per metric ton. Shanghai for shipment during November/December. This offer is firm, subject to your reply reaching here before July 30th of our time.
As you know, there is a large demand for the above goods, such a growing demand can only result in increased price. However, you may benefit from the advancing market if you send us your immediate acceptance.
Yours Truly,

虚盘信函示例如下：

A Non-firm Offer

Gentlemen,
Thank you for your inquiry dated Feb. 14, in which you express your interest in our men's pajamas. At your request, we are pleased to make you the following offer, subject to our final confirmation.

　　Commodity：Men's pajamas
　　Quantity：500 dozen
　　Size：L/XL/XXL

Color: Blue, dark red
Price: At US $ 1 668 per dozen CFR Vancouver
Shipment: One month after receipt of L/C
Payment: By a 100% confirmed, irrevocable L/C in our favor payable by draft at sight to reach the sellers one month before shipment and remain valid for negotiation in China till the 15 days after shipment.
Our stock is limited and the demand is brisk. Your early decision is necessary,
We look forward to your prompt reply.
Yours Sincerely,

 知识链接 4-1

发盘的常用句型

句型 1：感谢对方的来函

(1) We've received your letter of May 2, and as requested, we are offering you the following subject to our final confirmation.

5月2日函悉。按你方要求，我方做如下发盘，以我方最后确认为准。

(2) We thank you for your enquiry of May 10 for 500 tons of Groundnuts.

感谢你方5月10日来函询购500吨花生。

(3) In reply to your enquiry for Walnuts, we offer you 500 tons of Walnuts as follows：

为复你方对500吨核桃的询盘，我们特向你方发盘如下：

句型 2：报价

(1) We offer you 5 tons Frozen Fish at USD 500 per ton CIF EMP.

我们现向你方报5吨冻鱼，每吨500美元CIF欧洲主要港口。

(2) We are Making you an offer for 500 dozen Men's shirts at USD 80 per dozen CIFC5 San Francisco for shipment in May.

我们现向你方报500打男式衬衫，每打80美元CIFC5旧金山，5月装运。

(3) We offer, subjected to your reply reaching here on or before May 5, 500 Good Baby Brand Bicycle at USD35 per set CIF New York for shipment in July.

我们现向你方报500辆好孩子牌自行车，每辆35美元CIF纽约，7月装运。此报盘以你方5月5日前复到为有效。

句型 3：发盘有效期

(1) This offer is valid for 3 days.

本发盘有效期为3天。

(2) The offer is subject to our final confirmation.

本发盘以我方最后确认为准。

(3) The offer is subject to the reply reaching here before of May 23.

本发盘以你方5月23日前复到有效。

4.1.3 应用实例

请根据以下所给的资料写一份 E - mail 发盘。

唐朝公司（NANJING TANG TEXTILE GARMENT CO.，LTD.；HUARRONG MANSION RM2901 NO.85 GUANJIAQIAO，NANJING 210005，CHINA；TEL：0086 – 25 – 4715004；FAX：0086 – 25 – 4711363）在收到 FASHION FORCE CO.，LTD. （P.O.BOX 8935 NEW TERMINAL，ALTA，VISTA OTTAWA，CANADA.）于2011年2月27日发来的询盘后，发出一份愿以以下条件出售女式运动上衣（LADIES COTTON BLAZER）成交的发盘。女式上衣纸箱包装，单价12.80美元 CIF 蒙特利尔，2011年5月装船出运，装运港为上海，通过不可撤销即期信用证付款。

NANJING TANG TEXTILE GARMENT CO.，LTD.

HUARRONG MANSION RM2901 NO.85 GUANJIAQIAO，NANJING 210005，CHINA.

TEL：0086 – 25 – 4715004 FAX：0086 – 25 – 4711363

TO：FASHION FORCE CO.，LTD.

FM：NANJING TANG TEXTILE GARMENT CO.，LTD.

DATE：FEB.28，2011

Dear Mr. Villard Henry，

Ref：LADIES COTTON BLAZER

We have received your fax of Feb 27, asking us to offer the subject LADIES COTTON BLAZER for shipment to Canada and appreciated very much your interest in our product.

（我方已收到你方于2月27日发来的关于让我方提供女式运动上衣的邮件。十分感谢你方对我公司产品感兴趣。）

Now we offer you at your request as follows：

（我们针对该产品报价如下：）

1. Commodity：LADIES COTTON BLAZER（品名：女式运动上衣）

2. Packing：to be packed in cartons（包装：纸箱装）

3. Quantity：2550PCS（数量：2550件）

4. Price：USD 12.80 CIF MONTREAL，CANADA per piece（价格：每件12.80美元 CIF 蒙特利尔，加拿大）

5. Payment：by irrevocable sight L/C.（支付方式：不可撤销即期信用证）

6. Shipment：From SHANGHAI，CHINA to MONTREAL，CANADA，in May，2011.（装运：2011年5月装运，从中国上海到加拿大蒙特利尔。）

7. Please pay attention to the face that we have not much ready stock on hand. So your L/C should be opened before March 15, 2011 if our price meets with your approval.

（请注意由于我们目前仓库里没有那么多存货，所以如果你们对我们的报价满意的话请你在3月15日前开立信用证。）

Our offer remains effective until March 05，2011 on our time.

（我们报价的有效期至北京时间2011年3月5日为止。）

We will send you our samples in two days upon receipt of it please advise us.

（我们将于两天内寄出样品，请收到后立即通知我们。）

Looking forward to your early reply

（期待你的回复）

Yours Faithfully,

XIAO ZHANG

NANJING TANG TEXTILE GARMENT CO.，LTD.

4.1.4 技能训练

书写一个发盘函。

4.2 书写还盘函

还盘(counteroffer)是指受盘人在接到发盘后,不同意或不完全同意发盘人在发盘中提出的条件,为进一步磋商交易对发盘提出修改的意见。还盘可以用口头方式,也可用书面方式。

4.2.1 还盘函的内容

(1) 写信原因。
(2) 还盘理由。
(3) 还盘要求与具体还盘内容。
(4) 敦促对方早日接受。

还盘信函示例如下:

A Non–firm Counteroffer

Dear Sirs,
Computers
We are in receipt of your letter of April 20, offering us 100 sets of the captioned goods at USD ×××per set.
While appreciating the quality of your computers, we find your price is too high. Some computers of similar quality from other countries have been sold here at a level about 30% lower than yours. Should you be ready to reduce your limit by, say 10%, we might come to terms. It is hoped that you would seriously take this matter into consideration and let us have your reply soon.
Yours Truly,

还实盘信函示例如下:

A Firm Counteroffer

Dear Sirs,
Re.：Computers
We note from your letter of April 24 that the price quoted by us for the subject material is found to be on the high side.
While we appreciate your Cooperation in furnishing us the information about other supplies in your market, wc are regretful that we are unable to reduce our price to the level you indicated.
We have to point out that your counteroffer is obviously out of line with the price ruling in the present market, as other buyers in your neighboring countries are buying freely at our

quoted price. Moreover, the market is firm with an upward tendency, and there is very little likelihood of the goods remaining unsold once this particular offer has lapsed.
In view of the above, we would suggest in your interest that you accept our offer, i.e.:
USD ×××per set. Please note that this offer is valid only for one week.
Yours Faithfully,

4.2.2 还盘的技巧

出口商在报价后,往往会"遭遇"买家的还盘。而这一过程也许会反复多次。该如何回复买方,才能既保证交易可以进行又保证自身利益不受损害?

(1) 即便是急于拿到这个订单,在初始报价时也不要将底价亮出,否则对方还盘便没有了回旋的余地。

(2) 客人还盘后不要给高于5%的折扣,即报价不要比实价高太多,要尽量把折扣度控制在1%～3%,否则客户会觉得摸不到底,觉得卖家没诚信而不敢与之做生意。在还盘的过程中还可以采用以下三种方式:

① 以退为进。告知客户这个价格可以接受,但是如果按这个价格做的话,质量会有所下降,请客户考虑。

例如,

We can also accept price at USD 200. However, the quality will not be as good as the one I have introduced to you at price USD 220. Please consider it!

采用这种方式的时候,还可以向客户推荐类似的但价格比较低的产品,同时罗列出两种产品的不同之处。通过比较,让客户明白目前这个商品是物有所值的。

② 刺激。告知客户己方目前与多个该产品的进口商合作,价格与此相当,甚至更高。而且由于订货量大,不及时下单无法保证及时供货。

例如,

I am very regret that I can not accept your price. Actually, we have already exported many containers to different countries at this price or even higher price. Besides, I suggest you place the order ASAP. Or we might not supply you products in time because of lots of orders.

③ 分析原因。告知客户目前原材料上涨,退税降低,利润本身已经很低了。目前的报价已经很优惠,无法再降价。

例如,

I have already given you the best offer, and it leaves us with only the smallest of margins. As you known, the raw material of the ×× products has been increased, but the drawback decreased. So we cannot make concession any more.

(3) 对于频繁还盘的客户,应该要综合评判双方情况。若对方不了解产品行情,而卖家已给出较低价格,那就要据实以对,告知对方我们已给出最合理的价格,不可能再向下压价。若对方深知产品市场,而无理要求降价,那么就要考虑企业承受能力,进而考虑是否要接下这一单。

有时对方是很难有机会合作的大客户,而与其合作会为企业带来更多无形回报。那么在对方还盘提出降价要求时,哪怕亏损些,要也坚持接下此单。须知,若形成长期合作,它将对企业品牌提升起到极大的带动作用。

知识链接 4-2

还盘函的常用句型

句型1：对价格表示抱怨

(1) We regret to inform you that your price is rather on the high side though we appreciate the good quality of your products. 我们遗憾地告知你方，尽管我们很满意你方产品的质量，但我们认为你方价格偏高。

(2) We very much regret that your prices is out of line with the prevailing market. 我们很遗憾你方的价格与现行市场不符。

(3) Although we are desirous of doing business with you, we regret to say that your price is unacceptable to us. 尽管我们渴望与你方成交，但我们遗憾地说，你方价格不可接受。

句型2：与其他供应商价格相比

(1) Indian makes have been sold here at a level about 10% lower than yours. 印度货在此地出售的价格比你方的低10%。

(2) When comparing with the other suppliers' prices, your price is almost 10% higher than theirs. 与其他供应商的价格相比，你们的价格几乎比他们的高出10%。

(3) Your price compares much higher than that we can get from elsewhere. 你方的价格比我们从其他地方拿到的价格高多了。

句型3：还盘建议

(1) To step up trade, we counter-offer as follows: 500 tons of Walnuts at USD 900/ton CIF EMP. 为达成贸易，我方还盘如下：500吨核桃，每吨900美元CIF欧洲主要港口。

(2) As the market of walnuts is declining, there is no possibility of business unless you can reduce your price by 5%. 由于核桃市价下跌，建议你方降价5%，否则无法成交。

(3) We don't deny the quality of your products is superior to that of Indian makes but the difference in piece should in no case be as big as 10%. To step up the trade, we counter-offer at USD 900 per ton CIF EMD. 我们并不否认你方产品的品质略佳，但无论如何价格的差距不应大到10%，为了达成贸易，我方的还盘是每吨900美元CIF欧洲主要港口。

应用案例 4.6

给国内供应商书写还盘函

2011年4月5日，唐朝纺织服装有限公司的外贸业务员小张根据杭州市CL有限公司的报价，准备压价5%，他结合这笔业务特点给杭州市CL有限公司李厂长书写并传真还盘函。还盘函内容如下：

尊敬的李厂长：

您好！

非常感谢贵厂3月24日寄的全棉女式夹克CL123和CL125样品及其价格等信息！

国外客户已来函，贵厂样品已通过检测，但认为价格偏高。分析客户的来函，他还与越南企业在磋商，估计价格比我们便宜得多。若价格合理，国外客户准备下4000件的试订单，每款各2000件。

我们认为该订单对贵厂来讲，可以降低成本，因为该订单产品是贵厂一直在生产的产品和款式，可以节省加工成本；而且该订单结构单一，就只有两个款式，可以节省残料数量。另外，该客户的试订单量比较大，以前我司接到的试订单量一般为2000~3000件，可见该客户是比较有实力的。若能成功接下这个试订单，可预见这将是我们将来的一个大客户。

项目四 交易磋商

为能顺利接下该订单，开拓新客户，与贵厂进一步加大合作力度，希望您能降价5%。望贵厂能在两天内答复，谢谢配合！

工作顺利！

唐朝公司　小张
2011年4月4日

 应用案例 4.7

给国外客户书写还盘函

国内MG自行车生产商收到老客户法国DARICE公司采购部经理Tom的发盘，表示愿意继续以原价订购1000辆自行车。MG公司现打算提价10%。经理让小李给Tom书写一份还盘函。

Dear Tom,

Thank you for your letter about the offer for the bicycles MG2520.

We very much regret to tell you that your price is out of line with the prevailing market. Since you placed the last order, price for raw materials has been increased considerably. Accepting your present price will mean great loss to us, let alone profit.

However, we would like to continue our cooperation if you could accept we increase the price for 10%. This price is still very competitive comparing with the other suppliers' price.

Hope you take our suggestion into serious consideration and give us your reply as soon as possible.

Yours Truly,

Li

汤姆先生，

谢谢你们对我公司型号MG2520自行车的发盘。

但是很遗憾的告诉你，对于你方提出的按原价订购自行车，我方不能够接受。自从上次你方订购以来，原材料价格上涨了很多，接受你方现时的报价意味着我方将有巨大亏损，更不用谈利润了。

然而如果你方能够接受我方提价10%，我们非常愿意与你方继续合作。这个价格相比其他供应商的价格仍是很有竞争优势的。

望你们认真考虑我方建议，并及早答复我方。

小李谨上

4.2.3 回复还盘函

卖方接到还盘函之后，要迅速地做出回复。如果是同意对方的还盘，应说清楚原因并建立良好关系；如果拒绝对方的还盘，则需要小心解释原因。因为谢绝还盘信是一种传递否定信息的函电。但写信人拒绝的是一笔交易，而不是表示永远绝交。写信目的是通知对方坏消息，同时也传递愿意继续保持业务关系的信息。因此，在写这种信函时，要注意礼貌周到，虽然客气地拒绝了对方还盘，但从感情上给对方安慰，从而使交易有可能进行下去。

回复还盘函的结构如下：

（1）感谢对方来函，并简要说明我方对对方来函的态度。如很遗憾对方公司觉得本公司所报价格太高，本公司自认报价比其他供应商报价低。例如，

We are glad to receive your letter of … but sorry to learn that your customers find our quotation too high.

Thank you for your fax of... We regret to say that we can not accept your counter offer.

（2）表明我方对对方还价的态度，并列举理由。如由于原料价格上涨，或工厂成本上升造成出口成本提高；强调本公司报价只含最少利润；请对方调查目前的市价或测试本公司的样品质量，以求证明。例如，

As business has been done extensively in your market at this price, we regret to say we cannot make further concession.

We believe our prices are quite realistic; it is impossible that any other suppliers can underquote us if their products are as good as ours in quality.

The price we quoted is accurately calculated. We have cut the profit to the minimum in order to expand the market.

We feel that your counter offer is not proper because the price for such material is on the increase at present.

（3）提出我方条件，并催促对方早日下订单。例如，由于期望与对方建立业务关系，所以如果对方的订单超过一定数量或一定金额，则给对方一定折扣；或提出在其他条件上有所变化；或推荐一些其他替代品，以寻求新的商机。例如，

However, in order to develop our market in your place, we have decided to accept your counter offer as an exceptional case.

In order to assist you to compete with other dealers in the market, we have decided to reduce 2% of the price quoted to you previously, if your order reaches 5000 sets at one time.

Owing to the great demand for the product, this offer is valid only for 5 days.

As an excellent substitute for this article, we would suggest you our... which are sold at a lower price but also enjoy a good popularity in the world market.

知识链接4-3

回复还盘函的常用句型/Sentence Patterns

句型1：确认对方来函，表明对来函的态度（再还盘）

(1) We are glad to receive your letter of March 22, but sorry to learn that your customers find our quotation too high. 我们很高兴收到你方四月22日来函，但是很遗憾地得知你方的客户报怨价格过高。

(2) Thank you for your fax of March 8. We regret to say that we cannot accept your counter offer. 感谢你方四月八日电，但我方很遗憾地说我们不能接受你方的还盘。

句型2：强调原价的合理性，并说明原因（再还盘）

(1) As business has been done extensively in your markets at this price, we regret to say we cannot make further concession. 由于在你方的市场上一直保持现行价格，我方遗憾地说我们暂时没有降价的考虑。

(2) We believe our prices are quite realistic; it is impossible that any other suppliers can under quote us if their products are as good as our in quality. 我们相信我方的报价是很切合实际的，其他供应商不可能以更低的价格提供同样质量的商品。

(3) The price we quoted is accurately calculated. We have cut the profit to be minimum in order to expand the market. 我方报出的价格经过精确地计算，为了拓展市场，已经将利润率降到最低。

句型3：对还盘的其他方式的反应

(1) However, in order to develop our market in your place, we decided to accept your counter offer as an exceptional case. 为了进一步拓展你方的市场，我们决定破例接受你方的还盘。

(2) In order to assist you to compete with other dealers in the markets, we have decided to reduce 2% of the price quoted to you in the previous letter, if your order reaches 5000 sets at one time. 为了帮助你方进一步建立与其他客户的业务，我们决定如果你们一次性订货达到5000套的话，我方将会在前次报价的基础上再减价2%。

给国内供应商书写还盘函

MG贸易有限公司小李收到其供应商王厂长的还盘，信中的自行车报价依旧过高，比其他同类货品报价高了近10%。小李希望王厂长能够再次降低报价，回复如下：

王厂长：

您好！二零一一年元月二十日来函收到，不胜感激。但是我方认为贵公司自行车的价格依然过高，目前的价格比其他公司同类货品报价高了近10%。我方虽然赞赏你方自行车的质量，但价格太高不能接受。

请参阅89SP－754号销售确认书，按此销售书我方订购了相同牌号的自行车1000辆，但价格比你方现报价格低10%，自从上次订购以来，原材料价格跌落很多，目前自行车的零售价也下跌了5%。接受你方现时的报价意味着我们将有巨大亏损，更不用谈利润了。

然而如果你们在目前的价格基础上至少降价1.5%，我们非常愿意向你方续订。否则，我们只能转向其他供应商提出类似需求。希望你们认真考虑我方建议，并及早答复我方。

谨候佳音。

小李谨上

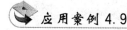

给国外客户书写还盘函

MINC经理Tracy收到客户的还盘，觉得MINC的价格太高，希望可以降价。Tracy打算回复客户的还盘，告知客户这个价格是合理的，且考虑到原材料价格近期会上涨，希望对方尽快下单。

Dear Sirs,

Thank you for your comment. We learnt that our samples are meet your request, and our quality are acceptable by you. But I am regret that you thought our prices are higher than other countries with same products. We do hope to cooperate and expand business with your company. But I am really sorry that we can not accept your counter offer. Please trust us, this is our firm offer. Actually we received many orders from other company with such competitive price. If you accept our price, please do not hesitate to inform us. Consider the prices of raw material are rising constantly, we hope you can make your final decision.

Looking forward to your positive news!

Best Regards

Tracy

Manager of MINC

先生：

感谢您的意见。我们了解到，我们的样品是满足你的要求，我们的质量是你可以接受的。遗憾的是，你认为我们的价格比同类其他国家的高。我方希望与你公司携手合作、扩大业务来往。很抱歉，我们不能接受你方的还盘。请信任我们，这是我们的实盘，实际上我们收到很多公司这价格的发盘。如果你接受我方的价格，请不要犹豫地通知我们。考虑到原材料价格上涨，我们希望你能尽快做出最后决定。

期待你的好消息！

MINC经理Tracy

4.2.4 接受

接受(acceptance)是受盘人接到对方的发盘或还盘后,同意对方提出的条件,愿意与对方达成交易、订立合同的一种表示,即交易的一方完全同意对方发来的报盘或对还盘的内容所做出的肯定表示。

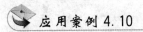应用案例 4.10

给国外客户书写接受函
ABC TRADING CORPORATION

115 Hangzhou Road,Chaoyang District,Changchun,China
　　TEL:0431 8656627)　　FAX:(0431 8678777)
　　TO:DEF INTERNATIONAL TRADING CO.　　(FAX:001 212 789 1678)
　　FM:ABC TRADING CORPORATION　　(FAX:0431 8678777).
　　DATE:FEB.14,2001

Dear Mr. Villard Henry,
Re:Working Boots
Thank you for your fax of today.
After due consideration,we decide to accept your price. Now we confirm supplying the working boots on the following terms and conditions:
1. Commodity:working boots Art No. JB601.
2. Packing:to be packed in a box,12 pairs to a carton,size run:40~45,size assorted:

$$\frac{1\quad 3\quad 3\quad 2\quad 2\quad 1}{40\quad 41\quad 42\quad 43\quad 44\quad 45}$$

3. Quantity:50000pairs.
4. Price:USD19.00 per pair CIFC3% New York
5. Payment:by irrevocable sight L/C.
6. Shipment:From Dalian to New York in May,2001.
We will send you our sales confirmation for your signature.
Thank you for your cooperation.
Yours Faithfully,
Huang He long
Shoes Department

知识链接 4-4

接受的生效和撤回

1. 构成接受的条件
(1) 接受必须由受盘人做出。如果其他人了解发盘的内容并完全同意,也不能构成有效接受。
(2) 接受的内容必须与发盘相符。一项有效的接受必须是同意发盘提出的所有交易条件,只接受其中的部分内容,或对发盘提出实质性的修改,或提出有条件的接受,均不能构成接受,只能视为还盘。但是,如果收盘人在表示接受时,对发盘内容提出某些非实质性的添加、限制或更改(如要求增加装箱单、原产地整或某些单据的分数等),此项接受能否构成邮箱接受,取决于发盘人是否同意。如果发盘人同意,合同得以成立,合同的条件就既包含了发盘的内容也包括了接受中所作的变更。

(3) 必须在有效期内接受。如果发盘没有规定有效期,则应在合理时间内接受方为有效接受。如果接受通知超过发盘规定的有效期限,或发盘没有具体规定有效期限而超过合理时间才送达发盘人,该项接受便成为一项逾期接受,或称为迟到的接受。对于这种迟到的接受,发盘人不受其约束,不具有法律效力。但也有例外:①发盘人在收到逾期接受后,毫不迟延地通知受盘人,确认接受有效;②如果接受的信件在传递正常的情况下是能够及时送达发盘人的,这种逾期接受仍被视为有效接受,除非发盘人毫不迟延地用口头或者书面方式通知受盘人该发盘已经失效。总之,在接受迟到的情况下,不管受盘人有无责任,决定接受是否有效的主动权在发盘人。

2. 接受的方式

接受必须由受盘人以口头或书面声明向发盘人表示出来。

3. 接受的生效和撤回

根据《公约》规定,接受发出后可以撤回,但必须保证撤回的通知在接受到达之前送达发盘人或者二者同时到达;按照英美法规定,接受不存在撤回问题。

4.2.5 技能训练

(1) 唐朝有限公司小张收到国外客户的邮件,由杭州 YL 服装厂提供的样品已通过检测,但认为价格偏高。国外客户还有与越南企业磋商。该客户准备下 4000 件试订单,全棉女式夹克 F123 和 F125 各 2000 件。

小张根据杭州 YL 服装厂压价弹性较小的报价风格,压价 8%,即还价为 75.35 元/件 (81.9×92%)。请以小田的名义给 YL 服装厂的高经理写一封还盘。

提示:要写清楚降价的理由,且理由充分。

(2) 国外客户来函:

TO:Hero Pen Manufacturing Co. Ltd.

DATE:April 30,2011

Dear Sir or Madam,

Thank you for your letter of April 28 sending us your quotation for hero brand fountain pen art. 100.

To be frank, the quality of your pen is quite good, but the price appears to be on the high side as compared with other suppliers in Asia. It is understood that to accept the price you quoted would leave us little or no margin of profit on our sales. As you know, this kind of fountain pen is mainly for students' use, so the price is an important aspect. We would, therefore, suggest that you make some allowance, say 10% on your quoted price. If, however, you cannot do so, then we shall have no alternative but to leave the business as it is. As to the terms of payment, we usually do business on the D/P basis, we hope it will be acceptable to you.

We are waiting for your reply with much interest.

Yours Sincerely,

ABC Corporation

Charli Brown

Purchase manager

还盘时注意:

① 只能接受信用证的付款方式。

② 若订购 2000 打以上，给予 5%的折扣。
③ 保证及时装运。
请根据上述外方来函及后附的提示，写一封回函。

根据《公约》的规定，受盘人对货物的价格、付款、品质、数量、交货时间与地点、一方当事人对另一方当事人的赔偿责任范围或解决争端的办法等条件提出添加或更改，均作为实质性变更发盘条件。

4.3 签订国际货物买卖合同

买卖双方经过磋商，多次的还盘之后，一方的发盘被另一方有效接受，交易即达成，合同即成立。但在实际业务中，按照一般习惯做法，买卖双方达成协议后，通常还要制作书面合同将各自的权利和义务用书面方式加以明确。

4.3.1 国际货物买卖合同的结构

1. 效力部分

效力部分指国际货物买卖合同的开头和结尾部分，规定了合同的效力范围和有效条件。合同的开头也称约首、首部或序言，通常载明合同的名称及编号，合同签订的日期、地点，订约双方的名称，有时还载明据以订立合同的有关函电的日期及编号。这些内容在发生争议时可能会产生重大的法律后果。合同的结尾也叫约尾，通常载明合同使用的文字及其效力、正本的份数、附件及其效力，以及双方当事人的签字等。

2. 权利与义务部分

这一部分通过许多条款来具体规定买卖双方在一项交易中的权利与义务，为合同的主要部分，所以也称为主体部分或本文部分。具体包括四个方面的基本内容：①合同的标的，主要包括货物的品质、数量、包装等；②货物的价格，主要包括价格的计量单位、单价金额、计价货币、标明交货地点的贸易术语、确定价格的方法、总值等；③卖方的义务，主要包括交货、移交与货物有关的单据和转移货物所有权等；④买方义务，主要包括支付货款和收货方面的内容。

3. 索赔与争议解决部分

这部分也可称为合同的安全保障部分，主要包括商品的检验、索赔、不可抗力、仲裁等条款以及其他有关的规定。

4.3.2 国际货物买卖合同的成立的有效条件

1. 合同当事人必须具有签约能力

签订买卖合同的当事人主要为自然人或法人。按各国法律的一般规定，自然人签订合同的行为能力，是指精神正常的成年人才能订立合同；未成年人、精神病人、禁治产人订立合同必须受到限制,关于法人签订合同的行为能力,各国法律一般认为,法人必须通过其代理人,在法人的经营范围内签订合同,即越权的合同不能发生法律效力。

《中华人民共和国合同法》(简称《合同法》)第9条规定:"当事人订立合同,应当具有相应的民事权利能力和民事行为能力。"由此可见,在订立合同时,注意当事人的缔约能力和主体资格问题十分重要。

2. 合同必须有对价或约因

英美法认为,对价(consideration)是指当事人为了取得合同利益所付出的代价。法国法认为,约因(cause)是指当事人签订合同所追求的直接目的。按照英美法和法国法的规定,合同只有在有对价或约因时,才是法律上有效的合同,无对价或无约因的合同,得不到法律保障。

3. 合同的内容必须合法

许多国家往往从广义上解释"合同内容必须合法",其中包括不得违反法律、不得违反公共秩序或公共政策,以及不得违反善良风俗或道德三个方面。

根据《合同法》第7条规定:"当事人订立、履行合同,应当遵守法律、行政法规,尊重社会公德,不得扰乱社会经济秩序,损害社会公共利益。"

4. 合同必须符合法律规定的形式

世界上大多数国家,只对少数合同才要求必须按法律规定的特定形式订立,而对大多数合同,一般不从法律上规定应当采取的形式。《合同法》第10条规定:"当事人订立合同,有书面形式、口头形式和其他形式。"

5. 合同当事人的意思表示必须真实

各国法律都认为,合同当事人的意思表示必须是真实的才能成为一项有约束力的合同,否则这种合同无效。

为了使签订的合同能得到法律保护,必须了解上述合同生效的各项要件,并依法行事。此外,我们还应了解造成合同无效的几种情况。根据《合同法》第52条规定:有下列情形之一的,合同无效:①一方以欺诈、胁迫的手段订立合同,损害国家利益;②恶意串通,损害国家、集体或者第三人利益;③以合法形式掩盖非法目的;④损害社会公共利益;⑤违反法律、行政法规的强制性规定。

4.3.3 国际货物买卖合同解读

国际货物买卖合同一般金额大,内容繁杂,有效期长,因此许多国家的法律要求采用书面形式。书面合同主要有两种形式,即正式合同(contract)和合同确认书(confirmation),虽然其繁简不同,但具有同等法律效力,对买卖双方均有约束力。大宗商品或成交额较大的交易,多采用正式合同;而金额不大,批数较多的小土特产品或轻工产品,或者已订立代理、包销等长期协议的交易多采用合同确认书(也称简式合同)。

无论采哪种形式,合同抬头应醒目注明"SALES CONTRACT"(见表4-1)或"SALES CONFIRMATION"等字样。一般而言,出口合同的格式都是由我方(出口公司)事先印制好的,因此,有时在"SALES CONTRACT"之前加上出口公司名称或是公司的标志等(我外贸公司进口时也习惯由我方印制进口合同)。

表4-1 销售确认书

<table>
<tr><td colspan="4" align="center">销货合同
SALES CONTRACT</td></tr>
<tr><td rowspan="2">1. 卖方 SELLER：</td><td rowspan="2"></td><td>3. 编号 NO.：</td><td></td></tr>
<tr><td>4. 日期 DATE：</td><td></td></tr>
<tr><td>2. 买方 BUYER：</td><td></td><td>5. 地点 SIGNED At：</td><td></td></tr>
<tr><td colspan="4">买卖双方同意就以下条款达成交易：This contract Is made by and agreed between the BUYER and SELLER, in accordance with the terms and conditions stipulated below.</td></tr>
<tr><td>6. 品名及规格
Commodity & Specification</td><td>7. 数量
Quantity</td><td>8. 单价及价格条款
Unit Price & Trade Terms</td><td>9. 金额
Amount</td></tr>
<tr><td></td><td></td><td></td><td></td></tr>
<tr><td colspan="3"></td><td>Total：</td></tr>
<tr><td>10. 允许
With</td><td>%</td><td colspan="2">溢短装，由卖方决定
More or less of shipment allowed at the sellers' option</td></tr>
<tr><td colspan="4">11. 总值 Total Value</td></tr>
<tr><td colspan="4">12. 包装 Packing</td></tr>
<tr><td colspan="4">13. 唛头 Shipping Marks</td></tr>
<tr><td colspan="4">14. 装运期及运输方式 Time of Shipment & means of Transportation</td></tr>
<tr><td colspan="4">15. 装运港及目的地 Port of Loading & Destination</td></tr>
<tr><td colspan="4">16. 保险 Insurance</td></tr>
<tr><td colspan="4">17. 付款方式 Terms of Payment</td></tr>
<tr><td colspan="4">18. 备注 Remarks</td></tr>
<tr><td colspan="2" align="center">The Buyer
（进口商签字和盖章）</td><td colspan="2" align="center">The Seller
（出口商签字和盖章）</td></tr>
</table>

表4-1中，各栏中的填法如下所述。

(1) 卖方(seller)，此栏填写卖方的全称、详细地址、电话、传真。注意有时此栏内容已由公司印制好，但如果公司资料已更改，则需要更改为新资料并加盖校对章，或重新印制合同。

(2) 买方(buyer)：填写买方名称、地址、电传、传真资料。

(3) 编号(no.)：此栏填具合同的编号。一般每个公司都有自己的系列编号，以便存储归档管理之用。

(4) 日期(date)：填写签约日期。

(5) 签约地点(signed at)：何处签约关系到如果发生争议本合同适用哪一国法律的问题，因此需准确填写。

(6) 品名及规格(commodity & specification)：此栏应详细填明各项商品的名称及规格。

例如，Toy Bear Size 26' Sample YN022(玩具熊尺寸 26 英寸样品编号 YN022)。如果是据来往函电成交后签订的 SALES CONFIRMATION，可只写商品名称，而后加注"－SPECIFICATIONS AS PER QOTATIONS"。

(7) 数量(quantity)：此栏为计价的数量，一般为净重。也可以将有包装的毛重、净重分别填明。例如，500 m/ t(500 公吨)。

(8) 单价及价格条款(unit Price & trade Terms)：单价一般由四部分构成。例如，USD 500 per metric ton CIF New York(每公吨 500 美元 CIF 纽约)。注意此栏应与"品名及规格"栏每一项商品相对应。

(9) 金额(amount)：列明币种及各项商品金额(金额＝单价×数量)。

(10) 溢短装条款：大宗散装货物多列明此条款。溢短装货物的单价仍以合同价计算。例如，with 5％ more or less at seller's option(卖方可以溢短装 5％)。

(11) 总值(total value)：列明币别及各项商品累计金额之和，是发票及信用证金额的依据。

(12) 包装(packing)：此栏填写包装的种类、材料、包装及其费用由谁负担，如无特别声明则由卖方负担，如无包装可填写 NAKED 或 IN BULK。例如，In cartons of 15 kgs net, each one wrapped with poly - bag.(纸箱装，每箱净重 15 千克，每件用塑料袋包装)。

(13) 唛头(shipping marks)：如为裸装货或中性包装，则填写"N/M"。一般用卖方的唛头，个别情况由卖方结合买方的要求设计，或由买方自定。例如，The detailed instructions about the shipping marks shall be sent in a definite form and reach the Sellers 30 days before the time of shipment aforesaid. Otherwise it will be at the Seller's option.(买方在合同装运期前 30 日内将唛头的详细说明的明确形式通知买方，否则由卖方自己解决)。

(14) 装运期及运输方式(Time of Shipment & means of Transportation)：合同中的装运条款一般包括装运时间、装运地点、目的地、分批装运、转运等内容，有些还规定卖方应予以交付的单句和有关装运通知的条款。例如，Shipment during Mar./Apr. in two equal lots (3/4 月分两批平均装运)。运输方式写海运、空运、邮寄等。

(15) 装运港及目的地(Port of Loading & Destination)：此处列明装运港和目的港。

对于 FOB 合同，装运港为合同要件，所以要特别列明装运港。例如，From DaLian, China to Rotterdam.

对于 CIF 合同，目的港为合同要件，所以要特别列明目的港。例如，From any Chinese port to OSAKA，JAPAN.

即使在非为合同要件的情况下，对于 one of main ports of European, Chinese ports 之类的语句，在卖方开立信用证之时一般都要最后订明。

如需转船，则列明中转地。例如，From Dalian, China to New York, USA. Via Hong Kong.

(16) 保险(Insurance)：如使用 FOB 价格术语成交，则选择 TO BE EFFECTED BY THE BUYERS. 如为 CIF 合同，一般规定：

① 如未特殊要求，由卖方按中国人民保险公司条款按照发票总值 110％投保最低险别 F. P. A.。另外，根据国际商会规定，一般需按行业惯例替买方把险保足。

② 如买方欲增加其他险别，须于装船前征得卖方同意，所增加的保险费由买方负担。

③ 如为长期客户，则买卖双方协商并确定保险费由哪一方负担。

例如，Insurance to be covered by the seller for 110％ of the full invoice value against All Risks as per and subject to the relevant ocean marine cargo clauses of the PICC, dated Jan. 1,

1981.（由卖方按照发票金额的110％投保一切险，以中国人民保险公司1981年1月1日的有关海洋运输货物保险条款为准）。

(17) 付款方式(Terms of Payment)：本栏注明付款条件。

① 汇付条款：一般包括汇付的时间、具体的汇付方法、汇付金额等。例如，The buyers should pay the total value to the sellers in advance by T/T not later than Oct. 31，2008.（买方不应晚于2008年10月31日将全部货款用电汇方式预付给卖方）。

② 托收条款：一般包括交单的条件、付款、承兑的责任以及付款期限等内容。例如，The buyers shall pay against documentary draft drawn by the sellers at 15 days after the date of draft. The shipping documents are to be delivered against payment only.（买方应当凭卖方出具的跟单汇票，于汇票出票日后15天内付款。运输单据的交付只能以付款为前提条件）。

③ 信用证条款：一般包括开证时间、开证银行、受益人、信用证种类、金额、到期日等内容。例如，The buyers shall open through a bank acceptable to the seller's an irrevocable letter of credit at 30day's sight to reach the sellers not later than Mar. 15，2009，valid for negotiation in Shanghai until the 15th day after the month of shipment.（买方应通过为卖方所接受的银行不迟于2009年3月15日开立并送达卖方不可撤销的见票后30天付款的信用证，有效至装运月份后第15天在上海议付）。

(18) 备注(Remakes)：有特殊规定可在此说明。一般包含了货物的检验条款、不可抗力条款和仲裁条款等。

① 检验条款。合同中的检验条款一般包括有关检验权的规定、检验或复验时间的时间及地点、检验机构、检验项目和检验证书等内容。例如，It is mutually agreed that the Certificate of Quality and Weight(Quantity)issued by the General Administration of Quality Supervision Inspection and Quarantine(AQSIQ)at the port/place of shipment shall be part of the documents to be presented for negotiation under the relevant L/C. The buyers shall have the right to reinspect the quality and weight(quantity)of the cargo. The reinspection fee shall be borne by the buyers. Should the quality and/or weight(quantity)be found not in conformity with that of the contract, the buyers are entitled to lodge with the sellers a claim which should be supported by survey reports issued by a recognized surveyor approved by the sellers. The claim，if any，shall be lodged within 90 days after arrival of the goods at the port/place of destination.（买卖双方同意以装运港(地)中国质量监督检验检疫总局签发的质量和重量(数量)检验证书作为信用证项下议付所提交的单据的一部分，买方有权对货物的质量和重量(数量)进行复验，复验费由买方承担。但若发现质量和或重量(数量)与合同规定不符的时候，买方有权向卖方索赔，并提供经卖方同意的公证机构出具的检验报告。索赔期限为货物到达目的港(地)之后90天内）。

② 不可抗力条款。合同中的不可抗力条款一般包括不可抗力的范围、不可抗力的处理原则、处理方式、不可抗力发生后通知对方的期限和方法、出具证明文件的机构等。例如，If the shipment of the contracted goods is prevented or delayed in whole or in part by reason of war, earthquake, flood, fire, storm, heavy snow or other causes of Force Majeure, the seller shall not be liable for non – shipment or late shipment of the goods of this contract. However，the seller shall notify the buyer by teletransmission and furnish the latter within 10 days by registered airmail with a certificate issued by the China Council for the Promotion of International Trade(China Chamber of International Commerce)attesting such event or events.（若由于战争、地震、洪水、火灾、暴风雨、雪灾或其他不可抗力的原因，致使卖方不能全部或部分装运或延迟装运货物，卖方不承担责任。但卖方必须以电讯方式通知买方，并在10天内以航空挂号信件向买方提交由中国国际贸易促进委员会（中国国际商会）出具的该类事件的证明书）。

③ 仲裁条款。合同中的仲裁条款一般包括提交仲裁的事项、仲裁地点、仲裁机构、仲裁规则、裁决的效力等内容。例如，All disputes arising from or in connection with this contract shall be submitted to China International Economic and Trade Arbitration Commission for arbitration which shall be conducted in accordance with the Commission's arbitration rules in effect at the time of applying for arbitration. The arbitral award is final and binding upon both parties.（凡因本合同引起的或与本合同有关的一切争议，均应提交中国国际经济贸易仲裁委员会，按照申请仲裁时该会现行有效的仲裁规则进行仲裁。仲裁裁决是终局的，对合同双方均有约束力）。

4.3.4 应用实例

以"4.1.3 应用实例"中的卖方唐朝公司和买方 FASHION FORCE CO., LTD. 为例，双方经过磋商，签订了如下合同见（表4-2）。

表4-2 销售确认书样本

销货合约 SALES CONTRACT			
卖方 Seller：	NANJING TANG TEXTILE GARMENT CO., LTD. HUARONG MANSION RM2901 NO. 85 GUANJIAQIAO, NANJING 210005, CHINA	编号 No.：	F01LCB05127
			日期 DATE：	Dec. 26, 2000
买方 Buyer：	FASHION FORCE CO., LTD. P. O. BOX 8935 NEW TERMINAL, ALTA, VISTAOTTAWA, CANADA	地点 Signed At：	NANJING CHINA
买卖双方同意以下条款达成交易：This contract Is made by and agreed between the buyer and seller, in accordance with the terms and conditions stipulated below.			
商品号 Art No.	品名及规格 Commodity & Specification	数量 Quantity	单价及价格条款 Unit Price & Trade Terms	金额 Amount
	CIFMONTREAL, CANADA			
46-301A	LADIES COTTON BLAZER (100% COTTON, 40SX20/ 140X60)	2550 PCS	USD 12.80	USD 32640.00
	Total：	2550 PCS		USD 32640.00
允许 With	3%	溢短装，由卖方决定 More or less of shipment allowed at the sellers' option		
总值 Total Value	USD THIRTY TWO THOUSAND SIX HUNDRED AND FORTY ONLY.			
包装 Packing	CARTON			

续表

唛 头 Shipping Marks	FASHION FORCE F01LCB05127 MONTREAL CTN NO. MADE INCHINA
装运期及运输方式 Time of Shipment & means of Transportation	NOT LATER THAN MAR. 25, 2001 BY VESSEL
装运港及目的地 Port of Loading & Destination	FROM: SHANGHAI TO: MONTREAL
保险 Insurance	FOR 110% CIF INVOICE VALUE COVERING ALL RISKS, INSTITUTE CARGO CLAUSES, INSTITUTE STRIKES, INSTITUTE WAR CLAUSES AND CIVIL COMMOTIONS CLAUSES.
付款方式 Terms of Payment	BY IRREVOCABLE LETTER OF CREDIT TO BE OPENED BY FULL AMOUNT OF S/C, PAYMENT AT SIGHT DOCUMENT TO BE PRESENTED WITHIN 21 DAYS AFTER DATE OF B/L AT BENEFICIARY'S ACCOUNT.
备注 Remarks	1. PARTIAL SHIPMENTS: NOT ALLOWED. 2. TRANSSHIPMENT: ALLOWED.
The Buyer FASHION FORCE CO., LTD. （进口商签字和盖章）	The Seller NANJING TANG TEXTILE GARMENT CO., LTD. （出口商签字和盖章）

4.3.5 技能训练

根据下列资料，独立完成外贸合同的缮制。

卖方：无锡嘉华进出口有限公司

无锡市长江路168号　电话：0510-85267688　传真：0510-85267688。

买方：JAPAN TOKYO TRADE CORPRATION

　　　356 KAWARA MARCHTOKYO JAPAN

货名：全棉毛毯(COTTON BLANKET)

数量：ART No. H666　500 PCS　ART No. HX88　500 PCS

　　　ART No. HE21 500 PCS　ART No. HA56 500 PCS

　　　ART No. HH46 500 PCS

包装：10条装一个纸箱

价格：ART No. H666 USD 5.50/PC　ART No. HX88 USD 4.50/PC

　　　ART No. HE21 USD 4.80/PC　ART No. HA56 USD 5.20/PC

　　　ART No. HA46 USD 5.00/PC

　　　CIFTOKYO

支付方式：不可撤销跟单远期信用证（AFTER 30 DAYS SIGHT）

开证时间：2008年9月20日前将不可撤销跟单远期信用证开到买方

交货时间：不迟于2008年10月31日

分批装运：不允许

转运：不允许

装运港：上海
目的港：东京
保险：按发票金额110％投保中国人民保险公司海洋货物运输险一切险
合同号：HX03289

项目小结

出口还价是每个国际贸易业务人员必须掌握的重要基本技能，是贸易双方顺利实现出口成交的重要环节。

本项目主要介绍了出口还价的对策，出口还价核算的方法及规律。重点讲述了如何根据国外客户还价和采购成本核算预期出口利润率以及如何根据国外客户还价和预期出口利润率核算采购成本。

还盘是对卖方的原报盘的部分或全部拒绝。还盘一经作出，原发盘即失去效力。一笔交易往往需要经过多次还盘才能达成。出口商应该能够根据还价核算和还价策略给国内供应商和国外客户分别书写还盘函。

交易达成之后，出口商需要根据双方谈判的内容草拟外贸销售合同作为履行合同的依据。

课后习题

1. 翻译题

(1) 你方若能把价格降到2150港币，也许能成交。
(2) 我无法把价格降低到你提出的限度，我建议我们是否各让一半呢？
(3) 你们是否把价格提高5％了。
(4) 再也经不住大幅度削价了。
(5) 此价格比我们从其他供货人得到的出价要高。
(6) 请告知高级块状砂糖每公吨的价格，以及在何种付款条件之下，贵公司能大量提供。
(7) 再说，这已经把价格压到接近生产成本了。
(8) 没有别的买主的出价高于此价。
(9) 虽然价格偏高，但我们的产品质量很好。
(10) 我们的最低价是每公吨500美元，不能再低了。

2. 操作题

根据下列资料，缮制一份外贸销售合同。
进口商：ABC TRADING COMPANY, NO. 12, RIVERSIDE AVEUE, NY, USA.
出口商：NINGBO TRADING COMPANY, NO. 11, TIANYI ROAD, NINGBO, CHINA
开证行：THE CHARTERED BANK, NY BRANCH
L/C NO. CB0901 DATED MAY 20, 2009.
单据要求：
CLEAN OCEAN BILL OF LADING MADE OUT TO ORDER OF SHIPPER,

BLANCK ENDORSED, MARKED FREIGHT PREPAID AND NOTIFYING TO THE APPLICANT.

COMMERCIAL INVOICE IN TRIPLICATE.

PACKING LIST IN TRIPLICATE, INDICATING QUANTIY, WEIGHT AND MEASUREMENT OF EACH PACKAGE.

EACH DOCUMENT SHOULD INDICATE THIS L/C NUMBER.

付款方式：20％货款转运前电汇，80％货款不可撤销即期信用证支付。

装运信息：指定 COSCO 承运，装期 2009－7－20，起运港 NINGBO，目的港 NEW YORK

价格条款：CFR New York

唛头：要求卖方设计标准化唛头

货物描述：

COTTON BLANKET

ART. NO. H666 5000 PCS @USD 8.00/PC USD 40,000.00

ART. NO. H777 4000 PCS @USD 5.00/PC USD 20,000.00

装箱资料：

箱　号	货　号	包　装	件　数	毛重 KGS	净重 KGS	体积 M³
1－500	01001	10 PCS/CTN	500 CTNS	10/5000	8/5000	100
1－500	01003	10 PCS/CTN	400 CTNS	10/4000	8/3200	80

合同号：09AR225

项目五 生产跟单

学习目标

通过对本项目的学习,学生应能够正确下达生产通知书,能跟踪货物生产进度;能进行生产各环节的质量控制,处理各种生产异常情况,掌握完工后的抽样检查方法等。

工作任务描述

签订合同后,小张需要通知工厂马上开始生产;由于国外客户对生产的要求比较严格,小张负责整个订单的生产跟进工作。对于刚毕业而且没有任何工作经验的小张而言,这个工作的确是个不小的挑战,小张应该怎样进行跟单以确保生产的顺利进行?

任务内容

(1)熟悉采购跟单流程。
(2)了解生产过程跟单流程。
(3)掌握包装跟单的要求。

工作任务实施

(1)下达生产通知书。
(2)跟踪产品生产进度,确保按时出货。
(3)协调处理生产过程中的异常情况。
(4)抽样检验成品,验收货物。

5.1 采购跟单

5.1.1 采购跟单概述

外贸合同签订之后,跟单员需要根据合同所列明的产品名称、规格、质量、数量及交货期等采购原材料。根据合同性质及实际情况的不同,原材料也可能会让接受订单的生产厂商代为采购。采购跟单的目的在于满足外贸合同履行中对物料的需求,采购跟单是保障贸易合同履行的重要组成部分。

1. 采购跟单的基本要求

采购跟单的基本要求包括:适当的交货时间、适当的交货质量、适当的交货地点、适当的交货数量及适当的交货价格。

1）适当的交货时间

适当的交货时间是指生产企业所需的物料要在规定的时间内获得有效供应，是外贸跟单员进行物料采购跟单的中心任务。

2）适当的交货质量

外贸跟单员不能只看重交货时间，适当的交货质量也是跟进工作的重点之一。所谓适当的交货质量，是指采购的物料可以满足生产企业的正常使用要求。质量过低是不容许的，但质量过高会导致成本增加，削弱产品的竞争力，同样不可取。

3）适当的交货地点

为了减少企业的运输、装卸、仓储费用，外贸跟单员在进行物料跟单时应要求供应商在适当的地点交货。只要离企业或装运地较近、交通方便、便于装卸的港口、物流中心仓库甚至是企业的生产线都可以成为适当的交货地点。

4）适当的交货数量

适当的交货数量是指每次交来的物料刚好满足企业使用，不会产生过多的库存。交货数量越多，虽然价格会便宜，但并非是越多越好。外贸跟单员要考虑企业资金占用、资金周转率、仓库储存运输等直接影响物料采购成本的因素，根据这些影响因素和物料采购计划综合计算出最经济的交货量。

5）适当的交货价格

适当的交货价格是指在市场经济条件下，对企业及供应商双方均属适当的，并与市场竞争、交货质量、交货时间及付款条件相称的价格。外贸跟单员长期与众多供应商接触，对物料价格应十分熟悉。因此，在跟单时要特别注意交货的价格。

2. 采购跟单的工作要点

外贸跟单员要进行有效的催单，必须做好交货管理的事前规划、事中执行与事后考核。

1）事前规划

事前规划包括确定交货日期及数量，了解供应商生产设备利用率，要求供应商提供生产计划表或交货日程表，提高供应商的物料及生产管理、储备替代来源等。

2）事中规划

事中规划包括了解供应商备料情况和生产效率，提供必要的材料模具或技术支援，加强交货前的催单工作，尽量减少规格变更，及时通知交货期及数量的变更。

3）事后考核

事后考核包括对交货延迟的原因进行分析并做好对策措施准备，分析是否需要更换供应商，执行对供应商的奖惩方法，完成物料采购交易后对余料、模具、图纸等收回处理，做好考核结案记录和归档工作。

5.1.2 采购跟单的流程

1. 确定采购需求

确定需求即在采购之前，应先确定买哪些物料、买多少、何时买等，这是采购活动的起点。对需求的细节如品质、包装、售后服务、运输、检验等均加以准确说明和描述，以便使物料来源选择及价格谈判等作业能顺利进行。在制作物料采购单时，应注意以下几点内容。

1）审查采购物料申请单（见表5-1）

物料采购需求，通常是由需用部门以书面申请单的形式明确提出；申请单应尽可能地将物料采购的内容及标准详细列出。

表 5-1 采购物料申请单(样本)

供应商名称						供应商编号			
供应商地址						电话、传真			
序号	料号	名称	单位	数量	单价	金额	数量	日期	
合计									
交货方式						交货地点			
交易条款: 1. 交期 2. 品质 3. 不良处理 4. 其他									
供应商		总经理			采购经理			采购员	

2) 确认质量标准

物料的质量直接影响生产产品的品质。跟单员应认真检查所购材料的质量,使其符合贸易合同的要求。跟单员配合其他部门人员在与供应商接触时,应注意供应商实力有无变化,物料采购单的质量标准是否需要随之调整,及时提出合理的建议。

3) 确认物料采购量

采购数量应与贸易合同、订单总量相匹配。对需求部门的物料采购量进行复核,如发现错误,外贸跟单员应及时提出并且弥补工作。

2. 发出采购单

价格、交货条件等所有事项谈妥后,就可以制作并发出采购单(见表 5-2),采购单主要内容有原材料名称、确认的价格及付款条件、确定的质量标准、确认的采购量、确定的交货地点等,另可附有必要的图纸、技术规范、标准等。

表 5-2 采购单

采购单编号				
供应商名称			负责人	
采购材料明细				
材料名称及规格型号	单位	数量	单价	小计
合计				
具体要求				
订货时间		交货时间		
交货方式		付款方式		
交货地址				
发件人(盖章)		审批人(盖章)		
供应商确认人		(确认后回传)		
日期		日期		

3. 跟踪采购单

跟踪采购单是跟单员花费精力最多的环节,对于那些长期合作、信誉良好的供应商,可以不进行采购单跟踪或者仅有一般的监控。但对一些重要或紧急的原材料的采购单,跟单员则应全力跟踪。

1) 跟踪物料供应商的生产加工工艺

物料生产加工工艺是进行加工生产的第一步。对任何外协件(需要供应商加工的物料)的物料采购单,外贸跟单员都应对供应商的加工工艺进行跟踪。如果发现供应商没有相关加工工艺和能力,或者加工工艺和能力不足,应及时提醒其改进,并提醒加工商如不能保质、保量、准时交货,则要求其按照物料采购单条款进行赔偿,甚至取消求其今后的物料采购。

2) 跟踪物料

备齐物料是供应商执行工艺流程的第一步。有经验的外贸跟单员会经常发现,供应商所述有时与实际不符,因此,外贸跟单员必须实地考察了解实际情况,遇到与供应商所述不符的情况时,跟单员必须提醒供应商及时准备物料,不能存在马虎侥幸心理,特别是对一些信誉较差的供应商更要提高警惕。

3) 跟踪加工过程

不同物料的生产加工过程也有区别。为了保证货期、质量,外贸跟单员需要对加工过程进行监控。有些物料采购,其加工过程的质检小组要有外贸跟单员参加。对于一次性大开支的项目物料采购、设备物料采购、建筑物料采购等,外贸跟单员要特别重视。

4) 跟踪组装总测

外贸跟单员有时需向产品零部件生产厂家采购成批零部件,有的零部件需要组装,因此,必须进行组装检测。

例如,出口企业接到电脑整机订单,该企业直接向五家企业下达零部件物料采购计划,分别采购电源总成、键盘、显示器、主板、音箱等,指定另一家企业进行总装交货。外贸跟单员需要对电源总成、键盘、显示器等物料采购进行组装测试。对这些零部件进行组装总测是完成整机产品生产的重要环节。

5) 跟踪包装入库

跟踪包装入库是整个物料、零部件跟踪环节的结束点,外贸跟单员要与供应商联系,了解物料、零部件最终完成的包装入库信息。对重要的物料、零部件,外贸跟单员应去供应商的仓库实地查看。

4. 原材料采购验收

原材料采购验收主要包括品名、数量和品质的验收。

在原材料验收入库前,跟单员必须做好与供应商的协调送货工作以及与仓库的协调接收工作,因为如果没有事先与供应商协调送货则有可能导致原材料入库困难甚至无法入库的问题;而没有与仓库协调接收则有可能导致仓库作业混乱。因此,在原材料采购入库验收前必须做好协调工作。

原材料验收入库工作,涉及仓库、品质控制部、财务等部门。验收的主要步骤包括:①确认供应商;②确定交运日期与验收完工时间;③确定物料名称与品质;④清点数量;⑤通知验收结果;⑥退回不良原材料;⑦原材料入库;⑧仓库做进料记录。

5.1.3 采购催单的规划

1. 一般监控

外贸跟单员在下达物料采购单或签订物料采购合同时,就应决定相应的监控方法。倘若采购的原材料为一般性、非重要性的商品,则仅做一般的监控即可,通常的方法有电话查询或直接去供应商生产企业了解。但若采购的物料较为重要,可能影响企业的营运,则应考虑实施周密的监控。

2. 预订进度管理时间

对于较重大的业务,跟单员可在采购单或采购合同中明确规定,供应商应编制预定进程表。预定进程表,应包括全部筹划供应生产的进程,如采购方案、生产设备准备、组合、制造、分车间装配生产、总装配生产、完工测试及装箱交运等全过程。此外,应明确规定供应商必须编制实际进度表(见表5-3),与预定进度并列对照,若有延误,则应说明延误原因及改进措施。

表5-3 生产进度表

拟定日期

部门	说明	进度安排															合计
		1	2	3	4	5	6	7	8	9	10	11	12	13	14	15	
生产线一	产品名称																
	数量金额																
	进 度																
	需要人力																
生产线二	产品名称																
	数量金额																
	进 度																
	需要人力																

核准　　　　　　　　　拟订

3. 实地考察生产企业

对于重要原材料(零部件)的采购,除要求供应商按期递送进度表外,跟单员还可以前往供应商生产企业进行实地考察。赴企业蹲点考察时要注意,在不影响其正常生产作业的前提下扎实做好进度和质量的监控工作。

5.1.4 技能训练

1. 技能训练一

外贸公司:南京唐朝纺织服装有限公司(简称唐朝公司)
NANJING TANG TEXTILE GARMENT CO., LTD.
HUARONG MANSION RM2901 NO. 85 GUANJIAQIAO, NANJING 210005, CHINA
TEL:0086 - 25 - 4715004　FAX:0086 - 25 - 4711363
国外客户:
FASHION FORCE CO., LTD(简称F.F.)
P. O. BOX 8935 NEW TERMINAL, ALTA, VISTA OTTAWA, CANADA

TEL：001-613-7893503 FAX：001-613-7895307

交易商品：COTTON BLAZER 全棉运动上衣

成交方式：CIF

付款方式：即期信用证（L/C AT SIGHT）

出口口岸：上海

两家公司正式签订了以下的供货合同。

Contract

Seller：NANJING TANG TEXTILE GARMENT CO.，LTD.

Buyer：FASHION FORCE CO.，LTD.

Date：Apr.5, 2010

Number：2010.M002

Place：Nanjing

1. Commodity：

Series	Amount	Price USD	Amount
Cotton Blazer 2100	1000	5	
Cotton Blazer 2200	1000	5	
Cotton Blazer 3300	1000	5	20000
Cotton Blazer 4400	1000	5	
Total Say TWENTY THOUSAND USD DOLLARS			

2. Delivery：Delivery to Shanghai port before May.10, 2010

3. Quality：Same to the confirmed sample, the buyer shall be responsible to the quality

4. Quantity：More or less 3% of the total amount

5. Payment：30% in advance, 70% L/C at sight

6. Packing：See to attachment

假设你是唐朝公司的跟单员，请完成以下工作任务：

（1）确认合同的内容正确无误。

（2）负责确认所购原材料。

（3）负责核实公司的工厂生产情况。

2. 技能训练二

ABC Company 于 2010 年 12 月 15 日收到 BCD Company 的订单，如下所述。

ORDER NO：101215

DATE：Dec.14, 2010

SUPPLIER：Hangzhou M0011 Co.，Ltd.

ADDRESS：No 118 Xueyuan Street, Hangzhou, China

DESCRIPTION OF GOODS：

LADIES JACKET, woven, fur at collar, with bronze-colored buttons, 2 pockets at front and 2 pockets without flaps at chest, inside pocket & inside mobile phone pockets, like original sample but without flaps at chest.

COUNTRYOF ORIGIN：China

CODE NO.：6202920000

DOCUMENTS：Certificate of Origin
· OUALITY：
Shell：100% cotton will 20×16/128×60，reactive dyed，stone washed
Lining：100% polyester 230T
Padding：100%polyester，body 1409，sleeve 1209
UNIT PRICE：USD 4.2 per piece FOB SHANGHAI
QUANTITY：10000 DCS
AMOUNT：USD 42000，More or less 1% of the quantity and the amount are allowed
TERMS OF PAYMENT：L/C 60days after B/L date
DATE AND WETHOD OF SHIPMENT：before Jun. 20，2010 by sea
PORTOF LOADING：SHANGHAI
PORT OF DESTINATION：HAMBURG
PARTAL SHIPMENT：PROHIBITED
FORWARDING AGENT：Kuelme und Nagel
PURCHASE CONDITIONS：
SHIPPING MARKS：
100426
BCD
BREMEN
C. NO.：1－UP
(SELLER)   (BUYER)

根据上面的订单进行分析，然后回答下面的问题：
(1) "Shell"有什么质量要求？
(2) "Lining"有什么质量要求？
(3) "Padding"有什么质量要求？
(4) "accessories"总的有什么质量要求？

5.2　生产过程跟单

5.2.1　生产过程跟单概述

生产过程跟单的基本要求是使生产企业能按合同、订单及时交货。及时交货就必须使生产进度与订单交货期相吻合，尽量做到不提早交货，也不延迟交货。生产进度跟单就是对生产计划进行跟踪，是外贸企业的一个主要工作环节，对于全方位的监控生产情况，确保按时按质按量、顺利完成合同、订单有着重要的作用。生产过程跟单的主要内容包括工厂管理跟单和生产计划跟单。

1. 工厂管理跟单

生产企业接单生产的基本流程如图 5.1 所示。外贸跟单员都要和工厂接触，现在很多工厂的外贸都是单独外包给外贸公司来操作，所以作为跟单员，必须要熟悉工厂管理的细节，对于生产企业的部门基本运作要有一个基本的了解。工厂管理主要是执行生产计划，负责从下达生产通知单到产成品入库的全过程。

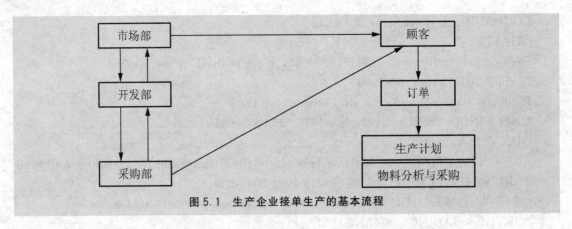

图5.1 生产企业接单生产的基本流程

2. 生产计划跟单

生产计划主要是依据合同或订单要求、前期生产记录、计划调度及产能而制订。计划的内容应包括各月份、各规格、设备及销售类别的生产数量,并且每月应该修订一次。

生产计划的制订原则有以下几点:

(1) 交货期先后原则。交货期越短,交货时间越紧,应该优先安排生产。

(2) 客户分类原则。客户有重点客户与一般客户之分,应该优先安排重点客户。

(3) 产能平衡原则。各生产线应该顺畅,半成品生产线与成品生产线的生产速度相同,不能产生生产瓶颈。

(4) 工艺流程原则。工序越多的产品,制造的时间越长,应该重点关注。

5.2.2 生产过程跟单的流程

生产过程跟单的基本要求是使生产企业能按合同、订单及时交货。及时交货就必须使生产进度与订单交货期相吻合,尽量做到不提早交货,也不延迟交货。

生产过程跟单的流程有下达生产通知单、制订生产计划、跟踪生产进度。

1. 下达生产通知单

外贸跟单员下达生产通知单(见表5-4)时必须注意以下几点内容。

1) 落实生产通知单内的各项内容

外贸跟单员接到订单后,应将其转化为企业下达生产任务的生产通知单。在转化时应明确客户所订产品的名称、规格型号、数量、包装、出货时间等要求;与生产企业或本企业有关负责人对订单内容逐一进行分解,转化为生产企业的生产通知单内容;在交货时间不变的前提下,对本通知单内涉及的料号、规格、标准、损耗等逐一与生产部门衔接,不能出现一方或双方含糊不清或任务下达不明确的问题。

2) 协调生产通知单所遇到的问题

生产通知单下达后,外贸跟单员还必须及时了解生产通知单具体下达到车间后,在生产执行时遇到的各种情况,如在具体生产操作上的技术、物料供应等问题。外贸跟单员需要及时与车间或有关部门衔接协调解决具体问题;对于生产车间不能解决的技术问题或生产出来的产品无法达到客户要求的情况,跟单员应及时与有关部门衔接,在技术问题无法解决前不能生产。

3) 做好生产通知后的意外事件处理

许多生产厂家为接合同、订单,有时会出现抢单情况,即生产企业对于一些自认为可以生产的产品,在生产工艺、技术设备还达不到要求标准的情况下,冒险对外承诺,冒险对外接单。

一旦订单下达,企业内部在具体安排生产时,受到生产车间技术、设备、工艺等的局限,一时又无法解决外协问题,会给按时按质按量完成交货带来严重的影响。对此,外贸跟单员需要反复核实,并做好多种应急处理准备工作,及时调整生产通知单个别内容,或及时调整生产厂家并另行下达生产通知。

表 5-4 生产通知单

日期:　　　　　　　　　　　　　　　　　　　　订单编号

订单号码		品　　牌		数　　量	
验货日期:			交货日期:		
一、生产项目总览表					
规格名称	颜色	条形码	工艺要求	包装要求	数量　总数
合　　计					
二、生产特别要求					
三、附件					
制表		审核		编号	

2. 制订生产计划

生产跟单的核心是生产计划,生产计划是生产制造企业的行动纲领,是企业安排生产任务的依据,也是外贸跟单工作的一项重要内容,其制定及实施直接关系到生产与交货,外贸跟单员必须高度重视。

外贸业务员应协助生产管理人员制订生产计划,以便产品顺利生产。生产计划主要是依据订单要求、前期生产记录、计划调度以及产能分析而制订。其计划的内容主要有各月份、各规格、各设备及销售类别的生产数量,并且每月应修订一次(生产计划样表见表 5-5 与表 5-6)。

表 5-5 周生产计划表(样表)

周别				日期			
项次	制单号码	品名	计划生产数	计划日程			备注
1							
2							
3							
4							
5							
6							
7							
8							
9							
10							

表5-6　月度生产计划表(样表)

日期：

编号	批号	产品名称	数量	金额	生产单位	生产日期		预定出货日期	备注
						开工	完工		

生产部门按计划生产，具体结果一般会用企业规定的生产日报表进行总结并报告。因此，通过查看生产日报表是一种非常有效的跟单方法。跟单员在跟单过程中，一定要认真收集并查看生产日报表，以便及时掌握准确的生产信息。对于生产日报表显示出的问题，如计划进度与实际进度不符等情况，一定要寻找其产生的原因。生产日报表样式见表5-7。

表5-7　生产日报表

生产单号	产品名称	预定产量	本日产量		累计产量		耗时工时		半成品	
			预定	实际	预定	实际	本日	累计	本日	昨日
合　计										
人员记录	应到人数		停工记录				异常情况报告			
	请假人数									
	新进人数		加班人数							

3. 跟踪生产进度

生产进度控制的重点包括计划落实执行情况、机器设备运行情况、原材料供应保障情况、不合格及报废率情况、临时任务或特急订单插入情况、各道工序进程、员工工作情绪等。外贸业务员在生产过程中要掌握生产异常情况，及时进行跟踪工作。通常的生产异常处理对策见表5-8。

表5-8　生产异常对策表

生产异常内容	异常情况	应对措施
应排产、未排产	影响生产及交货	通知相关部门尽快列入排产计划；告知交货期管理约定
应生产、未生产	影响生产进度及交货	通知相关部门尽快列入车间日生产计划；向相关部门发出异常通知，应至少于生产前3天催查落实情况
进程延迟	影响交货进度	通知相关部门加紧生产，查清进程延迟原因，采取对应措施，如进程延迟严重，应发出异常通知，要求给予高度重视，应至少每天催查生产落实情况
应入库、未入库 应完成、未完成	影响整体交货	查清未入库原因，采取对应措施；通知相关部门加班生产，发出异常通知，要求采取措施尽快完成

项目五 生产跟单

续表

生产异常内容	异常情况	应对措施
次品、不合格产品增多	影响整体交货	通知相关部门检查设备性能是否符合要求;检查模具、工艺是否符合要求等
补生产	影响整体交货	进行成品质量抽查或检查;发出新的补生产指令

5.2.3 应用实例

南京公司为了完成国外客户的一笔订单,与国内南京的ABC公司签订了一份国内采购合同。为了保证按时出货,公司派出跟单员小张每周两次赴ABC公司查看生产进度、清点成品数量(合格品数)以及查看生产车间的生产日报表。清点成品数量可以静态确定生产进度,查看生产日报表则动态检查生产情况,可以预测今后工作日中是否存在问题。因此,在生产进度跟单工作中,学会查看生产日报表是跟踪企业实际生产进度的有效工具。

ABC公司从2007年12月28日开始生产唐朝公司订单的产品,每周工作5天,每天2个班次,每个班次工作8小时,小张得到的该厂生产日报表(其中废品已扣除),见表5-9～表5-13。

表5-9 生产日报表

填表时间:2007年12月28日23点　　　　　　　　　　　　　　　　　　填表人:×××

颜 色	裁 剪		缝 制		包 装	
	当 天	累 计	当 天	累 计	当 天	累 计
黑色(S、M、L)	540	540	330	330	0	0
灰色(S、M、L)	0	0	0	0	0	0
小 计	540	540	330	330	0	0

表5-10 生产日报表

填表时间:2007年12月31日23点　　　　　　　　　　　　　　　　　　填表人:×××

颜 色	裁 剪		缝 制		包 装	
	当 天	累 计	当 天	累 计	当 天	累 计
黑色(S、M、L)	540	1080	540	870	750	750
灰色(S、M、L)	0	0	0	0	0	0
小 计	540	1080	540	870	750	750

表5-11 生产日报表

填表时间:2008年1月4日23点　　　　　　　　　　　　　　　　　　　填表人:×××

颜 色	裁 剪		缝 制		包 装	
	当 天	累 计	当 天	累 计	当 天	累 计
黑色(S、M、L)	540	1620	540	1410	660	1410
灰色(S、M、L)	0	0	0	0	0	0
小 计	540	1620	540	1410	660	1410

表 5-12 生产日报表

填表时间：2008年1月7日23点　　　　　　　　　　　　　　　　　　　　　　　　填表人：×××

颜　色	裁　剪		缝　制		包　装	
	当 天	累 计	当 天	累 计	当 天	累 计
黑色(S、M、L)	540	2160	540	1950	540	1950
灰色(S、M、L)	0	0	0	0	0	0
小　计	540	2160	540	1950	540	1950

1月7日～1月17日生产速度相同。

表 5-13 生产日报表

填表时间：2008年1月17日23点　　　　　　　　　　　　　　　　　　　　　　　　填表人：×××

颜　色	裁　剪		缝　制		包　装	
	当 天	累 计	当 天	累 计	当 天	累 计
黑色(S、M、L)	540	6480	540	6270	540	6270
灰色(S、M、L)	0	0	0	0	0	0
小　计	540	6480	530	6270	530	6270

唐朝公司对至今的生产进度比较放心，按照这个生产速度，可以按时完成生产计划。但是从1月18日开始，南京市出面大面积停电现象，ABC公司的生产时间也大大缩短，只能达12个小时，相应的生产能力调整见表5-14～表5-15。

表 5-14 生产日报表

填表时间：2008年1月18日23点　　　　　　　　　　　　　　　　　　　　　　　　填表人：×××

颜　色	裁　剪		缝　制		包　装	
	当 天	累 计	当 天	累 计	当 天	累 计
黑色(S、M、L)	440	6920	450	6720	450	6720
灰色(S、M、L)	0	0	0	0	0	0
小　计	440	6920	450	6720	450	6720

表 5-15 生产日报表

填表时间：2008年1月22日23点　　　　　　　　　　　　　　　　　　　　　　　　填表人：×××

颜　色	裁　剪		缝　制		包　装	
	当 天	累 计	当 天	累 计	当 天	累 计
黑色(S、M、L)	440	7800	440	7600	440	7600
灰色(S、M、L)	0	0	0	0	0	0
小　计	440	7800	440	7600	440	7600

小张在1月22日前往ABC公司查看生产进度时才发现这种情况。对调整过的生产速度，跟单员进行了以下分析：

（1）服装生产的裁剪、缝制和包装三个生产环节中，缝制是决定生产速度的关键环节，因此只要没有发生人员变动的情况下，缝制能保证数量，则可以基本保证能完成全部产量，因此下面把缝制环节看做服装的产量。

（2）由于电力紧张，1月18日开始到1月22日，每天工作时间从原来的16个小时降到12小时，导致日产量从540件降到440件。如果按照这样的生产进度，再加上后期的装运、报关等手续，有可能会晚于合同规定的时间出运，到时客户肯定会说我们无法如期履约。

综合以上分析，跟单员一方面及时向业务经理汇报了情况，同时会同 ABC 公司的有关管理人员进行了协调，紧急磋商后 ABC 公司同意调整生产计划：调整一周的工作天数。从 1 月 23 日开始，每周工作 6 天，生产紧张时，晚上再安排工作人员加班。这样就能在规定的交货期内完成生产。

5.2.4 生产质量跟单

1. 准确传达质量要求

跟单员在接到订单时就要认真审核质量条款，深入了解条款要求，如果是国外订单，更要准确地将其翻译过来。要做到准确，首先对自己所在企业的产品，尤其是产品规格、工艺流程要有充分了解。同时，要把了解透彻的质量要求转到生产通知单上，作为生产制造的标准及厂内检验及客商验货的标准。

如果凭样品交货，则要管理好样品；同时，将样品交给生产部门，要求其严格按照样品来进行生产。同时为做到货物与样品具有同样的品质，跟单员需关注样品与货物之间的"三个一致"：①材料一致，即制作样品时尽可能要求使用与制作货物一致的材料；②制造环境一致，即生产技术、速度、使用的机器、工具等要一致；③检查条件一致，即样品与货物所有环节的检查仪器、灯光、环境等保持一致。

2. 现场巡视发现质量问题

为了跟进产品质量，跟单员必须时常亲自到生产车间了解产品质量状况，要了解或监控质量状况，首先要了解哪些地方容易出质量问题，然后再有针对性地监控。一般而言，生产现场巡视要注意以下几点。

1) 关注品质问题多发环节

在一个产品的生产过程或一家企业的若干生产工序中，一般都存在着一个或几个品质问题的多发环节。这些环节可能是某台设备经常出现问题或产生较大的加工误差，可能是某一工艺技术不成熟，也可能是控制水平不过关或人为因素等，对这些问题多发环节应该在巡视时多加注意。

2) 关注手工作业集中的工序

用设备加工比较容易控制品质，而手工作业就较难。因为每一个人的工作经验以及理解能力、反应能力、责任心等不同，对于产品的品质影响将会很大，所以这些地方都要在巡视时多花时间去观察和认真进行检查。

3) 关注关键工序

每一个产品生产都有一两个关键工序，直接影响产品的质量，这点是巡视的重点，如服装生产加工，缝制环节就要求跟单员重点监控。

4) 关注新工艺、新材料

用到新工艺或新材料的工序，往往会因为技术不成熟或经验不足而出现各种问题，跟单巡视时要特别注意。

5) 关注新工人较多的工序

工作经验不足也是出现问题的原因之一，新工人较多的工序，常常是问题多发、效率最低和管理较难的工序。

3. 生产过程品质监控

生产企业一般设立有品质部，有专门品质控制部门监控质量。但作为跟单员，依然需要时时跟踪产品的质量，不可全靠品质控制部门来控制质量。尤其是在当今订单变化快的时代，每一单产品质量要求可能变化很大，跟单员作为订单的直接跟进者，应比品质控制部门人员更加清楚产品的质量要求和可能出现的问题。

生产过程品质监控的目的是在加工过程中防止出现大批不合格品，避免不合格品流入下道工序。因此，生产过程品质检验不仅要检验在制品是否达到规定的质量要求，还要鉴定影响质量的主要工序因素，以判断生产过程是否处于正常的受控状态。

4. 完工检验

完工检验又称最终检验，是全面考核半成品或成品质量是否满足设计规范标准的重要手段。由于完工检验是供应商验证产品是否符合企业要求的最后一次机会，所以是供应商质量保证活动的重要内容。许多外贸公司由于人手不足或出于成本考虑，很多情况下不可能经常性地在工厂蹲点以监督工厂生产，而常常采用完工检验的方式。因此，完工检验对于外贸公司而言同样是最后检验产品以确认工厂是否按质交货的最后一次机会。

5. 管理不合格品

跟单员应负责不合格品的标识、记录、评价、隔离和处置等工作，并通知有关职能部门。不合格品的管理是质量控制中的重要问题。不合格品的管理不但包括对不合格品本身的管理，还包括对出现不合格品的生产过程的管理。当生产过程的某个阶段出现不合格品时，绝不允许对其做进一步的加工，同时应立刻查明不合格品产生的原因，并采取相应的应对措施。

对于生产过程中出现的不合格品，在经过品质控制部门以及生产部门负责人评审后，根据不同的条件可采取相应的处理方法（见表 5－16）。

表 5－16　不合格产品的处理办法及适用条件

处 理 方 法	适 用 条 件
1. 返工	可以通过再加工或其他措施使不合格品完全符合规定要求
2. 降级使用	对其采取补救措施后，仍不能完全符合质量要求，但能基本满足使用要求，判为让步回用品
3. 原样使用	不合格程度较轻，不影响进一步生产加工
4. 报废	采取各种措施后仍然不能满足生产要求

5.2.5 应用实例

唐朝公司的跟单员小张对南京的 ABC 公司进行生产质量跟单，需要做如下工作。

1）监控各道生产工序质量

因为是新供应商，为确保产品质量，跟单员小张要与公司的品质控制部门人员时常深入 ABC 公司生产车间查看生产过程及成衣的质量是否符合订单要求，以及生产流程中有无脱节、停滞等不良现象，同时根据最新的生产排程，查看订单完成情况，紧紧跟进生产进度看是否能满足订单的交货期要求，如若生产出现异常情况，马上同生产主管协商，确保准时交货。

对生产成衣的关键环节"缝制"进行检验时，小张与公司 QC 进行了如下的质量监控，确保该环节的工作顺利进行：成衣各部位顺直、平服、整齐、牢固、松紧适宜，不准有开线、断线、连续跳针；锁眼、钉扣位置准确，大小适宜，整齐牢固；包缝牢固、平整、宽窄适宜，各部位套结定位准确、牢固。

2）加强生产初期、生产中期、生产尾期的成衣检验

整个生产过程跟单员与公司的品质控制部门人员加强了在生产初期、中期、尾期的成衣检验工作。

（1）生产初期检验。投产初期必须到每个车间、每道工序高标准地进行半成品的检验，如有问题及时向工厂反映，并监督、协助工厂落实整改。每个车间生产首件成衣后，跟单员要对其尺寸、做工、款式、工艺进行全面细致地检验，针对客户和工艺的要求及时修正不符点（如有的话），并对工艺难点进行攻关，以便大批量流水作业顺利进行。

（2）生产中期检查。一般安排在有部分批量的成衣从流水作业线出来后进行的检查，主要检查所生产的成品是否符合工艺单的要求，是否与客户确认的样衣一致。另外，还要计算按目前的生产量是否能如期交货。

（3）生产尾期检查。生产尾期检查一般安排在生产进度为订单总量的90%以上的成品率的时候，并且有80%以上的成箱率。检查的方法可以采用100%的检查或抽查。成衣检查分外观质量检验和内在质量检查，其大致的内容包括成衣外观、尺寸规格、缝合缝制、面料、色差、整烫、服装辅件以及包装等。

5.2.6 技能训练

假设唐朝公司现在为了完成国外的一笔订单，业务部经理下达了生产通知单（见表5-17），作为公司的跟单员，小张的工作任务是：

（1）跟踪公司的生产进度。

（2）实施生产过程中的质量监控。

（3）协调和处理生产过程中的异常情况。

（4）对成品进行抽样检验，验收货物。

表5-17 唐朝公司生产通知单

生产部门：生产一组、二组、三组				
订单编号：100166	订货客户	FASHION FORCE CO., LTD.	通知日期	2010.12.27
产品名称：女生全棉外套	交货方式	全部完工后一次性交货	生产日期	2010.12.28～2011.2.25
规格型号： 款式号：22-509-9 型号： 棕色：S、M、L 黑色：M、L、XL	交货期限	2011.2.26	完工日期	2011.2.25
生产数量： 棕色各1500件；黑色各1500件 共13500件	特别规定事项		除服装品质合格外，必须确保所有标唛准确无误	
工艺要求	样衣、纸样工艺单等均见技术科资料			
质检要求	生产过程三检测：工人自检、互检、QC专检			
包装要求	混色混码；一件一胶袋；胶袋外必须印刷"可循环"标志			

5.3 包装跟单

5.3.1 出口包装概述

包装条款是合同中的主要条款之一,如果货物的包装与合同的规定或行业惯例不符,买方有权拒收货物,因此包装工作不能出现任何差错。为了做好出口产品的包装工作,外贸人员应牢记合同的包装条款,明确包装工作的要求。

1. 产品包装的定义

各国对产品包装所作的定义均不相同,具体解释见表5-18。

表5-18 各国对包装的不同解释

国 别	对包装的定义
美国	包装是指采用适当的材料、容器,施于一定的技术,能将其产品安全送达目的地,即在产品运送过程中的每一阶段,不论任何外来影响,皆能保护其内物品,而不影响其产品价值
日本	包装是指在物品的运输、保管交易或使用中,为了保护其价值与原状,用适当的材料、容器等加以保护的技术和状态
加拿大	包装是指将产品由供应者送到顾客和消费者手中,而能保持产品完好状态的工具
中国	包装是指为在流通中保护产品、方便储运、促进销售,按一定技术方法,而采用的容器、材料及辅助物等的总体名称,及为了达到上述母的而采用的容器、材料和辅助物地过程中施加一定技术方法等的操作活动

2. 出口包装的作用

1) 保护产品

出口产品从生产领域到流通领域,需要经过多次、多种方式、不同时间和空间条件下的装卸、搬运、堆码、储存等。科学合理的包装,能使出口产品抵抗各种外界因素的破坏,也可以把与内因有关的质量变化控制在合理、允许的范围之内,从而保证出口产品质量、数量的完好。

2) 便于流通

合理的出口产品包装,材料选用得当,容器的形状、尺寸恰当,标志明了清晰,将有利于出口产品的安全装卸、合理运输和最大限度地利用仓储空间。同时,也便于企业对包装过程中的出口产品进行识别、验收、计量和清点。

3) 促进销售

设计优良的包装,能以匠心独具的艺术元素吸引顾客、以图文并茂的说明内容指导消费。

4) 方便消费

成功的出口产品包装,可通过充分研究消费者需求,以人为本,在包装造型的别致性、包装数量的适中性、使用方法的便利性以及完成包装使命之后的可持续使用性或绿色环保易于处理性等方面做文章,最大限度地方便消费者。

5) 提高价值

合理的出口产品包装必然会促进出口产品使用价值的实现,也必然会促进出口产品价值的提高。同时,出口产品包装本身也是具有价值和使用价值的特殊出口产品。

5.3.2 出口包装的分类

1. 按包装在流通领域中的作用分类

1) 销售包装

销售包装又称内包装,指能与出口产品配装成一个整体,随同出口产品一起出售,并能适应人们复杂的消费需要,在人们的消费行为中发挥作用的包装。

2) 运输包装

运输包装又称外包装,是指将一件或数件货物装入特定包装容器,或用特定方式包扎成件或箱的包装。常见的运输包装有木箱、纸箱、铁桶、竹篓、柳条筐、集装箱、集装袋及托盘等,其作用是保护出口产品,方便运输、装卸和储存。

2. 按包装容器分类

按包装容器分类的具体类别见表5-19。

表5-19 按包装容器不同的分类

分 类	种 类
按包装容器密封性能分	密封包装和非密封包装
按包装容器刚性不同分	软包装、硬包装和半硬包装
按包装容器质量水平分	高档包装、中档包装和低档包装
按包装容器结构特点分	固定式包装、可拆卸包装和折叠式包装
按包装容器造型结构分	便携式、易开式、开窗式、透明式、悬挂式、堆叠式、喷雾式、组合式和礼品式包装等
按包装容器结构形态分	盒类包装、箱类包装、袋类包装、瓶类包装、罐类包装、坛罐包装、管类包装和桶类包装等

3. 按包装应用分类

按包装应用分类的具体类别见表5-20。

表5-20 按包装应用不同的分类

分 类	种 类
按包装件所处空间位置分	内包装、中包装和外包装
按容器使用次数分	一次用包装和多次用包装
按容器适用对象范围分	专用包装和通用包装
按包装适应社会群体分	民用包装、公用包装和军用包装
按包装适用市场分	内销包装和出口包装

5.3.3 出口包装的要求

产品包装材料是指用于制造包装容器和包装运输、包装装潢、包装印刷、包装辅助材料以及与包装有关的材料的总称。

1. 出口纸箱包装要求

（1）外箱毛重一般不超过 25kg。单层瓦楞纸板箱，用于装毛重小于 7.5kg 的货物；双层瓦楞纸板箱，用于毛重大于 7.5kg 的货物。

（2）纸箱的抗压强度应能在集装箱或托盘中，以同样纸箱叠放到 2.5m 高度不塌陷为宜。

（3）如产品需做熏蒸，外箱的四面左右角要有直径为 2mm 的开孔。

（4）出口到欧洲的外箱一般要印刷可循环回收标志，箱体上不能使用铁钉（扣）。

2. 塑料袋包装要求

（1）聚氯乙烯胶袋一般是被禁用的。

（2）塑胶袋上要有表明所用塑料种类的三角形环保标志。

（3）塑胶袋上印刷警告语，如"PLASTIC BAGS CAN BE DANGEROUS. TO AVOID DANGER OF SUFEOCATION，KEEP THIS BAG AWAY FROM BABIES AND CHILDREN."，胶袋上还要打孔，每侧打一个孔，直径 5mm。

3. 木箱包装要求

对于机械商品出口，大多需要用木质材料作为包装。如果是大型机械，不适宜装集装箱，可采用无包装的形式，放在甲板或是船舱内。

同样是选用木质包装，不同的市场有不同要求，如对美国、欧盟、日本及韩国出口，都必须出具"官方熏蒸证书"，木质包装一定要在出口前熏蒸。木箱熏蒸证明如图 5.2 所示。

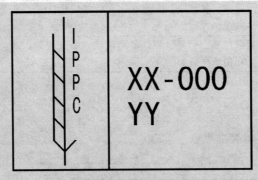

注：IPPC——《国际植物保护公约》的英文缩写
  XX——国际标准化组织规定的国家编号
  000——出境货物木质包装生产企业的三位数登记号，
    按直属检验检疫局分别编号
  YY——除害处理方法，如溴甲烷为 MB，热处理为 HT

图 5.2　IPPC 标志图

4. 其他材料包装要求

出口用草类包装材料包装的货物，在办理货物进口手续时必须提供证明，否则包装将予以焚毁，费用由进口商支付；出口用旧编织材料制成的麻袋、打包麻布作为包装的货物，在办理货物进口手续时必须提供证明，否则不准用作包装材料进入。

5.3.4 出口包装标志的种类

1. 收发货标志

收发货标志也称唛头（Shipping Mark）。

（1）在实务中，侧唛一般是由出口商自行设计，除非合同或信用证中有专门规定。

（2）若合同或信用证中没有写明具体的主唛，则出口商可以选择"No Mark"或"N/M"来表示无主唛，或自行设计一个具体的主唛。

（3）若合同或信用证规定了具体主唛，并有"仅限于……"字样，则主唛中的每一个字母、数字、排列顺序、位置、图形和特殊标注等都应按合同或信用证规定的原样进行刷唛。

（4）若合同或信用证规定了主唛的具体内容，但没有"仅限于……"等类似字样，则可以增加内容，但不能删减内容。

（5）若合同或信用证规定的主唛用英文表示图形，如"UUU in diamond"或"UUU in triangle"或"UUU in circle"等，则应将菱形或三角形或圆形等具体图形表示出来。

2. 包装储运图示标志

包装储运图示标志是根据不同出口产品对物流环境的适应能力，用醒目简洁的图形和文字标明在装卸运输及储存过程中应注意的事项，如图5.3所示。

图5.3　包装储运图示标志

3. 危险品包装标志

危险品包装标志是对易燃、易爆、易腐、有毒、放射性等危险性出口产品，为起警示作用，在运输包装上加印的特殊标记，也是以文字与图形构成。《中华人民共和国国家标准危险货物包装标志》（GB 190—2009）对危险货物包装标志的图形、适用范围、颜色、尺寸、使用方法均有明确规定，如图5.4所示。

4. 国际海运标志

联合国海运协商组织对国际海运货物规定了"国际海运指示标志"和"国际海运危险品标志"两套标志。我国出口产品同时使用这两套标志。在出口产品运输包装上除上述标志外，有时也印有其他标志，如质量认证标志、商检标志和出口产品条码等。

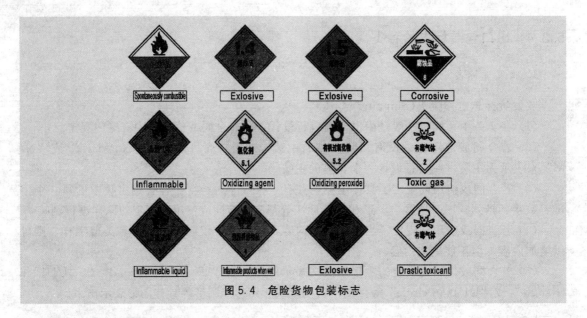

图 5.4 危险货物包装标志

5.3.5 出口包装材料的分类

1. 木材包装材料

木材作为包装材料，具有悠久的历史，也具有很多优点：木材分布广，可以就地取材；质轻且强度高，有一定的弹性，能承受冲击和振动；容易加工，具有很高的耐久性，价格低廉等。虽然现在优质的包装材料层出不穷，但木材在当代的包装工业中仍占有很重要的地位。

木质包装箱的用材选择。外贸跟单员应了解出口包装箱对使用木材的基本要求，不同的木材价格不同。目前，产品包装正在进行一场革命，尽管木包装正在被塑料制品包装、纸制品包装、金属包装等所取代，但在出口包装行业中仍然举足轻重。出口常用的木制品包装有木箱、木桶、夹板等。较笨重的五金、机械和怕压、怕摔的仪器、仪表以及纸张等出口产品大都使用这类包装。

2. 纸质包装材料

纸质包装材料是当前国际流行的"绿色包装"所采用的材料。由于纸质包装材料的主要成分是天然植物纤维素，易被微生物分解，减少了处理包装废弃物的成本，而且纸质包装的物料丰富易得，所以在包装材料中占据主导地位。与其他包装材料相比，纸类包装材料具有性价比高、有良好的弹性和韧性、优良的成型性和折叠性、对被包装物有良好的密封保护作用、符合环保要求、可回收利用等优点，因而被广泛利用。

纸质包装材料包括纸、纸板及其制品。从发展趋势预测，纸与纸板无论在今天还是将来，都是一种主要的包装材料。世界纸业产品结构中，有40%服务于各行业包装；中国的造纸产品有70%服务于包装。

1) 出口包装用纸

包装用纸大体上可分为食品包装用纸与工业品包装用纸两大类，但有些包装纸既可作为食品包装用，也可作为工业品包装用。食品包装用纸除要求有一定强度外，还要符合卫生标准。而工业包装纸则要求强度大、韧性好，以及某些符合特种包装要求的特别性能。这两大类包装用纸都要求不但能保护出口产品安全，还能起到装潢产品的作用。

2）出口包装用纸板

纸板主要有牛皮箱纸板、箱纸板和瓦楞纸板。牛皮箱纸板又称挂面纸板，是运输包装用的高级纸板，具有物理强度高、防潮性能好、外观质量好等特点。

其主要用于制造外贸包装纸箱及国内高级出口产品的包装纸箱，作为电视机、电冰箱、大型收录机、缝纫机、自行车、摩托车、五金工具、小型电视机等出口产品的运输包装用。

国家标准有一号、特号牛皮箱纸板两种：一号主要用于包装高档轻纺产品、日用百货、家用电器等；特号主要用于外贸出口包装，不但要具有高于一号牛皮纸箱的物理强度，而且还要具有更高的防潮性能，可用于包装出口冷冻食品。

3. 塑料包装

塑料包装是指以人工合成树脂为主要原料的各种高分子材料制成的包装。目前主要的塑料包装容器有塑料箱、塑料袋、塑料瓶、塑料盒和编织袋。

塑料包装具有良好的物理机械性能、化学稳定性，材质轻、加工成型工艺简单，适合采用各种包装新技术，印刷性、装饰性能强等优点。然而，其强度和耐热性能不佳，有些塑料有毒、带有异味，塑料废弃物处理不当，还会造成环境污染。

4. 金属包装

金属容器包装是一种消费者喜爱的高档包装物。金属包装物的优点是外表美观、内涂防腐蚀、保质期长、携带方便，为食品、罐头、饮料、油脂、化工、药品、文教用品及化妆品等相关行业的出口产品包装配套服务做出了积极贡献。

5. 玻璃包装

玻璃最突出的优点是化学稳定性好，透明性好，无毒、无味、卫生、安全；玻璃密封性良好，不透气、不透湿；易于加工成型；原料来源丰富，制作成本低；易回收，能重复使用，利于环保。玻璃难以克服的缺点是耐冲击强度低、热稳定性不好、笨重，这些都给运输、装卸、储藏出口产品带来困难，所以很少以玻璃制成运输包装容器。

6. 绿色包装

绿色包装又称环保包装，是指既可充分发挥各种包装功能，又有利于环境保护，废弃物最少，易于循环复用及再生利用或自行降解的包装。目前在国内外市场流行的"绿色包装"有纸包装、可降解塑料包装以及生物包装材料等。

5.3.6 合同中的包装条款

出口合同中的包装条款主要包括包装材料、包装方式、包装件数、包装标志和包装费用的负担等内容。订立包装条款应注意以下事项。

1. 对包装的规定要具体

约定包装时，应明确具体，不宜笼统规定。例如，"适合海运包装"（seaworthy packing）、"习惯包装"（customary packing）和"卖方惯用包装"（seller's usual packing）之类的术语。此类术语无统一解释，易引起纠纷。

2. 明确包装物料提供与费用负担的相关事项

选择包装材料及填充物要注意国外的规定。例如，有的国家要求进口货物的包装必须采用可循环再生、焚毁、掩埋的绿色包装材料；澳大利亚禁止未经蒸煮的木板、木条制作的包装物进入；美国禁止用稻草作包装材料；英国严格限制玻璃、陶瓷之类的包装进口。违反这些规定，货物就会被海关扣押。

出口货物的包装通常由卖方提供，包装费用一般包括在货价之内（packing charges included）。如果买方有额外包装要求，由买方承担费用并规定具体的支付办法；如果包装材料由买方供应，还应订明包装材料最迟到达卖方的时限和逾期到达的责任。

3. 明确装箱细数及其配比

装箱细数是指每个包装单位内所装的商品个数。如果整批货只有一个规格或尺码，则按要求的数量装箱即可；如果有多个规格尺码或多种颜色，则要注意每件包装内容的搭配（assortment）。例如，T恤衫500打，尺码有32、34、36、38、40，每个尺码100打分装5箱。如果把32码的装在一箱，34码的又装另一箱，则会给买方带来很大不便。有时因储存地点的限制，需要分批提货时，单码包装则会给销售带来很大不便。因此，对混色混码包装的货物一定要明确装箱配比，并按要求办理。

4. 选择好销售包装和条形码

销售包装又称内包装，是直接接触商品并随商品进入零售网点与消费者直接见面的包装。这类包括除必须具有保护商品的功能外，更应具有促销的功能。因此，对销售包装的造型结构、装潢画面和文字说明等方面都有较高的要求。包装的色调、装潢和文字说明要适应国外消费者的风俗习惯和爱好。例如，日本人不喜欢荷花；西欧一些国家不喜欢红色；日本政府规定，凡销往该国的药品，除必须说明成分和服用方法外，还要说明其功能，否则不允许进口；加拿大政府规定，销往该国的商品，必须同时使用英、法两种文字说明。

销售包装的制作要刷制物品条码（product code）。物品条码表示一定的信息，通过光电扫描阅读装置输入相应的计算机网络系统，即可判断出该种货物的生产国别、地区、生产厂家、品种规格及售价等，是货物进入超级市场和大型百货商店的先决条件。

国际通用的包装上的条形码有两种：一种是由美国、加拿大组织的统一编码委员会（Uniform Code Council，UCC）编制，其使用的物品标识符号为UPC码（Universal Product Code）；另一种是由欧共体12国成立的欧洲物品编码协会（European Article Number Association）编制，该组织后改名为国际物品编码协会（International Article Number Association），其使用的物品标识符号为EAN码（European Article Number）。1991年4月我国正式加入国际物品编码协会，该会分配给我国的国别号为690、691、692，凡标有690、691、692条码的商品即表示是中国出产的货物。

5. 适应商品的特性及不同的运输方式

例如，装有闹钟、手表、剪刀、电池、自行车零件等货物的包装容器，必须达到标准的干燥程度，起到防湿、防锈、防氧化作用；玻璃器皿、灯罩、台扇、收音机、电视机等货物的包装容器，要有一定的缓冲材料填塞入内，如纸屑、刨花、泡沫、纸壳等，起到防震、防碎、防损作用；皮鞋、票夹、日用手套、皮箱等，易受霉变、虫蛀，包装材料不仅要求干燥，而且还要放入杀虫剂、防潮剂等；硫酸的包装容器要求全部密封严实，内层要有防腐涂料；化妆品包装容器要防渗漏和防止异味浸入；罐头食品需要真空包装；鱼虾、疫苗需冷冻、保鲜包装。包装容器要同货物体重相适宜，不可过大也不可过分压缩，以保证货物的完好无损。另外，海运包装要注意牢固、防挤压，注意海水、雨水渗透和温度变化的影响等；铁路、公路运输包装要具有防震功能；航空运输需要轻便，体积不宜过大。

应用案例 5.1

国内 A 公司与国外客户 B 公司在 2001 年 1 月份下了 1×20 集装箱产品 P2(货号 934)，此 1×20 集装箱的 934 中，客户有两种规格，每一规格有两种不同的包装，卖给两位不同的最终用户，意味着四种不同样式的产品包装。每种包装的产品 100 箱，共计 400 箱。唛头如下：

STL—953 QTY.：PCS(每箱多少支)
ITEM NO. 934 G. W.：KGS(毛重)
C/NO. 1—×× N. W.：KGS(净重)
MADE IN CHINA MEAS.：CM

A 公司以为工厂会在正唛上按照箱子的流水号来编，因此 A 公司在下订单时没有注明在正唛的"C/NO. 1—"后按照流水号来编写具体的箱号，结果工厂没有在正唛上按照箱子的流水号来编写，而产品货号又全部一样。货物到达目的港后，客户无法区分货物。该客户不得不一箱箱打开包装找货，浪费了客户人工费，造成了很严重的损失。客户提出索赔，A 公司相应给予客户赔款。但是此客户从此断绝了与 A 公司的贸易往来。

分析：

(1) A 公司在给工厂下订单时，在生产清单上若需工厂填写的内容，需要在英文旁边注明中文，因为很多工厂的英文水平一般，要考虑到工厂的具体情况。(2) 在给工厂下订单时需考虑到客户的具体要求，站在客户的立场上考虑收货后如何区分货物的问题。如有特殊的要求，除在生产清单上注明以外，还要跟工厂在电话里特别强调，以防工厂对 A 公司具体要求没有注意，造成生产的东西因不符合要求而返工，继而延误交货期。

(3) 对于工厂较多的订单，工厂唛头最好编为第 1 个工厂 C/NO. 1—(1，2，3…)；第 2 个工厂 C/NO. 2—(1，2，3…)；第 3 个工厂 C/NO. 3—(1，2，3…)；依此类推……

若工厂数很少，则可以按照流水号编箱号，如下例子，共 75 箱货 3 个工厂。

第一个工厂为 10 箱，那么箱号就是 C/NO. 1—(1，2，3…10)；
第二个工厂为 20 箱，那么箱号就是 C/NO. 11—(12，13…30)；
第三个工厂为 35 箱，那么箱号就是 C/NO. 31—(32，33…75)。

(4) A 公司要求质检人员验货时，对箱号进行核实，以防工厂误填。

此外，还要明确运输标志。

5.3.7 应用实例

卖方：外贸公司　南京唐朝纺织服装有限公司(简称唐朝公司)
NANJING TANG TEXTILE GARMENT CO.，LTD.
HUARONG MANSION RM2901 NO. 85 GUANJIAQIAO, NANJING 210005, CHINA
买方：国外客户　FASHION FORCE CO.，LTD.(简称 F.F.)
P. O. BOX 8935 NEW TERMINAL, ALTA, VISTA OTTAWA, CANADA

下面以卖方(唐朝公司)和买方(F.F.)为例，说明出口包装跟单的具体流程。

1. 明确合同的包装要求

合同中的包装条款如下：

PACKING：TO BE PACKED OF 10 PCS EACH EXPORT CARTON, ASSORTED COLOURS AND SIZE PER PIECE BIISTERPOLYBAG EACH PIECE ARMS FOLDED ACROSS CHEST AND THEN HALF FOLDED. AND ENSURE THAT CARTON TOTAL CAPACITY IS USED. NO.

EMPTY SPACE INSIDE CARTON. BUT NO SQUASHING OF GOODS INSIDE THE MIN. HEIGHT OF THE CARTON MUST BE 30CM. THE MAX. WEIGHT OF A CARTON IS 10 KG.（下每10件衣服装在一个出口纸箱内，混色混码，每件衣服套一个透明塑料袋。衣服两袖交叉平放于胸前，然后衣服再对折，确保纸箱内的空间被充分利用，但不能超装而压坏内装货物。每个纸箱最低不能低于30cm，最重不能超过10kg。）

ASSORTMENT(TOTAL ASSORTMENT=10)	S	M	L	XL	XXL
	36/38	38/40	40/42	42/44	44/46
GREY(LIKE APPROVAL SAMPLE NO.)	1	1	1	1	1
BLACK(LIKE APPROVAL SAMPLE NO.)	1	1	1	1	1
服装分类（总10件）	S	M	L	XL	XXL
	36/38	38/40	40/42	42/44	44/46
灰色（跟确认样一样）	1	1	1	1	1
黑色（跟确认样一样）	1	1	1	1	1

根据合同的包装条款，在成品包装过程中，跟单员要监督公司落实采用合同规定的折叠包装，每个纸箱装10件衣服，选用质量合格的瓦楞纸箱（高度不低于30cm），同时装完货物后的纸箱不超过10kg。

2．选择合适的瓦楞纸箱

以前唐朝公司给客户产品使用的一般是双瓦楞纸箱。但是在与客户沟通的过程中，客户明确表示要唐朝公司使用品质更好的三瓦楞纸箱，因为一般轻便物品选用双瓦楞纸箱没有问题，但相对而言双瓦楞纸箱不及三瓦楞纸箱牢固。

同时为确保服装入箱后纸箱的牢固程度，唐朝公司员工共同做了所选用的三瓦楞纸箱（580×550×300）的落体试验。纸箱落体试验是将装有货物的纸箱从规定的高度自由落下，查看纸箱中的货物及其包装有无损坏，从而检验纸箱的品质。纸箱落体试验规定见表5－21。

表5－21 纸箱落体试验规定表

被测物毛重(kg)	规定的高度(cm)	被测物毛重(kg)	规定的高度(cm)
≤10	36	>26，≤51	24
>10，≤26	30	>51，≤70	18

试验时需要对被测试纸箱的某一面或某一角进行测试，为此可以用数字对纸箱的每一面进行标识。由于在10件衣服包装入纸箱后的毛重没有超过10kg，所以跟单员在做落体试验时，按照36cm高度进行了测试。发现纸箱没有破裂，里面的服装也完好，因此，该三瓦楞纸箱选用合格。

3．检查是否按照合同落实包装要求

跟单员对服装的内外包装均进行仔细的核查，以确保公司按照合同要求落实服装的包装。

1) 内包装检查

查验产品包装形式是否准确;服装的包装方式是否采用折叠包装,即衣服两袖交叉平放于胸前,然后衣服再对折(合同规定:Each piece arms folded across chest and then half folded, and ensure that carton total capacity is used, no empty space inside carton, but no squashing of goods inside)。混色混码10件装一箱(to be packed of 10 pieces each export carton, assorted colors and size)。

2) 核对纸箱内是否使用了防潮纸

垫防潮纸(拷贝纸)的目的一方面是防止衣服受潮,更重要的则是防止搭色或出现挤压痕(特别是合成面料的服装产品容易出现搭色或挤压痕)。一般金属或比较硬的服装辅料,如拉链头、纽扣等也需要用防潮纸包扎起来,因为衣服可能在车、船等交通工具上滞留的时间较长,难免出现高温、受潮的情况。虽然在合同中,FASHION公司没有对使用防潮纸提出明确要求,但按照行业习惯以及出于对客户利益的考虑,最好在箱内垫防潮纸。

4. 包装材料及规格是否准确

合同规定每件衣服必须装在一个透明塑料袋里面,因此,跟单员应进行检查以保证外套装入胶袋后平整,封口松紧适宜,没有开胶、破损现象;胶袋的字迹、图案清晰、不得脱落,并与所装服装的方向一致。

5.3.8 技能训练

1. 技能训练一

2011年3月,加拿大F.F.公司经过实地考察和筛选,有意从唐朝公司采购女士T恤,并于4月7日向唐朝公司下达了采购单,同时随附了"FASHION FORCE"公司的相关要求。

为了完成采购单上订单任务,唐朝公司指派跟单员小张具体负责跟单。请你以跟单员小张的身份仔细阅读该订单,分析"FASHION FORCE"公司的具体要求,完成跟单任务。

外贸公司:唐朝公司
NANJING TANG TEXTILE GARMENT CO., LTD.
HUARONG MANSION RM2901 NO. 85 GUANJIAQIAO, NANJING 210005, CHINA
TEL:0086 - 25 - 4715004   FAX:0086 - 25 - 4711363。

国外客户:
FASHION FORCE CO., LTD.
P. O. BOX 8935 NEW TERMINAL, ALTA, VISTA OTTAWA, CANADA
TEL:001 - 613 - 7893503   FAX:001 - 613 - 7895307。

Contract
We plan to purchase the under—mentioned goods. All terms and conditions are as follows:

Model No.	Customer Item No.	QTY (PCS)	Unit Price	Amount
			FOB Shanghai	
MT202	379	1800	USD 2.90/C	USD 5220.00
MT203	380	1800	USD 2.90/C	USD 5220.00
MT204	381	1800	USD 2.90/C	USD 5220.00
MT201	378	1800	USD 2.90/C	USD 5220.00
		7200	USD 2.90/C	USD 20880.00

Total value in capital：SAY US DOLLARS TWENTY THOUSAND, EIGHT HUNDRED AND EIGHTYONLY

（1）Shipment：BY SEA

（2）Delivery time：8th June, 2011

（3）Payment：20% deposit remitted before 6th April, 2011, balance against B/L copy by fax

（4）Insurance：By Buyer

（5）Discrepancy and Claim：In case of quality discrepancy, claim should be filed by the Buyer within 30 days after the arrival of the goods at port of destination, while for quantity discrepancy, claim should be filed by the FASHION FORCE within 15 days after the arrival of the goods at port of destination. It is understood that the Supplier shall not be liable for any discrepancy of the goods shipped due to causes for which the Insurance Company, Shipping Company, other transportation organization or Post Office are liable.

（6）5% more or less in quantity and amount will be allowed

（SELLER）   （BUYER）

附件

FASHION FORCE

PAYMENT 支付（pro-forma invoice and banking details）

Please send us by email your pro-forma invoice with shipment date, volume, p/o no, quantity, prices, and name & address of your Bank and Account No..

20% as deposit in advance by T/T, shipment based on passing our QC inspection and balance against copy of B/L by fax.

INSPECTION 检验

You must send us your "the progress of work book"（进度作业书）by E-mail so that we can make the inspection in your factory 7 days before shipment

If necessary we will ask you to send another set of samples to the laboratory in HK for initial test. Please wait for our instruction.

SAMPLES 样品

The samples include pre-production sample, bulk production sample. Two pieces per model of pre-production samples will be sent us before production.

The bulk production sample that you send must be exactly the same as production.

MARKS 唛头

The side and main marks have to be printed on each outer/exporter carton containing the goods that you are going to ship.

Main marks printed in black ink to be fixed on two sides, including FASHION FORCE, destination, P.O. No., Model No., Carton No..

PACKING 包装

1 PC per poly bag and inner box, 12PCS/CTN, standard export carton must be strong. Shipped by 1×40' FCL

（1）请按照客户的要求设计唛头。

(2) 为了证明所购的纸箱达到了我国出口标准和客户的"standard export carton must be strong"的要求，可以采用什么方法予以检验？

2. 技能训练二

在订单生产期间，跟单员小张根据合同要求落实了商品的包装工作。在选择包装材料的过程中，加拿大公司来电，对原先的合同包装做了补充，要求如下：

Each shall be in a blister poly bag with punch hole. As for the corrugated carton, thereinafter is our requirement：

The corrugated carton：

They shall be put into 5 – layer corrugated board export carton.

Color of the carton must be brown.

A minimum carton requirement of 200 – lb. bursting strength(200磅的破裂强度).

NO staples & no metal buckles.

It has corrugated boards inside top and bottom of cartons for protection to avoid damaging the goods when opening cartons.

Must be able to withstand the standard ISTA(International Safe Transit Association, 国际安全运输协会)drop test. (请同学自行查询 ISTA 跌落测试。)

Carton Tape：

Two inch wide，brown in color.

Tape should fold over corner and hang down two inches(minimum).

Shipping marks：

Shipping marks must be printed in black and centered on front and back panel of the carton.

The transport cartons have to be numbered with consecutive numbering.

Attention：The Seller shall be liable for any damage to the goods on account of improper packing.

(1) 明确包装要求，挑选最合适的包装材料(明确外商对包装材料的质量要求)。

(2) 正确落实包装标志(如何刷唛)。

知识链接 5-1

包装法规介绍

据有关媒体披露，我国出口商品每年因包装不善而导致的损失高达70亿美元。我国的出口商品贸易正受到日趋严重的"包装壁垒"。在国际贸易中，由于各国国情不同，以及文化差异的存在，对商品的包装材料、结构、图案及文字标志等要求不同，了解这些规定，对我国外贸出口有很大帮助。

1. 禁用标志图案

阿拉伯国家规定进口商品的包装禁用六角星图案，因为六角星与以色列国家国旗中的图案相似，阿拉伯国家对有六角星图案的东西非常反感和忌讳。

德国对进口商品的包装禁用类似纳粹和军团符号标志。利比亚对进口商品的包装禁止使用猪的图案和女性人体图案。

2. 对容器结构的规定

美国食品药物局规定，所有医疗健身及美容药品都要具备防止掺假、掺毒等防污能力的包装。美国环境保护局规定，为了防止儿童误服药品、化工品，凡属于防毒包装条例和消费者安全委员会管辖的产品，必须使用保护儿童安全盖。

美国加利福尼亚州、弗吉尼亚州等11个州以及欧洲共同体负责环境和消费部门规定，可拉离的拉环式易拉罐，也不能在市场上销售，目前已趋于研制不能拉离的掀扭式、胶带式易拉罐。

3. 使用文种的规定

加拿大政府规定进口商品必须英、法文对照。销往中国香港的食品标签，必须用中文，但食品名称及成分，须同时用英文注明。希腊政府正式公布，凡出口到希腊的产品包装上必须用希腊文字写明公司名称、代理商名称及产品质量、数量等项目。

销往法国的产品装箱单及商业发票须用法文，包括标志说明，不以法文书写的应附译文。销往阿拉伯地区的食品、饮料，必须用阿拉伯文说明。

4. 禁用的包装材料

欧洲各国从1992年起就全面禁用PVC(聚氯乙烯树脂)包装材料；日本严格控制不能循环使用的塑料包装；美国规定，为防止植物病虫害的传播，禁止使用稻草做包装材料，如被海关发现，必须当场销毁，并支付由此产生的一切费用；菲律宾卫生部和海关规定，凡进口的货物禁止用麻袋和麻袋制品及稻草、草席等材料包装。

5. 出口纸箱要求

纸箱(纸盒)是出口包装过程中使用的主要包装物，鉴于其在出口包装中的地位，同时由于各国的搬运机械不相同，各国对瓦楞纸箱材料和纸箱技术方面的要求和出口使用都作了相关规定。

例如，欧盟对纸包装容器优先采用氧化法制造的漂白浆，限制使用氯化法制造的漂白粉；用于食品和医学产品的包装容器应符合欧盟相关指令的要求，并通过检测、认证和注册程序；儿童玩具包装应带有通过认证的CE标志。

对于选用纸箱包装的出口商而言，及时了解国外包装方面的新标准、新法规尤为重要。同时，也要求我国国内包装产业在材料、包装、加工工艺方面达到发达国家对进出口商品包装的要求。

项目小结

本项目主要介绍了如何进行采购跟单、生产过程跟单和包装跟单，正确下达生产通知书，及时跟踪货物生产进度，加强对生产各环节的质量控制，灵活处理各种生产异常情况以及掌握完工后的抽样检查方法。这些均是一个优秀业务跟单员必备的技能和素质。

课后习题

1. 单项选择题

(1) 适当的交货地点是指(   )。

A. 供应商企业的仓库

B. 采购商仓库

C. 供应商企业的生产线上

D. 只要离企业最近、方便企业装卸运输的地点都是适当的交货地点

(2) 跟单员花费精力最多的跟单环节是(   )。

A. 制作采购单　　　　　　　　　　B. 内部报批

C. 采购单跟踪　　　　　　　　　　D. 原材料检验

(3) 跟单员跟踪采购单的最后环节是（　　）。
A. 跟踪原材料供应商的生产加工工艺　　B. 跟踪原材料
C. 跟踪加工过程　　D. 跟踪包装入库
(4)（　　）不属于供应商因管理方面原因造成的原材料供应不及时。
A. 质量管理不到位　　B. 对再转包管理不严
C. 交货期责任意识不强　　D. 超过产能接单
(5)（　　）不是属于原材料供应商在生产能力方面出现的问题。
A. 生产交货时间计算错误
B. 临时急单插入
C. 小批量订单需合起来生产
D. 需调度的材料、零配件采购延迟，生产量掌握不准确
(6) 下列纸板中作为销售包装的主要材料是（　　）。
A. 牛皮箱纸板　　B. 箱纸板
C. 瓦楞纸板　　D. 纸板
(7) 销售包装的作用不包括（　　）。
A. 便于陈列　　B. 便于使用
C. 有利于增加销量　　D. 保护货物以免受损坏
(8) 相对而言，以下包装材料使用不太普遍的是（　　）。
A. 木材　　B. 纸　　C. 塑料　　D. 陶瓷
(9) 绿色包装材料是指（　　）。
A. 木质包装　　B. 纸质包装
C. 塑料包装　　D. 所有可回收再利用包装材料
(10) 以下不是木质包装材料优点的是（　　）。
A. 分布广，可以就地取材　　B. 价格低廉
C. 容易加工　　D. 无需任何处理即可使用
(11) 以下说法错误的是（　　）。
A. 椴木是食品包装箱的忌用材　　B. 杉木是茶叶包装箱的忌用材料
C. 马尾树适合用作机电产品等重型包装箱　　D. A和B都正确
(12) 塑料包装材料的优点不包括（　　）。
A. 质轻　　B. 耐腐蚀
C. 可塑性强　　D. 全部可回收环保
(13) 以下不属于热塑性塑料的是（　　）。
A. 聚乙烯　　B. 聚丙烯
C. 聚氯乙烯　　D. 酚醛塑料
(14) 金属包装材料中产量和消耗量最多的是（　　）。
A. 镀锡薄钢板　　B. 铝合金薄板
C. 镀铬薄钢板　　D. 镀锌薄钢板

2. 判断题

(1)"采购"的"采"是从众多对象中选择若干的意思；"购"就是取得或购买，是通过商品交易的手段把所选对象从对方手上转到自己手中的一种活动。　　（　　）

(2)采购就是指在一定的时间、地点、条件下,通过交易手段,实现从一个备选对象中选择取得能满足自身需求的物品的活动过程。（ ）

(3)在有形采购中仅用于生活目的的采购,称之为"物料采购"。（ ）

(4)物料采购指企业为了完成既定的产品生产需要,以事先规定的方式、方法和程序,对物料(包括原料、设备、仪器仪表、软件及技术服务)的购买。（ ）

(5)所采购的物料的交货时间宜早不宜迟,因此交货期越早越好。（ ）

(6)物料采购的交货地点,只要离企业近、方便装卸运输,都是适当的交货地点。（ ）

(7)物料价格的确定是其他人交代的,是其他人的责任,跟单员不需要进行价格的确认。（ ）

(8)一般而言,长期合作的供应商的报价是最低的。（ ）

(9)《采购物料申请单》通常由跟单员制作。（ ）

(10)跟单员要进行有效的催单,必须做好交货管理的事前规划、事中执行与事后考核。（ ）

(11)箱纸板主要用于运输包装。（ ）

(12)牛皮箱纸板主要用于销售包装。（ ）

(13)镀锡薄钢板简称镀锡板,俗称白铁皮。（ ）

(14)铝箔复合薄膜是由铝箔与塑料薄膜或纸张复合而成,大量用于香烟包装和食品包装。（ ）

(15)对木质包装材料进行"熏蒸"处理主要是为了防止有害昆虫的传播。（ ）

(16)开槽型纸箱,代号为02型。（ ）

(17)阿拉伯国家禁止带有六角星的包装物进入其境内。（ ）

(18)瓦楞箱中UV形瓦楞在世界各国采用最广泛。（ ）

3. 简答题

(1)跟单员跟踪加工过程主要做什么工作?

(2)对于原材料能不能按时供应,跟单员应事先预计可能发生的问题,就采购企业而言会产生哪些问题而导致原材料供应出现问题?

(3)对采购单的跟踪,跟单员应主要跟踪哪些环节?

4. 操作题

广州星星有限公司(Guangzhou Star Co. Ltd.)是一家流通性外贸企业,2006年1月21日收到德国WWW Co. Ltd. 的订单,如下所述。

ORDER NO.：060018

STYLE NO.：33-506-9

DATE：21st Jan., 2006

SUPPLIER：Guangzhou Star Co. Ltd.

ADDRESS：No. 9 Nanjing Street, Guangzhou, China

DESCRIPTION OF GOODS：

CHILDREN JACKET, like original sample except that the collar changes to the Stand-up collar.

	Main out Shell(body)	Sleeves	Baby lining	Sleeve lining
COLOUR	Grey	Green	Orange	Orange
QUALITY	Woven 65% polyester, 35% cotton T/C 45×45/139×94		Knitted 100% polyester	Woven 100% polyester taffeta 210T

PACKING:

Each piece arms folded across chest and then half folded, and ensure that carton total capacity is used, no empty space inside carton, but no squashing of goods inside.

Maximum size of export cartons:

Length Width Height

60   40   variable cms

Maximum weight of carton: 15 kgs

Export must be marked with RESY symbol and No. 5957. Details can be followed our general packing instructions.

MARKS:

Shipping marks includes WWW, the order no., the style no., the port of destination and carton no.

Side marks must show the main out shell colour, the size of carton and pcs per carton.

SAMPLES:

These items will have to be dispatched by courier service except EMS, prepaid. Please advise dispatch details to us immediately.

TYPE OF SAMPLE	QUANTITY	ETAHAMBURG
LAB DIPS	AT LEAST 3 LAP DIPS	DIRECTLY! AFTER ORDER PLACEMENT
COUNTER SAMPLES	3 PCS SIZE 104	2 WEEKS AFTER ORDER PLACEMENT
ACCESSORY MATERIAL SAMPLES	FOR APPROVAL	A.S.A.P
PRE-PRODUCTION SAMPLES	3×SIZE 104	WAITING FOR OUR INSTRUCTION

The pre-production samples will be sent to customers's quality assurance department. "Go" for production can only be given after their approval.

UNIT PRICE: USD 5.80 per piece CIF HAMBURG

QUANTITY: 18400pcs

AMOUNT: USD 106720.00

More or less 5% of the quantity and the amount are allowed.

TERMS OF PAYMENT:

L/C at 30 days after sight opens through a bank acceptable to the seller valid for negotiation in china until 31st October, 2006.

DATE AND METHOD OF SHIPMENT:

4600 pcs shipped in July, 2006 by sea;

9200 pcs shipped in August, 2006 by sea
4600 pcs shipped in September, 2006 by sea
PORT OF LOADING: Guangzhou
PORT OF DESTINATION: HAMBURG
PARTIAL SHIPMENT: Permitted

Size Specification	92	98	104	110	116	122
1/2 chest	34.5	36	37.5	39	40.5	42
1/2 waist	34.5	36	37.5	39	40.5	42
1/2 bottom	34.5	36	37.5	39	40.5	42
Length at cb	44	46	48	50	52	54
1/2 shoulder	9.4	9.7	10	10.3	10.6	10.9
Sleeve	32	34.3	36.6	38.9	41.2	43.7
Cuff height	3.5	3.5	3.5	3.5	3.5	3.5
Cuff width	12	12.5	13	13.5	14	14.5
Neck width	16.5	16.8	17	17.3	17.5	17.8
Front neck drop	6	6.25	6.5	6.75	7	7.25
Neck height at cb	2	2	2	2	2	2
Collar height at cb	6	6.25	6.5	6.75	7	7.25
Collar length	6	6.25	6.5	6.75	7	7.25

PURCHASE CONDITIONS:

All garments manufacturer must meet the minimummanufacturing standards, qualified with ISO 9001 and ISO 14000, comply with the SA 8000 and other legal safety aspects concerning forbidden chemicals: for the accessories: no AZO - colors embroidery, no nickel press button, no PVC velcro(尼龙拉链).

The material composition of each article has to be advised; for garments on the sew - in label in following languages: German, English. If the labeling of the goods is not correct, we will debit the supplier 2% of purchase price.

Place of performance and court of jurisdiction: Dortmund/Germany.

SIGNATURE:　　　　　　　　　　　　　　　　SIGNATURE:
(SELLER)　　　　　　　　　　　　　　　　　　(BUYER)

请问：
(1) 订单对包装有何要求？
(2) 最终广州星星公司采用了尺寸为 60cm×40cm×20cm 的瓦楞纸箱，并且每箱装 10 件，请问应如何刷唛？

项目六 信用证业务操作

学习目标

通过对本项目的学习,学生应熟悉国际贸易中货款结算的基本方法;能正确翻译信用证的各项条款;能根据外贸合同审核出信用证中的问题条款;能根据问题条款提出修改意见;能书写信用证修改函。

工作任务描述

外贸公司的业务员小张,在和客户签订一份鞋产品的合同时,双方商量好用信用证的方式结算货款。不久,小张就收到了本市商业银行国际业务部的信用证通知函,被告知客户已经通过开证行开来的信用证,小张面临的任务是根据合同审核信用证,发现问题即告知对方。

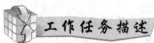

(1) 熟悉信用证结算流程和信用证内容。
(2) 能根据合同审核信用证。
(3) 能正确书写改证函。

工作任务实施

(1) 解读信用证。
(2) 审核信用证。
(3) 修改信用证。

6.1 解读信用证

信用证(Letter of Credit,L/C)是银行(开证行)根据申请人(一般是进口商)的要求,向受益人(一般是出口商)开立的一种有条件的书面付款保证,即开证行保证在收到受益人交付全部符合信用证规定的单据的条件下,向受益人或其指定人履行付款责任。因此,信用证结算是依据银行开立的信用证进行的,信用证项下的所有单据是根据信用证的约定制定的。

信用证的开立可以用信函的方式,也可以用电文方式,因此,信用证可以分为信开本和电开本两种形式。信开本是指以信函格式开立、并用航空挂号等方式寄出给受益人或通知行的信用证。信开信用证是早期信用证的主要形式;电开本是指采用电文格式开立并以电讯方式传递的信用证。通常采用的电讯方式主要有电报、电传和SWIFT。电开信用证按照电文内容的详细与否,又可以分为简电本和详电本。简电本是指电文内容较简单扼要的信用证;详电本是指电文内容详细完整的信用证。

6.1.1 信用证的特点

1. 开证行承担第一性付款责任

信用证是银行开立的有条件的承诺付款的书面文件。只要出口商在信用证规定的期限内提交符合规定的单据，开证行就必须付款，而不论进口商拒付还是倒闭。因此，开证行的付款承诺是一项独立的责任。银行代进口商开证，提供的是信用不是资金。

2. 信用证是一项独立的文件

信用证是根据买卖双方签订的合同开立的，信用证一经开出，就成为独立于合同以外的文件。买卖合同是进出口商之间的契约，信用证则是开证行与出口商之间的契约。开证行及其他信用证当事人只能根据信用证办事，而不受贸易合同的约束。

UCP600(《跟单信用证统一惯例国际商会第500号出版物》)中第4条明确规定：信用证按其性质与凭以开立信用证的销售合同或其他合同，均属不同的业务。即使信用证中援引这些合同，银行也与之毫无关系并不受其约束。

3. 信用证是纯单据业务

在信用证业务中，各方面处理的是单据，而不是与单据有关的货物或服务。结汇单据要严格符合信用证规定的"单证一致"和"单单一致"原则。

需要特别注意的是，银行虽然只根据表面上符合信用证条款的单据承担付款责任，但这种符合的要求却十分严格，在表面上不能有任何差异。也就是说，"表面上"(on face)一词的含义是要求单据与信用证对单据的叙述完全相符。受益人提示的单据可能是假冒或伪造的，但如果其文字叙述与信用证条款一致，则构成了合格的提示。

"不符点"指在对外贸易过程中，银行给卖家开出信用证(L/C)，卖家没有按照信用证的要求出具的单据内容，一旦卖方的单证跟L/C上有不相符合的地方，即使一个字母或一个标点符号与信用证不相符合，都记为一处不符点。

一般而言，若有不符点银行会扣罚卖方50~100美元(视各银行具体规定而定，一般一票单据只扣罚一次，而无论该票单据不符点数量的多少)，而有些不符点是不能避免的，此时，银行会注明此单为不符点交单。

6.1.2 信用证的内容

1. 信用证条款的内容

1) 开证行

信用证的开证行(Issuing Bank)是应开证申请人(进口商)的要求开立信用证的银行。信用证是开证行的有条件的付款保证。信用证开立后，开证行负有第一性的付款责任。

2) 开证日期

开证日期(Date of Issue)是开证行开立信用证的日期。信用证中必须明确表明开证日期，而且应当清楚、完整。如果信用证中没有开证日期字样，则视开证行的发电日期(电开信用证)或抬头日期(信开信用证)为开证日期。

确定信用证的开证日期非常重要，特别在需要使用开证日期计算其他时间，或信用证中明确表示银行将不接受开证日期之前出具的单据时,就显得尤为重要。同时,开证日期也可证明进口商是否根据商务合同规定的开证期限开立信用证。

3) 到期日和到期地点

信用证的到期日(Date of Expiry)是受益人向银行提交单据的最后日期。受益人应在到期日之前或当天向银行提交信用证及其项下的单据。

到期地点 Place of Expiry 是受益人在到期日前向银行提交单据的地点。国外开来的信用证一般规定到期地点在我国国内,如果到期地点在国外,受益人(出口商)要特别注意,一定要根据到期日安排提前交单(中国香港、中国澳门、新加坡、马来西亚等近洋国家或地区提前7天左右;远洋国家或地区提前10~15天),以便银行在信用证到期日前将单据寄到到期地点的银行。在有条件的情况下,最好建议申请人将到期地点改为受益人所在地。

如果信用证未列明到期地点,则应立即要求开证行进行确认;如果开证行始终不予答复,则应视同到期地点为受益人所在地。

4) 申请人

信用证的申请人(Applicant)是根据商务合同的规定向银行(开证行)申请开立信用证的人,即进口商。信用证的申请人包括名称和地址等内容,必须完整、清楚。

5) 受益人

信用证的受益人(Beneficiary)是信用证上指定的有权使用信用证的人,即出口商。信用证的受益人包括名称和地址等内容,应完整、清楚。如果有错误或遗漏,应立即电洽开证行确认或要求开证申请人修改。

6) 信用证编号

信用证的编号(Documentary Credit Number)是开证行所编的号码,在与开证行的业务联系中通常引用该编号。因此,信用证的编号必须清楚,没有变字等错误。如果信用证的编号在信用证中前后出现多次,应特别注意其是否一致,否则应电洽其修改。

7) 币别和金额

信用证金额(Amount)的币别(Currency Code)应是国际可自由兑换的币种。如果信用证的币别是国际非自由兑换货币,受益人应慎重考虑是否接受。货币符号应是国际普遍使用的世界各国货币的标准代码。

如果信用证中有大写和小写两种金额的写法,大写和小写的数额应保持一致;如果信用证中多处出现信用证金额,则其相互之间应保持一致。

8) 货物描述

信用证的货物描述(Description of Goods)是信用证对货物的名称、数量、型号、规格等的叙述。根据国际惯例,信用证中对货物的描述不宜烦琐,如果货物描述过于烦琐,应要求开证申请人修改,因为烦琐的货物描述会给受益人制单带来不必要的麻烦。当然,货物的描述应准确、明确和完整。

9) 单据条款

信用证的单据条款(Documents Required Clause)是开证行在信用证中列明的受益人必须提交的交易单据的种类、份数、签发条件等内容。

10) 价格条款

信用证的价格条款(Price Terms)是申请人(进口商)和受益人(出口商)在商务合同中规定的货物成交价格,按国际标价方法,常用的价格条款有离岸价(FOB)和到岸价(CIF 或 CFR);需要注意的是,价格条款的后面应注有"地点"。

11) 最迟装运日

信用证的最迟装运日(Latest Shipment Date)是受益人(出口商)装船、发货的最后期限。受益人应在最迟装运日之前或当天装船、发货。

信用证的最迟装运日应在到期日之前，而且最迟装运日和到期日之间应有一定的时间间隔。时间间隔不宜太长，也不宜太短。时间间隔太长时，若受益人迟迟不交单，而若货已到港，进口商拿不到货运单据则无法提货以致压港压仓等。时间间隔太短时，受益人从取得单据到向银行提交单据的时间就太短，有可能造成交单时间上的紧张，或在到期日前无法交单。

因此，应根据具体情况审核信用证的最迟装运日和到期日，必要时应建议或要求开证申请人修改。

一般情况下，信用证的最迟装运日和到期日之间的时间间隔为10～15天。

12) 交单期

每份要求出具运输单据的信用证，除了规定到期日外，通常还应规定一个在装运日后的一定时间内向银行交单的期限，即交单期(Period for Presentation of Documents)。如果没有规定该期限，根据国际惯例，银行将拒绝受理迟于装运日后21天提交的单据，但无论如何，单据必须不迟于信用证的到期日提交。

一般情况下，开证行和开证申请人经常规定装运日后10天、15天或21天为交单的最后期限。

13) 信用证偿付行

偿付行(Reimbursing Bank)是开证行在信用证中指定的向付款行、保兑行或议付行进行偿付的银行，可以是开证行自己的一家分支行，也可以是第三国的另一家银行(一般为账户行)。偿付行受开证行的委托代理开证行付款，不负责审单，只凭开证行的授权或付款行的"索汇指示"(Reimbursement Claim)而付款。

偿付行的付款不是终局性的付款，即如果开证行收到单据并审单后发现单据存在不符点，开证行或偿付行有权利向议付行索回货款。

14) 信用证偿付条款

信用证的偿付条款(Reimbursement Clause)是开证行在信用证中规定的如何向付款行、承兑行、保兑行或议付行偿付信用证款项的条款。信用证的偿付条款直接涉及收汇问题，因此，必须保证偿付条款的正确与合理。对于偿付条款复杂、偿付路线迂回曲折的规定，应尽量要求开证行修改。

15) 信用证银行费用条款

信用证中一般规定开证行以外的银行费用(Banking Charges)，如通知行、议付行等的银行费用由受益人来承担。如果信用证规定所有银行费用均由受益人承担，则受益人应特别注意，决定是否修改，以减少不合理的费用支出。

16) 信用证生效性条款

有些信用证在一定条件下才正式生效，对于此种有条件生效的信用证，应审核该条件是否苛刻并建议受益人在接到银行的正式生效通知后再办理货物的发运。

17) 信用证特别条款

信用证中有时附有对受益人、通知行、付款行、承兑行、保兑行或议付行的特别条款(Special Conditions)，对于不能接受的条款应立即要求开证行或开证申请人修改。

2. 信用证样本

下面是一张信开信用证的样本。

```
DATE: 1-AUG-2010
FORM: IRREVOCABLE DOCUMENTARY LETTER OF CREDIT
OUR NO.: CITI-070202
ADVISING BANK: THE BANK OF EAST ASIA LTD. SHANGHAI BRANCH
APPLICANT: MIGUEL ANGEL ORFEI 7600 MAR DE PLAZA, BUENOS AIRES, ARGENTINA
BENEFICIARY: TRIUMPH IMP & EXP CO.
              2103 SHANGHAI INT'L TRADE CENTER, 2200 YAN-AN
              ROAD, SHANGHAI, CHINA
AMOUNT: USD 159960.00
SAY US DOLLARS HUNDRED FIFTY NINE THOUSAND NINE HUNDRED AND SIXY ONLY
EXPIRY: 20-SEP-2010
GENTLEMENT: YOU ARE AUTHORIZED TO VAULE ON US BY DRAFT AT 45DAYS' SIGHT FOR 100% OF INVOICE VALUE ACCOMPANIED BY THE FOLLOWING DOCUMENTS:
(1) DETAILED COMMERCIAL INVOICE IN QUADRUPLICATE.
(2) PACKING LIST IN TRIPLICATE SHOWING ITEM AND WEIGHTT.
(3) CERTIFICATE OF ORIGINAL IN DUPLICATE STATING THE IMPOTING COUNTRY AS ARGENTITNA DULY SIGNED BY CHAMBER OF COMMERCE.
(4) FULL SET OF CLEAN ON BOARD OCEAN BILLS OF LADING ISSUED BY COSCO AND MADE OUT TO ORDER OF SHIPPER AND ENDORSED IN BLANK.
SHIPPING TERMS: CIF BUENOS AIRES
SHIPPING MAKR: MIG
               9722
               BUENOS AIRES
               NO.1-358
COVERING: 2 ITEMS OF TRAIN BRAND FOOTBALL
          AS PER S/C NO. MIG 9722
FROM: SHANGHAI
TO: BUENOS AIRES
PARTIAL SHIPMENT:      NOT ALLOWED
TRANSSHIPMENT:         NOT ALLOWED
LATEST DATE OF SHIPMENT: 5-SEP-2010
SPECIAL INSTRUCTION:
ALL CHARGES OUTSIDE OPENING BANK FOR ACCOUNT OF BENEFICIARY.
ALL DOCUMENTS PRESENTED FOR NEGOTIATION SHALL BEAR THE NO. OF THIS CREDIT AND THE NAME OF ISSUING BANK.
```

知识链接 6-1

MT700 格式信用证解读见表 6-1。

表 6-1 MT700 格式跟单信用证解读表

Tag（代号）	Field Name（栏目名称）
*27	Sequence of Total（报文页次）
*40A	Form of Documentary Credit（跟单信用证类别）
*20	Documentary Credit Number（信用证编号）
*31C	Date of Issue（开证日期）
*31D	Date and Place of Expiry（信用证的到期日及到期地点）
*50	Applicant（开证申请人）
52A	Issuing Bank（开证行）
57A	Advising through Bank（通知行）
*59	Beneficiary（受益人）
*32B	Currency Code，Amount（信用证的币种与金额）
39A	Percentage Credit Amount（信用证金额允许浮动的范围，用百分比表示，如 10/10 表示允许上下浮动不超过 10%）
39B	Maximum Credit Amount Tolerance（最高信用证金额）
39C	Additional Amounts Covered（可附加金额，该项目列明信用证所涉及的附加金额，诸如保险费、运费、利息等。注意：39 款如果不显示，则金额须完全符合 32B，如使用则 39A 和 39B 只可能出现一种）
*41A	Available With...By... 指定的有关银行及信用证的付款方式，指定的有关银行及信用证兑付的方式。当该项目代号为 41A 时，银行用 SWIFT 名址码表示，当该项目代号为 41D 时，银行用行名地址表示，如果信用证为自由议付信用证时，该项目代号为 41D，银行用 ANY BANK IN...（国家/地名）表示。
*42C	Drafts at...（汇票付款日期）
42A	Drawee－BIC（汇票付款人——银行代码，用于限制议付信用证）
42 D	Drawee（汇票付款人，用于自由议付信用证）
42M	Mixed Payment Details（混合付款指示）
42P	Deferred Payment Details（延迟付款指示）
*43P	Partial Shipments（分批装运）
*43T	Transshipment（转船）
*44A	Loading on Board/Dispatch/Taking in Charge（装船/发运/接受监管地点）
*44B	For Transportation to...（货物运往最终目的地）

续表

Tag(代号)	Field Name(栏目名称)
*44C	Latest Date of Shipment(最迟装运日)
44D	Shipment Period(装运期)
44E	Port of Discharge/Airport of Destination(卸货港/目的地机场)
*45A	Description of Goods and/or Services(货物描述)
*46A	Documents Required(单据要求)
*47A	Additional Conditions(附加条款)
*71B	Details of Charges(费用负担,该项目的出现只表示费用由收益人负担。若无此项目,则表示除议付费、转让费外,其他费用均由开证申请人承担)
*48	Period for Presentation(交单期限)
*49	Confirmation Instructions(保兑指示)
53A	Reimbursing Bank(偿付行)
78	Instructions to Paying/Accepting/Negotiating Bank(银行间指示)
72	Sender to Receiver Information(附言)

注:"*"表示必填项目。

6.1.3 信用证的流程

信用证的流程如图6.1所示。

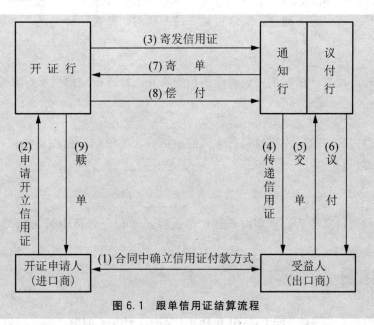

图6.1 跟单信用证结算流程

1. 申请开证

买卖双方订立合同。双方对信用证的种类和开证时间做出明确规定。进口商向其所在地银行递交开证申请书,提出开证申请,要求银行(开证行)按申请书的内容,向出口商(受益人)开出信用证。买方在申请开证时,一般需要交纳相当于信用证金额一定百分比的押金或提供一定的担保。开证人填写开证申请书时,应严格履行买卖合同的买方义务,申请书所列内容不能与买卖合同规定的条款相矛盾,所列条款内容的表述要符合 UCP 的规定。

2. 开证

开证行接受申请后,按申请书内容开立以卖方为受益人的信用证,并通过其在卖方所在地的代理行或往来行,将信用证通知卖方。

3. 通知

通知行收到信用证后,应核对开证行的签字与密押,经核对证实无误,应尽快将信用证转交受益人。

按 UCP600 第 9 条规定,信用证可经另一家银行(通知行)通知受益人,但通知行无须承担付款承诺之责任。如通知行决定通知,则应合理审慎地核验所通知的信用证的表面真实性。如通知行决定不通知,则必须毫不延误地告知开证行。

4. 审证发货、交单议付

受益人收到经通知行转来的信用证后,应立即根据合同认真审核,主要核对信用证中所列条款是否与买卖合同中的条款相符。如发现有差错,应通知开证人要求修改信用证;如经审核无误,或经修改认可后,即可按规定发运货物。

受益人在发运货物,取得货运单据,连同信用证要求的其他必备单据后,开立汇票,按信用证规定向其所在地银行议付货款。

"议付"(negotiation)就是由议付行向受益人购进由其出立的汇票及所附单据。由于在议付时要扣除一个来回邮程的利息,所以也是一种汇票的"贴现"行为。

5. 索偿

议付行办理议付后,根据信用证规定将单据寄开证行或指定的付款行索偿货款。

6. 偿付

开证行或指定的付款行收到议付行寄来的单据后,经审核与信用证规定相符,应立即将票款偿付议付行。

7. 付款赎单

开证行履行偿付义务后,立即向开证申请人提示单据,开证申请人向开证行付款赎单,凭单提货。

6.1.4 应用实例

IRREVOCABLE DOCUMENTARY CREDIT

CREDIT NO.:	DATE OF EXPIRY:	PLACE OF EXPIRY:
IE40316	30th Dec., 2010	IN THE BENEFICIARY'S COUNTRY

26th Oct., 2010

ADVISING BANK: BANK OFCHINA, ZHONGSHAN DONG LU 23 SHANGHAI, CHINA

APPLICANT: BENEFICIARY:

LAFA EMIRATES TRADING CO. LTD.   SHANGHAI HANCHENG TRADING COMPANY

PO BOX 5239, DUBAI, U. A. E   45 HUASHAN ROAD, SHANGHAI, CHINA

AMOUNT: USD 14177.00 (U.S. DOLLAR FOURTEEN THOUSAND ONE HUNDRED AND SEVENTY SEVEN)

DRAFT AT: 30 DAYS AFTER B/L DATE

DRAWN ON: MASHREQBANK FOR FULL VALUE OF THE INVOICE AMOUNT

AND MARKED DRAWN UNDER MASHREQBANK PSC CREDIT NO. IE40316 AVAILABLE WITH: BANK OFCHINA BY NEGOTIATION

PARTIAL SHIPMENTS ARE ALLOWED

TRANSSHIPMHNT IS PROHIBITED

TRANSPORTATION FROM: CHINA

TO: BANDAR ABBAS BY SEA

NOT LATER THAN: 15th Dec., 2010

PRICE TERMS: CFR

DOCUMENTS REQUIRED:

FULL SET OF CLEAN SHIPPED ON BOARD OCEAN BILLS OF LADING MADE OUT TO THE ORDER OF MASHREQBANK PSC, MARKED "FREIGHT PREPAID", NOTIFY APPLICANT(GIVING NAME AND FULL ADDRESS)SHOWING THE ABOVE LC NO, NAME, ADDRESS, TELEPHONE OF THE VESSE'S AGENT AT THE PORT OFDESTIATION.

CERTIFICATE OF ORIGIN IN ORIGINAL PLUS ONE COPY STATING THAT THE GOODS ARE OF CHINESE ORIGIN, SHOWING FULL NAME AND ADDRESS OF THE MANUFATURER ISSUED BY CHINA COUNCIL FOR THE PROMOTION OF INTERNATIONAL TRADE

PACKING LIST IN ORIGINAI PLUS TWO COPIES DULY SIGNED BY BENEFICIARY.

SIGNED INVOICES IN ORIGINAL PIUS FWO COPIES SHOWING THE NAME AND ADDRESS OF MANUFACTURER.

COVERING: ELECTRONICS GOODS AS PER S/C NO. IDJ8E1

MARKS: LAFA/IDJ8EI/BANDAR ABBAS/C/NO. 1—UP

SPECIAL CONDITIONS:

(1) GOODS MUST BE SHIPPED IN CONTAINERS AND BILL OG LADING TO EVIDENCE THE SAME AND TO SHOW CONTAINER NUMBER AND SEAL NUMBER

(2) THIRD PARTY AS SHIPPER IS NOT ACCEPTABLE

(3) ALL DOCUMENTS CALLED FOR IN THIS CREDIT SHOULD BE DATED AND ANY DOCUMENT DATED PRIOR TO L/C ISSUANCE DATE NOT ACCEPTABLE.

中文翻译

不可撤销跟单信用证

信用证号码：   到期日：   到期地点：
IE40316   2010 年 12 月 30 日   在受益人所在国
2010 年 10 月 26 日

通知行：中国银行，中国上海市中山东路 23 号

开证申请人：   受益人：
LAFA EMIRATES TRADING CO. LTD.   上海汉诚贸易公司
P. O. BOX 5239，DUBAI，U. A. E.   中国上海华山路 45 号

信用证会额：美元 14177.00

大写：壹万肆仟壹佰柒拾柒美元

汇票付款期限：提单日后 30 天

汇票付款人：MASHREQBANK

汇票金额为发票全额，并需注明"凭 MASHREQBANK PSC 开立的第 IE40316 号信用证出具，在中国银行议付"

允许分批装运

禁止转运

启运港：中国

目的港：阿巴斯港，海运

最迟装运日：2010 年 12 月 15 日

价格术语：CFR

所需单据：

全套清洁已装船海运提单，作成凭 MASHREQBANK PSC 指示，并注明"运费已付"，通知开证申请人（注明其名称和详细地址）。此外，本信用证的号码和目的港船代的名称、地址、电话、传真要标注在提单上。

由中国国际贸易促进委员会签发的原产地证明，正本加一份副本，证明该批货物系中国原产，并注明制造商的详细名称和地址。

经签署的商业发票，正本加两份副本，注明制造商的名称和地址，并证明货物及其他细节与 2010 年 10 月 19 日的 JX2009YN 号形式发票一致。

货物描述：合同号 IDJ8EI 项下电子产品

运输标志：LAFA/IDJ8EI/BANDAR ABBAS/C/NO. 1－UP

特别条款：

（1）该批货物必须以集装箱运送。海运提单上需作相应证明，并在提单注明集装箱号和标志号。

（2）不接受第三方作为托运人。

（3）本信用证项下要求提交的所有单据都必须有签发日期，而且不接受签发日期早于信用证开证日的单据。

6.1.5 技能训练

分析以下信用证，并完成相关的选择题。

05AUG 26 　　　　　　　　　　LOGICAL TERMNALP05
　　　　　　　　　　　　　　　PAGE 00001
　　　　　　　　　　　　　　　FUNC SWPR3
　　　　　　　　　　　　　　　UMR000574

27：SEQUENCE OF TOTAL：1/1
40A：FORM OF DOC. CREDIT：IRREVOCABLE
20：DOC. CREDIT NUMBER：55583
31C：DATE OF ISSUE：100826
31D：EXPIRY：DATE 101004 PLACE AT OUR COUNTERS
50：APPLICANT：DEGUSSA SAINT DENIS
198 RUE SAINT DENIS 75002 PARIS
59：BENEFICIARY：SISIL IMPORT/EXPORT CO.
NO. 896 GUANGCHANG ROAD，WENZHOU，CHINA
32B：AMOUNT：CURRENCY USD AMOUNT 144000
41D：AVAILABLE WITH/BY：AT SIGHT OF DOCUMENTS IN ORDER AT OUR COUNERS BY PAYMENT
43P：PARTIAL SHIPMENT：ALLOWED
43T：TRANSSHIPMENT：ALLOWED
44A：LOADING IN CHARGE：CHINESE PORT
44B：FOR TRANSPORT TO：MARSEILLES
44C：LATEST DATE OF SHIP. 100919 BY SINOTRANS
45A：DESCRIPT OF GOODS：NYLON HOOK，CIF MARSEILLES
46A：DOCUMENTS REQUIRED
1/ORIGINAL MANUALLY SIGNED COMMERCIAL INVOICE IN 6 FOLD STATING GOODS，DESTINATION，QUANTITIES AND UNIT PRICE STRITLY CONFORM O PROFORMA INVOICE DARED 10. 08. 118
2/PACKING LIST IN 4 FOLD
3/WIGHT NOTE IN 4 FOLD
4/FULL SET CLEAN ON BOARD OCEAN BILL OF ADING MADE OUT TO THE ORDER OF BANQUE LEUMI FRANCE SA100 RUE REAUMUE 75002 PARIS MARKED FRIGHT PREPAIRD SHOWING "SHIPPED ON BOARD"
5/ORIGINAL PLUS COPY CERTIFICATE OF ORIGIN FORM A GSP
71B：DETAILS OF CHARGES：ALL CHARGES OUTSIDE IRELAND FOR ACCOUNT OF BNEFICIARY
48：PRESENTATION PREIOD：WITHIN 15 DAYS AFTER ON BOARD B/L DATE
49：CONFIRMATION：WITHOUT
78：INSTRUCTION：ALL DOC. PRESENTED IN CONFORMITY ITH THE TERMS OF THE CREDIT IN ORDER AT OUR COUNERS WE SHALL EFFECT PAYMENT
72：SEND. TO REC. INFO：SUBJECT TO UCP 1993 ICC PUB. 500
PLS ACKNOWLEDGE RECEIPT OF THIS L/C QUOTING YOUR REFERENCE NUMBER CEST RECHARDS DC DEPT SE

(1) 这张信用证的类型为（　　）。
A. 不可撤销保兑信用证
B. 不可撤销议付信用证
C. 即期付款信用证
(2) SISIL IMPORT/EXPORT CO 是信用证的（　　）。
A. 开证申请人　　B. 受益人　　　　C. 开证银行
(3) 在这张信用证上规定受益人提交的原产地证明为（　　）。
A. 商会原产地证明　B. 普惠制产地证明　C. 受益人出具的原产地证明
(4) 按照这张信用证的规定，由（　　）承担单据不符点的费用。
A. 议付行　　　　B. 开证申请人　　　C. 受益人
(5) 这张信用证规定的到期前地点为（　　）。
A. 通知行柜台前　B. 开证行柜台前　　C. 受益人所在国家
(6) 这张信用证规定受益人向银行提交单据的期限为（　　）。
A. 信用证签发后 15 天
B. 提单签发后 15 天
C. 发票签发后 15 天
(7) 这张信用证对货物运输的规定为（　　）。
A. 允许分运，不允许转运
B. 允许分运，允许转运
C. 不允许分运和转运
(8) 根据信用证规定，可以承运货物的船公司为（　　）。
A. COSCO　　　　B. SINOTRANS　　　C. 没有具体规定
(9) 信用证中规定如有货损，可以（　　）赔付。
A. 在法国用欧元　B. 在法国用美元　　C. 在中国用欧元
(10) 这张信用证规定提交保单份数（　　）。
A. 三份副本　　　B. 一式两份　　　　C. 一份正本和二份副本

知识链接 6-2

信用证的当事人

1. 开证申请人

　　开证申请人（Applicant）又称开证人，指申请开证的人，一般是贸易合同的买方，要在规定的时间内开证，交开证押金并及时付款赎单。

2. 开证行

　　开证行（opening bank/issuing bank）是指开立信用证的银行，一般是进口地银行。开证人与开证行的权利与义务以开证申请书为依据。信用证一经开出，按信用证规定的条款，开证行负有承担付款的责任。

3. 受益人

　　受益人（beneficiary）是指有权使用信用证的人，一般为贸易合同的卖方，拥有按时交货、提交符合信用证要求的单据，索取货款的权利和义务，又有对其后的持票人保证汇票被承兑和付款的责任。

4. 通知行

　　通知行（advising bank/notifying bank）是指受开证行委托，将信用证转递（通知）给受益人的银行，一一般是出口地银行，通常是开证行的代理行，卖方通常指定自己的开户行作为通知。通知行应合理审慎地鉴别信用证的表面真实性，如果无法鉴别又决定通知受益人，则应告诉受益人其未能鉴别该证的表面真实性。

5. 议付行

议付行(negotiating bank)是根据开证行的授权买入或贴现受益人提交的符合信用证规定的票据的银行。开证行可以在信用证中指定议付行，也可不具体指定。在不指定议付行的情况下，银行均是有权议付的银行，如遭遇拒付，有权向受益人追索垫款。

6. 付款行

付款行(paying bank)是指开证行的付款代理，代开证行验收单据，一旦验单付款后，付款行无权向受益人追索。开证行一般兼为付款行，但付款行也可以是接受开证行委托的代为付款的另一家银行。例如，开立的信用证是以第三国货币支付时，通常指定在发行该货币的国家的银行为付款行。

此外，在信用证业务中，根据需要还可能出现一些其他的当事人，如保兑行、承兑行、转开行、第二受益人等。

 知识链接 6-3

信用证的种类

1. 可撤销信用证和不可撤销信用证

根据开证银行的保证性质，信用证可分为可撤销信用证和不可撤销信用证。这两种信用证就开证行的保证责任和受益人所得到的保障而言，有本质区别。因此，这也是信用证最基本和最重要的分类。

1) 不可撤销信用证

不可撤销信用证(irrevocable L/C)是指信用证一经开出，在有效期内，未经受益人及相关当事人的同意，开证行不得片面撤销信用证或修改内容。只要受益人提供的单证符合信用证规定，开证行必须履行付款的义务。这种信用证对受益人收款比较有保障，国际贸易中使用最为广泛。

2) 可撤销信用证

可撤销信用证(revocable L/C)是指开证行可以不经过受益人同意也不必事先通知受益人，在议付行议付之前，有权随时撤销信用证或修改信用证的内容。这种信用证对受益人收款没有多大保障，现实贸易中极少采用。

【例】This credit is subject to cancellation or amendment at any time without prior to the beneficiary.

本信用证可随时取消或修改而无需事先通知受益人。

信用证是否可以撤销对当事人事关重大，因此在信用证中均应清楚地表明。凡是信用证上未注明的，应视为不可撤销的信用证。

2. 保兑信用证和不保兑信用证

不可撤销信用证，按其是否有另一家银行参与负责，保证兑付，可分为保兑信用证与非保兑信用证两种。

1) 保兑信用证

保兑信用证(confirmed L/C)是指一家银行开出的信用证由另一家银行加以保证兑付，即保兑行(confirming bank)应开证行请求，对其所开信用证加以保证兑付，所以，一般而言，保兑信用证对出口人的安全收汇是有利的。

按 UCP600 解释，信用证一经保兑，即构成保兑行在开证行承诺以外的一项确定的承诺，保兑行对受益人承担必须付款或议付的责任。总之，保兑行对信用证的责任相当于本身开证，无论开证行发生什么变化，在信用证的有效期内都不能撤销保兑行保兑的责任。

2) 不保兑信用证

没有经过保兑的信用证称为不保兑信用证(unconfirmed L/C)。

3. 即期信用证和远期信用证

根据信用证项下汇票的付款期限，信用证可分为即期信用证和远期信用证。

1) 即期信用证

即期信用证(sight L/C)是指开证行在收到符合信用证规定的汇票或单据后即予付款的信用证。信用证有时规定无需开立汇票。凡是凭装运单据立即付款的信用证，均为即期信用证。这种信用证的特点是出口商收汇迅速，有利于资金周转。

2) 远期信用证

远期信用证(usance L/C)是指开证行在收到符合信用证规定的汇票或单据后，在规定的期限保证付款的信用证。这种信用证的主要作用是便于进口商的资金融通。

在远期信用证付款的条件下，出口商是在银行保证下，先交单、后付款，即出口商要垫出一笔资金，承担一定的利息损失和汇率变动风险，收汇也不如即期信用证安全及时。但就进口商而言，则可以采用信托收据或提供其他保证的方式，向开证行借出单据，以供转售或提货应市，到规定付款日期才履行付款义务，因此，远期信用证是出口商向进口商提供信贷的一种方式。

近年来，随着国际市场竞争的进一步激化，远期信用证这种付款方式的采用也有所增加。信用证的付款期限，一般有60天、90天，也有180天等，期限可由买卖双方互相商定。

3) 假远期信用证

在实际业务中，还可以看到一种名为远期，但对出口商而言，实际上是即期付款的假远期信用证(usance credit payable at sight)。这种信用证，虽然开立的是远期汇票，但信用证订明付款行可即期付款或同意贴现，所以贴现和承兑费用(贴现费是指银行对客户使用资金收取的费用，承兑费是指银行因承兑存在信贷风险所收的费用及与交易有关的管理费用)由进口人负担。这种信用证表面上看是远期信用证，对出口人而言却可即期收款，因此被称为"假远期信用证"。

凡在信用证载明如下条款者，均为假远期信用证：

(1) 远期汇票按即期议付，由本银行(开证银行)贴现，贴现及承兑费由进口商承担。

Usance drafts to be negotiated at sight basis and discounted by us (issuing bank), discount charges and acceptance commission are for importer's account.

(2) 远期汇票按即期议付，利息由买方承担。

Usance draft to be negotiated at sight basis, interest is for Buyer's account.

(3) 授权议付银行议付远期汇票，依票额即期付款。

The negotiating bank is authorized to negotiate the usance drafts at sight for the face amount.

(4) 本信用证项下开立的远期汇票可按即期议付。

Usance drafts drawn under this credit are to be negotiated at sight basis.

4. 可转让信用证和不可转让信用证

按受益人是否有权转让给其他人使用，信用证可分为可转让信用证和不可转让信用证两种。

1) 可转让信用证

可转让信用证(transferable L/C)是指受益人(第一受益人)有权将信用证的全部或者部分金额转让给第三者(第二受益人)使用的信用证。

按照规定，只有当信用证中注明"可转让"(transferable)的信用证才能转让。另外可转让信用证只能转让一次，第二受益人不能将信用证再次转让，但允许第二受益人将信用证重新转让给第一受益人。按照UCP600的规定，若第一受益人将信用证金额分成几个部分，同时转让给几个第二受益人，视为一次转让。

可转让信用证主要是供中间商利用。中间商因为自己不掌握商品，通常是和厂商订立供货合同，另一边同外国进口商签订出口合同，赚取中间的差价。在这种情况下，中间商有时候为了方便，会要求进口商开立可转让信用证，以便转让给其的实际供货人办理交货。

【例】可转让信用证条款

This credit is transferable; the advising bank is authorized to handle the transfer request. At time of transfer, transferring bank must endorse the transfer amount on the reserve side of the original credit and notify us by authenticated swift the amount of transfer and full name and address of the second beneficiary.

本信用证可以转让，通知行有权执行转让请求。在转让时，转让行必须将转让金额在原始信用证背面注明，并经由SWIFT密押电报向我们通知转让金额及第二受益人的全称、地址。

2) 不可转让信用证

不可转让信用证(untransferable L/C)是指受益人无权转让给其他人使用的信用证。凡是在信用证上没有注明"可转让"字样的信用证，均为不可转让信用证。

5. 循环信用证

循环信用证(revolving L/C)是指信用证在被受益人全部或部分利用后，其金额能够重新恢复至原金额再度被利用，一直到达到规定次数或累计的总金额为止。循环信用证适合于一些定期分批均衡供应的长期供货合同。

使用循环信用证，对出口商而言，不但可以减少催证、审证的手续，而且可以得到收回全部货款的确实保证；对于进口商而言，可以节省开证费用，减少押金，充分利用议案的开证额度。

1) 自动循环

自动循环，即信用证在规定时期内被使用后，无须等待开证行通知即自动恢复至原金额再次使用。

【例】The total amount of this credit shall be restored automatically after date of negotiation.

本信用证项下总金额于每次议付后自动循环。

2) 半自动循环

半自动循环，即信用证在被使用后，开证行如未在一定期限内提出不能恢复原金额的通知，即自动恢复至原有金额再次使用。

【例】Should the negotiating bank not be advised of stopping renewal within seven days after each negotiation, the unused balance of this credit shall be increased to the original amount.

每次议付后七天内，议付银行未接到停止循环的通知时，本信用证项下尚未用完的金额，可增至原金额。

3) 非自动循环

非自动循环，即每使用一次后，需由开证行通知后才能恢复原金额使用。

例如，现在有笔货物，全部货物的金额为50000美元，信用证允许平均分5批出运，每月出1批10000美元的货，那么就可以只开金额为10000美元的循环信用证，上月出完1批货后第2个月10000美元可被恢复使用，依此类推，直到循环次数完毕。

当然，除了以上经常使用的信用证种类之外，还有：对开信用证(reciprocal L/C)、对背信用证(back-to-back L/C)、预支信用证(anticipatory L/C)以及SWIFT信用证等。

6.2　审核信用证

6.2.1　信用证审核的要点

1. 检查信用证的付款保证是否有效

如出现下述任何一种情况，则说明该付款保证不是有效的或存在缺陷。

(1) 信用证明确表明是可撤销信用证。可撤销信用证在不通知受益人或未经受益人同意的情况下，可以随时撤销或变更，这对受益人而言是没有付款保证的，因此对于此类信用证受益人一般不予接受。信用证中如果没有表明该信用证是否可以撤销，则按照UCP600的规定，应理解为不可撤销。

(2) 应该保兑的信用证未按要求由有关银行进行保兑。

(3) 信用证未失效。

(4) 对生效有限制条件的信用证,如"待获得进口许可证后生效"。

(5) 信用证密押不符。

(6) 信用证为简电或预先通知形式。

(7) 由开证人提供的开证申请书。

(8) 由开证申请人直接寄送的信用证。

2. 检查信用证的付款时间是否与合同的规定相一致

(1) 如果信用证中规定有关款项必须在向银行交单后若干天内或见票后若干天内付款,那么需要核对此类付款时间是否符合合同的规定。

(2) 信用证规定在国外到期,意味着有关单据必须寄送国外。由于受益人无法掌握单据到达国外银行所需的时间,容易造成延误或丢失,有相当的风险,因此,通常受益人应要求在国内交单、到期。如果确实来不及修改,则必须要求寄单行提前一个邮程(邮程的长短应根据地区远近而定),以最快的方式寄送单据。

(3) 信用证中的最迟装运日和到期日是同一天,就是通常所说的"双到期"。在这种情况下,受益人不可能在信用证规定的最迟装运日进行装运,而必须将装运期提前一定的时间(一般在到期日前的10～15天),以便有合理充分的时间来制单结汇。因此,受益人应比照合同的装运条款,并结合实际情况考虑是否可以接受;否则,应要求修改到期日。

3. 检查信用证受益人和开证申请人的名称和地址是否完整正确

受益人应特别注意信用证中的受益人名称和地址是否与其印就的文件上的名称和地址相一致,以及买方的公司名称和地址写法是否完全正确。如果不正确,则会给今后的收汇带来不便。

4. 检查装运的有关规定是否符合要求

(1) 能否在信用证规定的装期内备妥有关货物并按期出运。如果到证时间与装运期太近,无法如期装运,应及时与开证申请人联系修改。逾期装运的运输单据将构成单证不符,银行有权不付款。

(2) 如果信用证中规定了分批出运的时间和数量,应注意能否悉数办到;否则,如果任何一批未能按期出运,以后各期即告失效。

5. 检查能否在信用证规定的交单期内提交单据

交单期通常按下列原则处理:

(1) 信用证有规定的,应按信用证规定的交单期向银行交单。

(2) 信用证没有规定的,向银行交单的日期不得迟于运输单据出具日后21天。

6.2.2 应用实例

根据销售合同审核信用证。

销售合同
SALES CONFIRMATION
S/C NO. SAC060
DATE:2010-3-20

The seller: The buyer:
SHANGHAI TEXTILES IMP&EXP   WBD&CO., LTD.

CORPORATION

Address: 40 NINGXIA ROAD   Address: NAKANOMACHI 1-10-15 MIYAKO SHANGHAI, CHINA JIMA—KUOSAKA, JAPAN

Item No.	Commodity	Unit	Quantity	Unit Price (Amount) (CFROSAKA)
1	ART No. 49395	PC	2776	USD 1.00/2776.00
2	ART No. 49394	PC	3312	USD 1.00/3312.00
3	ART No. 49393	PC	3699	USD 1.00/3699.00
4	ART No. 55305	PC	1600	USD 1.25/2000.00

TOTAL VALUE: USD 11787.00
SAY US DOLLARS ELEVEN THOUSAND SEVEN HUNDRED EIGHTY SEVEN ONLY.

PACKING: TO BE PACKED IN STRONG EXPORT CARTONS
ART NO. 49395 AND ART NO. 55305 IN CARTONS OF 8 PCS EACH
ART NO. 49394 AND ART NO. 49393 IN CARTONS OF 9 PCS EACH
TOTAL 1326 CARTONS
PORT OF LOADING &
DESTINATION: FROM: SHANGHAI, CHINA   TO: OSAKA, JAPAN
TIME OF SHIPMENT: SHIPMENT TO BE EFFECTED BEFORE Apr. 30, 2010
WITH PARTIAL SHIPMENT AND TRANSHIPMENT PROHIBITED
TERMS OF PAYMENT: THE BUYER SHALL OPEN THROUGH A BANK ACCEPTABLE TO THE SELLER AN IRREVOCABLE SIGHT LETTER OF CREDIT WHICH REMAIN VALID FOR NEGOTIATION IN CHINA UNTIL THE 15th DAYAFTERTHE DATEOF SHIPMENT.
INSURANCE: TO BE COVERED BY THE BUYER
REMARKS: 10% MORE OR LESS IN QUANTITYAND AMOUNT IS ALLOWED

THE SELLER   THE BUYER
SHANGHAI TESTILES IMP & EXP. CO. LTD.   WBD & CO. LTD.
张××   SIAMAK DJAFARIAN

需审核的信用证
MT700   ISSUE OF A DOCUMENTARY CREDIT
LOGICAL TERMINAL POO5

PAGE 00001

SEQUENCE OF TOTAL 27: 1/1
FROM OF DOC. CREDIT 40: REVOCABLE
DOC. CREDIT NUMBER 20: LC-410-392216
DATE OF ISSUE 31C: 100225
EXPIRY 31D: DATE 100515
PLACE IN THE COUNTRY OF THE APPLICANT

APPLICANT 50: WBD & CO., LTD. NAKENOMACHI OSAKA JAPAN

BENEFICIARY 59: SHANGHAI TEXTILES IMP&EXP CO., 40 NINGXIA ROAD SHANGHAI, CHINA

AMOUNT 32 B: CURRENCY USD AMOUNT 1178700

AVAILABLE WITH 41D: ANY BANK BY NEGOTIATION

DRAFTS AT42C: DRAFTS AT SIGHT FOR FULL INVOICE VALUE

DRAWEE42A: ASAHI BANK LTD, TOKYO

PARTIAL SHIPMENT 43P: ALLOWED

TRANSSHIPMENT 43T: NOT ALLOWED

LOADING IN CHARGE44A: SHIPMENT FROM CHINESE PORT

FOR TRANSPORT TO 44B: OSAKA, JAPAN

LATEST SHIPMENT 44C: 100430

DESCRIPT OF GOODS45 A: 2766 PIECES OF ART NO. 49395 AT USD 2776.00 8611 PIECES OF

ART NO	QUANTFY	UNIT PRICE
49394	3312 PIECES	USD 1.00
49393	3699 PIECES	USD 1.00
55305	1600 PIECES	USD 1.25

PRICE TERM: CIF

DOCUMENTS REQUIRED 46 A

+3/3 SEE OF ORIGINAL CLEAN ON BOARD OCEAN BILLS OF LADING MADE OUT TO ORDER OF SHIPPER AND BLANK ENDORSED MARKED "FREIGHT PREPAID" AND NOTIFY APPLICANT

+ORIGINAL SIGNED COMMERCIAL INVOICE IN 5 FOLDS INDICATING CONTRACT NO

+INSURANCE POLICY OR CERTIFICATE, ENDORSED IN BLANK, FOR 110 PCT OF THE INVOICE VALUE

INCLUDING: THE INSTITUTE CARGO CLAUSES(A), THE INSTITUTE WAR CLAUSES AND THE INSTITUTE STRIKES, RIOTS AND CIVIL MOTIONS CLAUSES, INSURANCE CLAIMS TO BE PAYABLE IN JAPAN

+CERTIFICATE OF ORIGIN IN ORIGINAL AND 1 COPY

+PACKING LIST IN 3 FOLD

+WEIGHT LIST IN 3 FOLD

ADDITIONAL COND 47:

T.T. REIMBURSEMENT IS PROHIBITED

5PCT MORE OR LESS IN QUANTITY ACCEPTABLE

THE GOODS TO BE PACKED IN STRONG EXPORT CARTONS

DETAILS OF CHARGES 71B:

ALL BANKING CHARGES OUTSIDEJAPAN INCLUDING REIMBURSEMENT COMMISSIONS ARE FOR ACCOUNT OF BENEFICIARY

PRESENTATION PERIOD48:

DOCUMENTS TO BE PRESENTED WITHIN 5 DAY AFTER THE DATE OF SHIPMENT BUT WITHIN THE VALIDITY OF THE CREDIT

CONFIRMATION 78：WITHOUT

分析

该信用证存在以下问题：

（1）信用证未为可撤销（revocable）。

（2）到期地点在申请人所在国（in the country of applicant）。

（3）信用证金额未考虑到按合同溢装。

（4）货物描述中 A 项货物的数量有误（2766pieces）。

（5）货物描述中的价格条款（CIF）有误。

（6）系 CFR 交易，受益人无需提交保单。

（7）附加条款中关于溢短装条款（5％）与合同规定不符。

（8）交单期过短。

6.2.3 技能训练

1. 技能训练一

根据成交条件审核信用证，指出并修改其存在的问题。

成交条件

COMMODITY：SHOES

USD 11.00 PER PAIR CIFC5 LOS ANGELES

ART NO.：LA-0923

QUANTITY：2490 PAIRS

SHIPMENT：LATEST ON OCT.25，2010

    PARTIAL SHIPMENTS ALLOWED

    TRANSSHIPMENT NOT ALLOWED

PAYMENT：L/C AT 30 DAYS AFTER SIGHT

INSURANCE：INVOICE VALUE PLUS 10％ AGAINST ALL RISKS & WAR RISKS

信用证

363072 ABCSX

FM：FAR EAS BANK.，LOS ANGELES

TO：AGRICULTURAL BANK OF CHINA，SHANGHAI BRANCH，

SEP 03/2010 MSGBUR604

CRDIT NO. FETF-109234

THIS CREDIT IS AVAILABLE BY NEGOTIATION OF BENEFICIARY'S DRAFT AT 45 DAYS SIGHT DRAWN ON INDEPENDENCE BANK，500 WEST SIXTH STREET，

LOSANGELES，CA 91007，USA FOR FULL INVOICE VALUE ACCOPANIED FLWS DOCS

（EACH IN TRIPLICATE UNTLESS OTHERWISE STATED BELOW）

（1）MANUALLY SIGNED COMMERCIAL INVOICE IN QUADRUPLICAE SHOWING ORDER NO. XW4824 OF AUG 20/2010

(2) SPECIAL U. S. CUSTOMS INVOICE

(3) PACKING LIST

(4) CERTIFICATE OF ORIGIN

(5) BENEFICIARY'S STATEMENT CERTIFYING THAT ALL PRODUCTS ARE MANUFACTURED AS PER ORIGINAL SAMPLES IN REGARD TO QUALITY, SHAPE, COLOR AND SIZE

(6) INSURANCE POLIY IN DUPLICATE FOR 120 PERCENT OF INVOICE VALUE WITH CLAMS PAYABLE AT DESTINATION COVERING INSTITUTE CARGO CLAUSES B AND INSTITUTE WAR CLAUSES DATED1/1/1982

COVERING：

4 ITEMS OF SHOES WITH ITEM NO. LA－0923

AS PER CONTRACT NO. 98DS－332 CIF LOS ANGELES

SHIPMENT FROMCHINA TO LOS ANGELES PORT

LATEST SHIPMENT DATE：OTC 25/2010

PARTIAL SHIPMENT PROHIBITED

TRANSSHIPMENT PERMITTED

SHIPMENT PER MAERSK SEALAND ONLY. COSCO, CHINA SHIPPING, NOT ALLOWED

ALL BANKING CHARGES OTHER THAN OUR OWN/ISSUING BANK ARE FOR THE BENEFICIARY'S ACCOUNT

DRAFT(S)DRAWN UNDER THIS CREDIT MUST BE MARKED "DRAWN UNDER FAR EAST NATIONAL BANK LOS ANGELES CREDIT NO. FETF－109243"

DOCUMENTS MUST BE PRESENTED FOR NEGOTIATION WITHIN 15DAYS FROM ON BOARD DATE OF BILLS OF LADING BUT NOT LATER THAN NOV 10/2010 AT YOUR COUNER WHICH IS EXPIRATION DATE AND PLACE OF THIS CREDIT

END OF MSG.

2. 技能训练二

请根据成交条件审核信用证，指出并修改其存在的问题。

成交条件

商品：YONEX BRAND TENNIS RACKETS MODEL 1003

金额：USD 222768.00　CIF London

装运：2010年12月出运，不可分批，可转运

付款：即期信用证支付

保险：加两成，投保协会货物A险和战争险

信用证

TO：BANK OF CHINA SHANGHAI BRANCH

FROM：THE STANDARD CHARTERED BANK LONDON BRANCH

PIS TRANSMIT THIS MSG TO THE FOLLOWING BENEFICIARY

DATE：DEC.6，2010

IRREVOCABLE DOCUMENTARY CREDIT NO GBLC050057

BENEFICIARY: ANGEL TRADING COMPANY LIMITED, 77 GARDEN STREKI, SHANGHAI CHINA

APPLICANT: ORIENTAL INTERNATIONAL(UK)LTD.
60 CHESTNUT AVENUE BUCKHURST HILL ESSEX IG9 6EP
JERSEY 07024 UK

DATE AND PLACE OF EXPIRY: DEC. 31, 2010 IN CHINA

AMOUNT: USD 222768.00 (U.S. DOLLARS TWO HUNDRED AND TWENTY TWO THOUSAND SEVEN HUNDRED AND SEVENTY EIGHT ONLY CIF LONDON)

PARTIAL SHIPMENT: NOT ALLOWED

TRANSHIPMENT: NOT ALLOWED

SHIPMENT FROM SHANGHI TO LONDON

CREDIT AVAILABLE BY NEGOTIATION WITH THE ADVISING BANK AGAINST PRESENTATION OF THE DOCUMENTS DETAILED HEREIN (IN TRIPLICATE UNLESS OTHERWISE STIPULATED) AND YOUR DRAFT(S) AT 30 DAYS'SIGHT FOR 100 PERCENT INVOICE VALUE DRAWN ON ISSUING BANK

—SIGNED COMMERCIAI, INVOICE IN 4 COPIES INDICATING L/C NO AND CONTRACT NO

—CLEAN ON BOARD OCEAN BILLS OF LADING MADE OUT TO ORDER AND BLANK

ENDORSEDMARKED 'FREIGHT PREPAID' NOTIFYING APPLICANT

—INSURANCE POLICY OR CERTIFICATE IN DUPLICATE, ENDORSED IN BLANK, FOR 110 PERCENT OF THE INVOICE VALUE AGAINST INSTITUTE CARGO CLAUSES(A)AND WAR CLAUSES AS PER ICC DATED 1/1/1982 WITH CLAIMS TO BE PAYABLE IN UK IN THE CURRENCY OF DRAFT(S)

—CERTIFICATE OF ORIGIN ISSUED BY CHAMBER OF COMMERCE

—INSPECTION CERTIFICATE ISSUED BY THE APPLICANT OR HIS AGENT

—COPY OF BENEFICIARY'S TEL/FAX ADVICE TO BUYER AFTER SHIPMENT INDICATING B/L NO. CONTAINER NO, L/C NO, GOODS NAME, QUANTITY, GROSS WT, INVOICE VALUE, VESSEL'S NAME, SAILING DATE AND LOADING PORT

—PACKING LIST IN 2 COPIES SHOWING QUANTITY, GROSS WEIGHT, NET WEIGHT AND MEASUREMENT FOR EACH PACKAGE

—BENEFICIARY'S CERTIFICATE ACCOMPANIED WITH THE RELATIVE SPEED POST OR DHL SIGNED RECEIPT CERTIFYING THAT THE FOLLOWING DOCUMENTS HAVE BEEN SENT TO APPLICANT DIRECTLY WITHIN 3 DAYS AFTER SHIPMENT:

(1) ONE SIGNED ORIGINAL COMMERCIAL INVOICE

(2) ONE ORIGINAI ON BOARD BILL OF LADING

(3) ONE SIGNED ORIGINAL PACKING LIST

OTHER TERMS AND CONDITION:

—SHIPMENT TO BE EFFECTED BEFORE DEC. 15, 2010

——DOCUMENTS TO BE PRESENTED WITHIN 15 DAYS AFTER THE DATE OF ISSUANCE OF THE SHIPPING DOCUMENTS BUT WITHIN THE VALIDITY OF THE CREDIT

——WE HEREBY ENGAGE WITH THE DRAWERS, ENDORSERS AND BONA FIDE HOLDERS OF DRAFF(S) DRAWN UNDER AND IN ACCORDANCE WITH THE TERMS OF THIS CREDIT THAT

——THE SAME SHALL MEET WITH DUE HONOUR ON PRESENTATION OF THE DOCUMENTS AS SPECIFIED TO STANDARD CHARTERED BANK LONDON BRANCH

——ALL DOCUMENTS TO BE DESPATCHED TO ISSUING BANK IN ONE LOT BY DHL

——ALL BANKING CHARGES ARE FOR BENEFICIARY'S ACCOUNT

——THIS CREDIT IS SUBJECT TO UCP(1993 REVISION)ICC PUBLICATION NO 500

——THIS IS AN OPERATIVE INSTRUMENT NO MAIL CONFIRMATION TO FOLLOW. PLS ACKNOWLEDGE RECEIPT THIS TELEX UNDER ADVICE TO US

 知识链接 6-4

其他货款支付方式

1. 汇付

汇付(remittance)是付款人委托所在国银行，将款项以某种方式付给收款人的结算方式。在付款方式下，结算工具(委托通知或汇票)的传送方向与资金的流动方向相同，因此也称为顺汇。

汇付分为：电汇(D/D)、信汇(M/T)和票汇业务(D/D)。

三者的比较：票汇业务与信汇相同，卖方收到货款的时间都要晚一些，所以电汇最受卖方欢迎，电汇对卖方来说可较早收到货款，加速资金周转，增加利息收入，避免汇票变动的风险，是较为有利的，也是目前采用的主要汇付方式。

2. 托收

托收(collection)是出口人委托银行向进口人收款的一种支付方式。卖方发货后，将装运单据和汇票通过卖方的代理行送交进口商，进口商履行付款条件，银行才交付单证。由于托收项下，汇票的传递方向与资金的流向相反，所以称其为逆汇。

托收分为光票托收和跟单托收。而跟单托收里面又分为付款交单托收(D/P)和承兑交单托收(D/A)。后者相比存在较大的风险，因为收货方有可能在远期汇票到期时不付款。

项 目 小 结

本项目讨论了进出口贸易中的主要支付工具、结算方式、贸易融资的方法以及结算方式的选用和相关的支付条款的制定等问题。

结算方式的选择是多种多样的。汇付方式最为简单，成本最低，但对于出口商而言，这种支付方式会存在一定程度的收汇风险。托收的性质也是商业信用，无论在 D/P 还是 D/A 中，银行只是出口商的代理人，并不承担付款的责任。所以托收与汇付的性质相同，都是属于商业信用。

而信用证支付方式改变了信用的性质，由于开证行开出信用证后承担了付款的责任，所以出口商的货款就得到了开证行的银行信用保障。因此，就出口商而言，信用证支付方式是最为安全、可靠的结算方式。本项目重点讲解货款结算中的信用证，以实际操作的例子讲述了信用证的概念、当事人、特点以及在现今国际贸易中运用的操作流程。

课 后 习 题

1. 翻译题

(1) sight draft　　　　　　　　　　(2) applicant
(3) beneficiary　　　　　　　　　　(4) packing list
(5) commercial invoice　　　　　　　(6) payment by letter of credit
(7) payment by D/P at sight　　　　 (8) confirmed irrevocable L/C
(9) port of loading　　　　　　　　 (10) certificate of origin
(11) subject to UCP clause　　　　　(12) clean credit
(13) The buyers shall pay the total value to the sellers in advance by T/T before the end of Sep.

2. 简答题

(1) 简述信用证的操作流程。
(2) 汇票、本票与支票有哪些区别和联系？
(3) 阐述信用证各当事人之间的权利和义务关系。

3. 操作题

请将以下信用证条款翻译成中文，注意完整地写出条款中所包含的全部业务含义。

(1) If the credit is available by negotiation, each presentation must be noted on the reverse of this credit by the bank where the credit is available. A fee of USD 50.00 will be deducted from the reimbursement claim upon each presentation of discrepant documents and acceptance of such documents does not in any way alter the terms and conditions of this credit.

(2) Insurance Policy or Certificate in duplicate endorsed in blank for 110 percent of the invoice value covering Institute Cargo Clauses A, Institute War Clauses (Cargo), Institute Strikes Clauses (Cargo), with claims payable at Singapore.

4. 案例分析题

(1) 某出口企业收到国外开来的不可撤销即期议付信用证，正准备按信用证规定发运货物时，突然接到开证银行通知，声称开证申请人已经倒闭。对此，出口企业应如何处理？

(2) 一家公司销售货物，买卖合同按不可撤销即期信用证付款。收到的信用证规定受益人必须提交商业发票及经买方会签的商品检验证书。卖方收到信用证后，如期备妥货物并装运，而且安全到达目的地。但由于买方始终未在商品检验证书上签字，使卖方无法根据信用证收到货款，后经长期多方交涉，虽然最终追回了货款，但仍受到极大损失。试从自己的角度分析该案例。

(3) 我方一公司出口马耳他一批罐头，由于发生单证不符，中方更正发票后通知银行寄去，客户提出费用增加，要求我方将佣金由3%改为5%。请问我方是否可以拒绝？

项目七 出口货物运输与投保

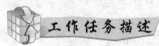 **学习目标**

通过对本项目的学习，学生应熟悉国际货物运输的主要方式和特点；掌握货运单据的性质和作用；掌握国际货物运输风险与保险的基本知识；能够在国际货物买卖合同中填制装运条款和保险条款，办理货物出口的装运手续和保险手续。

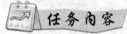 **工作任务描述**

小张成功与外商签约，收到对方开立的信用证，开始着手办理订舱和投保手续，国际货物运输与保险是国际贸易中比较重要而且复杂的环节，小张应该从哪里入手？

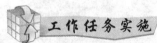 **任务内容**

（1）办理货物出口运输操作。
（2）办理货物出口投保操作。
（3）掌握货物装运条款和保险条款的填制。

工作任务实施

（1）结合合同信息和货物特点选择合适的船公司。
（2）填写订舱委托书。
（3）根据所给合同信息填写投保单和计算保险费用。

7.1 国际货物运输

国际贸易中常用的运输方式有海洋运输、与铁路运输与航空运输等（见表 7-1）。其中，海洋运输是最主要的运输方式，在国际货物运输总量中约占 80%，在我国进出口货物运输总量中占到 90% 左右。海洋运输方式具有运力强、运量大、运费低的优势，一艘万吨船舶的载重量，一般相当于 250~300 个车皮的载重量；正是由于海运量大，所以分摊于单位货物上的运输成本就少。但是，海洋运输也有一些缺点，如运输速度较慢，风险较大等。

表 7-1 国际货物运输方式种类

运输方式	分类
海洋运输（ocean transport）	班轮运输（liner transport）
	租船运输（charter transport）

续表

运输方式	分类
铁路运输(railway transport)	对香港特别行政区铁路运输
	国际铁路联运
航空运输(air transport)	班机运输(scheduled airline)
	包机运输(chartered carrier)
	集中托运(consolidation)
公路运输(road transport)	
内河运输(inland water transport)	
邮政运输(parcel post transport)	
管道运输(piping transport)	
多式联运(international multimodal transport)	

7.1.1 托运订舱流程

按业务方式分，承接货物海洋运输业务的公司主要有两类，船公司和货运代理公司（简称货代）。船公司拥有自己的远洋货轮，实力雄厚，操作比较正规但在服务的灵活性上较差，货代公司没有船，是货主与承运人之间的中间人、经纪人和运输组织者；货代数量众多，分布广泛，与外贸公司沟通便捷，是出口商进行货物托运的主要途径。

海运出口货物的运作程序因贸易条件的不同而不同。在FOB术语条件下，卖方无需办理租船订舱手续；在CFR和CIF术语条件下，卖方需要租船订舱。这里以CFR条件下班轮的装运程序为例，介绍委托货代进行出口货物海运的操作流程，如图7.1所示。

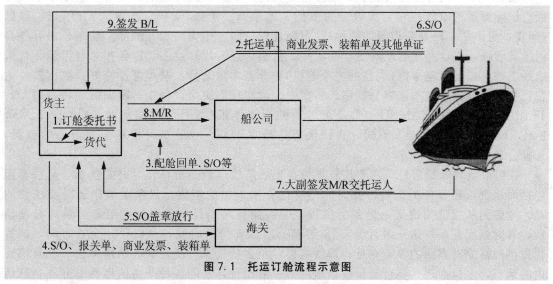

图7.1 托运订舱流程示意图

（1）确定目的港之后，出口商就货物的运输事宜向货代咨询运价以及船期安排等。

（2）货代回复进口运价咨询，出口商对不同货代提供的运价和船期进行比较，选定适当的承运人进行货物的运输。

(3)出口商填制订舱委托书,随附商业发票、装箱单等其他必要单据,委托货代代为订舱。

(4)货代接受订舱委托书后,缮制集装箱货物托运单,随同商业发票、装箱单等相关单据向船公司办理订舱。船公司接受订舱,把配舱回单、装货单(Shipping Order,S/O)等单据还给托运人。

(5)托运人持船公司签署装货单,填制出口货物报关单、商业发票、装箱单等连同其他有关的出口单证向海关办理货物出口报关手续。海关根据有关规定对出口货物进行查验,在装货单上盖放行章,并将装货单退还给托运人。

(6)托运人持海关盖章的由船公司签署的装货单要求船长装货。装货后,由船上的大副签署大副收据(Mate's Receipt,M/R),交给托运人。

(7)托运人持大副收据,向船公司换取正本已装船提单。船公司凭大副收据,签发正本提单并交给托运人凭以结汇。

7.1.2 选择货代

在FOB条件下,由客户安排运输,出口商届时与客户指定的货代联系即可。在CFR/CIF条件下,则与客户达成交易前,必须确定交货目的港。根据目的港,找到货代并向其询价。那么,如何找到合适的货代?

一方面,只要自己做外贸,在网上发布过外贸商业信息,嗅觉灵敏的货代公司很快就会找到自己并主动联系,很多外贸业务员都接到过这样的电话和传真。

另一方面,也可以到互联网上的各类外贸论坛或物流网站去寻访,那是货代员聚集交流的地方。去看看货代员的交流、评论,不但能增长国际货运知识,还能从中看出其各自的水平和风格,进而与其联系,了解情况酌情选择也是个好途径。

此外,在搜索引擎上以所在城市及主要出货港口,加上"海运"之类的词组进行搜索,也能找到很多货代公司的信息。

收集一些货代公司的信息后,如何从中选择?主要看优势航线、价格和服务水平三方面。国际海运的航线很多,大致分为欧洲、地中海、美加(美国、加拿大)、中东、印巴(印度、尼泊尔、巴基斯坦等的简称)、东南亚(日韩)、中南美和非洲等。船东公司有各自的主营航线,在这些主营航线上,船次多、价格优惠、代理点多、服务相对有保障。每条航线上的港口还有基本港(大型的主要港口)和非基本港之分。基本港设施好、航次多、运费价格便宜,而非基本港容易拥堵、航次少、运费反而更贵。例如,欧洲的鹿特丹(ROTTERDAM)、汉堡(HAMBUG)都是著名的欧洲基本港(行号简称欧基港,European Main Port,EMP)。合作的船东不同,货代优势航线也不同。业务员可根据公司需要的航线,选择合适的货代。

在听取货代介绍之后,需要比较货代自报的航线运价。价格比对时要注意,运费不但包括海运费,还有各类杂费,要问清楚货代所报价格的组成,以免误解。还需要注意的是,考虑到从报价到成交,再备货出货,中间尚有相当长一段时间,而海运费具有波动性,有时幅度甚至高达一两百美元/集装箱。所以询价的时候,可以预计交货时间,请货代提供价格变动方面的参考意见。即便这样,很多货代也只能较为准确地报出一个月幅度内的运费,出口商还是要自己留些余地的。一般而言,连同各种杂费的运费总开支,行话叫做"all in"价。

服务水平方面,初期主要在交谈中观察感受货代对国际运输和航线的专业知识了解程度,是否熟悉从订舱到报关出货的整个流程各个细节等。还可以在网上以这家货代名字为关键词进行搜索,侧面了解情况:是否做过登记,是否得到船东认可等。初步接触感觉良好的,可以尝试合作一些小单,以便进一步磨合了解。

确定货代和大致的出运期后,则可以向货代订舱。根据货物名称、数量、体积、重量、目的港等填写订舱单,或者直接发给货代。如果是整柜,货代会协调安排调柜、集装箱拖车和装柜时间;如果是拼柜,货代会提供"进仓单",通知出口商在约定的时限之前把货物送至指定仓库。这里要注意时限的要求,如预计9月10日开船,往往会提前2~3天也就是8日左右作为"截关期",即货物必须在截关期前完成报关事宜,否则无法放行装船。

拼柜货物或装箱交付给货代后,货代安排报关装船事宜。出运以后,货代出具提单(Bill of Loading,B/L)作为物权凭证和提货依据。出口商再把提单交给国外的客户,等货物运抵目的港码头后,客户凭提单去码头提货。这就是最基本的流程。

偶尔也会有特殊情形,提单因某些原因未能及时开具并送抵收货人手中,而出口商又同意客户(收货人)提货的话,可以授意货代以电报通知的形式许可客户无单提货。这种操作称为电放(telex release),不再开具提单,已经开具的也要收回。但这属于特例。

在FOB条件下,由国外客户订舱,并告知出口商承接该业务的货代联系方式,出口商据以办理运输,行话叫做"指定货代"。因为远洋运费是到目的港后由国外客户支付,所以叫做"运费到付"(freight collect)。在CFR/CIF条件下,由出口商自己订舱并支付费用,叫做"运费预付"(freight prepaid)。到付或预付会在提单上注明。因为远洋航运的运费是不断波动的,很多出口商为规避风险,选择做FOB,例如,宁波外经贸委在组织企业开拓国际市场的时候,以"FOB宁波"作为宣传口号。

7.1.3 计算运费

按照船舶经营方式的不同,海洋运输分为班轮运输和租船运输两种。租船运输(charter transport)又称不定期船运输,是指租船人向船东租赁船舶用于货物的运输。适合于粮食、矿砂、煤炭、石油、木材等大宗低价货物的运输。在租船运输业务中,船期、航线和停靠港口须按船租双方签订的租船合同来安排,运费或租金以及装卸费等均由双方临时议定。租船运输的方式主要有定程租船(voyage charter)、定期租船(time charter)和光船租船(bare boat charter)。

班轮运输(liner transport)又称定期船运输,是指运输船舶按照预定的航行时间表,在固定的航线上和固定的港口之间航行,并按照预先公布的费率收取运费的一种运输方式。班轮运费内包括了装卸费,班轮公司和托运人双方不计速遣费和滞期费。其计算公式为

班轮运费=基本运费+附加费

基本运费是从装运港到目的港所应收取的基本运输费用,是构成班轮运费的主要部分。基本运费按班轮运价表规定的计收标准计收。在班轮运价表中,运费计收标准按不同的商品种类通常有以下几种:

(1) 按货物的毛重,又称重量吨(weight ton)计收。在运价表内用"W"表示,以"公吨"(metric ton,M/T)为单位计算运费。适用于价值不高、体积较小、重量较大的货物。

(2) 按货物的体积或容积,又称尺码吨(measurement ton)计收。在运价表内用"M"表示,以"立方米"(cubic meter,缩写为M3)为单位计算运费。适用于价值不高、体积较大、重量较小的货物运输。重量吨和尺码吨统称为运费吨(fright ton)或计费吨。

(3) 按货物的毛重或体积计收。在运价表内用"W/M"表示,以其较高者计收运费。这种计算方法,在国际贸易业务中使用较多。

(4) 按商品的价格计收,即从价运费,在运价表上用"Ad. Val"或"A. V."字样表示,通常按货物的FOB货价的一定百分比收取运费。费率一般为FOB货价的5%以下。贵重物品或高价商品,如黄金、白银、精密仪器、手工艺品等大多按此计收。

(5) 按货物重量、体积或价值三者中选最高的一种计收运费。在运价表中以"W/M or Ad Val."表示。

(6) 按货物的重量或体积中较高的一种计收运费,然后再加收一定百分比的从价运费,在运价表上以"W/M Plus A. V."表示。

(7) 按一个20英尺或40英尺集装箱计收整箱运费。

(8) 按货物的件数计收,如汽车、火车按"辆"(per unit)计收运费,活牲畜如牛、羊等论"头"(per head)计收运费。

(9) 按议价计收(open rate),即运费由货主和船公司临时协商议定。适用于运量较大、货值较低、装卸容易、装卸速度快的大宗货物,如粮食、豆类、矿石、煤炭等农副产品和矿产品。议价货物的运费率一般均较低。

除了收取"基本运费"外,对一些需要特殊处理的货物,或者由于突然事件的发生或客观情况变化等原因,班轮公司往往还要加收种种附加费,附加费名目繁多,主要有超重附加费(heavy lift add)、超长附加费(long length add)、转船附加费(transshipment surcharge)、直航附加费(direct surcharge)、港口附加费(port add)、港口拥挤附加费(port congestion surcharge)、燃油附加费(bunker adjustment factor)、选港附加费(additional on optional discharging port)、绕航附加费(deviation surcharge)和货币贬值附加费(devaluation surcharge)等。

附加费的计算,有的是在基本运费的基础,加一定百分比;有的是按每运费吨加收一个绝对数计算。

班轮公司一般按照公布的班轮运价表向货主收取运费。不同的班轮公司有不同的班轮运价表。我国海洋班轮运输公司使用的是"等级运价表",即将承运的货物分成若干等级(一般分为20个等级),每一个等级的货物有一个基本费率。其中1级费率最低,20级费率最高。

班轮运费的计算方法:

(1) 先根据商品的英文名称在货物分级表中查出该商品所属等级及其计费标准。

货物分级表是班轮运价表的组成部分,有"货名"、"计算标准"和"等级"三个项目,见表7-2。

表7-2 货物分级表

货　　名	计算标准	等　级
农业机械(包括拖拉机)	W/M	9
棉布及棉织品	M	10
小五金及工具	W/M	10
玩具	M	20
……	……	……

如棉布及棉织品的货物等级为10级,计算标准为M。

(2) 根据商品的等级和计费标准,在航线费率中查出这一商品的基本费率,如表7-2中棉布及棉织品到东非港口的费率为443.00港元(见表7-3)。

表7-3　中国—东非航线等级费率表　　　　　　　　　　单位：港元

等级（class）	费率（rates）	等级（class）	费率（rates）
1	243.00	6	314.00
2	254.00	7	341.00
3	264.00	8	367.00
4	280.00	9	404.00
5	299.00	10	443.00

(3) 查出该商品本身所经航线和港口的有关附加费率。
(4) 商品的基本费率和附加费率之和即为该商品每一吨运费的单位运价。
以该商品的计费重量和体积乘以单位运价即得总运费金额。

应用案例 7.1

上海运往肯尼亚蒙巴萨港口"门锁"（小五金）一批计100箱。每箱体积为20厘米×530厘米×540厘米。每箱重量为25千克。当时燃油附加费为40%。蒙巴萨港口拥挤附加费为10%，试计算该货物的运费。
计算方法：
(1) 查阅货物分级表。门锁属于小五金类，其计收标准为W/M，等级为10级。
(2) 计算货物的体积和重量。
100箱的体积：(20厘米×530厘米×540厘米)5100箱＝2.4（立方米）
100箱的重量：255100箱＝2.5（公吨）
由于2.4立方米小于2.5公吨，所以计收标准为重量。
(3) 查阅"中国—东非航线等级费率表"，10级费率为443港元，则基本运费 44352.5＝1107.5（港元）
(4) 附加运费：1107.55(40%＋10%)＝553.75（港元）
(5) 上海运往肯尼亚蒙巴萨港100箱门锁，其应付运费为1107.50＋553.75＝1661.25（港元）

知识链接 7-1

世界主要航线见表7-4。

表7-4　世界主要航线

太平洋航线	远东—北美西海岸航线	该航线包括从中国、朝鲜、日本苏联远东海港到加拿大、美国、墨西哥等北美西海岸各港的贸易运输线。从中国沿海各港出发，偏南的经大隅海峡出东海；偏北的经对马海峡穿日本海后，或经清津海峡进入太平洋，或经宗谷海峡，穿过鄂霍茨克海进入北太平洋
	远东—加勒比、北美东海岸航线	该航线常经夏威夷群岛南北至巴拿马运河后到达。从中国北方沿海港口出发的船只多半经大隅海峡或经琉球庵美大岛出东海
	远东—南美西海岸航线	该航线从中国北方沿海各港出发的船只多经琉球庵美大岛。硫黄列岛、威克岛、夏威夷群岛之南的莱恩群岛穿越赤道进入南太平洋，至南美西海岸各港
	远东—东南亚航线	该航线是中国、朝鲜、日本货船去东南亚各港，以及经过马六甲海峡去印度大西洋沿岸各港的主要航线。东海、台湾海峡、巴士海峡、南海是该航线船只的必经之路，航线繁忙

续表

太平洋航线	远东—澳大利亚，新西兰航线	远东至澳大利亚东南海岸分两条航线。中国北方沿海港口到澳大利亚东海岸和新西兰港口的船只，须走琉球久米岛，加罗林群岛的雅浦岛进入所罗门海、珊瑚湖；中国与澳大利亚之间的集装箱船需在中国香港加载或转船后经南海、苏拉威西海、班达海、阿拉弗拉海、后经托雷斯海峡进入珊瑚海。中国、日本去澳大利亚西海岸航线去菲律宾的居民都洛海峡、望加锡海峡以及龙目海峡进入印度洋
	澳，新—北美东西海岸航线	该航线由澳、新至北美海岸多经苏瓦、火奴鲁鲁等太平洋上重要航站到达。至北美东海岸则取道社会群岛中的帕皮提，过巴拿马运河而至
大西洋航线	西北欧—北美东海岸航线	该航线是西欧、北美两个世界工业最发达地区之间的原燃料和产品交换的运输线，运输极为繁忙，船舶大多走偏北大圆航线。该航区冬季风浪大，并有浓雾、冰山，对航行安全有威胁
	西北欧，北美东海岸—加勒比航线	西北欧—加勒比航线多半出英吉利海峡后横渡北大西洋，同北美东海岸各港出发的船舶一起，一般都经莫纳，向风海峡进入加勒比海。除去加勒比海沿岸各港外，还可经巴拿马运河到达美洲太平洋岸港口
	西北欧，北美东海岸—地中海，苏伊士运河—亚太航线	西北欧，北美东害—地中海—苏伊士航线属世界最繁忙的航段，是北美，西北欧与亚太海湾地区间贸易往来的捷径。该航线一般途经亚速尔、马德拉群岛上的航站
	西北欧，地中海—南美东海岸航线	该航线一般经西非大西洋岛屿—加纳利，佛得角群岛上的航站
	西北欧，北美东海—好望角，远东航线	该航线一般是巨型油轮的油航线。佛得角群岛、加拿利群岛是过往船只停靠的主要航站
	南美东海—好望角—远东航线	这是一条以石油、矿石为主的运输线。该航线处在西风漂流海域，风浪较大。一般西航偏北行，东航偏南行
印度洋航线	波斯湾—好望—西欧，北美航线	该航线主要由超级油轮经营，是世界上最主要的海上石油运输线
	波斯湾—东南亚—日本航线	该航线东经马六甲海峡（20万吨载重吨以下船舶可行）或龙目海峡、望加锡海峡（20万载重吨以上超级油轮可行）至日本
	波斯湾—苏伊士运河—地中海—西欧，北美运输线	该航线目前可通行载重大成30万吨级的超级油轮
	除了以上三条油运线之外印度洋其他航线还有：远东—东南亚—东非航线；远东—东南亚，地中海—西北欧航线；远东—东南亚—好望角—西非，南美航线；澳新—地中海—西北欧航线；印度洋北部地区—欧洲航线	

目前经营中国国际集装箱海运班轮业务的著名航运公司主要有中远（COSCO）、中外运（SINOTRAN）、海陆（SEALAND）、日本邮船（NYK）、东方海外（OOCL）、马士基（MAERSK）、韩进海运（HANJIN）、铁行渣华（P&O NEDLLOYD）等。这些班轮公司利用各种媒体和渠道定期发布本公司船舶、船期及运价信息。提供定船期、定船舶、定航线、定挂靠港的集装箱班轮运输服务。同时，一些航运中介机构，如上海航运交易所等也定期发布各种航运信息，以供托运人在订舱时进行参考。托运人可根据具体需要向对应的船公司订舱。

7.1.4 填写订舱委托书

订舱委托书(见表7-5)关前向船方代理申请租船订舱的一张单据，是日后制作提单的主要背景材料。其填写方法如下所述。

托运人：本栏目填写托运人的全称、街名、城市、国家名称及联系电话等信息。托运人可以是货主、货主代理人或是货运代理人，但在采用信用证交易时，一般填写信用证上的受益人信息。

收货人：填写收货人的全称、街名、城市、国家名称及联系电话等内容。收货人抬头一般按照信用证中的规定进行填写；若信用证中没有规定，则可以填写记名或不记名抬头。

通知人：本栏填写通知人的全称、街名、城市、国家名称及联系电话等内容。

合同号、发票号和信用证号：填写相关交易的合同号码、发票号和信用证号。

运输方式：按实际填写如海运、陆运、空运等方式。

起运港：填写货物装运的港口名称，必要时加上港口所在的国家(地区)名称。若采用信用证交易，则必须严格按照信用证中的规定来填写。

目的港：填写货物到达的最终港口全称，必要时加上港口所在国家(地区)名称。

可否转运：本栏根据货物能否转船进行填写。若采用信用证交易，则必须严格按照信用证中的规定来填写。

可否分批：本栏根据货物能否分批装运填写。若采用信用证交易，则必须严格按照信用证中的规定来填写。

运费支付方式：本栏填写运费的支付情况。根据合同中所使用的贸易术语，以及信用证中的相关规定进行选择。预付一般是指由托运人在装运地进行支付，到付则由收货人在目的港进行支付。

正本提单：填写所需提单份数。

唛头：本栏填报的标记与唛码应当与实际货物外包装上正面唛头的全部内容完全一致，包括数字、字母和简单图形。

货名：本栏填写货物的名称。

包装件数：本栏填制装集装箱内货物的外包装件数。

总毛重：填写货物的实际毛重。

总体积：填写货物的实际体积。

表7-5 订舱委托书

		合同号	
托运人		发票号	
		信用证号	
		运输方式	
收货人		起运港	
		目的港	
		装运期	
通知人		可否转运	
		可否分批	
		运费支付方式	
		正本提单	

续表

唛头	货名	包装件数	总毛重	总体积
注意事项				
受托人		委托人		
电话	传真	电话		传真
联系人		联系人		

注意事项：填写承运人或货运代理人需注意的事项。

知识链接 7-2

海运货物的托运流程

(1) 填写托运单，办理托运并交货代（一式十二份）。
(2) 货代与船公司代理人联系办理租船订舱。
(3) 船公司代理人填制相应单据送船舶、港区，理货公司和海关。
(4) 船公司根据货物清单安排运输计划，并送港区。
(5) 港区根据运输计划安排进仓日期和仓号，并通知货代或出口企业。
(6) 货代或出口企业根据通知按时进指定仓库。
(7) 与此同时，货代或出口企业持完整单据报关，并在获得海关放行后，往理货公司交纳港杂费。
(8) 理货公司根据货船的到港时间和有关单据编制装船计划，并通知港区。
(9) 港区接到通知后，及时将货从港区运出，以备理货公司装船，同时制作实际装货清单并交船公司。
(10) 船公司收到相关单据后，在确认装船的情况下，由大副签发"场站收据"。
(11) 货代或托运人受到"场站收据"后，即可向船公司换取正本提单。
(12) 拿到正本提单后，托运人应及时向买方发出装船通知。

知识链接 7-3

海洋运输提单

海运提单（Bill of Lading，B/L）简称提单，是指由船长或船公司或其代理人接受货物或装船后签发给托运人，证明托运的货物已收到或已装载于船上的货物收据，并保证交付货物的凭证。

1. 已装船提单和备运提单

按货物是否装船分为已装船提单（on board B/L）和备运提单（received for shipment B/L）。已装船提单是指货物已经装船后，承运人向托运人签发的提单，表明货物已装上某船只。提单的签发日期视为装船日期。在买卖合同中一般都规定卖方须提供已装船提单。备运提单是指承运人在收到托运货物等待装船期间，向托运人签发的提单。在跟单信用证支付方式下，银行一般都不接受备运提单。备运提单如经承运人加注"已装船"字样，注明装船名称、装船日期并签字证明，也可变成"已装船提单"，而为银行所接受。

2. 清洁提单和不清洁提单

按提单有无不良批注分为清洁提单（clean B/L）和不清洁提单（unclean B/L）。清洁提单是指货物装船时表明状况良好，承运人未加任何有关货损或包装不良之类批注的提单；不清洁提单是指承运人在提单上加注货物外表状况不良或存在缺陷等批注的提单。在买卖合同和信用证中，一般都明确规定卖方提供的必须是已装船清洁提单。

项目七 出口货物运输与投保

3. 记名提单、不记名提单和指示提单

按提单的抬头人(收货人)分为记名提单(straight B/L)、不记名提单(bearer B/L)和指示提单(order B/L)。

1) 记名提单

记名提单是在收货人栏填写特定的收货人名称的提单。货物只能交给提单上指定的收货人,不能转让。有些国家规定这种提单可以不凭正本提单提货,此时提单就失去了物权凭证的作用。一般只有在运送贵重物品、援助物资和展览品等时,才予采用。

2) 不记名提单

不记名提单是指在提单收货人栏内不填写具体收货人的名称而留空,或者只写明"货交提单持有人"(to bearer)。不记名提单无须背书即可转让。谁持有提单,谁就可凭以提货,船方交货是凭单不凭人。由于这种提单风险较大,故国际上一般极少使用。

3) 指示提单

指示提单(order B/L)是指在提单的收货人栏内只填写"凭指定"(to order)或"凭某人指定"(to order of…)字样的一种提单。

指示提单主要有凭指定、凭托运人指定、凭开证银行指定和凭开证申请人指定等形式。指示提单要经过背书才能转让。背书的方法有两种:由背书人在提单背面签字盖章,但不注明被背书人的名称的,称空白背书;除背书人签字盖章以外,还列有被背书人的名称的,称记名背书。经背书后提单可继续转让给其他第三者。指示提单在国际贸易中使用最为普遍,在我国出口贸易中,大多是采用这种"凭指定"空白背书的提单,习惯上称为"空白抬头、空白背书"提单。

4. 直达提单、联运提单和转船提单

按运输方式分为直达提单(direct B/L)、联运提单(through B/L)和转船提单(transshipment B/L)三种。直达提单是指货物中途不再经过换船,从装运港直接运到目的港所签发的提单;联运提单是指货物必须经两段或两段以上运输才能运达目的港,而第一程为海运时所签发的提单。各承运人只对自己运输的一段负责,联运提单的签发人只对第一程运输负责;转船提单是指船舶不直接驶往目的港,而在中途其他港口换船再驶往目的港而签发的提单,在转船提单中一般载有"在××港转船"等字样。根据银行信用证业务的习惯,凡信用证内未明确规定禁止转船者,即视为可以转船。

5. 其他种类的提单

1) 预借提单

预借提单(advanced B/L)是指信用证规定的装运期或交单结汇期已到,货物尚未装船或尚未装船完毕时,承运人或其代理应托运人要求预先签发的已装船清洁提单,即托运人为了能及时办理结汇而从承运人处借用的已装船提单。承运人签发预借提单要承担极大风险,因为这种做法掩盖了提单签发时的真实情况。许多国家法律的规定和判例表明,一旦货物引起损坏,承运人不但要负责赔偿,而且还要丧失享受责任限制和援用免责条款的权利。

2) 倒签提单

倒签提单(anti-dated B/L)是指承运人或其代理在货物装船完毕后,应托运人的要求,签发的签发日期早于货物实际装运日期的提单。倒签提单往往是在信用证项下托运人错过了合同规定的装运期,为了交单相符,而要求承运人签署的。

预借提单和倒签提单的提单日期都不是真正的装船日期,一般都需要托运人提供担保函(letter of guarantee)才能取得,但是这种行为侵犯了收货人的权益,应尽量少用或不用。

3) 过期提单

过期提单(stale B/L)是指晚于货物到达目的港日期或错过交单期的提单。过期提单会影响买方及时提货、转售并可能造成其他损失。为了防止买方借口提单过期而拒付货款,银行一般都拒收过期提单。根据 UCP600 的规定,凡在装运日 21 天后提交的提单均属过期提单。

4) 舱面提单

舱面提单(on deck B/L)是指承运人对装于船舶甲板上的货物所签发给托运人的提单,承运人在这种提单上注明"装舱面"(on deck)字样。

在提单的背面，通常印有运输条款，是确定承托双方以及承运人、收货人和提单持有人之间的权利与义务的主要依据。国际上为统一提单背面条款内容，先后签署了三个有关提单的国际公约：①1924年签署的《关于统一提单的若干法律规则的国际公约》，简称《海牙规则》；②1968年签署的《布鲁塞尔议定书》，简称《维斯比规则》；③1978年签署的《联合国海上货物运输公约》，简称《汉堡规则》。

知识链接7-4

其他运输方式

1. 国际铁路货物联运

国际铁路货物联运是指经过两国或两国以上的铁路货物运输，只使用一份统一的国际联运票据，由一国铁路向另一国铁路移交货物时无须发货人和收货人参加。

关于国际货物联运的有两个国际协议，即《国际铁路货物运输公约》（简称《国际货约》）和《国际铁路货物联合运输协定》（简称《国际货协》）。《国际货约》由德国、奥地利、比利时、丹麦、西班牙、芬兰、法国、希腊、意大利、列支敦士登、卢森堡、挪威、荷兰、葡萄牙、英国、瑞典、土耳其、保加利亚、匈牙利、罗马尼亚、波兰、捷克、斯洛伐克等32个家参加。

《国际货协》由前苏联与东欧七国于1951年签订。1954年，中国、朝鲜、蒙古、越南也参加了这一协定。随着20世纪80年代东欧国家巨变，货协集团国家已经解体，但是国际货协的铁路联运业务并未终止。

由于国际铁路联运要在多个国家过境，环节手续繁杂，且各国铁路的收费标准不一，所以目前仍然存在不甚畅通的问题。

2. 航空运输

航空运输是一种现代化的运输方式，具有不受地面条件限制、运输速度很快、航行时间很短以及货物中途破损率小等优点，适用于急需物资、鲜活商品、精密部件、贵重物品等货物的运输。主要有班机运输、包机运输和集中托运三种方式。集中托运的运价一般比班机运输要便宜，在国际航空运输中使用比较普遍，是指航空货运公司把若干单独发运的货物组成一整批货物，用一份总运单（附每一货主的分运单）整批发运到预定目的地，由航空货运公司在当地的代理人收货、报关并分拨后交给实际收货人。

办理货物航空运输时，应填写航空运单（Airway Bill）。航空货运单是办理航空运输货物的依据，也是承运人收到货物后出立的货物收据，但是和铁路运单一样，航空运单不是物权凭证，不可转让。货物运抵目的地后，收货人凭承运人的到货通知及有关证明领取货物。

航空运价一般是按货物的毛重（千克）和体积（以6000立方厘米或336立方英寸折合1千克）相比，按就高不就低原则计收。

3. 集装箱运输

集装箱运输（Container Transport）是以集装箱作为运输单位运送货物的一种运输方式，适用于海洋运输、铁路运输及国际多式联运等。集装箱运输具有规格一致、使用机械化操作、简化货运手续、提高装卸效率、降低营运成本以及减少货损、货差的优势，目前已成为国际货物运输中普遍采用的一种重要的运输方式。

在国际货物运输中使用的集装箱主要有以下几种：

(1) 20英尺集装箱，是国际上计算集装箱的标准单位，简称TEU（Twenty Equivalent Unit），规格为8英尺×8英尺×20英尺，一般可装货物17.5吨或25立方米。

(2) 40英尺集装箱，规格为8英尺×8英尺×40英尺，一般可装货物25吨或55立方米。

(3) 40英尺高柜，高度为9英尺，长宽与40英尺集装箱一样。

值得注意的是，两个20英尺集装箱不等于一个40英尺集装箱，40英尺集装箱，尤其是40英尺高柜，多用于体积大而重量轻的货物。

集装箱货物根据装箱数量和方式可分为整箱货和拼箱货两种。

1) 整箱货

装货量达到每个集装箱容积之75%的或达到每个集装箱负荷量之95%的即为整箱货(Full Container Load, FCL)，由货主或货代在工厂或仓库装箱。货物装箱后加锁、铅封(Seal)并打上印记，直接运交集装箱堆场(Container Yard, CY)等待装运。货到目的港(地)后，收货人可直接从目的港(地)集装箱堆场提走。

2) 拼箱货

拼箱货(Less than Container Load, LCL)是指货量达不到一整箱标准，由货主或货代将货物送交集装箱货运站(Container Freight Station, CFS)，再由承运人或其代理人根据货物的性质、目的地进行分类整理，而后将不同发货人的运往同一目的地的货物拼在一个集装箱内再行发运。货到目的地(港)后，由承运人拆箱分拨给各收货人。

4. 大陆桥运输

大陆桥运输是指横贯大陆的铁路或公路，把大陆两侧的海上运输线联结起来的运输方式。大陆桥运输是集装箱运输开展以后的产物，一般都是以集装箱为媒介，相对于海洋运输，大陆桥运输具有运输时间短、运费低廉的优势。发展到现在已形成西伯利亚大陆桥、欧亚大陆桥和北美大陆桥三条大陆桥运输路线。

1) 西伯利亚大陆桥

西伯利亚大陆桥是利用俄罗斯西伯利亚铁路作为陆地桥梁，把太平洋远东地区与波罗的海和黑海沿岸以及西欧大西洋口岸连起来。从远东地区至欧洲，通过西伯利亚大陆桥有海—铁—海、海—铁—公路和海—铁—铁三种运送方式。

20世纪70年代初以后，西伯利亚大陆桥运输发展很快，是远东地区往返西欧的一条重要运输路线。日本是利用此条大陆桥的最大顾主。整个80年代，其利用此大陆桥运输的货物数量每年都在10万个集装箱以上。随着欧亚大陆桥的正式营运，这条大陆桥的地位正在下降。

2) 欧亚大陆桥

1992年，我国第二条亚欧大陆桥运输线正式通车。此条运输线东起我国连云港，西至荷兰鹿特丹，跨亚欧两大洲，连接太平洋和大西洋，经白俄罗斯、波兰、德国到荷兰，辐射20多个国家和地区，全长1.08万千米，在我国境内全长4134千米。

3) 北美大陆桥

北美的加拿大和美国都有一条横贯东西的铁路公路大陆桥，其线路基本相似，其中美国大陆桥的作用更为突出。美国的大陆桥运输由于东部港口拥挤等原因已处于停顿状态。

5. 国际多式联运

国际多式联运(International Combined Transport)是指按照国际多式联运合同，以至少两种不同的运输方式，由多式联运经营人将货物从一国境内接管货物的地点运输至另一国境内指定交付货物的地点。

根据《联合国国际货物多式联运公约》的解释，国际多式联运必须具备的条件如下：

(1) 必须有一份多式联运合同。

(2) 使用一份包括全程的多式联运单据。

(3) 必须是至少两种不同运输方式的连贯运输，如陆—海、空—海或陆—空等。

(4) 必须是国际货物运输。

(5) 由一个多式联运经营人对全程运输总负责。

(6) 必须是全程单一的运费费率。

7.1.5 装运条款

我国大部分货物通过海洋运输，因此在我国的对外贸易合同中，装运条款通常包括装运时间、装运港或发货地、目的港或目的地、是否允许分批或转运、装运通知等内容。

1. 装运时间

装运时间(Time of Shipment)又称装运期，是指卖方将货物装上运输工具或交给承运人的期限。装运期在实际业务中，通常有以下几种规定方法。

1）规定明确的装运期限

这种规定方法使用较为广泛，可以规定一个具体的最迟装运时间，如 Shipment at or before the end of May(在5月底或之前装运)、Shipment on or before Feb. 16th(在2月16日或之前装运)、Shipment not later than December 23rd(不迟于12月23号装船)。也可以规定一段时间，如5月份装运(shipment during May)、2011年2/3月份装运(Shipment during February/March 2011)、Shipment during first half of July(7月上半月装船)。

2）规定在收到信用证后若干天装运

例如，收到买方信用证后30天内装运(Shipment within 30 days after receipt of L/C)。为了防止买方迟开信用证，一般同时在装运条款中规定："买方必须不迟于×月×日将信用证开到卖方"(The relevant L/C must reach the seller not later than...)。

3）规定在收到汇款后若干天装运

如收到你方汇款后30天内装运(shipment within 30days after receipt of remittance.)。

4）笼统规定近期装运期

表达这类规定的词语有"立即装运"(Immediate shipment)、"尽速装运"(Shipment as soon as possible)、"即期装运"(Prompt shipment)等。这种规定国际贸易中没有统一解释，很容易引起贸易纠纷，因此应尽量避免使用。

2. 装运港和目的港

在国际贸易海洋运输中，装运港(port of shipment)和目的港(port of destination)关系着交货手续的进行、费用的支付和风险的转移，因此，必须对合同中的装运港和目的港作出明确的规定。

装运港一般由卖方提出，经买方同意后确定。为了保证货物方便销售以及船舶安全到达，目的港一般由买方提出并决定。

规定装卸港的方法主要有两种：①规定一个装运港和一个目的港。如装运港：宁波(Port of Shipment：Ningbo)；目的港：纽约(Port of Destination：New York)；"从青岛到大阪"(from Qingdao to Osaka)。②规定两个或两个以上的装运港或目的港，如"装运港：温州/宁波"(Port of Shipment：Wenzhou/Ningbo)；目的港：东京/横滨(Port of Destination：Tokyo/Yokohama)。

3. 分批装运和转运

1）分批装运

分批装运(Partial Shipment)是指一笔成交的货物分若干批次在不同航次、车次、班次装运。

根据UCP600的规定，使用同一运输工具并经由同一次航程运输的数套运输单据在同一次提交时，只要显示相同目的地，将不视为部分发运，即使运输单据上表明的发运日期不同(或)装货港、接管地或发运地点不同。如果交单由数套运输单据构成，其中最晚的一个发运日将被视为发运日；如果是使用不同的运输工具，即使是同一天出发、驶往同一目的地，也被视为分批装运。

另外，除非信用证有不同规定，一般允许分批装运。当买卖合同规定有分批装运条款时，出口方应当严格按照合同和信用证有关规定办理。根据 UCP600 规定："如信用证规定在指定的日期内分期支款及/或分批装运，其中任何一期未按期支款及（或）装运，除非信用证另有规定，信用证对该期和以后各期货物均告失效。"

应用案例 7.2

某公司对南非出口一批化工产品 2000 公吨，采用信用证支付方式。国外来证规定："禁止分批装运，允许转运"。该证并注明："按 UCP600 办理"。现已知，装期临近，已订妥一艘驶往南非的"黄石"号货轮，该船先停靠新港，后停靠青岛。但此时，该批化工产品在新港和青岛各有 1000 公吨尚未集中在一起。如你是这笔业务的经办人，最好选择哪种处理方法。为什么？

应选择新港、青岛各装 1000 公吨。根据 UCP600 规定，运输单据表面上注明是使用同一运输工具装运并经同一线路运输，即使运输单据上注明的装运日期或装运港不同，只要运输单据注明是同一目的地，将不视为分批装运。本案中，出口公司如在新港、青岛各装 1000 公吨于同一船（黄石号）、同一航次上，提单虽注明不同装运港和不同装运期限，则不视作分批装运。因此，这种做法应认为符合信用证的规定，银行理应付款。

2）转运

转运（transshipment）是指货物从装运港（地）到目的港（地）的运输过程当中，从一运输工具卸下，再装上另一运输工具的运输。当没有直达船或一时无合适的船舶运输，而需通过某中途港转运时，买卖双方可以在合同中商订"允许转船"（transshipment allowed）的条款。

由于货物中途转船时需要卸货、装货，容易导致货物损失，故买方一般不轻易接受允许货物转船的条款。不仅如此，买方有时还提出限制转船的条款。为了缩短货物运输时间、减少因转船所造成的货物破损风险和节省转船费用，各进出口公司成交时，应多争取直达运输，或争取与香港有直达船的港口成交，对需经多次转船的交易，要权衡利弊，不宜轻易成交。

3）合同中的分批、转运条款

Shipment during February, March and April, with partial shipments and transshipments allowed.（2 月、3 月、4 月装运，允许分批和转运。）

To be shipped in 3 equal monthly lots during February, March and April, transshipment is prohibited.（在 2 月、3 月、4 月分三批按月等量装运，禁止转运。）

Shipment on or before the end of June from Ningbo to London with transshipment at Hong Kong.（6 月底前装运，由宁波至伦敦，在香港转运。）

4）装运通知

装运通知（shipping advice, advice of shipment）是装运条款中不可缺的一项条款，合理规定装运通知的有利于明确买卖双方的责任，做好船货衔接工作。

对于以 FOB 条件成交的合同，卖方应在合同规定的装运期前 30～45 天，向买方发出货物备妥的通知，以便买方派船接货。买方接到通知后，应将确定的船名、到港受载日期通知卖方，以便卖方及时联系安排货物装船。

在卖方租船订舱的情况下，货物装船后，卖方应在规定的时间内将合同号，货物的品名、件数、重量、金额，船名、装船日期及预计到达日期（Estimated Time of Arrival, ETA）等项内容，电告买方，以便买方在目的港做好报关接货的准备，并及时办理进口报关等手续。特别是按 CFR 或 CPT 条件成交的合同，卖方交货后，应及时向买方发出装船通知，以便买方办理货物保险手续。

应用案例 7.3

我国某出口公司按 CFR 条件向日本出口红豆 250 吨，合同规定卸货港为日本口岸，发货物时，正好有一船驶往大阪，我公司打算租用该船，但在装运前，我方主动去电询问哪个口岸卸货时值货价下跌，日方故意让我方在日本东北部的一个小港卸货，我方坚持要在神户、大阪。双方争执不下，日方就此撤销合同。试问我方做法是否合适？日本商人是否违约？

不合适。合同中规定的卸货港为日本口岸，按照惯例，进口商在装运前应通知出口商，否则出口商可自行决定，可在日本的任何一个港口卸货；我方不必去电询问，这种做法不妥当；日方撤销合同没有正常理由，违约的原因是价格下跌，属正常商业风险，不能作为撤约的理由。

7.1.6 应用实例

以"1.1.2 应用实例"中的卖方唐朝公司和买方 F.F. 公司为例，在信用证落实后，唐朝公司着手办理 CFR 术语下的货物出口运输事宜。

唐朝公司首先根据客户提出的装运要求确定货代，登录中国国际海运网，根据装运港、目的港以及中国—北美航线，查找合适的货代公司，向货代询问价格。在综合考虑了各货代公司的航线运价、服务质量、海外网络等因素后，唐朝公司决定委托上海凯通代为订舱。

唐朝公司向上海凯通递交订舱委托书（见表 7-6），随附商业发票、装箱单等其他单据，委托货代代为订舱。

表 7-6 订舱委托书

托运人	NANJING TANG TEXTILE GARMENT CO., LTD. HUARONG MANSION RM2901 NO.85 GUANJIAQIAO, NANJING 210005, CHINA	合同号	F01LCB05127
		发票号	NT01FF004
		信用证号	63211020049
		运输方式	BY SEA
收货人	TO THE ORDER OF BNP PARIBAS(CANADA)	起运港	SHANGHAI
		目的港	MONTREAL
		装运期	2001-03-25
通知人	FASHION FORCE CO., LTD. P.O. BOX 8935 NEW TERMINAL, ALTA, VISTA OTTAWA, CANADA	可否转运	NO
		可否分批	YES
		运费支付方式	PREPAID
		正本提单	THREE
唛头	货名	包装件数	总毛重	总体积
FASHION FORCE F01LCB05127 CTN NO. MONTREAL MADE IN CHINA	LADIES COTTON BLAZER	201 CARTONS	3015.00 KGS	17.51CBM
注意事项	1. 请注意，自 1999 年 1 月 4 日起，所有从中国出发，使用天然未处理木材包装的货物将被加拿大禁止以避免亚洲光肩星天牛造成的威胁。 2. 提单应保证以下内容： 包括集装箱在内的货物不能含有任何未加工木质材料、填充、托盘支撑材料、板条箱或者其他未加工木质包装材料。			
受托人		委托人 NANJING TANG TEXTILE GARMENT CO., LTD.		
电话	传真	电话 0086-25-4715004	传真	0086-25-4711363
联系人		联系人	李××	

上海凯通接受唐朝公司的订舱委托书后,缮制集装箱货物托运单,随同商业发票、装箱单等相关单据向船公司办理订舱。船公司接受订舱,把配舱回单、装货单(Shipping Order,S/O)等单据还给托运人。货物离港前,上海凯通传真海运提单给唐朝公司确认。唐朝公司传真装船通知(见表7-7)给F.F.公司。

表7-7 装船通知

南京唐朝纺织服装有限公司
NANJING TANG TEXTILE GARMENT CO., LTD.
HUARONG MANSION RM2901 NO. 85 GUANJIAQIAO, NANJING CHINA
TEL: 0086-25-4715004   FAX: 0086-25-4711363
SHIPPING ADVICE

MAR. 20, 2001

DEAR SIR,
WE ARE PLEASED TO INFORM YOUR ESTEEMED COMPANY THAT THE FOLLOWING MENTIONED GOODS WILL BE SHIPPED OUT ON THE 20 MARCH, FULL DETAILS WERE SHOWN AS FOLLOWS:
INVOICE: NT001FF004
    BILL OF LADING NUMBER: COS6314203208
    OCEAN VESSEL: HUA CHANG V. 09981
    PORT OF LOADING: SHANGHAI PORT
    DATE OF SHIPMENT: MAR. 20, 2001
    PORT OF DESTINATION: MONTREAL
    ESTIMATED DATE OF ARRIVAL: APR. 25, 2001
    DESCRIPTION OF PACKAGES AND GOODS:
    SALES CONDITIONS: CIF MONTREAL/CANADA
    SALES CONTRACT NO. F01LCB05127
        LADIES COTTON BLAZER(100% COTTON, 40S×20/140×60)

MARKS	STYLE NO.	PO NO.	QTY/PCS	USD/PC
ASHION FORCE	46-301A	10337	2550	12.80

F01LCB05127
CTN NO.
MONTREAL
MADE INCHINA
CONTAINER/SEAL NUMBER: MSKU2612114/1681316
L/C NUMBER: 63211020049
    WE WILL FAX THE ORIGINAL BILL OF LADING TO YOUR COMPANY UPON RECEIPT OF IT FROM SHIPPING COMPANY.
BEST REGARDS

                              NANJING TANG TEXTILE GARMENT CO., LTD.
                                   (出口商签字和盖单据章)

唐朝公司将海运提单复印件、输加拿大纺织品出口许可证(正本)、商业发票、装箱单、加拿大海关发票、普惠制产地证用DHL寄给F.F.公司供其作进口清关用,同时将DHL回执留存准备缮制议付单据。

7.1.7 技能训练

1. 根据以下合同信息填写托运单据

2009年6月5日,奥城鞋业有限公司向西班牙 LINSA PUBLICIDAD, S.A. 出口一批女式皮鞋,合同信息见表7-8。

表7-8 销售合同

SALES CONTRACT	
The SELLER:AOCHENG SHOES CO., LTD. ADDRESS:NO.51 JINXIU ROAD, WENZHOU, CHINA TEL:0086-577-98767898 FAX:0086-577-98767825	NO.:YH10039 DATE:DEC.1,2010
THE BUYER:LINSA PUBLICIDAD, S.A ADDRESS:VALENCIA, 195 BAJOS.08011. BARCELONA, SPAIN TEL:0034-93-2689090 FAX:0034-93-2689045	SIGNED AT:QINGDAO, CHINA

Commodity & Specification	Quantity	Unit Price(USD)	Amount(USD)
WOMEN'S LEATHER SHOES BLACK	5000 PAIRS	65/PAIR	CFRBARCELONA 325000.00 325000.00
TOTAL:SAY US DOLLARS THREE HUNDRED AND TWENTY FIVE THOUSAND ONLY.			
PACKING:	10PAIRS/CTN		
SHIPPING MARK	L.P./BARCELONA/YH10039/NOS.1-500		
PORT OF LOADING & DESTINATION:	FROM SHANGHAI TO BARCELONA		
TIME OF SHIPMENT:	DURING JAN.2011 BY SEA		
PARTIAL SHIPMENT AND TRANSSHIPMENT	ALLOWED		
TERMS OF PAYMENT:	THE BUYER SHALL OPEN THOUGH A BANK ACCEPTABLE TO THE SELLER AN IRREVOCABLE SIGHT L/C AT SIGHT TO REACH THE SELLER 30 DAYS BEFORE THE MONTH OF SHIPMENT AND TO REMAIN VALID FOR NEGOTIATION IN CHINA UNTIL THE 15th DAY AFTER THE FORESAID TIME OF SHIPMENT.		
INSURANCE:	TO BE EFFECTED BY THE BUYER		
Confirmed by:	THE SELLER (signature)		THE BUYER (signature)

2. 根据以下资料制定合同中的装运条款

(1) 2010年3月、4月、5月分三批平均装运,允许转船。

(2) 9月份之前装运,由上海至汉堡,在香港转运。

3. 计算运费

某公司出口到澳大利亚悉尼港某商品100箱，每箱毛重30千克，体积0.035立方米，运费计算标准为W/M10级。查10级货直运悉尼港基本运费为200元人民币，加货币附加费35.8%，再加燃油附加费28%，港口拥挤费25%。求运费。

7.2 国际货物运输保险

国际货物运输保险是指投保人(Insured)向保险人(Insurer)支付保险费，保险人对货物运输途中可能发生的事故而造成的财产损失承担赔偿责任的契约行为。在国际贸易中，卖方需要将货物通过海运、空运或陆运等方式长途运往买方，在此过程中，货物不断被装卸、处理及存储，极有可能碰到各类风险而遭受损失。为了在货物遭受损失后能得到经济补偿，买卖双方需要在货物运输前向保险公司投保。保险的标的(Subject Matter Insured)就是被投保的进出口货物。

凡是按CIF或CIP价格术语成交的出口合同，卖方在发票制妥后(海运在船只配妥后)、货物出运前及时向保险公司办理投保手续，填制投保申请单。保险公司接受投保后，即签发保险单或保险凭证。

7.2.1 选择保险险别

在对外贸易运输中，绝大部分货运是通过海洋运输完成的，除此之外，陆上运输、航空运输和邮政包裹运输也是海洋运输的有益补充。由于现代的路上、航空、邮包等运输保险业务都是在海洋运输保险基础上发展起来的，所以在很多方面有相同或近似之处。下面以海洋运输保险为例进行说明。

货物在海上运输时，往往会发生海上风险(Perils of Sea)，海上风险又称为海险，是指海上航行中发生及海上与陆上、内河或驳船相连接的地方所发生的自然灾害或意外事故。自然灾害包括地震、雷电、火山爆发、海啸、洪水等。意外事故包括运输工具搁浅、触礁、沉没、碰撞、失火和爆炸等。

外来风险(Extraneous Risks)是指海上风险以外的其他意外的、偶然的、难以预防的外来因素所形成的风险，又可进一步分为一般外来风险和特殊外来风险。一般外来风险包括偷窃、雨淋、渗漏、串味、混杂、钩损、包装破裂等。特殊外来风险主要包括战争、罢工、进口国当局拒绝进口及没收等。

由海上风险和外来风险造成的损坏或灭失叫海上损失(Average)，简称海损，按损失程度可分为全部损失和部分损失两大类。全部损失(Total Loss)是指被保险货物在运输途中全部遭受损失，分为实际全损和推定全损。实际全损(Actual Total Loss)是指被保险货物完全灭失、完全变质或货物不可能归还被保险人。被保险货物遭到实际全损时，被保险人可按其投保金额获得保险公司全部损失的赔偿；推定全损(Constructive Total Loss)是指被保险货物受损后，认为实际全损已不可避免，或为避免发生实际全损所需支付的费用与继续将货物运抵目的地的费用之和超过保险价值。被保险货物遭到推定全损时，被保险人可要求保险公司按部分损失赔偿或按推定全损赔偿。如果按推定全损赔偿，被保险人必须首先委付保险标的。

部分损失(Partial Loss)又分为共同海损和单独海损。共同海损(General Average)是指船舶、货物或其他财产在海洋运输途中遇险，船长为了维护船舶和所有货物的共同安全或使船舶得以继续航行，有意识地采取合理的救难措施，所直接造成的特殊牺牲和支付的特殊费用。例如，船舶搁浅，船长为了挽救船舶和全船货物，不得不下令将船上货物抛入海中以减轻船重，使船舶起浮，转危为安，被抛入海中的货物便属于共同海损，损失和费用由船、货各方共同分摊；单独海损(Particular Average)是指且仅涉及船舶或货物所有人单方面利益的损失，并不涉及他方，这部分损失由各受损者单独负担。

此外，为营救被保险货物通常会产生的费用称为海上费用，主要包括施救费用和救助费用。施救费用(Sue and Labor Expenses)是指被保险货物遇到保险责任范围内的灾害事故时，被保险人或其代表、雇用人员和保险单受让人等为抢救货物，以防止其损失扩大所采取的措施而支出的费用，这部分费用应由保险公司支付；救助费用(Salvage Charges)是指被保险货物遇到保险责任范围内的灾害事故时，与保险人和被保险人没有任何合同关系的第三方采取有效的救助措施，在救助成功后，由保险公司付给救助人的一种报酬。但是注意一个原则："无效果无报酬"(no cure—no pay)。

根据《中国人民保险公司海洋运输货物保险条款》，海洋运输货物保险(Ocean Transportation Risks)保障的风险分为海上风险和外来风险两种。保险责任范围一般包括基本险和附加险两种。基本险又称为主险，可以单独投保，被保险人必须投保基本险，才能获得保险保障；附加险是基本险的扩展，不能单独投保，必须在投保主险的基础上投保，附加险承保的是外来风险引起的损失。附加险根据承保风险的不同，又可以分为一般附加险、特别附加险和特殊附加险。

1. 我国海运货物保险条款

我国进出口货物运输保险最常用的是中国人民财产保险股份有限公司制定的《中国保险条款》(China Insurance Clause, C.I.C.)，主要包括海运、陆运、空运、邮包运输等保险条款。对某些特殊的商品，还配有各种附加险条款。

1) 平安险

平安险(Free From Particular Average, FPA)也称部分损失不赔险，承保责任范围包括：被保险货物在运输途中由于恶劣天气、雷电、海啸等自然灾害造成整批货物的全部损失或推定全损；由于运输工具遭受搁浅、触礁、沉没、失火、爆炸等意外事故造成的全部或部分损失；在运输工具已经发生搁浅、触礁等意外事故的情况下，货物在此前此后又在海上遭受自然灾害所造成的部分损失；在装卸或转运时由于一件或整件货物落海造成的全部或部分损失；由于上述事故引起的共同海损的分摊，以及为挽救受险货物和防止或减少货损而支付的合理费用；运输契约订有"船舶互撞责任"条款，根据该条款规定应由货方偿还船方的损失。

2) 水渍险

水渍险(With Particular Average/With Average, W.P.A/W.A)与平安险的保险责任基本一致，除上述责任范围外，水渍险对由于海上自然灾害导致货物的部分损失也给予赔偿。

3) 一切险

一切险(All Risks, A.R)的承保责任范围是在水渍险的基础上，对货物在运输途中由于一切外来风险所导致的全损或部分损失给予补偿。

上述三种基本险别，被保险人根据需要可以从中任选一种。在CIF或CIP术语中，卖方习惯投保的基本险别一般是一切险。

项目七 出口货物运输与投保

应用案例 7.4

某远洋运输公司的"东风"号轮在4月28日满载货物起航,出公海后由于风浪过大偏离航线而触礁,船底划破长2米的裂缝,海水不断渗入。为了船货的共同安全,船长下令抛掉一部分货物并组织人员抢修裂缝。船只修复以后继续航行。不久,又遇船舱失火,船长下令灌水灭火。在火被扑灭后发现2000箱货物中一部分被火烧毁,一部分被水浸湿。在船抵达目的港后清点共有这些损失:①抛入海中的200箱货物;②组织抢修船只而外支付的人员工资;③被火烧毁的500箱货物;④船只部分船体被火烧毁;⑤被水浸湿的100箱货物。

(1)以上的损失各属什么性质的损失?说明原因。

(2)在投保什么险别的情况下,保险公司给予赔偿?为什么?(指CIC的最小险别)

分析:①、②、③、④属于单独海损,因为该损失是风险本身所导致的后果。⑤属于共同海损,因为以上损失是为了对抗危及船货各方;在投保平安险时,保险公司即予以赔偿,因为平安险承保共同海损以及意外事故导致的部分损失。

我国海运货物保险条款的附加险如下:

(1)一般附加险。一般附加险(General Addition Risks)用来赔偿一般外来风险所导致的损失(见表7-9)。

表7-9 一般附加险

一般附加险 (General Additional Risk)	偷窃提货不着险 TPND(Theft, Pilferage & Non-Delivery)
	淡水雨淋险 FWRD(Fresh Water &/or Rain Damage)
	渗漏险 LR(Risk of Leakage)
	短量险 SR(Risk of Shortage)
	钩损险 HDR(Risk of Hook Damage)
	碰损、破碎险 CBR(Risk of Clash and Breakage)
	包装破碎险 BPR(Risk of Breakage of Packing)
	受潮受热险 SHR(Risk of Sweating and Heating)
	串味险 OR(Risk of Odour)
	混杂、沾污险 ICR(Risk of Intermixture and Contamination)
	锈损险 RR(Risk of Rust)

(2)特殊附加险。特殊附加险(special additional risk)承保由于特殊外来原因造成的全部或部分损失以及货物出口中国香港(包括九龙在内)或中国澳门存仓火险责任扩展条款(见表7-10)。

表7-10 特殊附加险

特殊附加险 (Special Additional Risk)	战争险(war risk)
	罢工险(strike risk)
	交货不到险(Failure to Delivery Risk)
	进口关税险(Import Duty Risk)
	舱面险(On Deck Risk)
	拒收险(Rejection Risk)
	黄曲霉素险(Aflatoxin Risk)
	货物出口中国香港(包括九龙在内)或中国澳门存仓火险责任扩展条款(Fire Risk Extension Clause For Storage of Cargo at Destination Hong Kong, Including Kowloon or Macao)

2.伦敦保险业协会海运货物保险条款

在国际保险市场上,英国伦敦保险协会所制定的保险条款有着广泛而深远的影响。目前国际上许多国家或地区在国际货物运输保险业务中直接采用伦敦保险协会所制定的协会货物条款(Institute Cargo Clause，ICC)。

(1) 协会货物险条款(A)，Institute Cargo Clauses A 或 ICC(A)，类似于我国的一切险，但覆盖面比我国一切风险要大。

(2) 协会货物险条款(B)，Institute Cargo Clauses B 或 ICC(B)，类似于我国的水渍险。但覆盖面比我国水渍险要小。

(3) 协会货物险条款(C)，Institute Cargo Clauses C 或 ICC(C)，类似于我国的平安险。但覆盖面比我国平安险要小，仅对重大事故(Major Casualties)所致损失负责，对非重大意外事故和自然灾害所致损失均不负责。

(4) 协会货物战争险(Institute War Clauses—Cargo)、协会货物罢工险(Institute Strikes Clauses—Cargo)和恶意损害险条款(Malicious Damage Clauses)。

恶意损害险承保被保险人以外的其他人(如船长、船员等)的故意破坏行动所致被保险货物的灭失或损坏。但是，恶意损害如果出于政治动机的人为的行动，不属于恶意损害承保范围，应属罢工险的承保风险。恶意损害险的承保责任范围已被列入 ICC(A)的承保风险，因此，只有在投保 ICC(B)和 ICC(C)的情况下，才在需要时加保。

除恶意损害险外，其余五种险别都可以独立投保。

保险公司承担的保险责任是以投保的险别为依据的，投保人在选择保险险别时，应考虑以下几个方面：

(1) 货物的质量与特性。例如，像陶器等易损易碎的货物、棉布匹或易腐食品等货物的投保责任范围要大于钢梁和锡锭等不宜受损的货物。

(2) 运输方式及航线。不同的运输方式运输的货物要投保不同类别的险种。另外，不同的航线也会影响货物，如货物在通过赤道地区时容易受热。

(3) 国际政治经济局势的变化。有时国际政治经济局势会直接威胁到货物安全。例如，为了减少战争的损失，出口商应当加保战争险。

协会货物条款中各险别的承保责任起讫均采用仓至仓条款。

知识链接 7-5

海运保险的承保责任起讫

1. 基本险的责任起讫

基本险的责任起讫期限采用国际保险业惯用的仓至仓条款(Warehouse to Warehouse Clause，W/W Clause)，即保险责任自被保险货物运离保险单所载明的起运地仓库或储存处所开始运输时生效，包括正常运输过程中的海上、陆上、内河和驳船运输在内，直至该货物运抵保险单所载明的目的地收货人的最后仓库或储存处所或被保险人用作分配、分派或非正常运输的其他储存处所为止。如未抵达上述仓库或储存处所，则以被保险货物在最后卸载港全部卸离海轮后满 60 天为止。如在上述 60 天内被保险货物需转运至非保险单所载明的目的地时，则以该项货物开始转运时终止。

基本险的索赔时效是自被保险货物在最后卸载港全部卸离海轮后起算，最多不超过 2 年。

2. 战争险的责任起讫期限

战争险的保险责任起讫为货物自保险单所载明的装运港装上海轮或驳船时开始，直至保险单所载明的目的港卸离海轮或驳船为止。如果货物不卸离海轮或驳船，则保险责任最长延至货物到达目的港之日午夜起算 15 天止；如在中途港转船，则不论货物在当地卸载与否，保险责任以海轮到达该港或卸货地点的当日午夜起算满 15 天为止，待再装上续运的海轮时，保险公司仍继续负责。

3. 除外责任

1) 基本险的除外责任

基本险的除外责任包括：被保险人的故意行为或过失所造成的损失；属于发货人责任所引起的损失；在保

险责任开始前,被保险货物已存在的品质不良或数量短差所造成的损失;被保险货物的自然消耗(本质缺陷特性以及市价跌落、运输延迟所引起的损失或费用;由于战争、工人罢工或运输延迟所造成的损失。

2) 特殊附加险的除外责任

战争险对下列原因造成的损失不负责赔偿:由于敌对行为使用原子或热核武器造成被保险货物的损失和费用;由于执政者、当权者或其他武装集团的扣押、拘留引起的承保航程的丧失或挫折所致的损失。

应用案例 7.5

新加 A 公司与中国 C 公司订立 CIF(上海)合同,销售白糖 500 吨,由 A 公司保一切险。2000 年 7 月 21 日,货到上海港,C 公司检验出 10%的脏包,遂申请上海海事法院扣留承运人的船舶并要求追究其签发不清洁提单的责任。当日货物被卸下,港口管理部门将货物存放在其所属的仓库中,C 公司开始委托他人办理报关和提货的手续,7 月 24 日晚,港口遭遇特大海潮,共计 200 吨白糖受到浸泡,全部损失。C 公司向保险公司办理理赔手续时被保险公司拒绝,理由是 C 公司已将提单转让,且港口仓库就是 C 公司在目的港的最后仓库,故保险责任已终止。保险公司的保险责任是否在货物进入港口仓库或 C 公司委托他人提货时终止?

分析:根据 CIC 保险条款,一切险的保险责任起讫条款是"仓至仓",因此,保险公司的责任在货物运抵保单载明的收货人的仓库时终止。

7.2.2　确定保险金额和计算保险费

保险金额(Insurance Amount)也称投保金额,是保险人赔偿的最高金额,也是计算保险费的基础。保险金额通常由投保人向保险公司申报。

1) 出口保险金额的确定

就原则而言,保险金额应是保险货物的实际价值。但是,在国际贸易实务中,精确的计算货物的实际价值是很困难的。因此,保险金额通常是以 CIF 发票金额为基础决定的。但是如果仅以 CIF 发票金额作为货物保险金额的话,货物一旦遭受风险和损失,被保险人并不能获得在贸易过程中支付的经营费用以及预期利润等。考虑到这些问题,各个国家的保险条款以及国际贸易的实务操作都规定保险金额是以 CIF 价为基础加上 CIF 价一个固定的百分比。

在 CIF 或 CIP 术语下,保险金额计算公式为

$$发票金额 = 货物的成本 + 运费总额 + 保险金额$$

发票金额的固定百分比,一般是 CIF 价的 10%。如国外客户要求提高加成率,也可接受,但由此增加的额外保险费原则上应由买方承担。

如以 CIF 或 CIP 术语成交,保险金额的计算公式为

$$保险金额 = CIF/CIP 价 \times (1 + 投保加成率)$$

2) 保险费的计算

保险费(Premium)是保险公司向被保险人收取的费用,是保险人经营业务的基本收入。保险费率(Premium Rate)是计算保险费的依据,一般由保险公司规定或由保险双方商定。保险费的计算公式为

$$出口保险费 = 保险金额 \times 保险费率 = CIF/CIP 价 \times (1 + 投保加成率) \times 保险费率$$

应用案例 7.6

中诚外贸有限公司向美国 KIRSLEY 公司出口一批男式皮靴,货物 CIF 总金额为 USD 30000,投保一切险(保险费率为 0.6%)及战争险(保险费率为 0.03%),保险金额按 CIF 总金额加 10%,求投保人应付的保险费用。

解:CIF 价 $\times$ (1+投保加成率) $\times$ 保险费率=USD 30000 $\times$ (1+10%) $\times$ (0.6%+0.03%)=USD 207.9

7.2.3 填制投保单并交付保险费

海洋运输货物保险的保险责任起讫主要是仓至仓条款,因此出口采用 CIF 或 CIP 条件成交时应当在货物装船之前投保。采用 FOB、FCA、CFR、CPT 或 CIP 条件成交时保险由买方办理,因此卖方应在货物装船之前向买方发出装船通知。

出口方在向保险公司办理投保手续时,应填制投保单(见表 7-11),具体列明被保险人名称、被保险货物的品名、数量、包装及标志、保险金额、运输工具名称、投保险别等,送交保险公司投保,并交付保险费。

表 7-11 出口货物运输保险投保单

PICC	中国人民保险公司南京市分公司 The People's Insurance Company of China Nanjing Branch 地址:中国南京太平南路 393 号 邮编(POST CODE):210002 电话(TEL):(025)4502244 传真(FAX):(025)4502244		
出口货物运输保险投保单			
发票号码		投保条款和险别	
被保险人	客户抬头	( )PICC CLAUSE	
		( )ICC CLAUSE	
	过户	( )ALL RISKS	
		( )W.P.A./W.A.	
		( )F.P.A.	
保险金额	USD	( )	( )WAR RISKS
	HKD	( )	( )S.R.C.C.
	( )		( )STRIKE
启运港	( )		( )ICC CLAUSE A
	( )		( )ICC CLAUSE B
	( )	( )	( )ICC CLAUSE C
			( )AIR TPT ALL RISKS
			( )AIR TPT RISKS
目的港		( )O/L TPT ALL RISKS	
转内陆		( )O/L TPT RISKS	
开航日期		( )TRANSHIPMENT RISKS	
船名航次		( )W TO W	
赔款地点		( )T.P.N.D.	
赔付币别		( )F.R.E.C.	
正本份数		( )R.F.W.D.	
其他特别条款		( )RISKS OF BREAKAGE	
		( )I.O.P.	
以下由保险公司填写			
保单号码		费率	
签单日期		保费	
投保日期:		投保人签章:	
被保险人确认本保险合同条款和内容已经完全了解			

投保单的填写方法如下所述。

发票号码：填写此批货物的发票号码。

被保险人：即投保人或称"抬头"，这一栏填出口公司的名称。实务上，有些出口公司会填写"见发票"字样。

保险金额：保险金额＝CIF(CIP)货价×(1＋保险加成率)，在进出口贸易中，根据有关的国际贸易惯例，保险加成率通常为10%，当然，出口人也可以根据进口人的要求与保险公司约定不同的保险加成率。

投保条款和险别：投保条款包括PICC CLAUSE 中国人民保险公司保险条款、ICC CLAUSE 伦敦协会货物险条款。在对应的(　)中打"√"。

启运港和目的港：按提单填写。

赔款地点：按照信用证规定制定；如来证未规定，则应打目的港；如信用证规定不止一个目的港或赔付地，则应全部照打。

赔付币别：按合同规定的赔付币别填写。

其他特别条款：有特殊条款可在此说明。

7.2.4 取得保险单据

投保人交付保险费后，取得保险单据。保险单据是保险人与被保险人之间订立保险合同的证明文件。保险单是权利的凭证，可以通过背书进行转让。保险单据的签发日期不得迟于运输单据的签发日期。

在进出口业务中，常用的保险单据主要有保险单、保险凭证和预约保单。

保险单(Insurance Policy)俗称大保单，是使用最广的一种保险单据。保险单对双方当事人都有法律约束力，目前我国国内的保险公司大都出具保险单作为出口保险凭证。

保险凭证(Insurance Certificate)俗称小保单，是一种简化的保险单据。保险凭证与保险单具有同等法律效力，实际业务已很少采用。

预约保单(Open Policy)又称预约保险合同，是被保险人(一般为进口人)与保险人之间订立的总合同，是在经常有相同类型货物需要分批装运时所采用的一种保险单。预约保险单适用于我国进口货物的保险，凡属预约保单规定范围内的进口货物，一经起运，我国保险公司即自动按预约保单所订立的条件承保。

7.2.5 买卖合同中的保险条款

(1) Insurance to be effected by the buyer. 由卖方负责投保。

(2) Insurance to be effected by the seller on behalf of the buyer for 110% of the invoice value against FPA(WPA, or All risks); Premium to be for the buyer's account. 由卖方代表买方按发票金额110%投保平安险(水渍险或一切险)；保险费用由买方承担。

(3) Insurance to be effected by the seller for 110% of the invoice value against FPA (WPA or All risks) and war risk as per Ocean Marine Cargo Clauses of the People's Insurance Company of China. 由卖方按发票金额110%投保平安险(水渍险或一切险)和战争险，按照中国人民保险公司海运货物条款负责。

7.2.6 应用实例

以"1.1.2 应用实例"中的卖方唐朝公司和买方F.F.公司为例，在CIF贸易术语下交易应由卖方投保，因此，唐朝公司向中国人民保险公司投保，填写投保单。

唐朝公司填写好投保单之后，向中国人民保险公司提出投保申请。2001年3月16日，保险公司接受投保，并出具如下保险单（见表7-12）。

表7-12 出口货物运输保险投保单

PICC	中国人民保险公司南京市分公司 The People's Insurance Company of China Nanjing Branch 地址：中国南京太平南路393号 邮编(POST CODE)：210002 电话(TEL)：(025)4502244 传真(FAX)：(025)4502244		
出口货物运输保险投保单			
发票号码	NTOO IFF004		投保条款和险别
被保险人	客户抬头		(✓)PICC CLAUSE
	FASHION FORCE CO., LTD.		( )ICC CLAUSE
	过户		(✓)ALL RISKS
			( )W.P.A./W.A.
			( )F.P.A.
保险金额	USD	(3590.40)	(✓)WAR RISKS
	HKD	( )	( )S.R.C.C.
	( )	( )	(✓)STRIKE
			( )ICC CLAUSE A
启运港	(✓)	SHANGHAI	( )ICC CLAUSE B
	( )	NANJING	( )ICC CLAUSE C
	( )	( )	( )AIR TPT ALL RISKS
			( )AIR TPT RISKS
目的港	MONTREAL		( )O/L TPT ALL RISKS
转内陆			( )O/L TPT RISKS
开航日期			( )TRANSHIPMENT RISKS
船名航次			( )W TO W
赔款地点	CANADA		( )T.P.N.D.
赔付币别			( )F.R.E.C.
正本份数			( )R.F.W.D.
			( )RISKS OF BREAKAGE
			( )I.O.P.
其他特别条款	COVERING INSTITUTE CIVIL COMMOTIONS CLAUSES.		
以下由保险公司填写			
保单号码		费率	
签单日期		保费	
投保日期：		投保人签章：	
被保险人确认本保险合同条款和内容已经完全了解			

7.2.7 技能训练

根据以下资料制定合同中的装运条款。

(1) 由买方负责投保。

(2) 由卖方按发票金额110%投保海运险，按照1982年1月1日伦敦保险业协会货物(A)条款负责。

项目小结

国际贸易中常用的运输方式有海洋运输、铁路运输、航空运输等，在托运货物时，应结合交易的具体情况选择合适的运输方式。海运主要通过班轮运输和租船运输方式。海运提单是物权凭证。合同装运条款包括装运时间、装运港和目的港、分批装运和转船等条款。

在国际贸易中，货运保险是交易重要的组成部分，中国人民保险公司的海洋货物保险条款中规定的承保险别主要有基本险和附加险。另外，对与采用伦敦协会货物条款进行投保，我国出口企业和保险公司可予接受。合同的保险条款主要包括投保人、保险公司、保险险别、保险费率及保险金额等事项。

课后习题

1. 单项选择题

(1) 小件急需品和贵重货物，其有利的运输方式是(　　)。
A. 海洋运输　　　　B. 邮包运输　　　　C. 航空运输　　　　D. 公路运输
(2) 在进出口业务中，经过背书能够转让的单据有(　　)。
A. 铁路运单　　　　B. 海运提单　　　　C. 航空运单　　　　D. 邮包收据
(3) 承运人收到托运货物，但尚未装船时向托运人签发的提单是(　　)。
A. 已装船提单　　　B. 指示提单　　　　C. 备运提单　　　　D. 舱面提单
(4) 在班轮运价表中用字母"M"表示的计收标准为(　　)。
A. 按货物毛重计收　　　　　　　　　B. 按货物体积计收
C. 按商品价格计收　　　　　　　　　D. 按货物件数计收
(5) 按提单收货人抬头分类，在国际贸易中被广泛使用的提单有(　　)。
A. 记名提单　　　　B. 不记名提单　　　C. 指示提单　　　　D. 班轮提单
(6) 在国际买卖合同中，使用较普遍的装运期规定办法是(　　)。
A. 明确规定具体的装运时间
B. 规定收到信用证后若干天装运
C. 收到信汇、电汇或票汇后若干天装运
D. 笼统规定近期装运
(7) 我方出口稻谷一批，因保险事故被海水浸泡多时而丧失其原有用途，货到目的港后只能低价出售，这种损失属于(　　)。
A. 单独损失　　　　B. 共同损失　　　　C. 实际全损　　　　D. 推定全损
(8) 一批出口货物投保了水渍险，在运输过程中由于雨淋致使货物遭受部分损失，这样的损失保险公司将(　　)。
A. 负责赔偿整批货物
B. 负责赔偿被雨淋湿的部分
C. 不给予赔偿

D. 在被保险人同意的情况下，可以单独投保

（9）我方按 CIF 条件成交出口一批罐头食品，卖方投保时，按下列（ ）投保是正确的。

A. 平安险＋水渍险　　　　　　　　　B. 一切险＋偷窃、提货不着险

C. 水渍险＋偷窃、提货不着险　　　　D. 平安险＋一切险

（10）按国际保险市场惯例，投保金额通常在 CIF 总值的基础上（ ）。

A. 加一成　　　B. 加二成　　　C. 加三成　　　D. 加四成

2. 多项选择题

（1）对分批装运的正确性叙述有（ ）。

A. 一笔成交的货物分若干批次装运

B. 4 月份装 200 箱，隔过 5 月、6 月、7 月再各装 200 箱

C. 一笔货物一次性装完

D. 交易双方在合同中应订明是否允许分批装运

E. 一笔成交的货物，在不同时间和地点分别装在同一航次、同一条船上

（2）买方一般不愿接受的提单有（ ）。

A. 已装船提单　　B. 备货提单　　C. 清洁提单

D. 不清洁提单　　E. 指示提单

（3）按照提单收货人抬头分类，提单有（ ）。

A. 清洁提单　　B. 不清洁提单　　C. 记名提单

D. 不记名提单　　E. 指示提单

（4）按提单有无不良批注，可分为（ ）。

A. 清洁提单　　B. 不清洁提单　　C. 记名提单

D. 不记名提单　　E. 指示提单

（5）国际多式联运有利于（ ）。

A. 简化货运手续　　B. 降低运输成本　　C. 加快货运速度

D. 节省运杂费用　　E. 节省保险费

（6）为了统一提单背面条款的内容，国际上先后签署的国际公约为（ ）。

A. 海牙规则　　　　　　　　　B. 维斯比规则

C. 汉堡规则　　　　　　　　　D. 国际商会 500 号出版物

E. 国际货约

（7）主险包括（ ）。

A. 平安险　　　　　　　　　　B. 水渍险

C. 一切险　　　　　　　　　　D. 一般附加险

E. 特殊附加险

（8）在海运保险业务中，构成共同海损的条件是（ ）。

A. 共同海损的危险必须是实际存在的

B. 消除船货共同危险而采取的措施是有意合理的

C. 必须属于非常性质的损失

D. 费用支出是额外的

E. 必须是承保风险直接导致的船、货损失

(9) 根据我国现行《海洋货物运输保险条款》的规定能够独立投保的险别有（　　）。
A. 平安险　　　　B. 水渍险　　　　C. 一切险
D. 战争险　　　　E. 罢工险

(10) 根据英国伦敦保险协会制定的"协会货物条款"规定，I.C.C.(A)险的除外责任包括（　　）。
A. 一般除外责任　　　　　　　　B. 不适航、不适货外责任
C. 战争除外责任　　　　　　　　D. 罢工除外责任
E. 自然灾害除外责任

3. 计算题

(1) 某公司出口货物 3000 件，对外报价为 4 美元/件 CFR 纽约。客户来证要求我方装船前按 CIF 总值代为办理投保手续。查得该货的保险费率为 0.8%，试计算我对该货投保时的投保金额和应缴纳的保险费是多少？

(2) 某公司对外报某商品每吨 10000 美元 CIF 纽约，现外商要求将价格改报为 CFR 纽约，问我方应从原报价格中减去的保险费是多少？（设该商品投保一切险，保险费率为 1%）

4. 操作题

(1) 请根据以下资料填制一份装运条款。
2011 年 8 月 1 日以前交货，装运港上海，目的港大阪。不允许分批和转运。
(2) 请根据以下资料填制一份装运条款。
按发票金额的 110% 投保一切险，按照 1981 年 1 月 1 日中国人民保险公司条款。

5. 案例分析题

(1) 我某出口企业收到的一份信用证规定："装运自重庆运至汉堡。多式运输单据可接受。禁止转运"。受益人经审核认为信用证内容与买卖合同相符，遂按照信用证规定委托重庆外运公司如期在重庆装上火车经上海改装轮船运至汉堡。由重庆外运公司于装车当日签发多式运输单据。议付行审单认可后即将单据寄开证行索偿。开证行提出单证不符，拒绝付款。理由：①运输单据上表示的船名有"预期"字样，但无实际装船日期和船名的批注；②信用证规定禁止转运，而单据却表示"将转运"。试对此进行评析。

(2) 我外贸公司 A 与欧洲 B 商订立供应某商品 500 公吨出口合同，规定 1 月至 4 月由中国港口装上海轮运往欧洲某港，允许卖方交货数量可增减 5%。B 商按时开来信用证的装运条款为 1 月 100 吨、2 月 150 吨、3 月 150 吨、4 月 100 吨，每月内不得分批。A 公司审核信用证之后认为可以接受，遂于 1 月、2 月分别按照信用证规定如期如数发货并顺利结汇。后由于货源不足，经协商得船公司同意，于 3 月 10 日先在青岛将 70 公吨货装上 C 轮，待该轮续航烟台时，于 3 月 18 日在烟台再装 75 公吨。A 公司议付时，提交了分别于青岛和烟台装运的共计 145 公吨的两套提单。当议付行将单据寄交开证行时遭拒付。理由：①3 月应装 150 吨，实际装 145 公吨；②分别在青岛、大连装运，与信用证禁止分批不符。试分析开证行拒付理由是否成立？

(3) 我方公司向新加坡某商出口某农副产品一批共 20000 公吨。国外开来的信用证规定："Time of Shipment：during Apr./May, 2004, Partial shipment is not allowed; Port of Shipment：Guangzhou/Zhanjiang; Port of Destination：Singapore"。我公司在 4 月 28 日和

5月2日分别在广州和湛江港各装10000公吨货物于第169航次的海丰号轮,目的港为新加坡。根据国际惯例,我方的做法违反信用证规定吗?为什么?

(4) H进出口公司向泰国巴伐利亚有限公司出口一批电器电料,国外开来信用证有关条款规定:"电器电料100箱,从中国港口至曼谷。禁止分批装运和转运"。全套清洁已装船提单,注明"运费已付",发货人抬头背书K.T.银行,通知买方。H公司审证无误后即装集装箱运输,随后备妥各种单据向银行交单,要求付款。但却遭到开证行拒付。其理由是我方提交的是"联合运输单据",不符合信用证不许转运的要求。

(5) 某轮载货后,在航行途中不慎发生搁浅,事后反复开倒车,强行起浮,但船上轮机受损并且船底划破,致使海水渗入货舱,造成货物部分损失。该船行驶至邻近的一个港口船坞修理,暂时卸下大部分货物,前后花费了10天时间,增加支出各项费用,包括员工工资。当船修复后装上原货启航后不久,A舱起火,船长下令对该舱灌水灭火。A舱原载文具用品、茶叶等,灭火后发现文具用品一部分被焚毁,另一部分文具用品和全部茶叶被水浸湿。试分别说明以上各项损失的性质,并指出在投保CIC(1981.1.1条款)何种险别的情况下,保险公司才负责赔偿?

项目八　出口报关与报检

学习目标

通过对本项目的学习，学生应掌握出口报检的相关流程以及所应提交的单据；掌握报检委托书和报检单的填制；掌握报关的相关流程以及所应提交的单据；掌握报关委托书和报关单的填制。

工作任务描述

货物顺利办妥出口运输和投保后，小张面临的下一个任务是进行报关和报检。如何缮制结汇单据？如何审报检、报关单据？如何完成报关报检环节？

任务内容

(1) 掌握报检的流程和应提供的单据。
(2) 掌握报检委托书和报检单的填制。
(3) 掌握报关的流程和应提供的单据。
(4) 掌握报关委托书和报关单的填制。

工作任务实施

(1) 缮制出口报检单。
(2) 缮制出口报关单。

8.1　出 口 报 检

8.1.1　出口商品的检验程序

商品检验(Commodity Inspection)是指在国际货物买卖中，对于卖方交付的货物的质量、数量和包装进行检验，以确定合同标的是否符合买卖合同的规定；有时还对装运技术条件和货物在装卸运输过程中发生的残损、短缺进行检验和鉴定，以明确事故的起因和责任的归属；货物的检验还包括根据一国的法律或行政法规对某些进出口货物或有关的事项进行质量、数量、包装、卫生、安全等方面的强制性检验或检疫。

列入《种类表》以及根据合同规定或政府规定需要检验的进出口商品，都要向当地商检机构申请检验。出口报验的时间一般在发运前7~10天，对于鲜货应在发运前3~7天。

我国出口商品进行检验的程序通常包括4个步骤。

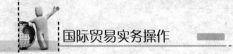

1. 检验检疫机构受理报验

由报验人填写《中华人民共和国出入境检验检疫出境货物报验单》，并提供有关的单证和资料，如外贸合同、信用证、厂检结果单正本等；检验检疫机构在审查上述单证符合要求后，受理该批商品的报验；如发现有不合要求者，可要求申请人补充或修改有关条款。

2. 抽样

由检验检疫机构派员主持进行，根据不同的货物形态，采取随机取样方式抽取样品。报验人应提供存货地点情况，并配合商检人员做好抽样工作。

3. 检验

检验部门可以使用从感官到化学分析、仪器分析等各种技术手段，对出口商品进行检验，检验的形式有商检自验、共同检验、驻厂检验和产地检验。

4. 签发证书

检验检疫机构对检验合格的商品签发检验证书，并在《出境货物通关单》上加盖检验检疫专用章。出口企业在取得货物报关地检验检疫机构签发的检验证书和出境货物通关单后，在规定的有效期内报运出口。

注意事项：

（1）出境货物在本地通关的，一律凭报关地检验检疫机构签发的"出境货物通关单"通关；出境货物在异地通关的，一律凭货物所在地的检验检疫机构签发的换证凭条、电子转单到口岸检验检疫机构办理通关手续。报关地检验检疫机构出具"出境货物通关单"。

（2）入境货物由报关地检验检疫机构签发"入境货物通关单"。在入境口岸本地实施检验检疫的签发"入境货物通关单"（两联）；需由异地检验检疫机构施检的签发"入境货物通关单"（四联）；经查验不合格，可以进行检疫处理的签发"入境货物通知单"；经查验不合格又无有效检疫处理方法的作退货或销毁处理。

（3）检验检疫机构对检验检疫合格的出境货物，在本地报关的签发"出境货物通关单"和有关证书，在异地报关的签发"出境货物换证凭条"和有关证书，凭上述"出境货物换证凭条"对货物进行查验，货证相符的换发。

（4）出境货物经检验检疫合格的，检务部门凭施检部门检验检疫结果报告单或签署的意见签发有关证单；由两个以上部门施检的货物，检务部门凭检验检疫结果报告单和本局指定的施检部门负责人的签字，签发有关证单。

（5）出入境运输工具、集装箱符合检验检疫要求的，签发检验检疫证书予以放行，需卫生除害处理的，处理后签发卫生处理证书予以放行。

8.1.2 检验方式

1. 直接申报

直接申报也称自理报检，是指报检义务人（进出口商品的收货人或发货人）自行办理报检手续，履行法定义务的行为。

2. 委托申报

委托申报也称代理报检,是指在商检机构注册登记的从事代理报检业务的企业接受收发货人的委托,为其办理报检手续的行为。同时出口商需要填写报检委托书,如图8.1所示。

报检委托书

检验检疫局:

本委托人郑重声明,保证遵守《中华人民共和国进出口商品检验法》及实施条例、《中华人民共和国出入境动植物检疫法》及实施条例、《中华人民共和国国境卫生检疫法》及实施细则、《中华人民共和国食品卫生法》等有关法律、法规的规定和检验检疫机构制定的各项规章制度。如有违法行为,自愿接受检验检疫机构的处罚并负法律责任。

本委托人委托受托人向检验检疫机构提交的"报检申请单"和随附各种单据所列内容是真实无讹的。

具体委托情况如下:

　　本单位将于　　年　　月间进口/出口如下货物:

品名:
数(重)量:
合同号:
信用证号:
特委托　　　　(地址:　　　　　　　　　　),
　　代表本公司办理所有检验检疫事宜,其间产生的一切相关的法律责任由本公司承担。请贵局按有关法律规定予以办理。

委托方名称:　　　　委托方印章:
单位地址:
邮政编码:
法人代表:
联系电话:
企业性质:

　　　　　　　　　　年　月　日
本委托书有效期至　　年　月　日

图 8.1　报检委托书

8.1.3　填制报检单

1. 报检单填制规范

1) 出境货物报检单

《中华人民共和国出入境检验检疫出境货物报检单》样式见表 8-1。

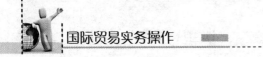

表8-1　中华人民共和国出入境
检验检疫出境货物报检单

报检单位（加盖公章）：　　　　　　　　　　　　　　　　　＊编号_____

报检单位登记号：　　　　联系人：　　　电话：　　　报检日期：　　年　月　日

发货人	（中文）				
	（外文）				
收货人	（中文）				
	（外文）				
货物名称（中/外文）	H.S.编码	产地	数/重量	货物总值	包装种类及数量

运输工具名称号码		贸易方式		货物存放地点	
合同号		信用证号		用途	
发货日期		输往国家（地区）		许可证/审批号	
启运地		到达口岸		生产单位注册号	
集装箱规格、数量及号码					

合同、信用证订立的检验检疫条款或特殊要求	标记及号码	随附单据（划"✓"或补填）	
		□合同 □信用证 □发票 □换证凭单 □装箱单 □厂检单	□包装性能结果单 □许可/审批文件 □ □ □

需要证单名称（划"✓"或补填）		＊检验检疫费	
□品质证书　　__正__副	□植物检疫证书　　__正__副	总金额 （人民币元）	
□重量证书　　__正__副	□熏蒸/消毒证书　　__正__副		
□数量证书　　__正__副	□出境货物换证凭单　__正__副	计费人	
□兽医卫生证书　__正__副	□		
□健康证书　　__正__副	□		
□卫生证书　　__正__副	□	收费人	
□动物卫生证书　__正__副	□		

报检人郑重声明： 1. 本人被授权报检。 2. 上列填写内容正确属实，货物无伪造或冒用他人的厂名、标志、认证标志，并承担货物质量责任。 　　　　　　　　　　　　　　　签名：_____	领取证单	
	日期	
	签名	

注：有"＊"号栏由出入境检验检疫机关填写。　　　　　　　　◆国家出入境检验检疫局制

[1-2(2000.1.1)]

编号：由检验检疫机构受理报检人员填写，前6位为检验检疫局机关代码，第7位为出境货物报检类代码"2"，第8～9位为年代码，第10～15位为流水号。如2009年为"09"，第10至15位为流水号。实行电子报检后，该编号可在电子报检的受理回执中自动生成。

(1) 报检单位：填写报检单位的全称(自理或代理报检单位)。

(2) 报检单位登记号：报检单位在检验检疫机构备案或注册登记的代码。

(3) 联系人：报检人员姓名。电话：报检人员的联系电话。

(4) 报检日期：检验检疫机构实际受理报检的日期，由检验检疫机构报检受理人员填写。

(5) 收货人：外贸合同中的收货人。

(6) 发货人：预检报检可填生产单位，而出口报检时为出口商或信用证受益人。

(7) 货物名称(中/外文)：进口货物的品名，应与进口合同、发票名称一致，如为废旧货物应注明。

(8) H.S编码：进口货物的商品编码。

(9) 产地：填写本批货物生产/加工的国家或地区。

(10) 数/重量：以商品编码分类中标准数重量为准，应注明数/重量单位，一般填净重。

(11) 货物总值：入境货物的总值及币种，应与合同、发票或报关单上所列的货物总值一致(一份报检单报多批货物，分别填写总值)。

(12) 包装种类及数量：货物实际运输包装的种类及数量，注明包装的材质。

(13) 运输工具名称号码：运输工具的名称和编号。

(14) 合同号：对外贸易合同、订单或形式发票的号码。

(15) 信用证号：本合同项下信用证号码。

(16) 贸易方式：该批货物进口的贸易方式。贸易方式有"一般贸易"、"来料加工"、"进料加工"等。

(17) 用途：指车批货物的出境用途，如种用、食用、观赏或演艺、伴侣、实验等。

(18) 发货日期：按本批货物信用证或合同上的处境日期填写。

(19) 输往国家(地区)：进口商所在地的国家或地区。

(20) 许可证/审批号：需办理处境许可证或审批的货物应填写有关许可证号或审批号。

(21) 启运地：货物离境交通工具的启运口岸/地区。

(22) 到达口岸：货物的入境口岸。

(23) 生产单位注册号：生产/加工本批货物的单位在检验检疫机构的注册登记号。

(24) 集装箱规格、数量及号码。

(25) 合同、信用证定力的检验检疫条款或特殊要求。

(26) 标记及号码：按出境货物的实际标记及唛头填写。

(27) 随附单据：按实际提供单据，对应打"√"。

(28) 需要单证名称：按需要检验检疫机构出具的的证单，对应打"√"。

(29) 报检人郑重申明：必须有报检人的亲笔签名。

2. 填制注意事项

(1) 报检时，应使用国家质检总局统一印制的报检单。报检单必须加盖报检单位印章，即报检单位公章或已向检验检疫机关备案的"报检专用章"。

(2) 报检单所列项目应填写完整、准确，字迹清晰，不得涂改，无相应内容的栏目应填写"＊＊＊"，不得留空。

(3) 报检单必须做到三个相符：①单证相符，即报检单与合同、批文、发票、装箱单等内容相符；②单货相符，即报检单所报内容与出入境货物实际情况相符，不得虚报、瞒报、伪报；③单单相符，即纸质报检单所列内容与电子报检单载明的数据、信息相符。报检人员应在"报检人声明"栏手签名，并对申报内容的真实性、准确性负责。

8.1.4 应用实例

请根据下面所给的外销合同（见表8-2）和配仓回单（如图8.2所示）完成以下两个任务：
(1) 写出出口报检流程。
(2) 填制出口报检单。

资料1：唐朝公司向国内无锡季节制衣有限公司订购全棉运动上衣出口到加拿大F.F.公司，签订了外销合同。

表8-2 销售合同样书

销货合约 SALES CONTRACT					
卖方 SELLER：	NANJING TANG TEXTILE GARMENT CO.，LTD. HUARONG MANSION RM2901 NO.85 GUANJIAQIAO，NANJING 210005，CHINA			编号 NO：	F01LCB05127
^	^			日期 DATE：	Dec. 26，2000
买方 BUYER：	FASHION FORCE CO.，LTD. P.O. BOX 8935 NEW TERMINAL，ALTA，VISTAOTTAWA，CANADA			地点 SIGNED At：	NANJING，CHINA
买卖双方同意以下条款达成交易：This contract Is made by and agreed between the BUYER and SELLER，in accordance with the terms and conditions stipulated below.					
商品号 Art No.	品名及规格 Commodity & Specification		数量 Quantity	单价及价格条款 Unit Price & Trade Terms	金额 Amount
	CIFMONTREAL，CANADA				
46-301A	LADIES COTTON BLAZER（100% COTTON，40SX20/140X60）		2550PCS	USD 12.80	USD 32640.00
	Total：		2550PCS		USD 32640.00
允许 With	3%	溢短装，由卖方决定 More or less of shipment allowed at the sellers'option			
总值 Total Value		USD THIRTY TWO THOUSAND SIX HUNDRED AND FORTY ONLY.			
包装 Packing		CARTON			
唛头 Shipping Marks		FASHION FORCE F01LCB05127 MONTREAL CTN NO. MADE INCHINA			
装运期及运输方式 Time of Shipment & means of Transportation		NOT LATER THAN MAR. 25，2001 BY VESSEL			

续表

装运港及目的地 Port of Loading & Destination	FROM：SHANGHAI TO：MONTREAL
保险 Insurance	FOR 110% CIF INVOICE VALUE COVERING ALL RISKS, INSTITUTE CARGO CLAUSES, INSTITUTE STRIKES, INSTITUTE WAR CLAUSES AND CIVIL COMMOTIONS CLAUSES.
付款方式 Terms of Payment	BY IRREVOCABLE LETTER OF CREDIT TO BE OPENED BY FULL AMOUNT OF S/C, PAYMENT AT SIGHT DOCUMENT TO BE PRESENTED WITHIN 21 DAYS AFTER DATE OF B/L AT BENEFICIARY'S ACCOUNT.
备注 Remarks	1. PARTIAL SHIPMENTS：NOT ALLOWED. 2. TRANSSHIPMENT：ALLOWED.
The Buyer FASHION FORCE CO., LTD.	The Seller NANJING TANG TEXTILE GARMENT CO., LTD.
（进口商签字和盖章）	（出口商签字和盖章）

资料2：配舱回单。

上海凯通国际货运代理有限公司
SHANGHAI KTONG INTERNATIONAL TRANSPORTATION CO., LTD.

南京唐朝纺织服装有限公司王军先生：
现将去加拿大蒙特利尔港的配船及码头费用确认如下：
提单号：COS6314203258
船名航次：HUA CHANG V.09981
报关费：RMB 125.00
单证费：RMB 115.00
换检费：RMB 113.00
THC：RMB 370.00
合计：RMB 723.00
合计（人民币）：柒佰贰拾叁元整

上海凯通国际货运代理有限公司
2001年3月9日
（货运代理公司盖章）

图 8.2 配舱回单样本

操作示范

1. 写出出口报检流程

（1）确定是否需要报检以及报检方式。唐朝公司出口的全棉女式上衣属于法定检验的商品范围(属于《种类表》商品范畴)，因此需要报检，在商品报关时，必须有商检机构的检验放行章方可报关。同时，公司委托无锡季节制衣(工厂)有限公司在产地进行报检，所以采取代理报检需要填写报检委托书，如图8.3所示。

（2）准备单据，并且寄给代理报检机构，唐朝公司寄出商业发票、装箱单、报检委托书，委托服装加工厂向无锡市商检局申请出口检验。

（3）工厂代理报检。申请出口商品检验时，工厂必须填写出口商品检验申请单，并随附报检委托书、外销合同、信用证复印件、商业发票、装箱单、纸箱证等单证。

（4）工厂取得换证凭单。工厂配合检验检疫部门的检验，3月13日，货物经检验合格，无锡商检局出具换证凭单给工厂。当天，工厂将换证凭单寄给唐朝公司指定的上海凯通国际货运公司用于报关。

（5）上海凯通国际货运公司将在上海检验检疫局换发出口货物通关单（见表8-3），完成报检程序。

报检委托书

无锡市出入境检验检疫局：

　　本委托人声明，保证遵守《中华人民共和国进出口商品检验法》、《中华人民共和国进出境动植物检疫法》、《中华人民共和国国境卫生检疫法》、《中华人民共和国食品卫生法》等有关法律、法规的规定和检验检疫机构制定的各项规章制度。如有违法行为，自愿接受检验检疫机构的处罚并负法律责任。

　　本委托人所委托受委托人向检验检疫机构提交的"报检单"和随附各种单据所列内容真实无讹。

具体委托情况如下：

本单位将于<u>2001</u>年<u>3</u>月间进/出口如下货物：

品　　　名：女式全棉上衣
数（重）量：2250件
合　同　号：F01LCB05127
信用证号：63211020049

　　特委托无锡季节制衣有限公司（地址：无锡市中山路162号）代表本公司办理本批货物所有的检验检疫事宜，请贵局按有关法律规定予以办理。

委托单位名称（盖章）：	受委托单位名称（盖章）：
单位地址：南京市管家桥85号华荣大厦2901室	单位地址：无锡市中山路162号
邮政编码：210005	邮政编码：214005
法人代表：张××	法人代表：吴××
本批货物业务联系人：胡××	本批货物业务联系人：王××
联系电话（手机）：025-*******	联系电话（手机）：0510-*******
企业性质：私营有限责任公司	企业性质：私营有限责任公司
日　　　期：2001年3月9日	日　　　期：2001年3月9日

本委托书有效期至2001年3月31日

图8.3　报检委托书样本

---

2. 填制出口报检单

填制的出口报检单见表8-3。

表8-3　中华人民共和国出入境
检验检疫出境货物报检单

报检单位（加盖公章）：　　　　　　　　　　　　　　　＊编号＿＿＿＿＿＿

报检单位登记号：　　　联系人：　　　电话：　　　报检日期：2001年3月12日

发货人	（中文）	南京唐朝纺织服装有限公司
	（外文）	NANJING TANG TEXTILE GARMENT CO., LTD.
收货人	（中文）	
	（外文）	FASHION FORCE CO., LTD.

续表

货物名称(中/外文)	H.S.编码	产地	数/重量	货物总值	包装种类及数量
女式全棉上衣 LADIES COTTON BLAZER	62043200.90	无锡	2550件	USD 32640.00	纸箱201箱
运输工具名称号码	海运	贸易方式	一般贸易	货物存放地点	工厂仓库
合同号	F01LCB05127	信用证号	63211020049	用途	外穿
发货日期	2001－03－25	输往国家(地区)	加拿大	许可证/审批号	328
启运地	上海	到达口岸	蒙特利尔	生产单位注册号	8200/338524
集装箱规格、数量及号码			20尺×1		

合同、信用证订立的检验检疫条款或特殊要求	标记及号码	随附单据(打"✓"或补填)	
	FASHION FORCE F01LCB05127 CTN NO. MONTREAL MADE IN CHINA	☑合同 ☑信用证 ☑发票 □换证凭单 ☑装箱单 □厂检单	□包装性能结果单 □许可/审批文件 □ □ □ □

需要证单名称(划"✓"或补填)		*检验检疫费	
□品质证书 ＿正＿副 □重量证书 ＿正＿副 □数量证书 ＿正＿副 □兽医卫生证书 ＿正＿副 □健康证书 ＿正＿副 □卫生证书 ＿正＿副 □动物卫生证书 ＿正＿副	□植物检疫证书 ＿正＿副 □熏蒸/消毒证书 ＿正＿副 ☑出境货物换证凭单 ＿正＿副 □	总金额 (人民币元) 计费人 收费人	

报检人郑重声明: 1. 本人被授权报检。 2. 上列填写内容正确属实,货物无伪造或冒用他人的厂名、标志、认证标志,并承担货物质量责任。 签名:	领取证单	
	日期	
	签名	

注:有"*"号栏由出入境检验检疫机关填写。　　　　　　　　　◆国家出入境检验检疫局制
[1－2(2000.1.1)]

8.1.5 技能训练

2011年2月份,温州名购公司与美国的KINGSTAR公司签订了购买闹钟的出口合同,现在要对这批闹钟进行报检,请完成两个任务:

(1) 按照下面所给的资料填制出境货物报检单。
(2) 写出名购公司报检流程。

相关资料

卖方：WENZHOUMINKO CO.，LTD.（温州名购公司）

单位登记号：3101018881

买方：KINGSTAR TRADING CO.，LTD.

电话：021-88666664，联系人：赵铭

合同号：09DU17589

信用证号：JOCO10388

许可证号：CT88661125844

品名：ALARM CLOCKS（闹钟）

产品尺寸：15CM×4CM×20CM

包装：每32个装一纸箱

外箱尺寸：60CM×80CM×80CM

毛重：8KGS/CTN

净重：7.5KGS/CTN

H.S.编码：91051100

数量：9600个

单价：USD8.00/PC FOB WENZHOU

唛头：KSR/09DU17589/NEWYORK/NO.1-300/MADE IN CHINA

装运港：温州

目的港：纽约

装运期：2011年4月

船名：YAQING

航次：Voy.6080

集装箱规格、数量及号码：5×20'FCL，FSU110，FSU111，FSU112，FSU113，FSU114

产地：上海，生产单位上海利丰钟表厂；地址，上海钦州路210号；生产单位注册号：67854322

货物存放地点：温州市府东路

知识链接 8-1

入境货物报检单的填写说明

（1）编号：由检验检疫机构受理报检人员填写，前6位为检验检疫局机关代码，第7位为入境货物报检类代码"1"，第8~9位为年代码，第10~15位为流水号。

（2）报检单位：填写报检单位的全称。

（3）报检单位登记号：报检单位在检验检疫机构备案或注册登记的代码。

（4）联系人：报检人员姓名。电话：报检人员的联系电话。

（5）报检日期：检验检疫机构实际受理报检的日期，由检验检疫机构报检受理人员填写。

（6）收货人：外贸合同中的收货人。

（7）发货人：外贸合同中的发货人。

（8）货物名称（中/外文）：进口货物的品名，应与进口合同、发票名称一致。如为废旧货物应注明。

(11) 数/重量：以商品编码分类中标准数重量为准，并应注明数/重量单位。
(12) 货物总值：入境货物的总值及币种，应与合同、发票或报关单上所列的货物总值一致。
(13) 包装种类及数量：货物实际运输包装的种类及数量，注明包装的材质。
(14) 运输工具名称号码：运输工具的名称和号码。
(15) 合同号：对外贸易合同、订单或形式发票的号码。
(16) 贸易方式：该批货物进口的贸易方式。贸易方式有"一般贸易"、"来料加工"、"进料加工"、"合资合作设备"等。
(17) 贸易国别(地区)：进口货物的贸易国别。
(18) 提单/运单号：货物海运提单号或空运单号，有二程提单的应同时填写。
(19) 到货日期：进口货物到达口岸的日期。
(20) 启运国家(地区)：货物的启运国家或地区。
(21) 许可证/审批号：需办理进境许可证或审批的货物应填写有关许可证号或审批号。
(22) 卸毕日期：货物在口岸的卸毕日期。
(23) 启运口岸：货物的启运口岸。
(24) 入境口岸：货物的入境口岸。
(25) 索赔有效期至：对外贸易合同中约定的索赔期限。
(26) 经停口岸：货物在运输中曾经停靠的外国口岸。
(27) 目的地：货物的境内目的地。
(28) 集装箱规格、数量及号码：货物若以集装箱运输应填写集装箱的规格、数量及号码。
(29) 合同订立的特殊条款以及其他要求：在合同中订立的有关检验检疫的特殊条款及其他要求应填入此栏。
(30) 货物存放地点：货物存放的地点。
(31) 用途：本批货物的用途，如种用或繁殖、食用、奶用、观赏或演艺、伴侣动物、试验、药用、饲用及其他。
(32) 随附单据：按实际向检验检疫机构提供的单据，在随附单据的种类前划"√"或补填。
(33) 标记及号码：货物的标记号码，应与合同、发票等有关外贸单据保持一致。若没有标记号码则填"N/M"。
(34) 外商投资财产：由检验检疫机构受理报检人员填写。
(35) 签名：由报检人员亲笔签名。
(36) 检验检疫费：由检验检疫机构计费人员核定费用后填写。
(37) 领取证单：报检人在领取检验检疫机构出具的有关检验检疫证单时填写领证日期及领证人姓名。

知识链接 8-2

检验的种类

1. 法定检验

法定检验是出入境检验检疫机构对列入目录的进出口商品以及法律、行政法规规定须经出入境检验检疫机构检验的其他进出口商品实施的检验。

我国现行的法律、行政法规或国际条约、协议规定，有一部分进出口商品及其运输工具必须经过检验检疫机构的检验。未经检验合格的，不能出口或不能在国内销售、使用。这类商品及其运输工具的报验称为法定检验报验。出口商品及其运载工具法定检验报验的范围如下所述。

(1) 列入《种类表》的出口商品。
(2) 出口食品的卫生检验。

(3) 贸易性出口动物产品的检疫。
(4) 出口危险物品和《种类表》内商品包装容器的性能检验和使用鉴定。
(5) 装运易腐烂变质食品出口的船舱和集装箱。
(6) 有关国际条约、协议规定须经检验检疫机构检验的出口商品。
(7) 其他法律、行政法规规定须经检验检疫机构检验的出口商品。

2. 非法定检验

根据《中华人民共和国进出口商品检验法》及其《中华人民共和国进出口商品检验法实施条例》的规定，对外经济贸易关系人或者外国检验检疫机构可以根据有关合同的约定或自身的需要，申请或委托检验检疫机构办理进出口商品鉴定业务，签发鉴定证书。

知识链接8-3

检验的方法

1. 在出口国产地检验

发货前，由卖方检验人员会同买方检验人员对货物进行检验，卖方只对商品离开产地前的品质负责。离产地后运输途中的风险，由买方负责。

2. 在装运港（地）检验

货物在装运前或装运时由双方约定的商检机构检验，并出具检验证明，作为确认交货品质和数量的依据，这种规定，称为以"离岸品质和离岸数量"为准。

3. 目的港（地）检验

货物在目的港（地）卸货后，由双方约定的商检机构检验，并出具检验证明，作为确认交货品质和数量的依据，这种规定，称为以"到岸品质和到岸数量"为准。

4. 买方营业处或用户所在地检验

对于那些密封包装、精密复杂的商品，不宜在使用前拆包检验，或需要安装调试后才能检验的产品，可将检验推迟至用户所在地，由双方认可的检验机构检验并出具证明。

5. 出口国检验，进口国复检

按照这种做法，装运前的检验证书作为卖方收取货款的出口单据之一，但货到目的地后，买方有复验权。如经双方认可的商检机构复验后，发现货物不符合合同规定，且系卖方责任，买方可在规定时间内向卖方提出异议和索赔，直至拒收货物。在国际贸易履行的过程中，这种方法采用的比较多。

6. 复验的规定

进出口商品的报验人对商检机构作出的检验结果有异议的，可自收到检验结果之日起15日内，向商检机构或其上级检验机构以至国家质检总局申请复验，受理复验的机构应自收到复验申请之日起60日内作出复验结论。

知识链接8-4

检验检疫机构及其业务范围

1. 我国的检验机构

（1）官方检疫机构。中华人民共和国质量监督检验检疫总局（简称国家质检总局）是主管全国出入境卫生检疫、动植物检疫、商品检验、鉴定、认证和监督管理的行政执法机构。

国家质检总局设在省、自治区、直辖市以及进出口商品的口岸、集散地的出入境检验检疫局及其分支机构（以下简称出入境检验检疫机构）属于官方检验机构。进出口商品的检验工作由地方出入境检验检疫机构、国家质量监督检验检疫总局或其他指定的检验机构负责。出口商在办理出口托运的同时，就需要安排向出口地的出入境检验检疫局进行出口报验，在取得当地出入境检验检疫局颁发的检验检疫证书后，海关才准于放行。

凡经检验不合格的货物，一律不得出口。

(2) 民间检疫机构。中国进出口商品检验总公司(CHINA NATIONAL IMPORT & EXPORT COMMODITIES INSPECTION CORPORATION.CCIC)，其性质属于民间商品检验机构。

2. 国外检疫机构

(1) 国际上比较著名的官方检验机构有美国食品和药品管理局(FDA)、美国食品安全检验局(FSIS)、德国技术检验代理机构网(TUV)、英国标准协会(BSI)。

(2) 国际上比较有名望、有权威的民间商品检验机构有瑞士通用公证行(SGS)、英国英之杰检验集团(IITS)、日本海事检定协会(NKKK)、新日本检定协会(SK)、美国安全试验所(UL)、国际羊毛局(IWS)、加拿大标准协会(CSA)。

3. 检验检疫机构受理鉴定业务的范围

(1) 进出口商品的质量、数量、重量、包装鉴定和货载衡量。

(2) 进出口商品的监视装载和监视卸载。

(3) 进出口商品的积载鉴定、残损鉴定、载损鉴定和海损鉴定。

(4) 装载出口商品的船舶、车辆、飞机、集装箱等运载工具的适载鉴定。

(5) 装载进出口商品的船舶封舱、舱口检视、空距测量。

(6) 集装箱及集装箱货物鉴定。

(7) 与进出口商品有关的外商投资财产的价值、品种、质量、数量和损失鉴定。

(8) 抽取并签封各类样品。

(9) 签发价值证书及其他鉴定证书。

(10) 其他进出口商品鉴定业务。

知识链接 8-5

报验的时间和地点

(1) 属于法定检验范围的出口商品，发货人应当于接到合同或信用证后备货出口前，在检验检疫机构规定的地点和期限内向检验检疫机构报验。属于法定检验范围以外的出口商品，如果对外经济贸易合同约定由检验检疫机构检验的，也应按上述要求办理。

(2) 属于在产地检验后需要在口岸换证出口的商品，发货人应在检验检疫机构所规定的期限内向口岸检验检疫机构报请查验换证。

(3) 盛装危险货物出口的包装容器及属于法定检验范围内的出口商品包装容器，包装生产企业应在将包装容器交付有关商品生产企业使用之前向检验检疫机构申报性能检验；在装货出口前，出口经营单位应向检验检疫机构申报使用鉴定。

(4) 对于装运出口易腐烂变质的食品、冷冻品的船舱、集装箱等运载工具，承运人、装箱单位或代理人必须在装运前向检验检疫机构申请清洁、卫生、冷藏、密固等适载检验。

(5) 经检验检疫机构检验合格的出口商品或其运载工具，逾期报运出口的，发货人或承运人必须向检验检疫机构报验。

注意事项：

(1) 出境货物最迟应在出口报关或装运前7天报检。

(2) 法定检验检疫货物，除活体动物由口岸检验检疫机构检验检疫外，原则上应坚持产地检验检疫。

知识链接 8-6

<h1 style="text-align:center">检验检疫的单证</h1>

1. 报检提供的单证

出入境货物报检单、对外贸易合同、信用证(出境报检)、商业单据(商业发票、装箱单、重量单)、运输单证(入境报检：海运提单/国际铁路联运运单/空运单)、运输卸货的各种事故责任证明(发生意外事故)、检疫审批单(出境报检：需检疫审批的货物，如濒临灭绝的保护物种)、输出国家或地区政府出具的检疫证书(入境报检)、代理报检委托书(代理报检)、货物报关单(入境报检)。

(1) 凡属危险或法定检验范围内的商品，在申请品质、规格、数量、重量、安全、卫生检验时，必须提交检验检疫机构签发的出口商品包装性能检验合格单证，检验检疫机构凭此受理上述各种报检手续。

(2) 凭样品成交的商品，须提供经国外买方确认、双方签封或合同、信用证已明确须经检验检疫机构签封的样品。对于临时看样成交的商品，申请人还必须将样品的编号送交检验检疫机构一份。对于服装、纺织品、皮鞋、工艺品等商品，在报验时还应提交文字不易表达的样卡、色卡或实物样品。

(3) 属于必须向检验检疫机构办理卫生注册和出口商品质量许可证的商品，报验时必须提供检验检疫机构签发的卫生注册证书或出口质量许可证编号和厂检合格单。冷冻、水产、畜产品和罐头食品等须办理卫生时，必须交付检验检疫机构签发的卫生注册证书和厂检合格单。

(4) 经发运地检验检疫机构检验合格的商品，需在口岸申请换证的，必须交付发运地检验检疫机构签发的《出口商品检验换证凭单》(简称换证凭单)正本。

(5) 第一次检验不合格，经返工整理后申请重新检验的，应交付原来的检验检疫机构签发的不合格通知单和返工整理记录。

(6) 申请重量、数量鉴定的，应交附重量明细单或磅码单等资料

(7) 申请积载鉴定、监视装载的，应提供配载图、配载计划等资料。

(8) 申请出口商品包装使用鉴定的，应交付检验检疫机构签发的包装性能检验合格单。

(9) 申请委托检验时，报验人除应填写《委托检验申请单》并提交检验样品、检验标准和方法。国外委托人在办理委托检验手续时还应提供有关函电、资料。

2. 检验检疫证书

检验检疫证书(Inspection and Quarantine Certificate)是各种进出口商品检验证书、鉴定证书和其他证明书的统称，是对外贸易有关各方履行契约义务、处理索赔争议和仲裁、诉讼举证时具有法律依据的有效证件，也是海关验放、征收关税和优惠减免关税的必要证明。目前检验检疫证书共有37种，其种类和用途如下所述：

(1) 品质检验证书(Inspection Certificate of Quality)是出口商品交货结汇和进口商品结算索赔的有效凭证；法定检验商品的证书，是进出口商品报关、输出/输入的合法凭证。

(2) 重量或数量检验证书(Inspection Certificate of Weight)是出口商品交货结汇、签发提单和进口商品结算索赔的有效凭证；出口商品的重量证书也是国外报关征税和计算运费、装卸费用的证件。

(3) 兽医检验证书(Veterinary Inspection Certificate)，是证明出口动物产品或食品经过检验合格的证件。适用冻畜肉、冻禽、禽畜罐头、冻兔、皮张、毛类、绒类、猪鬃、肠衣等出口商品。它是对外交货、银行结汇和进口国通关输入的重要证件。

(4) 卫生/健康证书(Sanitary Inspection Certificate)是证明可供人类食用的出口动物产品、食品等经过卫生检验或检疫合格的证件。适用于肠衣、罐头、冻鱼、冻虾、食品、蛋品、乳制品、蜂蜜等，是对外交货、银行结汇和通关验放的有效证件。

(5) 消毒检验证书(Disinfecting Inspection Certificate)是证明出口动物产品经过消毒处理，保证安全卫生的证件。适用于猪鬃、马尾、皮张、山羊毛、羽毛、人发等商品，是对外交货、银行结汇和国外通关验放的有效凭证。

(6) 熏蒸证书(Inspection Certificate of Fumigation)是用于证明出口粮谷、油籽、豆类、皮张等商品，以及包装用木材与植物性填充物等，已经过熏蒸灭虫的证书。

(7) 残损检验证书(Inspection Certificate on Damaged Cargo)是证明进口商品残损情况的证件。适用于进口商品发生残、短、溃、毁等情况；可作为受货人向发货人或承运人或保险人等有关责任方索赔的有效证件。

(8) 积载鉴定证书(Inspection Certificate on Hatch and or Cargo)是证明船方和集装箱装货部门正确配载积载货物，作为证明履行运输契约义务的证件。可供货物交接或发生货损时处理争议之用。

(9) 生丝品级及公量检验证书(Inspection Certificate for Classification and Conditioned Weight of Raw Silk)是出口生丝的专用证书。其作用相当于品质检验证书和重量/数量检验证书。

(10) 船舱检验证书(Inspection Certificate on Tank/Hold)证明承运出口商品的船舱清洁、密固、冷藏效能及其他技术条件是否符合保护承载商品的质量和数量完整与安全的要求可作为承运人履行租船契约适载义务，对外贸易关系方进行货物交接和处理货损事故的依据。

(11) 财产价值鉴定证书是作为对外贸易关系人和司法、仲裁、验资等有关部门索赔、理赔、评估或裁判的重要依据。

(12) 舱口检视证书、监视装/卸载证书、舱口封识证书、油温空距证书、集装箱监装/拆证书可作为证明承运人履行契约义务，明确责任界限，便于处理货损货差责任事故的证明。

(13) 价值证明书(Certificate of Value)可作为进口国管理外汇和征收关税的凭证。在发票上签盖检验检疫机构的价值证明章与价值证明书具有同等效力。

(14) 货载衡量检验证书是证明进出口商品的重量、体积吨位的证件可作为计算运费和制订配载计划的依据。

(15) 集装箱租箱交货检验证书、租船交船剩水/油重量鉴定证书可作为契约双方明确履约责任和处理费用清算的凭证。

检验检疫证书的名称不作规定，将按照UCP600的审单标准，国际标准银行实务确定表面达到"单证相符，单单相符"的严格相符的原则，根据国外信用证的规定，灵活使用空白证书打印证书名称。

3. 检疫单证的有效期

(1) 水产品干品为4个月，冻品为6个月；其他一般货物为60天。

(2) 植物和植物产品为21天，北方冬季适当延长至35天。

(3) 鲜活水产品为2天，其他鲜活类货物为14天。

(4) 交通工具卫生证书用于船舶的有效期为13个月、用于飞机有效期为6个月；除鼠/免予除鼠证书为6个月。

(5) 国际旅行健康证明书有效期为12个月，预防接种证书的有效期时限参照有关标准执行。

(6) 换证凭单以标明的检验检疫有效期为准。

8.2 出口报关

海关是国家设在口岸的进出关境的监督管理机关。按照《中华人民共和国海关法》（简称《海关法》）规定："凡是进出国境的货物，必须经由设有海关的港口、车站、国际航空站进出，并由货物的所有人向海关申报，经过海关查验放行后，货物方可提取或装运出口。"报关是指进出口货物收发货人、进出境运输工具负责人、进出境物品所有人或者其代理人向海关办理货物、物品或运输工具进出境手续及相关海关事务的过程，包括向海关申报、交验单据证件并接受海关的监管和检查等。报关是履行海关进出境手续的必要环节之一。通关是指进出境的运输工具的负责人、货物的收发货人及其代理人、物品的所有人向海关申请办理进出口货物的进出口手续，海关对其呈交的单证和申请进出口的货物依法进行审核、查验、征缴税费，批准进口或出口的全过程。

注意事项：在出口贸易中一般是先报检后报关，而在进口贸易中则是先报关，然后进行检验检疫。

8.2.1 出口通关的基本程序

1. 出口申报

出口通关时出口货物的发货人（通常为出口人）或其代理人应在海关规定的期限内，以书面或者电子数据交换方式（EDI）向海关报告其出口货物的情况，并随附有关货运单据和商业单据，申请海关查验放行，并对所报告内容的真实准确性承担法律责任。申报即我们常说的"报关"。

1）报关企业及人员

根据《海关法》规定，除另有规定外，由海关准予注册的报关企业或者有权经营进出口业务的企业负责办理报关手续。上述企业办理报关的人员应当经海关考核认可。

2）报关期限和地点

根据《海关法》第十八条的规定，出口货物的发货人，除海关特准者外，应当在装货的24小时以前向海关申报。对集装箱货物通常需在装货的3天前申报。一般而言，出口货物应由发货人在货物的出境地海关办理报关手续。

3）报关单证

办理出口报关手续时，发货人或其代理人通常应向海关提交下列单证：

（1）出口货物报关单。出口货物报关单是海关凭以进行监管、查验、征税、统计的基本单据。申报人必须如实、正确、无讹地填写报关单上的项目，并加盖报关单位和报关人员已备案的印章（或签字）。

根据海关的规定，报关单的式样为：一般贸易进出口货物，填写蓝色的报关单；进料加工的进出口货物，填写粉红色的报关单；来料加工装配和补偿贸易进出口货物，填写浅绿色的报关单；外商投资企业进出口货物，填写浅蓝色的报关单；出口后需国内退税的货物，填写浅黄色的报关单。一般的进出口货物应填制报关单一式三联，俗称基本联。其中第一联为海关留存联，第二联为海关统计联，第三联为企业留存联。

在已实行报关自动化系统、利用计算机报关进行数据录入的口岸报关，报关员只需填写一份报关单，交指定的预录入中心将数据输入计算机即可。其他贸易方式进出口的货物，按贸易方式的不同填制不同份数的报关单。

（2）装货单（非海运货物则为运单）。装货单或运单经海关查验放行后加盖放行章退还报关人凭以装运货物出口。

（3）发票一份。

（4）装箱单一份，散装货物或单一品种且包装内容一致的件装货物可免交。

（5）减税、免税或免验的证明文件，如果是符合减免税要求的产品。

（6）对应实施商品检验、文物鉴定、濒危物种出口管理或受其他管制的出口货物，还应交验有关主管部门签发的证明文件。

（7）海关认为必要时应验的贸易合同、产地证明和其他有关单证。

2. 出口查验

出口查验是指海关以出口报关单为依据，在海关监管区域内对出口货物进行实际的检查和核对。

(1) 查验内容。查验过程中，海关检查货物的名称、品质规格、包装状况、数量重量、标记唛头、生产和贸易国别等事项是否与出口报关单、出口许可证及其他文件相符，确定货物的性质、成分、规格、用途等，以便依法准确计征关税，进行统计归类，防止非法出口、走私及偷漏关税等。

(2) 查验地点。海关查验货物一般在海关监管场所，如码头、车站机场、邮局等地仓库或货场，或者是装卸现场。在特定情况下，可经海关同意派员到监管区域以外查验，如对于成套设备、精密仪器、贵重物资、急需物资和"门到门"运输的集装箱货物等，在海关规定区域内查验有困难时，经出口货物发货人申请，海关核准，海关可以派员到监管区域以外的地点进行查验。

(3) 报关单位的责任。在海关查验中，要求出口货物发货人或其代理必须到场，并按海关的要求负责办理货物的搬运、拆装箱和重封货物的包装等工作；海关认为必要时，也可以径行开验、复验或者提取货样，货物保管人员应到场作为见证人；另外，报关单位必须应海关的要求，随时提供有关单证、文件及必要的资料。

3. 缴纳出口税

准许出口、按规定应当缴纳出口税的货物，由海关根据《中华人民共和国关税条例》和《中华人民共和国海关进出口税则》(简称《进出口税则》)规定的税率征收出口税。《进出口税则》中大部分税目未订有出口税率，凡未订出口税率的货物不征出口税。

需缴纳出口税的纳税义务人应在海关签发税款缴纳证的次日起(星期日和假日除外)7日内，向指定银行缴纳税款。逾期未缴者，由海关自第8日起至缴清税款之日止，按日征收税额1‰的滞纳金。超过3个月仍未缴纳税款的，海关责令担保人缴纳税款，或者将货物变价抵缴，必要时可以通知银行在担保人或者纳税义务人存款内扣除。纳税义务人同海关发生纳税争议时，应当先缴纳税款，然后自海关填写税款缴纳证之日起30天内向海关申请复议。

4. 出口放行

出口放行是海关对出口货物进行监管的最后一项业务程序。出口货物在申报人按照海关规定办妥申报手续，经海关审核单证和查验有关货物、办理纳税手续后，海关解除货物监管准予出境。

海关放行前，海关派专人负责审查该批货物的全部报关单证及查验货物记录，决定放行后，在装货单或运单上盖放行章交货主签收，货方方可将货物装运出境。对需出口退税的货物，出口货物的发货人应在向海关申报出口时，增附一份浅黄色的出口退税专用报关单。

海关放行后，在报关单上加盖"验讫"章和已向税务机关备案的海关审核出口退税负责人的签章，并加贴防伪标签后，退还报关单位，送交退税地税务机关，而对申报退税的高税率产品，海关将报关单封入关封，交报关单位(或由报关单位转交出口发货人)送交退税地税务机关。

8.2.2 填制报关单

《中华人民共和国海关出口货物报关单》样式见表 8-4。

表 8-4 中华人民共和国海关出口货物报关单

预录入编号： 海关编号：

出口口序		备案号		出口日期		申报日期	
经营单位		运输方式	运输工具名称		提运单号		
发货单位		贸易方式		征免性质		结汇方式	
许可证号		运抵国(地区)		指运港		境内货源地	
批准文号		成交方式	运费		保费		杂费
合同协议号		件数	包装种类		毛重(公斤)		净重(公斤)
集装箱号		随附单据			生产厂家		
标记唛码及备注							
项号 商品编号 商品名称、规格型号 数量及单位 最终目的国(地区) 单价 总价 币制 征免							
税费征收情况							
录入员	录入单位	兹声明以上申报无讹并承担法律责任		海关审单批注及放行日期(签章)			
				审单		审价	
报关员							
		申报单位(签章)		征税		统计	
单位地址							
				查验		放行	
邮编	电话	填制日期					

1. 填制报关单的一般要求

(1) 报关单的填报必须真实,要做到两个相符:①单证、单单相符,即报关单与合同、批文、发票、装箱单等相符;②单货相符,即报关单中所报内容与实际进出口货物情况必须真实,不得出现差错,更不能伪报、瞒报及虚报。

(2) 不同合同的货物,不能填在同一份报关单上;同一批货物中有不同贸易方式的货物,也须用不同的报关单向海关申报。

(3) 一张报关单上如有多种不同商品,应分别填报清楚,但一张报关单上最多不能超过 5 项海关统计商品编号的货物。

(4) 报关单中填报的项目要准确、齐全。报关单所列各栏要逐项详细填写,内容无误;要求尽可能打字填报,如用笔写,字迹要清楚、整洁、端正,不可用铅笔(或红色复写纸)填报;填报项目若有更改,必须在更改项目上加盖校对章。

(5) 为实行报关自动化的需要,申报单位除填写报关单上的有关项目外,还应填上有关项目的代码。

(6) 计算机预录入的报关单内容必须与原始报关单完全一致。报关员应认真核对,防止录错,一旦发现有异,应及时提请录入人员重新录入。

(7) 向海关申报的进出口货物报关单,事后由于各种原因,若出现原来填报的内容与实际进出口货物不相一致的情况,需立即向海关办理更正手续,填写报关单更正单,对原来填报项目的内容进行更改,更改内容必须清楚,一般而言,错什么,改什么;但是,如果更改的内容涉及货物件数的变化,则除应对货物的件数进行更改外,与件数有关的项目,如货物的数量、重量、金额等也应做相应的更改;如一张报关单上有两种以上的不同货物,更正单上应具体列明是哪项货物做了更改。

(8) 对于海关接受申报并放行后的出口货物,由于运输工具配载等原因,货物未能或未能全部装载上原申报的运输工具的,出口货物发货人应向海关递交"出口货物报关单更改申请"。

(9) 报关单填报的内容如与实际不符,影响海关统计数据的准确,但未触及走私、偷逃税等违法违规性质,海关可施行罚款或停止报关员报关资格的处罚措施。

2. 出口货物报关单的缮制方法

1) 预录入编号

预录入编号指申报单位或预录入单位对该单位填制录入的报关单的编号,用于该单位与海关之间引用其中申报后尚未批准放行的报关单。报关单录入凭单的编号规则由申报单位自行决定。申报单位将报关单和 EDI 报关单的预录入编号规则事先预录入计算机,由计算机自动打印。

2) 海关编号

海关编号指海关接受申报时给予报关单的编号,由海关在接受申报环节确定,标识在报关单的每一联上。报关单海关编号为 9 位数码,其中前 2 位为分关(办事处)编号,第 3 位由各关自定义,后 6 位为顺序编号。各直属海关对进口报关单和出口报关单应分别编号,并确保在同一公历年度内,能按进口和出口唯一地标识本关区的每一份报关单。

各直属海关的理单岗位可以对归档的报关单另行编制理单归档编号。理单归档编号不得在部门以外用于报关单标识。此栏报关单位不用填写。

3) 进口口岸/出口口岸

进口口岸/出口口岸指货物实际进(出)我国关境口岸海关的名称。本栏目应根据货物实际进(出)口的口岸海关选择填报"关区代码表"中相应的口岸海关名称及代码。

加工贸易合同项下货物必须在海关核发的《中华人民共和国海关外商投资企业履行产品出口合同所需进口料件及加工复出口登记手册》(简称《登记手册》)(或分册,下同)限定或指定的口岸与货物实际进出境口岸不符的,应向合同备案主管海关办理《登记手册》的变更手续后填报。

进口转关运输货物应填报货物进境地海关名称及代码,出口转关运输货物应填报货物出境地海关名称及代码。按转关运输方式监管的跨关区深加工结转货物,出口报关单填报转出地海关名称及代码,进口报关单填报转入地海关名称及代码。其他未实际进出境的货物,填报接受申报的海关名称及代码。

本栏应根据货物实际出口的口岸海关选择填报"关区代码表"(见表8-5)中相应的口岸名称和代码。

表8-5 关区代码表(部分)

代码	海关名称	代码	海关名称	代码	海关名称	代码	海关名称
100	北京关区	101	机场单证	102	京监管处	103	京关展览
104	京一处	105	京二处	106	京关关税	107	机场库区
108	京通关处	109	机场旅检	110	平谷海关	111	京五里店
112	京邮办处	113	京中关村	114	京国际局	115	京东郊站
116	京信	117	京开发区	118	十八里店	119	机场物流
124	北京站	125	西客站	126	京加工区	127	京快件
200	天津关区	201	天津海关	202	新港海关	203	津开发区
204	东港海关	205	津塘沽办	206	津驻邮办	207	津机场办

 应用案例8.1

上海海关的关区代码为2200,浦江海关的关区代码为2201,吴淞海关的关区代码为2202,浦东海关的关区代码为2210,假设一票空运进口货物从浦东进来,则本栏填"浦东海关"(2210)。

注意事项:填写隶属海关,而非直属海关;按运输工具进出境口岸填写,而非报关海关;注意双填写,如大连机场××××。

4) 备案号

备案号指进出口企业在海关办理加工贸易合同备案或征减、免、税审批备案等手续时,海关给予《进料加工登记手册》、《加工装配及中小型补偿贸易登记手册》、《登记手册》、《进出口货物征免税证明》(简称《征免税证明》)或其他有关备案审批文件标记代码,具体见表8-6。

项目八 出口报关与报检

表8-6 备案号标记代码表

"A"备料	"E"便捷通关电子账册
"B"来料加工	"H"出入出口加工区保税货物电子账册,如为征免税货物,第六位为D
"C"进料加工	"Z"征免税证明
"D"加工贸易设备(包括作价和不作价)	"Y"原产地证书
"F"加工贸易异地进出口分册	"G"加工贸易深加工结转分册

一份报关单只允许填报一个备案号,具体填报要求如下:

(1)加工贸易合同项下货物,除少量低价值辅料按规定不使用《登记手册》外,必须在报关单备案号栏目填报《登记手册》的12位编码。

(2)加工贸易成品凭《征免税证明》转为享受减免税进口货物的,进口报关单填报《征免税证明》编号,出口报关单填报《登记手册》编号。

(3)凡涉及减免税备案审批的报关单,本栏目填报《征免税证明》编号,不得为空。

(4)无备案审批文件的报关单,本栏目免予填报。

备案号长度为12位,其中第1位是标记代码。备案号的标记代码必须与"贸易方式"及"征免性质"栏目相协调,例如,贸易方式为来料加工,征免性质也应当是来料加工,备案号的标记代码应为"B"。

 应用案例8.2

中矿公司订购进口一批热拨合金无缝钢管(法定检验,自动许可管理),委托辽宁抚顺锅炉厂有限公司制造出口锅炉。辽宁龙信货运公司持经营单位登记手册和相关单证向大连大窑湾海关申报进口。

备案号栏应填( )。

A. 此栏为空
B. C×××××××××××
C. Y×××××××××××
D. B×××××××××××

分析:该题应选B选项。该企业进口原料,然后出口成品,因此属于进料加工。备案号标记代码为C。

5)进口日期/出口日期

进口日期指运载所申报货物的运输工具申报进境的日期。本栏目填报的日期必须与相应的运输工具进境日期一致。出口日期指运载所申报货物的运输工具办结出境手续的日期。

本栏目供海关打印报关单证明联用。预录入报关单及EDI报关单均免于填报。无实际进出境的报关单填报办理申报手续的日期。本栏目为6位数,顺序为年、月、日各2位。除特殊情况外,进口货物申报日期不得早于进口日期;出口货物申报日期不得晚于出口日期。

 应用案例8.3

一批进口货物于2007年2月19日运抵,次日向海关申报,进口日期填"2011.02.19",申报日期填"2011.02.20"。

6）申报日期

申报日期指海关接受出口货物发货人或其代理申请办理货物出口手续的日期。预录入报关单及 EDI 报关单填报向海关申报的日期与实际情况不符时，由审单关员按实际日期修改批注。本栏目为 6 位数，顺序为年、月、日各 2 位。

7）经营单位

经营单位指对外签订并执行进出口贸易合同的中国境内企业或单位。

本栏目应填报经营单位名称及经营单位编码。经营单位编码为 10 位数字，指进出口企业在所在地主管海关办理注册登记手续时，海关给企业设置的注册登记编码。

特殊情况下确定经营单位原则如下：

（1）援助、赠送、捐赠的货物，填报直接接受货物的单位。

（2）进出口企业之间相互代理进出口，或没有进出口经营权的企业委托有进出口经营权的企业代理进出口的，填报代理方。

（3）外商投资企业委托外贸企业进口投资设备、物品的，填报外商投资企业。

经营单位编码结构图具体如图 8.4 所示。

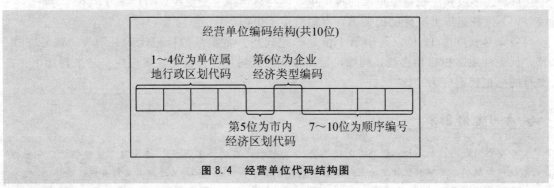

图 8.4　经营单位代码结构图

注意事项：

（1）本栏目必须"双填"，既填代码又填名称。

（2）代码中第 5 位关联到"境内目的地"、"境内货源地"栏，如第 5 位代码"1"代表经济特区；"2"代表经济技术开发区和上海浦东新区、海南洋浦经济开发区；"3"代表高新技术产业开发区；"4"代表保税区；"5"：出口加工区。第 6 位关联到"收（发）货单位"、"标记唛码及备注"栏，如"1"代表国有企业；"2"代表中外合作企业；"4"代表外商独资企业；"8"代表有报关权而没有进出口权的企业。

（3）外商投资企业委托某进出口企业进口投资设备、物品的，本栏填报"外商投资企业的中文名称及编码"，并在"标记唛码及备注"栏注明"委托某进出口企业进口"。

（4）非外商投资企业或没有进出口经营权的企业委托某进出口企业进（出）口的，本栏填报"某进出口企业的中文名称及编码"。

 **应用案例 8.4**

上海城建局委托上海土产进出口公司（3101915031）进口黄桐木材，本栏填报"上海土产进出口公司（3101915031）"。

（5）援助、赠送、捐赠的货物，本栏填报"直接接受货物的单位的中文名称及编码"。

（6）经营单位编码第 6 位数为"8"的单位不得作为经营单位填报。

（7）境外企业不得作为经营单位填报。

应用案例 8.5

上海汽车进出口公司委托香港大兴汽车进出口公司进口汽车，则本栏填报"上海汽车进出口公司的中文名称及编码"。

（8）合同的签订者与执行者不是同一企业的，经营单位应按执行合同的企业填报。

应用案例 8.6

中国化工进出口总公司对外统一签约，而由浙江省化工进出口公司负责合同的具体执行，则本栏填报"浙江省化工进出口公司的中文名称及编码"。

8）运输方式

运输方式指载运货物进出关境所使用的运输工具的分类。按货物运抵我国关境第一口岸时的运输方式填报；出境货物的运输方式，按货物运离我国关境最后一个口岸时的运输方式填报。本栏目应根据实际运输方式按海关规定的"运输方式代码表"选择填报，相应的运输方式见表 8-7。

表 8-7 运输方式代码表

代码	名称	运输方式说明
0	非保税区	非保税区运入保税区和保税区退区货物
1	监管仓库	境内存入保税仓库和出口监管仓库退仓货物
2	江海运输	
3	铁路运输	
4	汽车运输	
5	航空运输	
6	邮件运输	
7	保税区	保税区运往非保税区货物
8	保税仓库	保税仓库转内销货物
9	其他运输	人扛、驮畜、输水管道、输油管道、输电网等方式
W	物流中心	从中心外运入保税物流中心或从保税物流中心运往中心外
X	物流园区	从境内（指国内特殊监管区域之外）运入园区内或从保税物流园区运往境内
Y	保税港区	保税港区（不包括直通港区）运送区外和区外运入保税港区的货物
Z	出口加工	出口加工区运往区外和区外运入出口加工区（区外企业填报）

特殊情况下运输方式的填报原则如下：

（1）非邮政方式进出口的快递货物，按实际运输方式填报。

（2）进出境旅客随身携带的货物，按旅客所乘运输工具填报。

（3）进口转关运输货物，按载运货物抵达进境地的运输工具填报，出口转关运输货物，按载运货物驶离出境地的运输工具填报。

（4）无实际进出境的，根据实际情况选择填报"运输方式代码表"中的运输方式"0"（非保税区运入保税区和保税区退仓货物)、"1"(境内存入出口监管仓库和出口监管仓库退仓货物)、"7"(保税区运往非保税区货物)、"8"(保税仓库转内销货物)或"9"(其他运输)。

9) 运输工具名称

运输工具名称指载运货物进出境的运输工具的名称或运输工具编号。本栏目填制内容应与运输部门向海关申报的载货清单所列相应内容一致。一份报关单只允许填报一个运输工具名称。具体填报要求如下:

(1) 江海运输填报船舶呼号(来往港澳小型船舶为监管簿编号+"/"+航次号)。

(2) 汽车运输填报该跨境运输车辆的国内行驶车牌号码+"/"+进出境日期(8位数字,即×××年××月××日,下同)。

(3) 铁路运输填报车次(或车厢号)+"/"+进出境日期。

(4) 航空运输填报航班号+进出境日期+"/"+总运单号。

(5) 邮政运输填报邮政包裹单号+"/"+进出境日期。

(6) 进口转关运输填报转关标志"@"+转关运输申报单编号;出口转关运输只需填报转关运输标志"@"。

(7) 其他运输填报具体运输方式名称,如管道、驮畜等。

(8) 无实际进出境的加工贸易报关单按以下要求填报:

① 加工贸易深加工结转及料件结转货物,应先办理结转进口报关,并在结转出口报关单本栏目填报转入方关区代码(前两位)及进口报关单号,即"转入××(关区代码)××××××××(进口报关单号)"。按转关运输货物办理结转手续的,按上列第6项规定填报。

② 加工贸易成品凭《征免税证明》转为享受减免税进口货物的,应先办理进口报关手续,并在出口报关单本栏目填报进口方关区代码(前两位)及进口报关单号。上述规定以外无实际进出境的,本栏目为空。

应用案例8.7

水路运输:船舶英文名称或编码/航次号
　　　　　JIANGHAN/023S 或 6227034564/023S
铁路运输:车厢编号/8位数字的进出境日期
公路运输:车牌号/8位数字进出境日期
　　　　　浙A00457/20090625
航空运输:航班号,CA1566

10) 提运单号

提运单号指进出口货物提单或运单的编号。本栏目填报的内容应与运输部门向海关申报的载货清单所列相应内容一致。一份报关单只允许填报一个提运单号,一票货物对应多个提运单时,应分单填报。进出口转关运输免于填报。具体填报要求如下:

(1) 江海运输填报进口提单号或出口运单号。

(2) 汽车运输免于填报。

(3) 铁路运输填报运单号。

(4) 航空运输填报分运单号,无分运单的填报总运单号。

(5) 邮政运输免于填报。

(6) 无实际进出境的,本栏目为空。

11) 收货单位/发货单位

本栏填写出口货物的境内生产或销售单位的中文名称及其海关注册编码。无海关注册编码的，填报该企业的国家标准标识码。

收货单位指已知的进口货物在境内的最终消费、使用单位，包括：①自行从境外进口货物的单位；②委托有外贸进出口经营权的企业进口货物的单位。

发货单位指出口货物在境内的生产或销售单位，包括：①自行出口货物的单位；②委托有外贸进出口经营权的企业出口货物的单位。

注意事项：

（1）本栏目必须"单填"。有编码的填编码，没有编码的填其中文名称，编码优先，如佳能公司（4404140055）为某出口货物发货单位，"发货单位"栏填报"4404140055"。又如，清华大学委托某进出口公司进口一批实验设备，"收货单位"栏填报"清华大学"。因清华大学没有经营单位编码。

（2）加工贸易报关单的收（发）货单位应与《登记手册》的"货主单位"一致。减免税货物报关单的收（发）货单位应与《征免税证明》的申请单位一致。

（3）收（发）货单位与经营单位的关系是相互对应的，体现了单据内容的一致性，具体见表8-8。

表8-8 经营单位与收发货单位两栏目间的逻辑关系

进出口状况	经营单位	收（发）货单位	备注
外贸代理进出口	外贸流通企业	国内委托进出口的单位	不包括外商投资企业在投资总额内委托进口
外贸自营进出口	外贸流通企业	外贸流通企业	
外商投资企业自营进出口	外商投资企业	外商投资企业	
外商投资企业在投资总额内委托进口	外商投资企业	外商投资企业	实际经营单位应在备注栏说明

12) 贸易方式

贸易方式指以国际贸易进出口货物的交易方式为基础，结合海关对进出口货物征税、统计及监管条件综合设定的对进出口货物的管理方式。本栏目应根据实际情况，并按海关规定的《贸易方式代码表》（见表8-9）选择填报相应的贸易方式简称或代码。一份报关单只允许填报一种贸易方式。

表8-9 贸易方式代码表（部分）

贸易方式代码	贸易方式代码简称	贸易方式代码全称
0110	一般贸易	一般贸易
0130	易货贸易	易货贸易
0214	来料加工	来料加工装配贸易进口料件及加工出口货物
0243	来料以产顶进	来料加工成品以产顶进
0245	来料料件内销	来料加工料件转内销

续表

贸易方式代码	贸易方式代码简称	贸易方式代码全称
0255	来料深加工	来料深加工结转货物
0258	来料余料结转	来料加工余料结转
0265	来料料件复出	来料加工复运出境的原进口料件
0300	来料料件退换	来料加工料件退换
0345	来料成品内销	来料加工成品转内销
0420	加工贸易设备	加工贸易项下外商提供的进口设备

(1) 少量低值辅料（即5000美元以下，78种以内的低值辅料）按规定不使用《登记手册》的，辅料进口报关单填报"低值辅料"。使用《登记手册》的，按《登记手册》上的贸易方式填报。

(2) 三资企业按内外销比例为加工内销产品而进口的料件或进口供加工内销产品的料件，进口报关单填报"一般贸易"。三资企业为加工出口产品全部使用国内料件的出口合同，成品出口报关单填报"一般贸易"。

(3) 加工贸易料件结转或深加工结转货物，按批准的贸易方式填报。

(4) 加工贸易料件转内销货物（及按料件补办进口手续的转内销成品）应填制进口报关单，本栏目填报"（来料或进料）料件内销"；加工贸易成品凭《征免税证明》转为享受减免税进口货物的，应分别填制进（出）口报关单，本栏目填报"（来料或进料）成品减免"。

(5) 加工贸易出口成品因故退运进口及复出口以及复运出境的原进口料件退换后复运进口的，填报与《登记手册》备案相应的退运（复出）贸易方式简称或代码。

(6) 备料《登记手册》中的料件结转入加工出口《登记手册》的，进出口报关单均填报为"进料余料结转"。

(7) 保税工厂加工贸易进出口货物，根据《登记手册》填报相应的来料或进料加工贸易方式。

13) 征免性质

征免性质指海关对进出口货物实施征、减、免税管理的性质类别。本栏应按照海关核发的"征免税证明"中批注的征免性质填报，或根据实际情况按海关规定的《征免性质代码表》（见表8-10）选择填报相应的征免性质简称或代码。一份报关单只允许填报一种征免性质，否则应分单填报。

表8-10 征免性质代码表

101	一般征税	一般征税进出口货物
201	无偿援助	无偿援助进出口物资
299	其他法定	其他法定减免税进出口货物
301	特定区域	特定区域进口自用物资及出口货物
307	保税区	保税区进口自用物资
399	其他地区	其他执行特殊政策地区出口货物
401	科教用品	大专院校及科研机构进口科教用品

续表

403	技术改造	企业技术改造进口货物
406	重大项目	国家重大项目进口货物
412	基础设施	通信、港口、铁路、公路、机场建设进口设备
413	残疾人	残疾人组织和企业进出口货物
417	远洋渔业	远洋渔业自捕水产品
418	国产化	国家定点生产小轿车和摄录机企业进口散件
501	来料设备	来料加工装配和补偿贸易进口设备

特殊情况下填报要求如下：

(1) 保税工厂经营的加工贸易，根据《登记手册》填报"进料加工"或"来料加工"。

(2) 三资企业按内外销比例为加工内销产品而进口料件，填报"一般征税"或其他相应征免性质。

(3) 加工贸易转内销货物，按实际应享受的征免性质填报（如一般征税、科教用品、其他法定等）。

(4) 料件退运出口、成品退运进口货物填报"其他法定"。

(5) 加工贸易结转货物本栏目为空。

14) 征免比例/结汇方式

征免比例仅用于"非对口合同进料加工"贸易方式下（代码"0715"）进口料、件的进口报关单，填报海关规定的实际应征税比率，如5%填报5，15%填报15。

出口报关单应填报结汇方式，即出口货物的发货人或其代理人收结外汇的方式。本栏目应按海关规定的《结汇方式代码表》（见表8-11）选择填报相应的结汇方式名称或代码。

表8-11 结汇方式代码表

编号	结汇方式	编号	结汇方式	编号	结汇方式
1	信汇	2	电汇	3	票汇
4	付款交单	5	承兑交单	6	信用证
7	先出后结	8	先结后出	9	其他

15) 许可证号

应申领出口许可证的货物，必须在此栏填报外经贸部及其授权发证机关签发的出口许可证的编号，不得为空。一份关单只允许填报一个许可证号，否则应分单填报。

对于非许可证管理商品本栏目为空，一般情况下都为空。

16) 起运国(地区)/运抵国(地区)

起运国(地区)指进口货物起始发出的国家(地区)。运抵国(地区)指出口货物直接运抵的国家(地区)。

对发生运输中转的货物，如中转地未发生任何商业性交易，则起、抵地不变，如中转地发生商业性交易，则以中转地作为起运/运抵国(地区)填报。

本栏目应按海关规定的《国别(地区)代码表》（见表8-12）选择填报相应的起运国(地区)或运抵国(地区)中文名称或代码。

表 8－12　国别（地区）代码表（部分）

国别代码	中文名称	国别代码	中文名称	国别代码	中文名称
110	中国香港	142	中国	304	德国
116	日本	143	台澎金马关税区	502	美国
133	韩国	303	英国	701	国（地）别不详的

无实际进出境的，本栏目填报"中国"（代码"142"）。

17）装货港/指运港

装货港指进出口货物在运抵我国关境前的最后一个境外装运港。指运港指出口货物运往境外的最终目的港；最终目的港不可预知的，可按尽可能预知的目的港填报。本栏目应根据实际情况按海关规定的《港口航线代码表》选择填报相应的港口中文名称或代码。无实际进出境的，本栏目填报"中国境内"（代码"142"）。

18）境内目的地/境内货源地

境内目的地指已知的进口货物在国内的消费、使用地或最终运抵地。境内货源地指出口货物在国内的产地或原始发货地。

本栏目应根据进口货物的收货单位、出口货物生产厂家或发货单位所属国内地区，并按海关规定的《国内地区代码表》选择填报相应的国内地区名称或代码。

19）批准文号

进口报关单本栏目免于填报《进口付汇核销单》编号。出口报关单本栏目用于填报《出口收汇核销单》编号。

20）成交方式

本栏应根据实际成交价格条款按海关规定的《成交方式代码表》（表 8－13）选择填报相应的成交方式代码。无实际出境的出口，填报 FOB 价。

表 8－13　成交方式代码表

代码	名称	代码	名称
1	CIF	4	C&I
2	C&F	5	市场价
3	FOB	6	垫仓

21）运费

本栏用于成交价格中含有运费的出口货物。应填报该份报关单所含全部货物的国际运输费用。可按运费单价、总价或运费率三种方式之一填报，同时注明运费标记，并按海关规定的《货币代码表》（见表 8－14）选择填报相应的币种代码。运保费合并计算的，运保费填报在本栏。运费标记"1"表示运费率，"2"表示每吨货物的运费单价，"3"表示运费总价。

表 8－14　货币代码表

货币代码	货币符号	货币名称	货币代码	货币符号	货币名称	货币代码	货币符号	货币名称
110	HKD	港币	304	DEM	德国马克	502	USD	美元
116	JPY	日本元	306	IEP	爱尔兰镑	300	EUR	欧元
303	GBP	英镑	132	SGD	新加坡元	142	CNY	人民币

应用案例 8.8

> 5‰的运费率填报为 5/1；20 美元的运费单价填报为 502/20/2(502 为美元代码)；6000 美元的运费总价填报为 502/6000/3。

22）保费

本栏用于成交价格中含有保险费的出口货物，应填报该份报关单所含全部货物国际运输的保险费用。可按保险费总价或保险费率两种方式之一填报，同时注明保险费标记，并按海关规定的"货币代码表"选择填报相应的币种代码。

运保费合并计算的，运保费填报在运费栏。保险费标记"1"表示保险费率；"3"表示保险费总价。

应用案例 8.9

> 3‰保险费率填报为 0.3/1；12000 港元保险费总价填报为 110/12000/3(110 为港币代码)。

23）杂费

杂费指成交价格以外的、应计入完税价格或从完税价格中扣除的费用，如手续费、佣金、回扣等，可按杂费总价或杂费率两种方式之一填报，同时注明杂费标记。

应计入完税价格的杂费填报为正值或正率，应从完税价格中扣除的杂费填报为负值或负率。杂费标记"1"表示杂费率，"3"表示杂费总价。

应用案例 8.10

> 应计入完税价格的 1.5%杂费率填报为 1.5/1；应从完税价格中扣除的 1.5%的回扣率应填报为－1.5/1；应将完税价格的 500 英镑杂费总价填报为 303/500/3(303 为英镑代码)。

24）合同协议号

填写该批出口货物的合同或协议的编号，包括全部字头和号码。

25）件数

填报有外包装的出口货物的实际件数。特殊情况下填报要求如下：舱单件数为集装箱（TEU）的，填报集装箱个数；舱单件数为托盘的，填报托盘数。本栏不得填报为"0"，裸装货物填报为"1"。

26）包装种类

本栏应填报出口货物的实际外包装种类，如木箱、纸箱、铁桶、散装、裸装等。

27）毛重

货物及其包装材料的重量之和。本栏填报进(出)口货物实际毛重，计量单位为千克，不足 1 千克的填报为"1"。

28）净重

净重(公斤)指货物的毛重减去外包装材料后的重量，即商品本身的实际重量。本栏填报进(出)口货物实际重量，计量单位为千克，不足 1 千克的填报为"1"。

应用案例 8.11

空运进口一批钻石,毛重为 900 克,净重 660 克。则进口报关单中的"毛重"栏填报"1","净重"栏填报"1"。

应用案例 8.12

净重 6.45676 千克,"净重"栏的正确内容为"6.4567"。

29) 集装箱号

本栏目用于填报和打印集装箱编号及数量。集装箱是指载货出境的集装箱两侧标识的全球唯一的编号。集装箱数量四舍五入填报整数,非集装箱货物填报为"0"。一票货物用多个集装箱装载的,填报其中之一,其余集装箱编号在备注栏填报或随附清单。

应用案例 8.13

TEXU3605432*1(1)表示 1 个标准集装箱,TEXU3605432*2(3)表示 2 个集装箱折合为 3 个标准集装箱,其中一个箱号为 TEXU3605432。在多于一个集装箱的情况下,其余集装箱编号打印在备注栏或随附在清单上。

30) 随附单据

随附单据指随报关单一并向海关递交的单证或文件。合同、发票、装箱单、进出口许可证等必备的随附单证不在此栏填报。本栏应按海关规定的《监管证件名称代码表》(见表 8-15)选择填报相应证件的代码及各证件的编号(编号打印在备注栏下半部分)。多个监管证件中若有"入(出)境货物通关单",优先填在本栏。

表 8-15 监管证件名称代码表

许可证或批文代码	许可证或批文名称	监管证件签发机构
1	进口许可证	商务部配额许可证事务局或其授权机关
2	两用物项和技术进口许可证	商务部
3	两用物项和技术出口许可证	商务部
4	出口许可证	商务部配额许可证事务局或其授权机关
5	纺织品临时出口许可证	商务部
6	旧机电产品禁止进口	商品编码后有此代码的,其旧产品禁止进口
7	自动进口许可证	商务部
8	禁止出口商品	商品编码后有此代码的,禁止出口
9	禁止进口商品	商品编码后有此代码的,禁止进口
A	入境货物通关单	国家质量监督检验检疫机构
B	出境货物通关单	国家质量监督检验检疫机构

31) 用途/生产厂家

进口货物填报用途,应根据进口货物的实际用途按海关规定的《用途代码表》(见表 8-16)选择填报相应的用途代码,如"以产顶进"填报"13"。生产厂家指出口货物的境内生产企业,本栏目供必要时手工填写。

表 8-16　用途代码表

用途代码	用途名称	用途代码	用途名称
01	外贸自营内销	07	收保证金
02	特区内销	08	免费提供
03	其他内销	09	作价提供
04	企业自用	10	货样，广告品
05	加工返销	11	其他内销

32）标记唛码及备注

本栏目上部用于打印以下内容：①标记唛码中除图形以外的文字、数字；②受外商投资企业委托代理其进口投资设备、物品的外贸企业名称；③加工贸易结转货物及凭《征免税证明》转内销货物，其对应的备案号应填报在本栏目，即"转至（自）××××手册"；④其他申报时必须说明的事项。

本栏目下部供填报随附单据栏中监管证件的编号，具体填报要求为：监管证件代码＋":"＋监管证件号码。一份报关单多个监管证件的，连续填写。一票货物多个集装箱的，在本栏目打印其余的集装箱号（最多160字节，其余集装箱号手工抄写）。

33）项号

本栏目分两行填报及打印。第一行打印报关单中的商品排列序号。第二行专用于加工贸易等已备案的货物，填报和打印该项货物在《登记手册》中的项号。加工贸易合同项下进出口货物，必须填报与《登记手册》一致的商品项号，所填报项号用于核销对应项号下的料件或成品数量。特殊情况下填报要求如下：

（1）深加工结转货物，分别按照《登记手册》中的进口料件项号和出口成品项号填报。

（2）料件结转货物，出口报关单按照转出《登记手册》中进口料件的项号填报；进口报关单按照转进《登记手册》中进口料件的项号填报。

（3）料件复出货物，出口报关单按照《登记手册》中进口料件的项号填报。

（4）成品退运货物，退运进境报关单和复运出境报关单按照《登记手册》原出口成品的项号填报。

（5）加工贸易料件转内销货物（及按料件补办进口手续的转内销成品）应填制进口报关单，本栏目填报《登记手册》进口料件的项号。

（6）加工贸易成品凭《征免税证明》转为享受减免税进口货物的，应先办理进口报关手续。进口报关单本栏目填报《征免税证明》中的项号，出口报关单本栏目填报《登记手册》原出口成品项号，进、出口报关单货物数量应一致。

34）商品编号

商品编号指按海关规定的商品分类编码规则确定的进（出）口货物的商品编号。加工贸易《登记手册》中商品编号与实际商品编号不符的，应按实际商品编号填报。

35）商品名称、规格型号

此栏分两行分别打印出口货物规范的中文商品名称和规格型号。必要时可加注原文的名称或名称的关键说明部分。填报内容应与发票或相关文件相符，并足够详细，以能满足海关归类、审价及监管的要求为准。具体要求如下：

（1）商品名称及规格型号应据实填报，并与所提供的商业发票相符。

(2) 商品名称应当规范，规格型号应当足够详细，以能满足海关归类、审价以及监管的要求为准。禁止、限制进出口等实施特殊管制的商品，其名称必须与交验的批准证件上的商品名称相符。

(3) 加工贸易等已备案的货物，本栏目填报录入的内容必须与备案登记中同项号下货物的名称与规格型号一致。

 应用案例8.14

商品名称、规格型号
氨纶弹力丝 ELASTANE　　　　　　　　（第一行：规范的中文名称＋原文）
LYCRA 40 DENIER TYPE 149B MERGE 17124 5KG TUBE（第二行：规格型号）

36) 数量及单位

数量及单位指商品的实际成交数量及计量单位。本栏具体内容分三行填报，具体填报要求如下：

(1) 进出口货物必须按海关法定计量单位填报。法定第一计量单位及数量，打印在本栏目第一行。

(2) 凡海关列明第二计量单位的，必须报明该商品第二计量单位及数量，打印在本栏目第二行。无第二计量单位的，本栏目第二行为空。

(3) 成交计量单位与海关法定计量单位不一致时，还需填报成交计量单位及数量，打印在商品名称、规格型号栏下方(第三行)。成交计量单位与海关法定计量单位一致时，本栏目第三行为空。

具体见计量单位填制方法见表8-17。

表8-17　计量单位填制表

计量单位状态	填制要求		
	第一行	第二行	第三行
成交与法定一致	法定计量单位及数量	空	空
成交与法定一致并有第二计量单位	法定第一计量单位及数量	法定第二计量单位及数量	空
成交与法定不一致	法定计量单位及数量	空	成交计量单位及数量
成交与法定不一致且有第二计量单位	法定第一计量单位及数量	法定第二计量单位及数量	成交计量单位及数量

37) 原产国(地区)/最终目的国(地区)

原产国(地区)指进出口货物的生产、开采或加工制造国家(地区)。最终目的国(地区)指已知的出口货物的最终实际消费、使用或进一步加工制造国家(地区)。本栏目应按海关规定的《国别(地区)代码表》选择填报相应的国家(地区)名称或代码。加工贸易报关单特殊情况下填报要求如下：

(1) 料件结转货物，出口报关单填报"中国"(代码"142")，进口报关单填报原料件生产国。

(2) 深加工结转货物，进出口报关单均填报"中国"（代码"142"）。

(3) 料件复运出境货物，填报实际最终目的国；加工出口成品因故退运境内的，填报"中国"（代码"142"），复运出境时填报实际最终目的国。

38) 总价。

本栏目应填报同一项号下进（出）口货物实际成交的商品总价。无实际成交价格的，本栏目填报货值。

39) 币制

币制指货物实际成交价格的币种。按《货币代码表》（见表8-14）选填相应的货币名称或代码。表中没有的币种，需转换后填报。

40) 征免

征免指海关对出口货物进行征税、减税、免税或特案处理的实际方式。本栏应按海关核发的"征免税证明"或有关政策的规定，对报关单所列每项商品选择填报海关规定的《征减免税方式代码表》（见表8-18）中相应的征减免税方式。

表8-18 征减免税方式代码表

征减免税方式代码	征减免税方式名称
1	照章征税
2	折半征税
3	全免
4	特案
5	征免性质
6	保证金
7	保函
8	折半补税
9	全额退税

另外，征免在填制的时候要注意与前面贸易方式栏、征免性质栏以及征免栏的一致性，具体方法见表8-19。

表8-19 "贸易方式"、"征免性质"、"用途"及"征免"栏目间逻辑关系

贸易方式（代码）	备案号（第一个字母）	征免性质（代码）	征免（代码）	用途（代码）	项 号
一般贸易(0110)	空	一般征税(101)	照章征税(1)	外贸自营内销	填报报关单中的商品序号
	Z（征免税证明）	鼓励项目(789)	全免(3)	企业自用(04)	第一行填报报关单中的商品序号，第二行填报与征免税证明上一致的商品的项号
		自有资金(799)			
		科教用品(401)			

续表

贸易方式(代码)	备案号(第一个字母)	征免性质(代码)	征免(代码)	用途(代码)	项 号
来料加工(0214)	B(登记手册)	来料加工(502)	全免(3)	加工返销(05)	第一行填报报关单中的商品序号,第二行填报与加工贸易手册上一致的商品的项号
进料对口(0615)	C(登记手册)	进料加工(503)	全免(3)	加工返销(05)	第一行填报报关单中的商品序号,第二行填报与加工贸易手册上一致的商品的项号
合资合作设备(2025)	Z(征免税证明)	鼓励项目(789)	全免(3)	企业自用(04)	第一行填报报关单中的商品序号,第二行填报与征免税证明上一致的商品的项号
外资设备物品(2225)	Z(征免税证明)	鼓励项目(789)	全免(3)	企业自用(04)	第一行填报报关单中的商品序号,第二行填报与征免税证明上一致的商品的项号

41) 税费征收情况

由海关批注有关出口货物税费征收及减免情况。

42) 录入人

对预录入及 EDI 报关单,本栏打印录入人员的姓名。

43) 录入单位

对预录入及 EDI 报关单,本栏打印录入单位名称。

44) 申报单位

本栏目指报关单左下方用于填报申报单位有关情况的总栏目。申报单位指对申报内容的真实性直接向海关负责的企业或单位。自理报关的,应填报进(出)口货物的经营单位名称及代码;委托代理报关的,应填报经海关批准的专业或代理报关企业名称及代码。本栏目的分项目,由申报单位的报关员填报。

45) 填制日期

填制日期指报关单的填制日期。预录入及 EDI 报关单由计算机自动打印。本栏为 6 位数,顺序为年、月、日各 2 位。

46) 海关审单批注栏

供海关内部作业时批注用,一般由海关关员手工填写。其中"放行"栏填写放行决定日期。

此外,实收、理货及签名、代理人与大副签名栏均留给理货公司和外轮代理公司填写。

注意事项:为统一进出口货物报关单填报要求,保证报关单数据质量,根据《海关法》

及有关法规,制定本规范。本规范在一般情况下采用"报关单"或"进口报关单"、"出口报关单"的提法,需要分别说明不同要求时,则分别采用以下用语。

(1) 报关单录入凭单指申报单位按海关规定的格式填写的凭单,用作报关单预录入的依据(可将现行报关单放大后使用)。

(2) 预录入报关单指预录入公司录入、打印,并联网将录入数据传送到海关,由申报单位向海关申报的报关单。

(3) EDI报关单指申报单位采用EDI方式向海关申报的电子报文形式的报关单及事后打印、补交备核的书面报关单。

(4) 报关单证明联指海关在核实货物实际入、出境后按报关单格式提供的证明,用作企业向税务、外汇管理部门办结有关手续的证明文件。以出口货物报关单为例,出口货物报关单是出口企业向海关提供审核是否合法出口货物的凭据,也是海关据以征税的主要凭证,同时还作为国家法定统计资料的重要来源。因此,出口企业要如实填写,不得虚报、瞒报、拒报和迟报,更不得伪造、篡改。

8.2.3 应用案例

请根据下面所给的外销合同完成以下两个任务:
(1) 出口报关流程。
(2) 填制出口报关单。

资料:唐朝公司向国内无锡季节制衣有限公司订购全棉运动上衣出口到加拿大F.F.公司,签订了外销合同。

操作示范:

1. 出口报关流程

(1) 单证部门直到核销单和输加拿大纺织品出口许可证后,填制进出口报关委托书(见表8-20)与出口货物报关单,并准备其他所需单据。

2001年3月13日,将上海凯通报关所需的报关委托书、出口货物报关单、出口收汇核销单、商业发票、装箱里、外销合同、输加拿大纺织品出口许可证用快件寄出。

(2) 3月14日,上海凯通收到唐朝公司寄来的上述单证。

(3) 3月15日上午,上海凯通收到工厂寄来的商检换证凭单,当天下午即凭此单到上海出入境检疫局换取出境货物通关单。

(4) 3月16日上午,唐朝公司根据上海凯通的送货通知按时将货物送到上海凯通指定的仓库。根据新的海关报关规定要求:货物的出口报关必须在货物进入港口仓库或集装箱整箱进入堆场后才能进行。由于17~18日是周六、周日,故3月16日下午,上海凯通即向上海海关报关并提交一套资料,以免耽误3月20日的船期。报关需提交的资料有中华人民共和国海关出口货物报关单(白色的报关联和黄色的出口退税联),并随附报关委托书、商业发票、装箱单、出口收汇核销单、出境货物通关单、输加拿大纺织品出口许可证等单证向海关报关,海关依此份报关单验货,并退回已盖章的核销单和两份报关单。报关通过后,上海凯通安排集装箱拖货至船公司指定的码头。

(5) 上海凯通在报关前,先上网向上海海关进行核销单的口岸备案,并如实向海关申报成交方式(CIF),按成交方式申报成交总价、运费等,以后外汇局即根据实际成交方式及成交总价办理收汇核销手续。

注意事项：

（1）未进行口岸备案的核销单不能用于出口报关，对已备案成功的核销单，还可变更备案。

（2）报关时必须要"出口收汇核销单"，否则海关不予受理。货物出境后，海关在核销单上加盖"放行章"或"验讫章"，并随同加盖海关"验讫章"的一份带有海关编号的白色报关单、一份黄色的报关单出口退税联一同返还口岸代理上海凯通（从上海海关退回一般需1个月左右），最后口岸代理上海凯通寄给唐朝公司用于向外汇管理部门核销。

（3）纺织品出口许可证是政府机关批准配额纺织品出口的证明文件，其作用是出口商凭此办理出口报关和进口商凭此申领进口许可证并办理进口报关手续。因此，出口加拿大的纺织品在报关时必须要附加拿大纺织品出口许可证，否则海关不予受理。

表 8-20　进出口货物代理报关委托书　　　编号：

委托单位	南京唐朝纺织服装有限公司	十位编码	73314438-5
地址	南京市管家桥85号华荣大厦2901室	联系电话	025-4715004
经办人	张××	身份证号	

我单位委托上海凯通国际货运代理有限公司代理以下进出口货物的报关手续，保证提供的报关资料真实、合法，与实际货物相符，并愿承担由此产生的法律责任。

货物名称	女式全棉上衣	商品编号	62043200.90	件数	2 550PCS
重量	3 015KGS	价值	USD 32 640.00	币制	USD
贸易性质	一般贸易	货物产地	无锡	合同号	F01LCB05127
是否退税	是	船名/航次	HUA CHANG V.09981		
委托单位开户银行			账号		

随附单证名称、份数及编号：

1. 合同　　　1　　份；　　　　6. 机电证明　　　　　　份、编号：
2. 发票　　　1　　份；　　　　7. 商检证　　　1　　　份；
3. 装箱清单　1　　份；　　　　8.
4. 登记手册　　本、编号：　　　9.
5. 许可证　　1　　份、编号：141252；　10.

（以上内容由被委托单位填写）

被委托单位		十位编码	
地址		联系电话	
经办人		身份证号	

（以上内容由被委托单位填写）

代理（专业）报关企业章及法人代表章	委托单位章及法人代表章
年　月　日	

2. 填制出口报关单

填制出口货物报关单（见表 8-21）。

表8-21 中华人民共和国海关出口货物报关单

预录入编号：DS9110002　　　　　　　　　　海关编号：

出口口岸 SHANGHAI PORT		备案号	出口日期 2001-03-20	申报日期
经营单位 3201004261 南京唐朝纺织服装有限公司		运输方式 BY SEA	运输工具 名称海运	提运单号
发货单位		贸易方式 GENERAL TRADE	征免性质 一般征免	结汇方式 L/C AT SIGHT
许可证号　141252		运抵国(地区) CANADA	指运港 MONTREAL	境内货源地
批准文号	成交方式 CIF	运费 USD 32640.00	保费	杂费
合同协议号　F01LCB05127	件数 2 550PCS	包装种类 CARTON	毛重(公斤) 3015.00KGS	净重(公斤) 2010.00KGS
集装箱号	随附单据 INVOICE, PACKING LIST,		生产厂家	
标记唛码及备注 FASHION FORCE F01LCB05127 CTN NO. MONTREAL MADE IN CHINA				

项号	商品编号	商品名称、规格型号	数量及单位	最终目的国(地区)	单价	总价	币制	征免
1	62043200.90	LADIES COTTON BLAZER 100%COTTON 40SX20/140X60	2550PCS		USD 12.80	USD 32640.00	USD	
		Total：	2550PCS			USD 32640.00		
					FREIGHT：	USD 1000.00		
					FOBVALUE：	USD 31640.00		

税费征收情况

税务登记号码：320102134773852

录入员	录入单位	兹声明以上申报无讹并承担法律责任	海关审单批注及放行日期(签章)	
			审单	审价
			征税	统计
报关员 单位地址 HUARONG MANSION RM2901 NO. 85 GUANJIAQIAO NANJING 210005，CHINA 邮编：210005　电话：025-4715004　填制日期：2001-03-09		申报单位(签章)	查验	放行

8.2.4 技能训练

2011年2月份,温州名购公司与美国的KINGSTAR公司签订了购买闹钟的出口合同,现在要对这批闹钟进行报检,请完成以下两个任务:

(1) 按照下面所给的资料填制出境货物报关单。
(2) 写出名购公司报关流程。

相关资料:

卖方:WENZHOUMINKO CO.,LTD. 温州名购公司

单位登记号:3101018881

买方:KINGSTAR TRADING CO.,LTD.

电话:021-88666664,联系人:赵××

合同号:09DU17589

信用证号:JOCO10388

许可证号:CT88661125844

品名:ALARM CLOCKS(闹钟)

产品尺寸:15CM×4CM×20CM

包装:每32个装一纸箱

外箱尺寸:60CM×80CM×80CM

毛重:8KGS/CTN

净重:7.5KGS/CTN

H.S.编码:91051100

数量:9 600个

单价:USD 8.00/PC FOB WENZHOU

唛头:KSR/ 09DU17589/NEWYORK /NO.1-300/MADE IN CHINA

装运港:温州

目的港:纽约

装运期:2011年4月

船名:YAQING

航次:Voy.6080

集装箱规格、数量及号码:5×20'FCL,FSU110,FSU111,FSU112,FSU113,FSU114

产地:上海,生产单位上海利丰钟表厂;地址,上海钦州路210号;生产单位注册号,67854322

货物存放地点:温州市府东路

项 目 小 结

报关与报检是国际贸易合同履行过程中的重要环节,国家对法律法规规定的需要进行检验检疫的商品实施检验检疫,然后根据检疫相关的单证通关放行或者不准出境。另外,进出口商为了保证货物的质量、数量、安全、卫生等也会主动申请对进出口商品进行检验检疫,

以便在合同履行过程中出现纠纷时有一定的依据。通过本项目的学习,掌握报关报检的流程以及报关单、报检单的填制方式十分重要。

课 后 习 题

1. 单项选择题

(1) 某公司与美国某公司签订外贸合同,进口一台原产于日本的炼焦炉(检验检疫类别为M/),货物自美国运至青岛口岸后再运至郑州使用。报检时,《入境货物报检单》中的贸易国别、原产国、启运国家和目的地应分别填写(　　)。

　　A. 美国、日本、美国、郑州　　　　　　B. 日本、美国、美国、郑州
　　C. 日本、美国、日本、青岛　　　　　　D. 美国、日本、日本、青岛

(2) 在填制《入境货物报检单》时,不能在"贸易方式"一栏中填写(　　)。

　　A. 来料加工　　　B. 无偿援助　　　C. 观赏或演艺　　　D. 外商投资

3. 程欣公司将 KINGSTAR 公司提供的一批合金无缝钢管(法定检验,自动许可管理),委托辽宁抚顺锅炉厂有限公司制造成锅炉,出口给 KINGSTAR 公司,则在填写出境货物报关单时,备案号栏填(　　)。

　　A. 此栏为空　　　　　　　　　　　　　B. C××××××××××
　　C. Y××××××××××　　　　　　　D. B××××××××××

(4) 某企业向国外某公司购买一批原料,加工为成品后全部返销国外,在办理进口报检手续时,《进境货物报检单》的"贸易方式"一栏应填写(　　)。

　　A. 一般贸易　　　B. 外商投资　　　C. 进料加工　　　D. 来料加工

(5) 报关单上根据经营单位编码规则,编码第 6 位为"6",表示该企业的经济类型为(　　)。

　　A. 外商独资企业　　　　　　　　　　　B. 有进出口经营权的国有企业
　　C. 有进出口经营权的私营企业　　　　　D. 有进出口经营权的个体工商户

(6)《入境货物报检单》的"报检日期"一栏应填写(　　)。

　　A. 出境货物检验检疫完毕的日期　　　　B. 检验检疫机构实际受理报检的日期
　　C. 出境货物的发货日期　　　　　　　　D. 报检单的填制日期

(7) 某进出口公司向某国出口 500 吨散装小麦,该批小麦分装在一条船的 3 个船舱内,海关报关单上的"件数"和"包装种类"两个项目的正确填报应是(　　)。

　　A. 件数为 500 吨,包装种类为"吨"　　B. 件数为 1,包装种类为"船"
　　C. 件数为 3,包装种类为"船舱"　　　　D. 件数为 1,包装种类为"散装"

(8) 某公司进口一批已使用过的制衣设备,合同的品名是电动缝纫机,入境货物报检单的"货物名称"一栏应填写(　　)。

　　A. 电动缝纫机　　　　　　　　　　　　B. 制衣设备
　　C. 电动缝纫机(旧)　　　　　　　　　　D. 制衣设备(旧)

(9) 某进出口公司从香港特别行政区购进一批 SONY 牌电视机,该电视机为日本品牌,其中显像管为韩国生产,集成电路板由新加坡生产,其他零件均为马来西亚生产,最后由韩国组装成整机。该公司向海关申报进口该批电视机时,原产地应填报为(　　)。

项目八　出口报关与报检

A. 日本 　　　　　　　B. 韩国 　　　　　　　C. 新加坡 　　　　　　　D. 马来西亚

(10) 入境报检单上的"入境口岸"应填( )。

A. 入境城市名称 　　　　　　　B. 入境港口名称

C. 工厂所在地 　　　　　　　D. 以上三者都可

(11) 出境货物报检时,应填写( )。

A.《货物报检单》 　　　　　　　B.《出境货物报检单》

C.《商品报检单》 　　　　　　　D.《出境商品报检单》

2. 判断题

(1) 出境货物报关单中出口口岸栏目应填写口岸海关名称及代码。　　　　( )

(2) 填写报检单时,报检单位应加盖单位公章,所列各项内容必须填写完整、清晰、不得涂改。"标记及号码"一栏应填写实际货物运输包装上的标记,如果无标记,应填写"N/M"。　　　　( )

(3) 出境货物报关单中出口口岸栏目应填写直属海关而非隶属海关。　　( )

(4) 报关单中备案号栏目填写过程中,如代码为"B"则代表进料加工。　　( )

(5) 上海汽车进出口公司委托香港大兴汽车进出口公司进口汽车,则出境报关单中经营单位填报"上海汽车进出口公司的中文名称及编码"。　　　　　　　　　　( )

(6) 一批货物从伦敦运往杭州,中途在香港中转并且发生交易,报关单中启运国栏目填英国。　　　　　　　　　　　　　　　　　　　　　　　　　　　　　　( )

(7) 入境货物报检单的编号由报检员填写。　　　　　　　　　　　　　　　( )

(8) 报关单运费栏中填写 3/1 代表的是 3‰ 的运费率,303/15/2 代表的是运费单价为 15 英镑。　　　　　　　　　　　　　　　　　　　　　　　　　　　　　( )

(9)《入境货物报检单》的"贸易国别(地区)"必须与"启运国家(地区)"一致。
　　　　　　　　　　　　　　　　　　　　　　　　　　　　　　　　　　( )

(10) 报关单征免栏目中"1"代表的是照章征税。　　　　　　　　　　　( )

3. 简答题

(1) 简述报检的流程。

(2) 简述报检时间和地点。

(3) 简述报关的流程。

(4) 简述检疫单证的有效期。

(5) 简述检验检疫机构受理鉴定业务的范围。

(6) 简述报关期限和地点。

项目九　出口制单与收汇

 学习目标

通过对本项目的学习,学生应掌握出口制单的工作要求和主要依据;掌握审单的原则、依据和要点。掌握信用证和电汇结算方式下的收汇操作;了解托收结算方式下的结汇操作。能正确制单和收汇。

 工作任务描述

货物顺利装上船后,小张面临的下一个任务是缮制结汇单据、并办理出口收汇核销和出口退税,如何缮制结汇单据、如何审核结汇单据、如何完成出口收汇核销和出口退税,是小张要解决的三个问题。

任务内容

(1) 掌握填制各种结汇单据的方法。
(2) 掌握审核出口单据的方法。
(3) 了解出口收汇、出口收汇核销和出口退税的流程。

 工作任务实施

(1) 缮制出口结汇单据。
(2) 审核出口结汇单据。

9.1　出 口 制 单

9.1.1　常见的出口结汇单据

1. 商业发票

商业发票又称发票,是出口贸易结算单据中最重要的单据之一,所有其他单据都应以其为中心来缮制。因此,在制单顺序上,往往首先缮制商业发票。商业发票是卖方对装运货物的全面情况(包括品质、数量、价格,有时还有包装)详细列述的一种货款价目的清单。商业发票常常是卖方陈述、申明、证明和提示某些事宜的书面文件;另外,商业发票也是作为进口国确定征收进口关税的基本资料。

一般而言,发票无正副本之分。来证要求几份,制单时在此基础之上多制一份供议付行使用。如需正本,加打"ORIGIN"。

不同发票的名称表示不同用途,要严格根据信用证的规定制作发票名称。一般发票都印有"INVOICE"字样,前面不加修饰语,如信用证规定用"COMMERCIAL INVOICE"、"SHIPPING INVOICE"、"TRADE INVOICE"或"INVOICE",均可作商业发票理解。信用证如规定"DETAILED INVOICE"是指详细发票,则应加打"DETAILED INVOICE"字样,而且发票内容中的货物名称、规格、数量、单价、价格条件、总值等应一一详细列出。来证如要求"CERTIFIED INVOICE"证实发票,则发票名称为"CERTIFIED IN-VOICE"。同时,在发票内注明"We hereby certify that the contents of invoice herein are true & correct."。当然,发票下端通常印就的"E. &. O. E."(有错当查)应去掉。来证如要求"MANUFACTURE'S INVOICE"厂商发票,则可在发票内加注"We hereby certify that we are actual manufacturer of the goods invoice."。同时,要用人民币表示国内市场价,此价应低于出口FOB价。此外,又有"RECEIPT INVOICE"(钱货两讫发票)、"SAMPLE IN-VOICE"(样品发票)、"CONSIGNMENT INVOICE"(寄售发票)等。

2. 装箱单

装箱单是发票的补充单据,列明了信用证(或合同)中买卖双方约定的有关包装事宜的细节,便于国外买方在货物到达目的港时供海关检查和核对货物,通常可以将其有关内容加列在商业发票上,但是在信用证有明确要求时,就必须严格按信用证约定制作。类似的单据还有重量单、规格单、尺码单等。其中,重量单是用来列明每件货物的毛、净重;规格单是用来列明包装的规格;尺码单用于列明货物每件尺码和总尺码,或用来列明每批货物的逐件花色搭配。

装箱单名称应按照信用证规定使用。通常用"PACKING LIST"、"PACKING SPECI-FICATION"或"DETAILED PACKING LIST"。如果来证要求用"中性包装单"(NEU-TRAL PACKING LIST),则包装单名称打"NEUTRAL PACKING LIST",但包装单内不打卖方名称,不能签章。

3. 重量证

重量证是用于以重量计量、计价的商品清单。一般列明每件包装商品的毛重和净重、整批货物的总毛重和总净重;有的还须增列皮重;按公量计量、计价的商品,则须列明公量及计算公量的有关数据。凡是提供重量单的商品,一般不需提供其他包装单据。

包装单据的缮制一般在发票之后,其出单日期可以比发票晚一天(也可以按发票日期填),但一般不得晚于提单日期。在缮制时,应注意所有填列的内容应与商业发票、提单等单据完全一致,如编号(日期)、品名、包装、件数、规格、尺码、毛重、净重等,不得与信用证中货物的描述相抵触。

包装单据并无统一固定的格式,制单时可以根据信用证要求和货物特点自行设计。

包装单据一般不记载货物的单价和总和,因为进口商不想让实际买主了解货物的详细成本价格情况。

4. 体积证

不同商品有不同的包装单据,体积证明是信用证中常被要求出具的包装单据,是着重记载货物包装件的长、宽、高及总体积的清单。供买方及承运人了解货物的尺码,以便合理运输、储存及计算运费。

包装单据的缮制一般在发票之后，其出单日期可以比发票晚一天（也可以按发票日期填），但一般不得晚于提单日期。在缮制时，应注意所有填列的内容应与商业发票、提单等单据完全一致，不得与信用证中货物的描述相抵触。

包装单据并无统一固定的格式，制单时可以根据信用证要求和货物特点自行设计。

包装单据一般不记载货物的单价和总和，因为进口商不想让实际买主了解货物的详细成本价格情况。

5. 海运提单

卖方将货物交给大副（第一副船长），拿着大副签发的大副收据到船公司交运费，换取正式提单。海运提单种类繁多，就不同海运方式来分，有直运提单、转运提单、联运提单、集装箱运输提单。各船公司一般都使用自己签发的提单，内容、格式虽稍有差异，但基本一致。

提单的内容可分为固定部分和可变部分。固定部分是指提单背面的运输契约条款，这部分一般不作更改；可变部分指提单正面内容。填写提单本应是由船公司或其代理人经办，但我国许多口岸都由出口公司预填写。

海运提单与空运提单、铁路及公路运单不同，海运提单是物权的凭证，因此海运提单正面内容的填写要准确无误，不能随便涂改。有些国家的海关规定很严格，例如，巴西的圣多斯港海关规定提单不得修改，即使承运人加盖校正章也不行；又如，叙利亚海关规定，对有差错的提单处以罚款。

6. 货物运输保险单

保险单是保险人接受被保险人的申请，并交纳保险费后而订立的保险契约，是保险人和被保险人之间权利义务的说明，是当事人处理理赔和索赔的重要依据，是出口商在CIF条件下向银行办理结汇所必须提交的单据。

保险单就是一份保险合同，在保险单的正面，是特定的一笔保险交易，同时，该笔保险交易的当事人，保险标的物、保险金额险别、费率等应一一列出。在单据的背面，详细地列出了投保人、保险人、保险受益人的权利、义务以及各自的免责条款。

7. 原产地证明书

原产地证明书（Certificate of Origin）简称产地证，是证明货物原产地或制造地的证明文件。主要供进口国海关采取不同的国别政策和国别待遇。在不用海关发票或领事发票的国家，要求提供产地证明，以便确定对货物征收的税率。有的国家限制从某个国家或地区进口货物，也要求用产地证来证明货物的来源。

产地证明书一般由出口地的公证行或工商团体签发，可由中国进出口商品检验局或贸促会签发。至于产地证由谁出具或者出具何种产地证，应按信用证规定来办理。

8. 商检证书

商检证书的名称应与合同或信用证的规定相符。

商检证书是由政府商检机构或公证机构或制造厂商等对商品进行检验后出具的关于商品品质、规格、重量、数量、包装、检疫等各方面或某方面鉴定的书面证明文件。

商检证书虽然不属于国际贸易结算中的基本单据，但如果证明书中的检验结果不符合信用证或合同的规定，进口商可据此拒付或索赔。

国际贸易中商品检验证书的签发者一般是专业性检验机构，也有由买卖双方自己检验出具证书。检验证书因其本身所需证明的内容不同以及各国标准不同而有所区别。

填制商检证书时，需注意以下几点：

（1）商检证书的日期不能迟于装运日期（即提单日）。

（2）发货人（Consignor）一般为出口商，即信用证受益人。

（3）受货人（Consignee）一般为进口商，即信用证开证申请人，也可只打"To whom it may concern."（致"有关当事人"）。

（4）报验商品的品名、数量、重量及唛头应与信用证及其他单据一致。

另外，检验项目及内容应符合有关信用证的要求。

9. 受益人证明

受益人证明（Beneficiary's Certificate）是一种内容多种多样、格式简单的单据，又称 Beneficiary's Statement 或 Beneficiary's Declaration，通常要求卖方着重证明关于货物的品质、唛头、包装标志及其他寄单有关事项。

这类单据内容简单，容易制作，但制作时需严格与信用证规定的名称及内容相符。

受益人证明一般不分正本、副本，但若来证要求正本，则可在受益人证明单据的上方打上"Original"。

10. 汇票

汇票（Bill of Exchange，B/E）由出票人签发，要求受票人在见票时或在指定的日期无条件支付一定金额给其指定的受款人的书面命令。

汇票名称一般使用"Bill of Exchange"、"Exchange"或"Draft"，一般已印妥。但英国的票据法没有规定汇票必须注名称。

汇票一般为一式两份，第一联、第二联在法律上无区别。其中一联生效则另一联自动作废。中国港澳地区一次寄单可只出一联。为防止单据可能在邮寄途中遗失造成的麻烦，一般远洋单据都按两次邮寄。

11. 海关发票

海关发票（Customs Invoice）是一种特殊用途的发票，由出口商填制。往往在一些关税优惠、倾销、反倾销等类似情况出现时，供进口国海关审查货物的原产地、货物实际价格及统计定税之需。海关发票有不同种类，不同国家使用不同的格式，但内容大同小异。

12. 装船通知

装船通知（Shipping Advice/Advice of Shipment）也称装船声明（Shipping Statement/Shipment Declaration），其使用一般是根据信用证或合同要求，在货物离开起运地后，由出口商发送给进口商的通知一定数量的货物已经起运的通知文件。装船通知一方面使进口商了解船舶在航行中的动态，以便及时接货；另一方面，则起着保险通知的作用，因此通常在来证中被列为结汇单证"Documents Required"之一。

在 FOB 或 CFR 条件下，进口商需要根据装船通知来为进口货物办理保险，因此，一般要求出口商在货物离开起运地后两个工作日内向进口商发出装船通知。通知方式通常为电报

(或传真)通知,电报抄本(或传真原件)随其他单据交银行议付,极少用信函邮寄方式通知。接受装船通知的一般是进口商或进口商指定的保险公司。

9.1.2 出口结汇单据的填制方法

1. 商业发票

商业发票如图9.1所示。

1) ISSUER DESUNSOFT TRADING CO.,LTD. HUARONG MANSION RM2901 NO.,85 GUANJIAQIAO, NANJING 210005, P.R.CHINA TEL:86-25-4729178 FAX:82-25-4715619			商业发票 COMMERCIAL INVOICE		
2) TO N.E.ORIENTAL TRADING CO.,LTD. P.O. BOX 12345 CODE 55400 T-3456789 RIYADH KINGDOM OF SAUDI ARABIA			3) NO. 2001SDT001		4) DATE Sep. 30, 2001
5) TRANSPORT DETAILS SHIPMENT FROM XINGANG PORT TO DAMMAM PORT BY SEA			6) S/C NO. NEO2001/026		7) L/C NO. DES505606
^			8) TERMS OF PAYMENT L/C AT SIGHT		
9) Marks and Numbers	10) Number and kind of package Description of goods		11) Quantity	12) Unit Price	13) Amount
N/M	14) CFR DAMMAM PORT, SAUDI ARABIA				
^	ABOUT 4400 CARTONS MELON JAM 340 GMS X 24 TIN MALING BRAND AT USD.6.10 PER CARTON		4400 CARTONS	USD 6.10	USD 26840.00
^	Total:		4400 CARTONS		USD 26840.00
SAY TOTAL: USD TWENTY SIX THOUSAND EIGHT HUNDRED AND FORTY ONLY.					
15) We hereby certify that the contents of invoice herein are true and correct. 　　　　　　　　　　　　　　　　　　　　　DESUNSOFT TRADING COMANY 　　　　　　　　　　　　　　　　　　16)(出口商签字和盖单据章)					

图9.1 商业发票

1) 出票人

填写出票人(Issuer)(即出口商)的名称和地址,在信用证支付方式下,应与信用证受益人的名称和地址保持一致。

一般而言,出票人名称和地址是相对固定的,因此,有许多出口商在印刷空白发票时就印刷上这一内容。但当公司更名或搬迁后,应及时印刷新的发票,以免造成单证不符。当来证规定用公司新名称、地址时,采用新发票;而当来证规定用公司旧名称、地址时,应用旧发票。

2) 受票人

受票人(To)也称抬头人,此项必须与信用证中所规定的严格一致。多数情况下填写进口商的名称和地址且应与信用证开证申请人的名称和地址一致。如信用证无规定,即将信用证的申请人或收货人的名称、地址填入此项。如信用证中无申请人名字则用汇票付款人。在其

233

他支付方式下,可以按合同规定列入买方名址。

3) 发票号

发票号(No.)一般由出口企业自行编制。发票号码可以代表整套单据的号码,如出口报关单的申报单位编号、汇票的号码、托运单的号码、箱单及其他一系列同笔合同项下的单据编号都可用发票号码代替,因此发票号码尤其重要。有时,有些地区为使结汇不致混乱,也使用银行编制的统一编号。

应该注意的是,每一张发票的号码应与同一批货物的出口报关单的号码一致。

4) 发票日期

在全套单据中,发票是签发日最早的单据,只要不早于合同的签订日期,不迟于提单的签发日期即可。一般都是在信用证开证日期之后、信用证有效期之前。

5) 运输说明

填写运输工具或运输方式,一般还加上运输工具的名称;运输航线要严格与信用证一致。如果在中途转运,在信用证允许的条件下,应表示转运及其地点。

6) 合同号

合同号即 S/C No.。发票的出具都有买卖合同作为依据,但买卖合同不都以"S/C"为名称。有时出现"order"、"P.O."、"contract"等。因此,当合同的名称不是"S/C"时,应将本项的名称修改后,再填写该合同的号码。

7) 信用证号

信用证方式下的发票需填列信用证号(L/C No.),作为出具该发票的依据。若不是信用证方式付款,本项留空。

8) 支付条款

在支付条款(Term of Payment)中填写交易付款条件。

9) 唛头及件数编号

唛头及件数编号即 Marks and Numbers。唛头即运输标志,既要与实际货物一致,还应与提单一致,并符合信用证的规定。如信用证没有规定,可按买卖双方和厂商订的方案或由受益人自定。无唛头时,应注"N/M"或"No Mark"。如为裸装货,则注明"NAKED"或散装"In Bulk"。如来证规定唛头文字过长,用"/"将独立意思的文字彼此隔开,可以向下错行。即使无线相隔,也可酌情错开。

件数有两种表示方法,一是直接写出××件,二是在发票中记载诸如"We hereby declare that the number of shipping marks on each packages is 1~10, but we actually shipped 10 cases of goods."(兹申明,每件货物的唛头号码是从 1~10,实际装运货物为 10 箱。)之类的文句。

10) 包装种类、货物描述和件数

包装种类、货物描述和件数(Number and kind of packages, description of goods)是发票的主要部分,包括商品的名称、规格、包装、数量、价格等内容。品名规格应该严格按照信用证的规定或描述填写。货物的数量应该与实际装运货物相符,同是符合信用证的要求,如信用证没有详细的规定,必要时可以按照合同注明货物数量,但不能与来证内容有抵触。

根据 UCP600 规定,发票的商品名称不得使用统称,必须完全与信用证相符。有些国家开来的信用证中,商品名称以英语以外的第三国文字表述(如法文、德文、西班牙文等),则发票(包括其他单据)也应严格按信用证以该文字照抄。尤其是法国来证,法国海关要求收货人进口清关时必须提供法文发票,因此应至少以法文注明商品名称。

11) 数量

货物的数量(Quantity)与计量单位连用。注意该数量和计量单位既要与实际装运货物情况一致，又要与信用证要求一致。

12) 单价

单价(Unit Price)由四个部分组成，即计价货币、计量单位、单位数额和价格术语。如果信用证有规定，应与信用证保持一致；若信用证没规定，则应与合同保持一致。

13) 金额小计

单价和数量相乘得到货物金额小计(Amount)，除非信用证上另有规定，货物总值不能超过信用证金额。若信用证没规定，则应与合同保持一致。

实际制单时，若来证要求在发票中扣除佣金，则必须扣除。折扣与佣金的处理方法相同。有时证内无扣除佣金规定，但金额正好是减佣后的金额，发票应显示减佣，否则发票金额超证。有时合同规定佣金，但来证金额内未扣除，而且证内也未提及佣金事宜，则发票不宜显示，待货款收回后另行汇给买方。另外，在CFR和CIF价格条件下，佣金一般应按扣除运费和保险费之后的FOB价计算。

14) 成交条件和港口名称

填写信用证或者合同规定的价格术语加上启运港或者目的港的名称。

需要注意的有两点：①港口名称一般由港口名称加上所属国家名称构成，以避免同名港口引起争议；②当价格术语是FOB时填写启运港的名称，当价格术语是CFR、CIF等时填写目的港的名称。

15) 特殊条款

在相当多的信用证中，都出现要求在发票中证明某些事项的条款，譬如发票内容正确、真实、货物产地等证明，均应照信用证要求办理。

注意事项：凡是加注发票内容真实正确声明的，发票下印就的"E. & .O. E."应划掉。

16) 签名

根据UCP600条款规定，如果信用证没有特殊要求，发票无须签字，但是必须表明系由受益人出具；如果信用证要求签字(Signed)发票，由出口公司的法人代表或者经办制单人员代表公司在发票右下方签名，并注公司名称。

发票的出票人一般为信用证的受益人，如果是可转让信用证或其表明接受第三方单据，则出票人可为受让人或第三者。

2. 装箱单

装箱单如图9.2所示。

1) 出单方

出单方(Issuer)的名称与地址应与发票的出单方相同。在信用证支付方式下，此栏应与信用证受益人的名称和地址一致。

2) 受单方

受单方(To)的名称与地址与发票的受单方相同。多数情况下填写进口商的名称和地址，并与信用证开证申请人的名称和地址保持一致。在某些情况下也可不填，或填写"To whom it may concern"（致有关人）。

3) 发票号

发票号(Invoice No.)与发票号码一致。

4) 日期(Date)

装箱单缮制日期。应与发票日期一致，不能迟于信用证的有效期及提单日期。

1) ISSUER DESUNSOFT TRADING CO.,LTD. HUARONG MANSION RM2901 NO.85 GUANJIAQIAO, NANJING 210005, P.R.CHINA TEL:86-25-4729178 FAX:82-25-4715619			装箱单 PACKING LIST			
2) TO N.E.ORIENTAL TRADING CO.,LTD. P.O. BOX 12345 CODE 55400 T-3456789 RIYADH KINGDOM OF SAUDI ARABIA			3) INVOICE NO. 2001SDT001		4) DATE Sep. 30, 2001	
5) Marks and Numbers	6) Number and kind of package Description of goods		7) PACKAGE	8) G.W KG	9) N.W	10) Meas. CBM
N/M	ABOUT 4400 CARTONS MELON JAM 340 GMS X 24 TIN MALING BRAND AT USD 6.10 PER CARTON		4 400 CARTONS	39 494.40	35 904.00	45.60
	Total:		4 400 CARTONS	39 494.40 KGS	35 904.00 KGS	45.60 CBM
SAY TOTAL: FOUR THOUSAND FOUR HUNDRED CARTONS ONLY.						(出口商签字和盖单据章)

图 9.2 装箱单

5) 唛头及件数编号

唛头及件数编号(Marks and Numbers)与发票一致，有的注实际唛头，有时也可以只注"as per invoice No. ×××"。

6) 货物描述、包装种类和件数

货物描述、包装种类和件数(Number and kind of packages, description of goods)要求与发票一致。货名如有总称，应先注总称，然后逐项列明每一包装件的货名、规格、品种等内容。

7) 外包装件数

填写每种货物的包装件数，最后在合计栏处注明外包装总件数。

8) 毛重

注明每个包装件的毛重(G.W)和此包装件内不同规格、品种、花色货物各自的总毛重，最后在合计栏处注明总货量。信用证或合同未要求，不注也可。

9) 净重

注明每个包装件的净重(N.W)和此包装件内不同规格、品种、花色货物各自的总净重，最后在合计栏处注明总货量。信用证或合同未要求，不注也可。

10) 箱外尺寸

注明每个包装件的外尺寸(measurement)，最后在合计栏处注总货量。信用证或合同未要求，不注也可。

3. 海运提单

海运提单如图9.3所示。

Shipper 2		B/L No. 1
Consignee or order 3		
Notify address 4		
Pre-carriage by 5	Port of loading 6	**SINOTRANS** 中国外运广东公司 SINOTRANS GUANGDONG COMPANY **OCEAN BILL OF LADING**
Vessel 7	Port of transshipment 8	
Port of discharge 9	Final destination 10	SHIPPED on board in apparent good order and condition (unless otherwise indicated) the goods or packages specified herein and to be discharged at the mentioned port of discharge or as near thereto as the vessel may safely get and be always afloat. The weight, measure, marks and numbers, quality, contents and value, being particulars furnished by the Shipper, are not checked by the Carrier on loading. The Shipper, Consignee and the Holder of this Bill of Lading hereby expressly accept and agree to all printed, written or stamped provisions, exceptions and conditions of this Bill of Lading, including those on the back hereof. IN WITNESS where of the number of original Bills of Lading stated below have been signed, one of which being accomplished the other(s) to be void.
Container. seal No. or marks and Nos. 11	Number and kind of package 12	Description of goods 12	Gross weight (kgs.) 13	Measurement (m³) 14
Freight and charges 15			REGARDING TRANSHIPMENT INFORMATION PLEASE CONTACT 16	
	Prepaid at 17	Freight payable at 18	Place and date of issue 19	
Ex. rate	Total prepaid 20	Number of original Bs/L 21	Signed for or on behalf of the Master 22 As Agent	

图9.3 海运提单

1）提单号码

注明承运人及其代理人规定的提单编号(B/L No.)，以便核查。

2）托运人

填写托运人(shipper)的全称、街名、城市、国家名称及联系电话等信息。托运人可以是货主、货主代理人或是货运代理人，但在采用信用证交易时，一般填写信用证上的受益人信息。

3）收货人或指示

收货人(consignee)也叫抬头人。填写收货人的全称、街名、城市、国家名称及联系电话等内容。收货人抬头一般按照信用证中的规定进行填写；若信用证中没有规定，则可以填写记名或不记名抬头。

例如，来证要求："Full set of B/L made out to order"，提单收货人一栏则应填"To order"。

来证要求："B/L issued to order of Applicant"，此 Applicant 为信用证的申请开证人 A. Co.，则提单收货人一栏填写"To order of A. Co."。

来证要求："Full set of B/L made out our order"，开证行名称为 A Bank，则应在收货人处填"To A Bank's order"。

4）被通知人和地址

船到目的港后承运人的直接联系人。填写通知人(notify party)的全称、街名、城市、国家名称及联系电话等内容。托收项下填写买方的名址。信用证方式下按信用证规定填写；如信用证未作规定，则提单正本这一栏空白，在副本这一栏内填上信用证申请人名址；如果内容多打不下，则应在结尾部分打"*"，然后在提单"描述货物内容"栏的空白地方做同样的记号"*"，接着打完应填写的内容。这一方法对其他栏目的填写也适用；如果是记名提单或收货人指示提单且收货人有详细名址的，这一栏可以不填。

5）前程运输

如货物需转运，则填写第一程船的船名(适合联运提单)；如货物不需转运，则此栏不必填写。

6）装货港

填写装运港(port of loading)名称，且要与信用证规定一致。

7）船名

按实际装船的船名(vessel)、航次填写。如需转运，填写第二程船的船名。

8）转运港

填写转运港口(port of transhipment)，如不转船，此栏空白。

9）卸货港

填写卸货港(port of discharge)，如未转船，则填目的港。

10）最后目的地

按信用证规定的目的地填写。如果货物的最后目的地(final destination)为卸货港时，也可空白这一栏。

11）集装箱号或唛头号

集装箱运输时填上集装箱号码(container. seal No.)。若非集装箱运输，唛头按照实际运输标志填写，如果既没有集装箱号也没有唛头号(marks and Nos.)，则填"N/M"。

12）货物的件数、包装种类和货物的描述

按货物装船的实际情况填写总外包装件数(number of packages)、包装种类(kind of packages)，货物的描述(description of goods)填写货物的总名称即可。

13）毛重

填写包括货品包装重量在内的毛重(gross weight)，毛重以千克为单位，小数保留三位。

14）尺码

尺码(measurement)与装箱单上货物的总尺码一致，用立方米表示，小数保留三位。

15）运费和费用

只填运费支付情况，不填运费具体数额及计算，但信用证明确规定除外。注意与所用贸易术语的一致性，采用CIF或CFR条件，加注"运费预付"（freight prepaid）；采用FOB条件，加注"运费到付"（freight to collect 或 freight payable at destination）。

16）转船信息

转船信息(regarding transhipment information please contact)在转船情况下填写。

17）运费预付地

填写运费的预付地点，在CIF和CFR条件下，运费的支付地(prepaid at)在装运港。

18）运费支付地

填写运费的支付地点(freight payable at)，在FOB条件下，则应该在卸货港。

19）签单地点和日期

提单签发地点(place and issue)为货物实际装运的港口和接受监管的地点。但内地有的公司常采取先通过铁路运输将货物运往口岸装船，由内地的船公司代理签发海运提单。例如，由长春发往香港装船到伦敦，签单地点及签发日期后打上"Changchun，×年×月×日"，再批注"shipped on board in Hong Kong ×年×月×日"字样。这样既明确了实际签单地，也明确了在某地已装船。

海运提单签发日期(date of issue)应为装完货的日期，提单日期不得晚于装运期，已装船提单的出单日期即为提单装运日期。

20）全部预付

填写运费是否全部预付(total prepaid)。

21）正本提单份数

用大写数字填写。一般是1~3份。如来证对提单正本份数(number of original B/L)有具体规定，则按来证要求办理。如规定"Full set of B/L"（全套提单），习惯作两份正本提单解释；如来证规定"3/3 Marine bills of lading..."，则表明船公司开立的正本提单必须是三份，并且三份正本提单都要提交给银行作为议付单据。（3/3）分子数字指交银行的份数，分母数字指应制作的正本份数。近年来，信用证要求卖方在装船后寄一份正本提单给买方。这种做法于买方提货和转口贸易以及较急需或易腐烂的商品贸易有利，但对卖方而言却有货权已交出而被拒付的风险。

22）承运人或船长的签名

每张正本提单有承运人或其代理人签章才能生效。任何承运人或船长的签署必须表明其为承运人或船长。若承运人或船长的代理人的签署或证实也必须表明被代理方，如承运人或船长的名字和资格。曾经有过我国出口新加坡大米的提单未显示承运人的名字，致使我方降价出售的案例，足以说明这一问题的重要性。

23）提单背书

提单背书(endorsement)分为记名背书和空白背书。记名背书在提单背面打上"endorsed or deliver to×××Co."，然后由托运人签章。一般信用证要求空白背书，即由托运人在提单背面签章即可。

4. 原产地证书

原产地证书如图9.4所示。

2）Exporter	1）Certificate No.
	CERTIFICATE OF ORIGIN OF THE PEOPLE'S REPUBLIC OF CHINA
3）Consignee	
4）Means of transport and route	6）For certifying authority use only
5）Country / region of destination	

7）Marks and numbers	8）Number and kind of packages; description of goods	9）H.S.Code	10）Quantity	11）Number and date of invoices

12）Declaration by the exporter The undersigned hereby declares that the above details and statements are correct, that all the goods were produced in China and that they comply with the Rules of Origin of the People's Republic of China. NANJING, CHINA　Sep. 30, 2001 --- Place and date, signature and stamp of authorized signatory	13）Certification It is hereby certified that the declaration by the exporter is correct. NANJING, CHINA　Sep. 30, 2001 --- Place and date, signature and stamp of certifying authority

图9.4　原产地证书

1）证书编号

此栏不得留空，否则此证书无效。

2）出口方

填写出口方(exporter)名称、详细地址及国家(地区)，其中出口方是指具有对外贸易出口经营权的单位，也就是指经外贸主管部门正式批准，并经中国工商管理局注册批准的专业外贸公司、工贸公司、一部分自营出口的企业、中外合资企业、外商独资等企业的正式名称，一般填写有效合同的卖方，要同出口发票上的公司名称一致。地址部分要填写详细地址，包括街道名称、门牌号码。此栏要注意不能填境外的中间商，即使信用证有此规定也不行。如果经由其他国家或地区需填写转口名称时，可在出口商后面加英文"VIA"然后填写转口商名称、地址和国家地区。

3）收货人

最终收货方的名称、详细地址及国家(地区)。通常是合同的买方或信用证规定的提单通知人。如果来证要求所有单证收货人(consignee)留空，应加注"To Whom It May Concern"或"To Order"，但不得留空。若需填写转口商名称，可在收货人后面加英文"VIA"，然后加填转口商名称、地址和国家(地区)。

4）运输方式和路线

运输方式(Means of transport)填写海运、空运或陆运；路线(route)填写启运地、目的地和转运地，并应与提单所列内容一致。

例如，From Shanghai to Hong Kong On July 1, 2002, Thence Transshipped to Rotterdam By Vessel.

5）目的地国（地区）

货物最终运抵目的地的国家、地区或港口，一般应与最终收货人或最终目的港的国家或地区一致，不能填写中间商国别。

6）仅供签证机构使用

仅供签证机构使用（For certifying authority use only）栏，签证机构根据需要在此加注。例如，证书更改，证书丢失，重新补发，声明×××号证书作废等内容。

7）运输标志

运输标志（Marks and numbers）也称唛头，此栏内容应与信用证或其他单据所列的同类内容完全一致。可以是图案、文字或号码。当内容过长，可占用第7、8、9、10栏；如无运输标志，要填"No Mark"或"N/M"。

8）包装种类和件数、货物描述

此栏填写货物的数量、包装种类及商品名称。

(1) 商品要写具体名称，如杯子（Cup）、睡袋（Sleeping Bags）。不得用概括性描述，如服装（Garment）。

(2) 包装种类和数量，按具体单位填写，并用大小写分别表述。例如，"100 CARTONS (ONE HUNDRED CARTONS ONLY) OF COLOUR TV SETS"。如果是散装货，在品名后加注"IN BULK"。例如，1000吨生铁，"1000 M/T (ONT THOUSAND M/T ONLY) PIGIRON IN BULK"。

(3) 有时信用证要求加注合同号、L/C号，可加于此。

(4) 本栏的末行要打上表示结束的符号，如"---"或"＊＊＊＊"或"××××"，以防伪造或添加。

9）海关协调制度编码

四位数的海关协调制度编码（H. S. Code），即《商品分类和编码协调制度》为不同类的商品加列的商检顺序号。

10）量值

填写计算单价时使用的计量单位和数量。若以重量计算的则可填打重量，但要注明毛重或净重。也可以填写与提单相同栏目中最大包装的件数。

11）发票号和发票日期

发票号和发票日期（Number and date of invoice）必须与商业发票的同类内容完全一致，为避免月份、日期的误解，月份一律用英文表示。

12）出口方声明

此栏为出口方声明（Declaration by the exporter）、签字盖章栏。申请单位在签证机构办理登记注册手续时，必须对手签人签字与公章进行登记注册。手签人员应是本申请单位的法人代表或由法人代表指定的其他人员，并应保持相对稳定，手签人的字迹必须清楚，印章使用中英文对照章。手签人签字与公章在证书上的位置不得重合。此栏还必须填写申报地点和日期，其申报日期不得早于发票日期和申请日期。

13）签证机构证明

所申请的证书经签证机构审核人员审核无误后，由授权的签证人在此栏手签姓名并加盖签证机构印章，注明签署地点、日期。注意此栏签发日期不得早于发票日期(第10栏)和申报日期(第11栏)，因为如早于发票日期和申报日期则不符合逻辑上的时间关系。

5. 普惠制产地证明书

普惠制产地证明书(格式 A)如图 9.5 所示。

	GSP FORM A	
2) Goods consigned from(Exporter's business name address, country)	1) Certificate No.	
3) Goods consigned to(consignee's name, address, country)	CENERALIZED SYSTEM OF PREFERENCES CERTIFICATE OF ORIGIN (Combined declaration and certificate) FROM A Issued in THE PEOPLE'S REPUBLIC OF CHINA (Country) See Notes overleaf	
4) Means of transport and route(as far as known)	5) For certifying authority use only	
6) Item number	7) arks and numbers	8) umber and kind of packages; description of goods	9) Origin criterion (see Notes overleaf)	10) Gross weight or other quantity	11) Number and date of invoices
12) Certification It is hereby certified, on the basis of control carried out, that the declaration by exporter is correct	13) Declaration by the exporter The undersigned hereby declares that the above details and statements are correct; that all the goods were produced in -- and that they comply with the origin requirements specified for those goods in the Generalized System of Preferences for goods exported to -- (importing country)	
Place and date. signature and stamp of certifying authority	Place and date. signature and stamp of certifying authority	

图 9.5 普惠制产地证明书

1) 证书号码

填写签证当局编号的证书号码(reference No.)。

2) 发货人

按实际情况详细填写发货人信息(出口商名称、地址、国家)。若属信用证项下，应与规定的受益人名址、国别一致。需要注意的是，本栏目的最后一个单词必须是国家名。如为第三方发货，须与提单发货人一致。

例如：CHINA NATIONAL LIGHT INDUSTRIAL PRODUCTS
　　　IMPORT & EXPORT CORP.
　　　NO. 82 DONGANMENT STREET. BEIJING, CHINA

此栏必须填明在中国境内的出口商详址,包括街道、门牌号码和城市名称及国家名称。

3) 收货人

填写实际给惠国的最终目的地收货人名称、地址、国别,例如,"JEBSON & JESSEN. LANCEMUHREN 9,F-2000,HAMBURG,F.R.G",不得填中间商的名址。

填写时必须注意:

(1) 信用证无其他规定时,收货人一般即是开证申请人。

(2) 若信用证申请人不是实际收货人,而又无法明确实际收货人时,可以提单的被通知人作为收货人。

(3) 如果进口国为欧共体成员国,本栏可以留空或填"To be ordered"。另外,日本、挪威、瑞典的进口商要求签发"临时"证书时,签证当局在此栏加盖"临时(PROVISIONAL)"红色印章。

4) 运输方式和路线

此栏尽发货人所知,填写运输方式(海运、空运等)、起运港和目的地(目的港),应注意与其他单据保持一致。如需中途转运,也应注明。例如,BY SEA FROM XINGANG TO PARIS VIA HONGKONG。

5) 供官方使用

由进出口商检局填注。正常情况下,出口公司应将此栏留空。商检局主要在两种情况下填注:①后补证书,加盖"ISSUED RETROSPECTIVELY"(后发)的红色印章;②原证丢失,该证系补签,此栏要加盖"DUPLICATE"并声明原证作废。

但需注意的是,日本一般不接受后发证书。如为"复本",应在本栏注明原发证书的编号和签订日期,然后声明原证书作废,例如,"THIS CERTIFICATE IS IN REPLACEMENT OF CERTIFICATE OF ORIGIN NO… DATED… THIS IS CANCELLED."并加盖"DUPLICATE"红色印章。

6) 项目编号

填列商品项目,有几项则填几项。如果只有单项商品,仍要列明项目"1";如果商品品名有多项,则必须按"1、2、3……"分行列出。

7) 唛头及包装号码

唛头及包装号码应注意与发票、提单、保险单等单据保持一致。即使没有唛头,也应注明"N/M",不得留空。

例如,E.G. J & J
   6-4065
   HAMBURG
   NO.1-160

如唛头内容过多,可填在第7~9栏的空白处,或另加附页,只需打上原证号,并由签证机关授权人员手签和加盖签证章。

8) 商品名称和包装编号及类别

填写商品的具体名称,实际的包装种类和件数,应与信用证和其他单据保持一致。例如,E.G. 160(ONE HUNDRED AND SIXTY)CARTONS OF PLUSH TOYS。注意不要忘记填上包装种类及数量,并在包装数量的阿拉伯数字后用括号加上大写的英文数字,例如,上述商品名称应具体填明,其详细程度应能在 HS 的四位数字中准确归类。不能笼统填"MACHINE"、"METER"、"GARMENT"等。但商品的商标、牌名(BRAND)、货号(ART. NO.)也可不填,因这些与国外海关税则无关。商品名称等项列完后,应在末行加上表示结束的符号,以防止加填伪造内容。国外信用证有时要求填具合同、信用证号码等,可加在此栏结束符号下方的空白处。

9) 原产地标准

填写货物原料的成分比例。此栏用字最少,但却是国外海关审证的核心项目。对含有进口成分的商品,因情况复杂,国外要求严格,极易弄错而造成退证,故应认真审核。一般规定说明如下所列。

(1) "P":完全自产,无进口成分,使用"P"。
(2) "W":含有进口成分,但符合原产地标准,填"W"。
(3) "F":对加拿大出口时,含进口成分占产品出厂价40%以内者,都使用"F"。
(4) 空白:出口到澳大利亚、新西兰的货物,此栏可留空不填。

注意事项:含有进口原料成分的商品,发往瑞士、挪威、芬兰、瑞典、奥地利等欧盟成员国及日本时,都使用"W",并在字母下方标上产品的CCCN税则号(布鲁塞尔税则);发往加拿大出口的商品,产品含有进口成分占产品出厂价40%以内者,使用"F";发往澳大利亚、新西兰的商品,此栏可以空白;发往俄罗斯、白俄罗斯、乌克兰、哈萨克斯坦、捷克、斯洛伐克时,都填写"Y",并在字母下面标上百分比(占产品离岸价格的50%以下)。

10) 毛重或其他数量

毛重或其他数量与运输单据的总毛重或数量相同。例如,"3000DOZ,1500KGS"。

注意事项:此栏应以商品的正常计量单位填,如只、件、匹、双、台、打等。以重量计算的则填毛重,只有净重的,填净重亦可。但必须注明"N.W."(NET WEIGHT)。

11) 发票号和发票日期

发票号和发票日期与商业发票的同类内容完全一致。例如,"E.G.SK20005300126 20,SEPT.2000"。

注意事项:此栏不得留空,为避免月份、日期的误解,月份一律用英文缩写"JAN. FEB. MAR."等表示,发票内容必须与证书所列内容和货物完全相符。

12) 检验检疫机构的签证证明

此栏由签发此证的商检局盖章、授权人手签,并填列出证日期和地点。例如,BEIJING IMP&EXP COMMODITY INSPECTION BUREAU OF THE PEOPLE'S REPUBLIC OF CHINA NANJING JAN. 20,1995及授权签证人手签,签证当局公章等。

注意事项:本证书只在正本上签章,不签署副本。签发日期不得早于第10栏发票日期和第12栏的申报日期,也不得晚于提单的装运日期。手签人的字迹必须清楚,手签与签证章在证面上的位置不得重叠。

13) 出口商申报

出口方声明、签字、盖章栏。出口商的申明进口国横线上的国名一定要填正确。进口国一般与最终收货人或目的港的国别一致。如果难于确定,以第3栏目的港国别为准。凡货物运往欧盟15国范围内,进口国不明确时,进口国可填E.U.;申请单位的手签人员应在此栏签字、加盖中、英文对照的印章,填写申报地点、时间。例如,"BEIJING CHINA SEPT. 22,2000"。

注意事项:此栏日期不得早于发票日期(第10栏),不得迟于签证机构签发日期(第11栏);在证书正本和所有副本上盖章时避免覆盖进口国名称和手签人姓名;国名应是正式的和全称的。

6. 汇票

汇票如图9.6所示。

```
                    BILL OF EXCHANGE
凭                                          不可撤销信用证
Drawn Under ____1)_____            Irrevocable L/C No. ___2)___
日期                                        
Date  ____3)_____  支取 Pavable With interest  @____%____按____息____付款
号码                 汇票金额                     XX
No.  ___5)___        Exchange for ___6)___       XXXX ___7)___
                     见票                        日后（本汇票之副本未付）付交
                     at  ---- 8) -------         sight of this FIRST of Excheang(Second of Exchange
Beijing unpaid) Pav to the order of  ___9)___
金额
the sum of                    ___10)___

此致
To  _____11)_____
                                              ___12)___
```

图 9.6 汇票

1) 出票条款

出票条款(Drawn under)又称出票根据，要求填写开证行名称与地址。除信用证规定可以用缩写外，需根据信用证写出开证行全称及地址。如信用证未要求，则应打开证行名称、地址、开证日期。另在出票条款中，按信用证要求也可加注利息条款和费用条款。

另有些汇票，尤其是国外商人出具的汇票往往印有"value received"或"value received and charge the same to account of×××"，其后常加开证申请人，表示从议付行得到的汇票金额从开证申请人账户列支，所谓"对价收讫"。还有的来证要求在汇票内注明"Documents against payment，D/P"（凭单付款），则可在此栏中加注。

托收方式下，此栏的规范制法一般应列出其编号合同项下装运若干数量的某商品办理托收，即"Drawn under Contract No. ××against shipment of×××（包装）of×××（商品）for collection。"实务操作中，本条款也可省略不填。

2) 信用证号码

填写信用证的准确号码。

3) 开证日期

填写信用证的准确开证日期(Date)，而非出具汇票的日期。

4) 利息条款

利息条款(Interest)包括利率和计息起止日期，在远期汇票情况下使用。

5) 汇票号码

汇票号码(No.)由出票人自行编号填入，一般使用发票号兼作汇票的编号。在国际贸易结算单证中，商业发票是所有单据的核心，以商业发票的号码作为汇票的编号，表明本汇票属第×××号发票项下。实务操作中，银行也接受此栏是空白的汇票。

6) 汇票金额

此处要用数字小写(Amount in Figures)表明。填写小写金额，一般要求汇票金额(Exchange for)使用货币缩写和用阿拉伯数字表示金额小写数字。例如，USD 1234.00。大小写金额均应端正的填写在虚线格内，不得涂改，且大小写数量要一致。除非信用证另有规定，汇票金额不得超过信用证金额，而且汇票金额应与发票金额一致，汇票币别必须与信用证规定和发票所使用的币别一致。

7) 出票日期和地点

汇票的出票日期一般是提交议付日期，往往由议付行填写，在 B/L Date 之后，信用证有效期之前；地点是出口商所在地。

8) 付款期限

付款期限(Tenor)一般可分为即期付款和远期付款两类。

即期付款(payable at sight)只需在汇票固定格式栏内打上"at sight"。若已印有"at sight",可不填。若已印有"at _____ sight",应在横线上打"－－－－"。

远期付款一般有四种:

(1) 见票后××天付款,填上"at××days after sight",即以付款人见票承兑日为起算日,××天后到期付款。

(2) 出票后××天付款,填上"at××days after date",即以汇票出票日为起算日,××天后到期付款,将汇票上印就的"sight"划掉。

(3) 提单日后××天付款,填上"at××days after B/L",即付款人以提单签发日为起算日,××天后到期付款。将汇票上印就的"sight"划掉。

(4) 某指定日期付款,指定××××年××月××日为付款日。例如,"On 25th Feb. 1998",汇票上印就的"sight"应划掉。这种汇票称为"定期付款汇票"或"板期汇票"。托收方式的汇票付款期限,如D/P即期者,填"D/P at sight";D/P远期者,填"D/P at××days sight";D/A远期者,填"D/A at××days Sight"。

9) 受款人

受款人(Payee)也称"抬头人"或"抬头"。

汇票的抬头人通常有三种写法:

(1) 指示性抬头(Demonstrative order)。例如,"付××公司或其指定人"(Pay××Co., or order; pay to the order of××Co.)。

(2) 限制性抬头(Restrictive order)。例如,"仅付××公司(Pay××Co. only)"或"付××公司,不准流通"(Pay××Co. Not negotiable)。

(3) 持票人或来票人抬头(Payable to bearer)。例如,"付给来人"(Pay to bearer)。这种抬头的汇票无须持票人背书即可转让。

在我国对外贸易中,指示性抬头使用较多,在信用证业务中要按照信用证规定填写。若来证规定"由中国银行指定"或来证对汇票受款人未规定,此应填上"pay to the order of Bank of China"(由中国银行指定);若来证规定"由开证行指定",此栏应填上"Pay to the order of××Bank"(开证行名称)。

10) 汇票金额

汇票金额(the sum of)要用文字大写(Amount in words)表明。填大写金额,先填写货币全称,再填写金额的数目文字,句尾加"only"相当于中文的"整"字。例如,UNITED STATES DOLLARS ONE THOUSAND TWO HUNDRED AND THIRTY FOUR ONLY。大小写金额均应端正的填写在虚线格内,不得涂改,且必须与汇票的小写金额一致。除非信用证另有规定,汇票金额不得超过信用证金额,而且汇票金额应与发票金额一致,汇票币别必须与信用证规定和发票所使用的币别一致。

11) 付款人

付款人(payer)又称受票人。根据UCP600规定,信用证方式的汇票以开证行或其指定银行为付款人,不应以申请人为汇票的付款人。如果信用证要求以申请人为汇票的付款人,银行将视该汇票为一份附加的单据;而如果信用证未规定付款人的名称,汇票付款人也应填开证行名称。

在信用证业务中,汇票付款人是按信用证"draw on××"、"draft on××"或"drawee"确定。例如,"… available by beneficiary's draft(s)on applicant"条款表明,以开证申请人为付款人;又如,"… available by draft(s)drawn on us"条款表明,以开证行为付款人;

再如,"drawn on yourselves/you"条款表明以通知行为付款人。信用证未明确付款人名称者,应以开证行为付款人。

12) 出票人

出票人(drawer)在汇票右下角,一般是合同的卖方,由法人签名。

7. 保险单

保险单简称为保单以中国人民保险公司保险单为例,如图9.7所示。

1) 被保险人

被保险人一般为信用证受益人。在FOB或CFR价格条件下,如国外买方委托卖方代办保险,此栏可做成"×××(卖方)on behalf of ×××(买方)",并按此形式背书。

2) 保险货物项目

填写商品的名称,可以用总称。

3) 包装及数量

填写商品外包装的数量及种类;裸装货注明本身件数;散装货注明净重;有包装但以重量计价的,应将包装数量与计价重量都注上。

4) 保险金额

按信用证规定的金额及加成率投保。一般按CIF或CIP或发票金额的110%投保。保险金额不要小数,出现小数时无论多少一律向上进位。发票如需扣除佣金或折扣,则按扣除前的毛值投保。

5) 承保险别

按信用证规定的承保险别填写,包括险别和险别使用的文本和日期。

6) 唛头

与商业发票上的唛头一致。如内容比较复杂也可以简单填写"as per invoice NO.×××"。

7) 总保险金额

填入保险金额的大写,计价货币也应以全称形式填入。

8) 保费

如信用证无特别规定,此两栏一般打"as arranged"(按协商)。

9) 装载运输工具

如果海运,如实填写承运船名及航次。如需转运,且已知第二程船名,则在一程船名后加打二程船名,例如,提单中一程船名为"Mayer",二程为"Sinwai"则填"Mayer/Sinwai";如不知二程船名,则在一程船名后打"&/or steamers";如使用陆海联运,则在一程船名后加"&/or other conveyance";如使用陆空陆联运,可填写"by train/air/truck"。

10) 开航日期

一般填写提单签发日期,也可简单地填写"as per B/L"。如为备运提单,应填装船日。按照UCP600,也允许填写提单签发前5天之内的任何一天的日期。此栏目出保单时可暂时不填,待签发提单后再填不迟。

11) 起讫地点

填写货物的起运地和目的地(如有转运,必须注明转运港名称,尤其是转到内陆目的地的,更要注明卸货港名称)。

12) 赔款偿付地点及赔款币种

一般填运输目的地。币种采用信用证或汇票所用货币。

中保财产保险有限公司

The People's Insurance (Property) Company of China,Ltd

发票号   保险单号次
Invoice No.   Policy No.

海 洋 货 物 运 输 保 险 单

MARINE CARGO TRANSPORTATION INSURANCE POLICY

被保险人   1
Insured

    中保财产保险有限公司(以下简称本公司)根据被保险人的要求，及其所缴付约定的保险费，按照本保险单承担险别和背面所载条款与下列特别条款承保下列货物运输保险，特签发本保险单。

    This policy of Insurance witnesses that the People's Insurance (Property) Company of China, Ltd. (hereinafter called "The Company"), at the request of the Insured and in consideration of the agreed premium paid by the Insured, undertakes to insure the undermentioned goods in transportation subject to conditions of the Policy as per the Clauses printed overleaf and other special clauses attached hereon.

保险货物项目 Descriptions of Goods	包装 单位 数量 Packing Unit Quantity	保险金额 Amount Insured
2	3	4

承保险别 Conditions	货物标记 Marks of Goods
5	6

总保险金额： Total Amount Insured:	7	
保费 Premium 8	载运输工具 Per conveyance S.S 9	开航日期 Slg. on or abt 10
起运港 Form 11	目的港 To 11	

    所保货物，如发生本保险单项下可能引起索赔的损失或损坏，应立即通知本公司下述代理人查勘。如有索赔，应向本公司提交保险单正本(本保险单共有_____份正本)及有关文件。如一份正本已用于索赔，其余正本则自动失效。

    In the event of loss or damage which may result in acclaim under this Policy, immediate notice must be given to the Company's Agent as mentioned here under. Claims, if any, one of the Original Policy which has been issued in original(s) together with the relevant documents shall be surrendered to the Company. If one of the Original Policy has been accomplished, the others to be void.

赔款偿付地点
Claim payable at   12
日期
Date   13
地址
Address   14

图 9.7 保险单

13) 保单日期

填保险单的出单日期。

保险手续要求在货物离开出口仓库前办理。保险单的日期相应填写货物离开仓库的日期，或至少填写早于提单签发日、发运日或接受监管日。

14)保险代理

填写保险公司在目的地的代理机构的名称及联系地址(由保险公司提供)。

15)保险单背书

保险单背书有空白背书和记名背书两种方法。出口人在交单时必须将保险单作背书转让,以便买方在发生由承保风险引起的损失时能取得保险公司的赔付。来证如无特殊规定,应做成空白背书。

9.1.2 应用实例

以 1 "1.1.2 应用实例"中的唐朝公司和 F.F. 公司为例,根据信用证的规定,唐朝公司备齐了全套议付单据(3/3 海运提单正本、商业发票、装箱单、普惠制产地证、汇票、受益人证明、货物运输保险、客检证单,如图 9.8~图 9.15 所示),于 4 月 2 日向议付银行——中国银行江苏省分行交单议付。

ISSUER NANJING TANG TEXTILE GARMENT CO., LTD. HUARONG MANSION RM2901 NO.85 GUANJIAQIAO,NANJING 210005, CHINA		商业发票 COMMERCIAL INVOICE	
TO FASHION FORCE CO., LTD. P.O.BOX 8935 NEW TERMINAL, ALTA, VISTA OTTAWA, CANADA		NO. NT01FF004	DATE Mar.20, 2001
TRANSPORT DETAILS SHIPMENT FROM SHANGHAI TO MONTREAL BY VESSEL		S/C NO. F01LCB05127	L/C NO. 63211020049
		TERMS OF PAYMENT L/C AT SIGHT	
Marks and Numbers	Number and kind of package Description of goods	Quantity	Unit Price / Amount USD
FASHION FORCE F01LCB05127 CTN NO. MONTREAL MADE IN CHINA			CIF MONTREAL, CANADA
	LADIES COTTON BLAZER (100% COTTON, 40S×20/140×60)	2550 PCS	USD 12.80 / USD 32640.00
	Total:	2550 PCS	USD 32640.00
SAY TOTAL: USD THIRTY TWO THOUSAND SIX HUNDRED AND FORTY ONLY SALES CONDITIONS: CIF MONTREAL/CANADA SALES CONTRACT NO. F01LCB05127 LADIES COTTON BLAZER (100% COTTON, 40S×20/140×60)			
STYLE NO.　　PO　　　QTY/PCS　　　　　USD/PC 46-301A　　　10337　　2550　　　　　　　12.80			
			(出口商签字和盖单据章)

图 9.8 商业发票

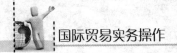

南京唐朝纺织服装有限公司
NANJING TANG TEXTILE GARMENT CO., LTD.

DEAILED PACKING LIST

TO:	FASHION FORCE CO., LTD.	INVOICE NO.:	NT01FF004
	P.O.BOX 8935 NEW TERMINAL, ALTA,	INVOICE DATE:	2001-03-20
	VISTA OTTAWA, CANADA	S/C NO.:	F01LCB05127
		S/C DATE:	2000-12-26

FROM: SHANGHAI　　　　　TO: MONTREAL
Letter of Credit No.: 63211020049　　Date of Shipment: 2001-03-20

CTN NO	TNS	DESIGNS/COLORS	STYLE NO	SIZE ASSORTMENT PER CARTON						PCS/CNT	TOTAL PCS/CNTS	G.W./CTN	N.W./CTN	MEAS./CTN	CBM/CTN
				10	12	14	16	18	20						
1/18	18	BLACK	46-301A	14						14	252	15	10	97×72×12	0.084
19/56	38	BLACK			14					14	532				
57/106	50	BLACK				13				13	650			98×76×12	0.089
107/149	43	BLACK					12			12	516				
150/175	25	BLACK						12		12	300			99×80×11	0.087
176/194	19	BLACK							12	12	228				
196	1	WHITE		11						11	11				0.084
197	1	WHITE			9	3				12	12				
198	1	WHITE				13				13	13				0.089
199	1	WHITE				3	9			12	12				
200	3	WHITE					4			4	12				0.087
201	1	WHITE						2	10	12	12				
TOTAL 201										2550	3015	2010			17.51

SHIPPING MARKS: FASHION FORCE/F01LCB05127/CTN NO./MONTREAL/MADE IN CHINA
SALES CONDITIONS: CIF MONTREAL/CANADA
SALES CONTRACT NO. F01LCB05127
LADIES COTTON BLAZER (100% COTTON, 40S×20/140×60)

STYLE NO.	PO NO.	QTY/PCS	USD/PC
46-301A	10337	2 550	12.80

(出口商签字和盖单据章)

图9.9　装箱单

		B/L No. COS6314203208
Shipper NANJING TANG TEXTILE GARMENT CO., LTD. HUARONG MANSION RM2901 NO. 85 GUANJIAQIAO, NANJING 210005, CHINA		中远集装箱运输有限公司 **COSCO CONTAINER LINES** TLX: 33057 COSCO CN FAX: +86(021) 6545 8984 ORIGINAL Port-to-Port or Combined Transport
Consignee or order TO THE ORDER OF BNP PARIBAS (CANADA)		
Notify address FASHION FORCE CO., LTD P.O.BOX 8935 NEW TERMINAL, ALTA, VISTA OTTAWA, CANADA		**BILL OF LADING** RECEIVED in external apparent good order and condition except as other-Wise noted. The total number of packages or unites stuffed in the container, The description of the goods and the weights shown in this Bill of Lading are Furnished by the Merchants, and which the carrier has no reasonable means Of checking and is not a part of this Bill of Lading contract. The carrier has Issued the number of Bills of Lading stated below, all of this tenor and date, One of the original Bills of Lading must be surrendered and endorsed or sig-Ned against the delivery of the shipment and whereupon any other original Bills of Lading shall be void. The Merchants agree to be bound by the terms And conditions of this Bill of Lading as if each had personally signed this Bill of Lading. SEE clause 4 on the back of this Bill of Lading (Terms continued on the back Hereof, please read carefully). *Applicable Only When Document Used as a Combined Transport Bill of Lading.
Combined Transport Pre-carriage by	Combined Transport Place of Receipt	
Ocean Vessel voy. No. HUA CHANG V.09981	Port of Landing SHANGHAI	
Port of discharge MONTREAL	Combined Transport place of delivery MONTREAL	

Container. seal No. or marks and Nos.	Number and kind of package	Description of goods	Gross weight (kgs.)	Measurement (m³)
FASHION FORCE 201 F01LCB05127 CTN NO. MONTREAL MADE IN CHINA MSKU2612114 / 168131 6 20'	CARTONS	SHIPPER'S LOAD&COUNT&SEAL SAID TO CONTAINER ONLY SALES CONDITIONS: CIF MONTREAL/CANADA SALES CONTRACT NO. F01LCB05127 LADIES COTTON BLAZER (100% COTTON, 40S×20/140×60) STYLE NO. PO NO. QTY/PCS USD/PC 46-301A 10337 2 550 12.80 1×20' GP FCLS CY-CY CLEAN ON BOARD FREIGHT PREPAID	3015.000KGS	17.510 M3

		Freight and charges Declared Value Charge	REGARDING TRANSHIPMENT INFORMATION PLEASE CONTACT
Ex. rate	Prepaid at	Freight payable at	Place and date of issue SHANGHAI PORT MAR.20,2001
	Total prepaid	Number of original Bs/L THREE	Signed for or on behalf of the Master As Agent

图 9.10 提单

	ORIGINAL	
1. Goods consigned from (Exporter's business name, address, country) NANJING TANG TEXTILE GARMENT CO., LTD. HUARONG MANSION RM2901 NO.85 GUANJIAQIAO, NANJING 210005, CHINA		Reference No. GENERALIZED SYSTEM OF PREFERENCES CERTIFICATE OF ORIGIN (Combined declaration and certificate)
2. Goods consigned to (Consignee's name, address, country) FASHION FORCE CO., LTD. P.O.BOX 8935 NEW TERMINAL, ALTA, VISTA OTTAWA, CANADA		FORM A Issued in THE PEOPLE'S REPUBLIC OF CHINA (country) See Notes overleaf
3. Means of transport and route (as far as known) SHIPMENT FROM SHANGHAI TO MONTREAL BY VESSEL		4. For official use

5. Item number	6. Marks and numbers of packages	7. Number and kind of packages; scription of goods	8. Origin criterion (see Notes overleaf)	9. Gross weight or other quantity	10. Number and date of invoices
1	FASHION FORCE F01LCB05127 CTN NO. MONTREAL MADE IN CHINA	SALES CONDITIONS: CIF MONTREAL/CANADA SALES CONTRACT NO. F01LCB05127 LADIES COTTON BLAZER (100% COTTON, 40S×20/140×60) STYLE NO. PONO. QTY/PCS USD/PC 46-301A 10337 2 550 12.80 ***********************************	"P" ***** * TOTAL:	2550 PCS ********** 2 550 PCS	NT001FF004 Mar.20,2001

11. Certification It is hereby certified, on the basis of control carried out, that the declaration by the exporter is correct. (出入境检验检疫局或贸促会盖 FORMA 章) NANJING, JIANGSU MAR.20, 2001 -- Place and date, signature and stamp of certifying authority	12. Declaration by the exporter The undersigned hereby declares that the above details and statements are correct, that all the goods were produced in ——— **CHINA** ——— (country) and that they comply with the origin requirements specified for those goods in the Generalized System of Preferences for goods exported to **CANADA** -- (出口商签字和盖章) -- Place and date, signature and stamp of authorized signatory

图 9.11 普惠制产地证

BILL OF EXCHANGE

凭 Drawn Under	BNP PARIBAS(CANADA)MONTREAL	不可撤销信用证 Irrevocable L/C No.	63211020049
日期 Date	Jan.29,2001	支取 Payable With interest @ ____% 按____息____付款	
号码 No.	NT01FF004	汇票金额 Exchange for	USD32640.00	浙江 Zhejiang

见票 at ____ 日后（本汇票之副本未付）付交 sight of this FIRST of Excheang(Second of Exchange Beijing unpaid) Pay to the order of NANJING TANG TEXTILE.GARMENT CO., LTD.

金额 the sum of　USD THIRTEEN THOUSAND TWO HUNDRED AND SIXTY ONLY.

此致 To　FASHION FORCE CO., LTD.

图 9.12　汇票

南京唐朝纺织服装有限公司
NANJING TANG TEXTILE GARMENT CO., LTD.
HUARONG MANSION RM2901　NO.85 GUANJIAQIAO,NANJING CHINA
TEL：0086-25-4715004　FAX：0086-25-4711363

CERTIFICATE

To:　FASHION FORCE CO., LTD.　　　　　　Invoice No.： NT01FF004
　　P.O.BOX8935 NEW TERMINAL, ALTA,
　　VISTA OTTAWA, CANADA　　　　　　　Date：　Mar.20,2001

　　WE CERTIFY HEREBY THAT ORIGINAL CERTIFICATE OF ORIGINFORM A ,ORIGINAL EXPORT LICENCE, COPY OF COMMERCIAL INVOICE, DETAILED PACKIVG LISTS AND A COPY OF BILL OF LADING WERE SENT DIRECT TO APPLICANT BY COURIER WITHIN 5 DAYS AFTER SHIPMENT. THE RELEATIVE COURIER RECEIPT IS ALSO REQUIRED FOR PRESENTATION.

(出口商签字和盖单据章)

图 9.13　受益人证明

PICC

中国人民保险公司南京市分公司
The People's Insurance Company of China Nanjing Branch

总公司设于北京　　　一九四九年创立
Head Office Beijing　　Established in 1949

货物运输保险单
CARGO TRANSPORTATION INSURANCE POLICY

发票号（INVOICE NO.）　NT001FF004
合同号（CONTRACT NO）　F01LCB05127
信用证号（L/C NO.）　63211020049
被保险人：NANJING TANG TEXTILE GARMENT CO., LTD.
Insured: 南京唐朝纺织服装有限公司

保单号次
POLICY NO.　NJ93/GJ20010165

中国人民保险公司(发下简称本公司)根据被保险人的要求,由被保险人向本公司缴付约定保险费,按照本保险单承担保险别和背面所载条款与下列特效承保下述货物运输保险,特立本保险单。

THIS POLICY OF INSURANCE WITNESSES THAT THE PEOPLE'S INSURANCE COMPANY OF CHINA(HEREINAFTRER CALLED "THE COMPANY")AT THE REQUEST OF THE INSURED AND IN CONSIDERATION OF THE AGREED PREMIUM PAID TO THE COMPANY BY THE INSURED,UNDERTAKES TO INSURE THE UNDERMENTIONED GOODS IN TRANSPORTATION SUBJECT TO THE CONITIONS OF THIS OF THIS POLICY AS PER THE CLAUSES PRINTED OVERLEAF AND OTER SPECIL CLAUSES ATTACHED HEREON.

标　记 MARKS & NOS	包装及数量 QUANTITY	保险货物项目 DESCRIPTION OF GOODS	保险金额 AMOUNT INSURED
AS PER INVOICE NO. NT001FF004	201CARTONS	LADIES COTTON BLAZER (100% COTTON,40S×20/1 40×60)	USD 3 590.40

总保险金额
TOTAL AMOUNT INSURED: U.S.DOLLAR THREE THOUSAND FIVE HUNDRED AND NINETU ONLY.

保费：　　　　　　　启运日期
PROMIUM:　AS ARRANGED　　COMMENCEMENT:　AS PER B/L　　PER CONVEYANCE:　BU SEA

自　　　　　　　　　经
FROM:　SHANGHAI　　　VIA　　　　　　　　　　　TO:　MONTREAL

承保险别:
CONDITIONS:
　　COVERING ALL RISKS, INSTITUTE CARGO CLAUSES, INSTITUTE STRIKES,
　　INSTITUTE WAR CLAUSES AND CIVIL COMMOTIONS CLAUSES.

所保货物,如发生保险单项下可能引起索赔的损失或损坏,应立即通知本公司下述代理人查勋。如有索赔,应向公司提交保单正本(本保险单共有　TWO　份正本)及有关文件。如一份正本已用于索赔,其余正本自动失败。

IN THE EVENT OF LOSS OR DAMAGE WITCH MAY RESULT IN A CLAIM UNDER THIS POLICY, IMMEDIATE NOTICE MUST BE GIVEN TO THE COMPANY'S AGENT AS MENTIONED HEREUNDER. CLAIMS,IF ANY,ONE OF THE ORIGINAL POLICY WHICH HAS BEEN ISSUED IN　TWO　ORIGINAL(S)TOGETHER WITH THE RELEVENT DOCUMENTS SHALL BE SURRENDERED TO THE COMPANY. IF ONE OF THE ORIGINAL POLICY HAS BEEN ACCOMPLISHED. THE OTHERS TO BE VOID.

中国人民保险公司南京市分公司
The People's Insurance Comp any of China
Nanjing Branch

FASHION FORCE CO., LTD.
P.O.BOX 8935 NEW TERMINAL,ALTA,
VISTA OTTAWA, CANADA

(保险公司负责人签名、保险公司盖保单专用章)

赔款偿付地点
CLATM PAYABLEAT　CANADA
出单日期
ISSUING DATE　MAR.16, 2001　　制单: H2　复核: D2　Authorized Signature

地址(ADD): 中国南京石鼓路 225 号　　　　　电话(TEL):(025)6521049
邮编(POST CODE): 210029　　　　　　　　　传真(FAX):(025)4404593

图 9.14　货物运输保险单

FASHIONFORCE CO., LTD.
FINAL INSPECTION REPORT

To: NANJING TANG TEXTILE GARMENT CO., LTD.
From: FASHION FORCE CO., LTD.
Date: MARCH6, 2001   Location: FASHION FORCE   Insp.No: 03-06-085
Style No: 46-301A   P.O. No: 10337   Quantity: 4 PCS(10, 12, 16, 18,)
Description: LADIES COTTON BLAZER   Label: SMART SET
Fabric: 100% COTTON, 40S×20/140×60   Color: BLACK, WHITE

Insp.category	Major	Minor		Insp.Category	Major	Minor	
Style ■o.k. □defect □not inspected				Workmanship ■o.k. □defect □not inspected			
Measurement ■o.k. □defect □not inspected							
Fitting ■o.k. □defect □not inspected				Llabeling ■o.k. □defect □not inspected			
Accessories ■o.k. □defect □not inspected				Packing ■o.k. □defect □not inspected			

Inspection Decision
Acceptance: ■
Rejection: □
Hold shipment: □
Reason: _____

(进口商签字和盖章)

图 9.15 客检证

9.1.3 技能训练

根据下述的 L/C 缮制一份对应的汇票。

FROM：OVERSEAS UNION BANK LTD.，SINGAPORE
TO：BANK OF CHINA，JIANGXI BRANCH
FORM OF DOC. CREDIT   *40 A：IRREVOCABLE
DOC. CREDIT NUMBER   *20：K04/232

DATE OF ISSUE   *31C: 04/02/24
EXPIRY   *31D: DATE 04/04/23 PLACE CHINA
APPLICANT   *50: KWONG FOO YOUNG CO., LTD.
                        34 JALAP STREET, 50050 SINGAPORE
BENEFICIARY   *59: JIANGXI FRUITS AND VEGETABLES IMP. AND EXP. CO., LTD. 188 WAIMA ROAD, NANCHANG, CHINA
AMOUNT   *32B: CURRENCY USD AMOUNT 5850.00
AVAILABLE WITH /BY   *41D: ANY BANK BY NEGOTIATION
DRAFT AT...   *42C: DRAFTS AT SIGHT FOR FULL INVOICE VALUE
DRAWEE   *42D: OVERSEAS UNION BANK LTD., SINGAPORE
PARTIAL SHIPMENTS   *43P: ALLOWED
TRANSSHIPMENT   *43T: NOT ALLOWED
LOADING IN CHARGE   *44A: ANY SEA PORT IN CHINA
FOR TRANSPORT TO   *44B: SINGAPORE
LATEST DATE OF SHIP   *44C: 04/04/13
DESCRIPT. OF GOODS   *45A: BEAN CURD AND VINEGAR BEAN CURD, 200 CTNS, USD 12.75 PER CTN, VINEGAR, 200 JARS, USD 16.50 PER JAR, CIF SINGAPORE GOODSARE AS PER S/C NO KFY1013/2003.
DOCUMENTS REQUIRED   *46A:

+SIGNED COMMERCIAL INVOICE, 3 FOLD.

+PACKING LIST, 3 FOLD.

+FULL SET CLEAN ON BOARD OCEAN BILLS OF LADING ISSUED TO OUR ORDER, MARKED "FREIGHT PREPAID" AND NOTIFY APPLICANT.

+CERTIFICATE OF ORIGIN IN ONE ORIGINAL.

+INSURANCE POLICY OR CERTIFICATE IN DUPLICATE FOR 110 PCT OF THE INVOICE VALUE COVERING ALL RISKS AS PER CIC.

ADDITIONAL CONDITON   *47A: 1. A DISCREPANCY FEE OF USD 50.00 WILL BE DEDUCTED FOR EACH SET OF DOCUMENTS BEARING DISCREPANCIES. 2. THIS DOCUMENTARY CREDIT IS SUBJECT TO ICC PUBLICATION600.

PRESENTATION PERIOD   *48: DOCUMENTS TO BE PRESENTED WITHIN 10 DAYS AFTER ISSUANCE OF B/L BUT WITHIN THE VALIDITY OF THE CREDIT.

CONFIRMATION INSTRUCTIONS *49: WITHOUT

DETAILS OF CHARGES   *71B: ALL BANKING COMMISSION AND CHARGES OUTSIDE SINGAPORE ARE FOR THE ACCOUNT OF THE BENEFICIARY.

INSTRUCTIONS   *78: UPON RECEIPT AND TAKING UP OF DOCUMENTS WE WILL REMIT THE PROCEED ACCORDING TO YOUR INSTRUCTIONS.

应用案例 9.1

国外客商开来不可撤销即期议付信用证，其中规定：装运不迟于 2007 年 4 月 30 日（shipment not later than 30/4/2007）。我出口企业于 2007 年 4 月 20 日将货物装上船后，按信用证规定备妥各项单据，于 4 月 25 日向银行交单，要求议付。出口企业所提交的单据中，海运提单表明装船日期为 2007 年 4 月 20 日；保险单中的"交运日期"（date of consignment）一栏注明"按提单"（as per B/L），保险单的出单日期为 4 月 23 日。银行是否会接受上述保险单？请说明理由。

分析：银行将不会接受该保险单。由于保险公司承担的保险责任自保险单的出单日期起生效。按照 UCP600 规定，受益人提交的保险单的出单日期不得晚于提单的出单日期，除非保险单声明保险责任自货物装运时起生效；否则银行有权拒收单据，拒付货款。

9.2 出口审单

9.2.1 单据的审核

1. 单据审核的要求和方法

（1）核算。在制单前，须将单证中很多需要计算的数据，如货物的尺码、毛重、净重、发票的单价、总价、中间商的佣金等，逐项认真加以核算。

（2）备单。根据信用证要求把本批出口货物所需要各种空白单据，按需要的份数逐一配妥备用，既可以防止某一单据的漏制，又能提高制单工作效率。

（3）制单。完成了上述工作以后，即可以着手制单。制单一般可先从发票和装箱单开始，因为发票记载的内容比较全面，它是一切单证的中心。发票制妥后，就可以参照发票的内容缮制其他单证。

（4）审单。单据制妥后，要求制单人员自审一遍，如有差错立即更正，以确保"安全、及时收汇"。

在信用证方式下，审单的依据是信用证条款。在托收方式下，审单的依据是买卖合同。

审单的基本要求为：①单据齐全；②各种单据份数符合合同和信用证要求，内容和签章完整；③各种单据的名称和内容与信用证相符；④各种单据之间内容相互一致；⑤各种单证的签发日期没有矛盾。

单证审核的基本方法有以下两种：①纵向审核法，即以信用证或合同（在非信用证付款条件下）为基础对规定的各项单据进行——审核，要求有关单据的内容严格符合信用证的规定，做到"单证相符"；②横向审核法，即在纵向审核的基础上，以商业发票为中心审核其他规定的单据，使有关的内容相互一致，做到"单，单相符"。

2. 单据审核的重点

（1）综合审核的要点：①检查规定的单证是否齐全包括所需单证的份数；②检查所提供的文件名称和类型是否符合要求；③有些单证是否按规定进行了认证；④单证之间的货物描述、数量、金额、重量、体积、运输标志等是否一致；⑤单证出具或提交的日期是否符合要求；⑥更正处是否签字、盖章；⑦各单据的出单日期之间是否合理、符合惯例；⑧信用证对单据的特殊要求是否都有体现。

(2) 商业发票的要点：①单据名称应与信用证规定一致；②抬头人必须符合信用证规定；③签发人必须是受益人；④商品的描述必须完全符合信用证的要求；⑤商品的数量必须符合信用证的规定；⑥单价和价格条件必须符合信用证的规定；⑦提交的正副本份数必须符合信用证的要求；⑧信用证要求表明和证明的内容不得遗漏；⑨发票的金额不得超出信用证的金额，如数量、金额均有"大约"，可按10%的增减幅度掌握。

(3) 装箱单的要点：①内容要与商业发票、提单、保险单等其他单据相一致；②一般不显示货物的单价和总价；③单据名称应与信用证规定一致；④重量一般以千克为单位，体积以立方米为单位；⑤一般体现货物总的外包装件数，有对应的大写；⑥填写不同货号商品的包装序列号；⑦出单时间不得早于发票时间。

(4) 运输单据的要点：①类型须符合信用证的规定；②起运地、转运地、目的地须符合信用证的规定；③装运日期/出单日期须符合信用证的规定；④收货人和被通知人须符合信用证的规定；⑤商品名称可使用货物的统称。但不得与发票上货物说明的写法相抵触；⑥运费预付或运费到付须正确表明；⑦正副本份数应符合信用证的要求；⑧运输单据上不应有不良批注；⑨包装件数须与其他单据相一致；⑩唛头须与其他单据相一致；⑪全套正本都须盖妥承运人的印章及签发日期章；⑫应加背书的运输单据，须加背书；⑬是否有已装船批注。

(5) 保险单据的要求：①保险单据必须由保险公司或其代理出具；②投保加成必须符合信用证的规定；③保险险别必须符合信用证的规定并且无遗漏；④保险单据的类型应与信用证的要求相一致，除非信用证另有规定，保险经纪人出具的暂保单银行不予接受；⑤保险单据的正副本份数应齐全，如保险单据注明出具一式多份正本，除非信用证另有规定，所有正本都必须提交；⑥保险单据上的币制和理赔地点应与信用证上的规定相一致；⑦包装件数、唛头等必须与发票和其他单据相一致；⑧运输工具、起运地及目的地都必须与信用证及其他单据相一致；⑨如转运，保险期限必须包括全程运输；⑩除非信用证另有规定，保险单的签发日期不得迟于运输单据的签发日期；⑪除信用证另有规定，保险单据一般应作成可转让的形式，以受益人为投保人，由投保人背书；⑫保险公司在目的地的保险代理人应有全称和详细地址。

(6) 汇票的要点：①汇票的付款人名称、地址是否正确；②汇票上金额的大、小写必须一致；③付款期限要符合信用证或合同（非信用证付款条件下）规定；④检查汇票金额是否超出信用证金额，如有信用证金额前有"大约"一词可按10%的增减幅度掌握；⑤出票人、受款人、付款人都必须符合信用证或合同（非信用证付款条件下）的规定；⑥币制名称应信用证和发票上的相一致；⑦出票条款是否正确如出票所根据的信用证或合同号码是否正确；⑧是否按需要进行了背书；⑨汇票是否由出票人进行了签字；⑩汇票份数是否正确如"只此一张"或"汇票一式二份有第一汇票和第二汇票"

其他单据如重量单、产地证书、商检证书等，均须先与信用证的条款进行核对，再与其他有关单据核对，求得单、证一致，单、单一致。

3. 审核中常见的问题

(1) 商业发票常见的问题：①商业发票不是由信用证中指定的受益人签发的；②商业发票的抬头人不是信用证的开证申请人；③商业发票中受益人或申请人的名称或地址有误；④品名规格与信用证要求不符；⑤商品数量和金额与信用证要求不符；⑥商业发票上的单价与信用证规定不符；⑦商业发票漏打贸易术语；⑧运输标志中的号码与货物件数不符；⑨商业发票未按信用证的要求作声明、签证或证实等；⑩所交的商业发票份数不足；⑪在商业发票需要签署时,签署方式不符信用证的要求;⑫其他不符信用证的规定。

(2) 装箱单据常见的问题:①单据的名称不符合信用证的要求;②装箱单的签发人与商业发票不一致;③装箱单上的买方名称与商业发票不一致;④装箱单所列的发票号码和日期与发票不一致;⑤有关货物的描述不符信用证的规定;⑥包装种类不符信用证的规定;⑦在信用证有要求时,未列明每箱的毛重、净重及尺码;⑧运输标志和装箱方式与其他单据不一或与信用证不符;⑨货物的重量和体积与其他单据不符;⑩货物的箱号和件数有矛盾;⑪信用证中规定的其他事项未被遵守。

(3) 运输单据常见的问题:①发货人、收货人和被通知人与信用证要求不符;②装运港和目的港与信用证规定不符;③是否可以转运与信用证规定不符;④提单上有"包装破裂"等类似的批注;⑤提单上货物的描述与信用证规定不一致;⑥提单上该注明"已装船"字样而未注明;⑦装船日期晚于信用证规定的最后装运日;⑧未注明"运费已付"或"运费到付"或与信用证的要求不一致;⑨所交提单的份数不符信用证的要求;⑩提单的运输标志与其他单据或信用证不符;⑪信用证规定应在提单上注明的内容没有标注;⑫货物的重量与尺码与装箱单或其他单据不一致;⑬未在信用证规定的交单期内交单,或未规定交单期超过了提单签发日后21天交单;⑭提单该背书而漏背书,或背书不合信用证的要求;⑮其他不符信用证的规定。

(4) 保险单据常见的问题:①保险单的抬头与信用证规定不符;②保险单中的货币种类与信用证不符;③保险单的运输标志、件数、货名等与信用证不符;④保险金额不足;⑤保险单上所注明的装运港或卸货港与海运提单或信用证规定不符;⑥漏保险别、保险公司的名称有误;⑦保险货币的名称与信用证不一致;⑧保险单份数不足;⑨保险单该背书而漏背书;⑩保险单的日期晚于运输单据的日期;⑪保险单未加列信用证要求的特别条款。

(5) 金融单据常见的问题:①信用证号码不符或未列出;②汇票金额超出了信用证的金额;③汇票上的付款时间与信用证规定不符;④汇票上大、小写金额不一致;⑤汇票上的付款人名称、地址打错;汇票出票人的名称与信用证规定不一致;⑥出票人漏签字;⑦汇票未按要求背书;⑧信用证规定的其他应记载而未在汇票上记载。

应用案例9.2

我国A公司在1998年11月与阿联酋迪拜B公司签订了一份出口合同,货物为1×20集装箱一次性打火机。不久B公司即开来一份不可撤销即期信用证,来证规定装船期限为1999年1月31日,要求提供"Full set original clean on board ocean Bill of Lading..."(全套正本清洁已装船海运提单)。由于装船期太紧,A公司便要求B公司展期,装船期限改为1999年3月31日。B公司接受了A公司的要求修改了信用证。收到信用证并经全面审查后未发现问题,A公司在3月30日办理了货物装船,4月13日向议付行交单议付。

4月27日接到收到议付行转来的开证行的拒付通知:"你第××××号信用证项下的单据经我行审查,发现提单上缺少'已装船'批注。该不符点已经与申请人联系,亦不同意接受。单据暂代保管,听候你方的处理意见。"

公司的有关人员立即审复查了提单,同时与议付行一起翻阅与研究了《跟单信用证统一惯例》500号出版物(简称UCP500)的有关规定,证实了开证行的拒付是合理的。A公司立即电洽申请人,提单缺少"已装船"批注是我方业务人员的疏忽所致,货物确实是被如期装船的,而且货物将在5月3日左右如期到达目的港,我方同意其在收到目的港船代的提货通知书后再向开证行付款赎单。B公司回复由于当地市场上一次性打火机的售价大幅下降,只有在我方降价30%后方可向开证行赎单。我方考虑到自己确实有一定责任,同时通过国内同行与其他客户又了解到,进口国当地市场价格确实已大幅下降,我方处于十分被动地位,只好同意降价30%以了结此案。

分析：此案的案情并不复杂,却给我方带来巨大的损失,不得不引起人们的深思。

(1) 应尽早办理装运。A公司虽然在信用证规定的装船期限内办理了装运,满足了信用证的要求,但距B公司开证时已4个多月了。在这段时间内,由于货物本身的消费特征以及国际市场供求情况的变化,货物的当地市场价格有可能大幅下降,为避免价格下降给我方带来的损失(其实也为避免我方的损失),我方应尽快办理装运。在此案中,B公司曾多次来电要求我方尽早装运,但我方认为装运期仍未到,没有很合理地安排生产进度,以致在装船期即将临近时才办理装运,货物到港时已距B公司开证时5个多月,又恰逢当地市场价格下降,其实已为客户拒付货款埋下了隐患。

(2) 应严格按照信用证与UCP500的要求制作与审核单据。信用证要求提供"已装船"提单,我方应提供相应的提单,以便做到"单证相符"。根据UCP500第23A款第2项规定,除非信用证另有规定,提单应注明货物已装船或已装具名船只,可由提单上印就的"货物已装上具名船只"或"货物已装运具名船只"的词语来表示,在此情况下,提单的出具日期即视为装船日期与装运日期。在所有其他情况下,装上具名船只,必须以提单上注明货物装船日期的批注来证实,在此情况下,装船批注日期即视为装运日期。案中的提单(提单上没有印就上述词语)则属于后一种情况,只要在提单上注明货物装船日期的批注就行了。如果我方业务人员能按照信用证的要求制作托运单(在托运单上注明要求提供"已装船"提单),承运人或其代理能根据托运单内容与UCP500的规定制作并签发提单,银行能根据信用证与UCP500来审核A公司交来的议付单据,那么上述案例即可避免发生。

因此,本案例的拒付带给我们的启示是,应在信用证的装船期内尽快办理装运,严格按照信用证与UCP500的要求制作与审核单据。

9.2.2 应用实例

根据所给资料,审核并修改已填制错误的提单(如图9.16所示)。

BENEFICIARY：ABC LEATHER GOODS CO.，LTD.
123 HUANGHE ROAD, TIANJIN CHINA
APPLICANT：XYZ TRADING COMPANY
456 SPAGNOLI ROAD, NEW YORK 11747 USA
……
DRAFTS TO BE DRAWN AT 30 DAYS AFTER SIGHT ON ISSUING BANK FOR 90% OF INVOICE VALUE.
……
YOU ARE AUTHORIZED TO DRAWN ON ROYAL BANK OF NEW YORK FOR DOCUMENTARY IRREVOCABLE CREDIT NO. 98765 DATED APR. 15，2009. EXPRITY DATE MAY31，2009 FOR NEGOTIATION BENEFICIARY.
AVAILABLE WITH ANY BANK IN CHINA BY NEGOTIATION.
……
FULL SET OF CLEAN ON BOARD OCEAN BILLS OF LADING, MADE OUT TO ORDER, BLANK ENDORSED AND MARKED FREIGHT PREPAID NOTIFY APPLICANT.
……
GOODS：5000 PCS OF LEATHER BAGS PACKED IN 10 PCS/CARTON.
……

合同号：ABC234	信用证号：DT905012
发票号：1234567	发票日期：2009年5月5日

发票金额：USD 108000 CIF NEW YORK
装运港：TIANJIN CHINA　　　　目的港：NEW YORK USA
装船日期：2009年5月15日　　开船日期：2009年5月15日
发票签发人：ABC LEATHER GOODS CO.，LTD. ALICE
G.W：2408 KGS　　　　　　　N.W：2326 KGS
MEASUREMENT：21.70 CBM　　NO OF PACKAGES：500 CARTONS
船名、航次号：SUN V.126　　　提单号码：CNS010108895
集装箱号/封号：YMU2_596_54/_56789
运输标记：XYZ
1234_567
NEW YORK
NOS.1-_500

Shipper Inserl Name. Address and Phone		B/L No. CNSO1O108895		
ABC LEATHER GOODS CO., LTD. 123 HU ANGHE ROAD, TIANJIN CHINA		中远集装箱运输有限公司 COSCO CONTAINER LINES TLX:33067 COSCON FAX:+86(021)6545 8984 **ORIGINAL**		
Consignee Ineerl Name, Addrees and Phone				
XYZTRADING COMPANY 456 SPAGNOLI ROAD, NEW YORK 1174 USA				
Notry Parly Ineert Name. Address and Phone				
XYZTRADING COMPANY 456 SPAGNOLI ROAD, NEW YORK 1174 USA				
Oceen Veseel Voy. NO.		Porl of Loading		
SUN V.126		SHANGHAI	Port-to-Port BILL OF LADING Shipped on board and conci ion except as o1her…	
Porlof Dischalge		Poriof Destination		
LONG BEACH				
Marks & Nos. Container/Seal No.	No.of Containers Or Packages	Description of Goods	Gross Weighl Kgs	Measure menl
XYZ 1234456 LONG BEACH NOS.1-500 YMU259654/56789	5000PCS	LEATHER GOODS FREIGHT PREPAID	2400KGS	20.70BM
	Description of Containers for Shipper's Use only（No1 parl ol This B/L Conlracot）			
Total Number of containers and/or packages（in words）SAYFIVE THOUSAND PCS ONLY				
Ex.Rate:	Prepaid at	Payable at LONG BEACH	Place and date of isslle TLANJIN　MAY 30,2009	
	Total P repaid	No. of Original B(SYL THREE（3）	Signed for the Carrier COSCO CONTAINER LINES +++	
LADEN ON BOARD THE VESSEL DATE：MAY.30,2009　　　BY：COSCO CONTAINER LINES +++				

图9.16　提单

经审核，图 9.16 所示提单有如下错误：

(1) Consignee 应为 To Order。

(2) Port of Loading 应为 TIANJIN。

(3) Port of Discharge 应为 NEW YORK。

(4) 唛头中的目的港应为 NEW YORK。

(5) 包装件数应为 "500 CARTONS"，不应是 "5000 PCS"。

(6) 品名应为 Leather Bags。

(7) 毛重应为 2408 KGS。

(8) 尺码应为 21.70CBM。

(9) 大写件数应为 SAY FIVE HUNDRED CARTONS ONLY。

(10) 运费支付地点应为 TIANJIN。

(11) 提单签发日期应为 MAY 15，2009。

(12) 装船日期应为 MAY 15，2009。

9.2.3 技能训练

根据"9.2.2 应用案例"中所给资料，审核并修改已填制错误的汇票（如图 9.17 所示）。

BILL OF EXCHANGE

凭　　　　　　　　　　　　　　　　　　　　　　　　　信用证号
Dra wn under. XYZ TRADING COMPANY　　　　　　L/C NO.89765

日期
Dated：May 15, 2009

号码　　　　　　汇票金额　　　　　　　　中国天津
No.　123456　　Exchangc for USD 10800000　Shanghai, China Date:June 1,2009

见票　　　　　日后（本汇票之副本未付）付交
At　＊＊＊＊＊＊　sight of this FIRST of Exchange(Second of Exchange being unpaid)
pay to the order of　　　BANK OF CHINA，TIANJIN BRANCH

金额
the sum of US DOLLARS ONE HUNDRED AND EIGHT THOUSAND ONLY

此致
To: XYZ TRADING COMPANY　　　　　　　　ABC LEATHER GOODS CO.,LTD.
　　　　　　　　　　　　　　　　　　　　　　　　ALICE

图 9.17　汇票

9.3 出口收汇

9.3.1 出口收汇方法

制单结汇分为制单、交单和结汇三个步骤,是出口方面业务流程最后也是最重要的环节之一。按信用证(L/C)方式成交时,货物在装船出运之后,出口商应按照信用证规定,及时备妥缮制单证,并在信用证规定的交单有效期内交银行办理议付、结汇手续。按托收(D/A、D/P)方式成交时,出口商应按照合同条款规定备妥缮制单证,交银行办理结汇手续。按汇付(T/T、M/T、D/D)方式成交时,出口商应按照合同条款规定备妥缮制单证,交寄给进口商,最后到银行办理结汇手续。

(1) 收妥结汇。收妥结汇是指议付行收到出口单据后,审查无误,将单据寄交国外付款行索取货款,待收到付款行将货款拨入议付行账户的贷记通知书(credit note)时,即按当日外汇牌价,折成人民币拨给出口单位。

(2) 押汇。押汇又称买单结汇,是议付行在审单无误的情况下,按信用证条款买入出口单位的汇票和单据,从票面金额中扣除从议付日至收到票款之日的利息,将余款按议付日外汇牌价折成人民币,拨给出口单位。押汇是真正意义上的议付。

(3) 定期结汇。定期结汇是议付行根据向国外付款行索偿所需时间,预先确定一个固定的结汇期限,到期后主动将票款金额折成人民币拨交出口单位。

在实际业务中,单证不符情况经常发生。这时,首先要争取时间修改单据,使其与信用证相符。如果来不及修改,应该视具体情况,选择如下处理方法:

(1) 表提。表提也称担保结汇,即信用证受益人在提交单据时出现单证不符,主动向议付行书面提出单证不符点,议付行要求受益人出具保函,担保日后遭到拒付时,一切后果由受益人承担。表提一般适用于单证不符点并不严重,或虽然是实质性不符,但事先已经进口商确认可以接受的情形。

(2) 电提。电提又称电报提出,即在单证不符情况下,议付行先向开证行去电(电报或电传),列明单证不符点,待开证行同意后再将单据寄出。这样可在最短时间内由开证行征求买方意见。如对方同意,可寄单收汇;如不同意,卖方可及时处理运输中的货物。

(3) 跟单托收。议付行不同意上述两种方法,这时,出口单位只能采用托收方式收款。以上方法,受益人都失去了开证行的付款保证,银行信用已经变成了商业信用。

应用案例 9.3

2001年4月份广交会上我方某公司A与科威特某一老客户B签订合同,客人欲购买A公司的玻璃餐具(名:GLASS WARES),A公司报价FOB WENZHOU,温州出运到科威特,海运费到付。合同金额达USD 25064.24,共1×40高柜,支付条件为全额信用证,客人回国后开信用证到A公司,要求6月份出运货物。

A公司按照合同与信用证的规定在6月份按期出货,并向银行交单议付,但在审核过程发现两个不符点:①发票上"GLASS WARES"错写成"GLASSWARES",即没有空格;②提单上提货人一栏"TO THE ORDER OF BURGAN BANK, KUWAIT"错写成"TO THE ORDER OF BURGAN BANK",即漏写"KUWAIT"。A公司认为这两个是极小的不符点,根本不影响提货。我公司本着这一点,又认为客户是老客户,就不符点担保出单了。但A公司很快就接到由议付行转来的拒付通知,银行就以上述两个不符点作为拒付理由拒绝付款。A 公司立即与客户取得联系，原因是客户认为到付的运费（USD 2275.00）太贵（原来 A 公司报给客户的是 5 月份的海运费，到付价大约是 USD 1950.00，后 6 月份海运费价格上涨，但客户并不知晓）。拒绝到付运费，因此货物滞留在码头，A 公司无法收到货款。

后来 A 公司人员进行各方面的协调后，与船公司联系要求降低海运费，船公司将运费降到 USD 2100.00，客户才勉强接受，到银行付款赎单，A 公司被扣了不符点费用。整个解决纠纷过程使得 A 公司推迟收汇大约 20 天。

分析：

(1)"不符点"没有大小之分。在本案中，A 公司事先知道单据存在"不符点"的情况下还是出单，存在潜在的风险。A 公司认为十分微小的"不符点"却恰恰成了银行拒付的正当理由。因此，在已知"不符点"的情况下，最好要将其修改。

(2) FOB 的运费的上涨与 A 公司并无关系，客户主要是借"不符点"进行讨价还价。

9.3.2 出口收汇核销

1. 出口收汇核销业务流程

出口收汇核销是指对每笔出口收汇进行跟踪，直到收回外汇为止。我国从 1995 年 7 月开始采取事后监督与事前监督并举的方式，将外汇管理局、银行、税务、海关及出口企业有机地结合起来，防止出口单位高报出口价格骗税的行为。

出口收汇核销业务流程如下：

第一步，出口单位到商务部或其委托的机构办理备案登记，取得对外贸易经营权。

第二步，出口单位到海关办理"中国电子口岸"入网手续，并到有关部门办理"中国电子口岸"企业法人 IC 卡和"中国电子口岸"企业操作员 IC 卡电子认证手续。

第三步，出口单位持有关材料到注册所在地外汇局办理核销备案登记，外汇局审核无误后，为出口单位办理登记手续，建立出口单位电子档案信息。

第四步，出口单位通过"中国电子口岸出口收汇系统"在网上向外汇局申领出口收汇核销单（简称"核销单"）。

第五步，出口单位凭操作员 IC 卡、出口合同（首次申领时提供）到注册所在地外汇局申领纸质核销单（空白核销单长期有效）。

第六步，出口单位报关前通过"中国电子口岸出口收汇系统"在网上向报关地海关进行出口核销单的口岸备案；已进行口岸备案的核销单，在核销单未被用于出口报关的情况下，出口口岸发生变化的，可上网申请变更并重新设置出口口岸。

第七步，出口单位出口报关。

第八步，出口单位报关出口后通过"中国电子口岸出口收汇系统"将已用于出口报关的核销单向外汇局交单。

第九步，出口单位在银行办理出口收汇后，到外汇局办理出口收汇核销手续。即期出口项下，企业应当在出口收汇后凭核销单、报关单、出口收汇核销专用联到外汇局办理出口收汇核销手续；远期出口项下，企业应当在合同规定收汇日收汇后持上述材料到外汇局办理出口收汇核销手续。企业可按月集中到外汇局办理核销。

依据《出口收汇核销管理办法实施细则》（汇发〔2003〕107 号）规定，出口单位向外汇局申请办理出口收汇核销登记时需提供的资料包括：

(1) 单位介绍信、申请书。

(2)《中华人民共和国进出口企业资格证书》或《中华人民共和国外商投资企业批准证

书》或《中华人民共和国台港澳侨投资企业批准证书》正本及复印件。

(3)《企业法人营业执照》(副本)或《企业营业执照》(副本)及复印件。

(4)《中华人民共和国组织机构代码证》正本及复印件。

(5) 海关注册登记证明书正本及复印件。

(6) 外汇局要求提供的其他材料。

2. 出口收汇核销单的填写方法

出口收汇核销单简称核销单,是指由国家外汇管理局制发、出口单位和受托行及解付行填写,海关凭以受理报关,外汇管理部门凭以核销收汇的有顺序编号的凭证。

出口单位应到当地外汇管理部门申领经外汇管理部门加盖"监督收汇"章的核销单。在货物报关时,出口单位必须向海关出示有关核销单,凭有核销单编号的报关单办理报关手续,否则海关不予受理报关。货物报关后,海关在核销单和有核销单编号的报关单上加盖"放行"章。出口收汇核销单如图9.18所示。

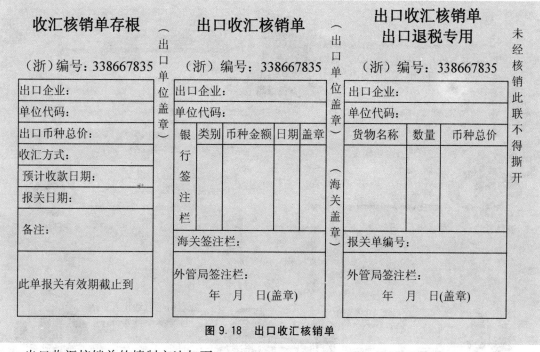

图 9.18 出口收汇核销单

出口收汇核销单的填制方法如下:

(1) 出口单位。填写对外签约或履约企业的全称。

(2) 单位代码。报关单位的代码。

(3) 出口币种总价。填写发票金额。

(4) 收汇方式。按照合同或信用证填写。

(5) 预计收款日期。根据合同规定的财务付款日期或根据合同推算的收款日期填写。

(6) 报关日期。按报关单填写。

(7) 备注。根据具体需要填写。

(8) 此单报关有效期截止到。此栏可以不填。

(9) 银行签注栏。由银行填写。

(10) 货物名称、数量、币种总价。与发票一致。

(11) 报关单编号。按报关单填写。

(12) 海关签注栏。海关审核报关单与出口收汇核销单核对无误后,在此栏内加盖"验讫"章放行。

(13) 外汇局签注栏。由当地外汇管理部门核对无误后,加盖"已核销"章予以销案。

9.3.3 出口退税

出口退税是指在国际贸易中货物输出国对部分出口已纳税产品,在出口收汇核销后,由国内的税务机关将其在生产环节实际缴纳的增值税和消费税全部或部分退还给出口企业的一种鼓励出口制度。

这是国际贸易中通常采用的、并为各国所接受的一种税收措施,目的在于鼓励各国出口货物进行公平竞争。目前的出口商品的退税率有五档：17%、13%、11%、8%和5%。一般而言,加工程度越高的商品,退税税率越高。

生产型出口企业办理出口退税的流程如图 9.19 所示。

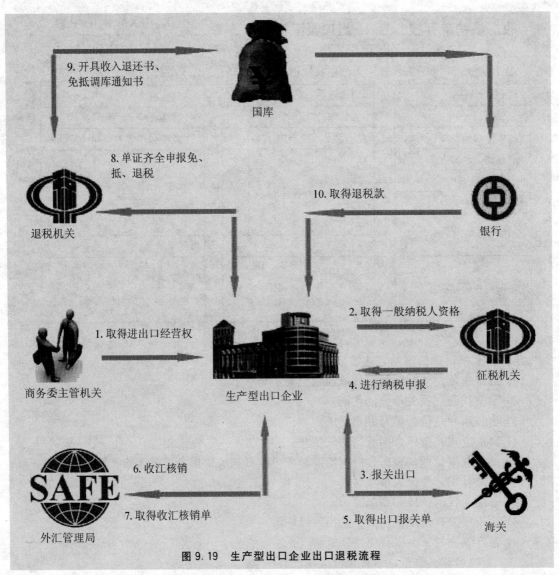

图 9.19 生产型出口企业出口退税流程

出口退税所需要的单据：
(1) 外汇管理局出具的出口收汇核销单(出口退税专用)。
(2) 增值税专用发票(税额抵扣联)或普通发票。
(3) 出口销售发票。
(4) 盖有海关验讫章的出口货物报关单(出口退税联)。
(5) 银行出具的收汇证明。
(6) 委托出口的货物，还需要提供取得受托的外贸企业到其主管局开具的《代理出口货物证明》。

外贸企业出口退税的条件有以下几个方面：
(1) 必须是增值税、消费税征收范围内的货物。增值税、消费税的征收范围，包括除直接向农业生产者收购的免税农产品以外的所有增值税应税货物，以及烟、酒、化妆品等11类列举征收消费税的消费品。
(2) 必须是报关离境出口的货物。所谓出口，即输出关口，包括自营出口和委托代理出口两种形式。区别货物是否报关离境出口是确定货物是否属于退(免)税范围的主要标准之一。凡在国内销售、不报关离境的货物，除另有规定者外，不论出口企业是以外汇还是以人民币结算，也不论出口企业在财务上如何处理，均不得视为出口货物予以退税。对在境内销售收取外汇的货物，如宾馆、饭店等收取外汇的货物等，因其不符合离境出口条件，均不能给予退(免)税。
(3) 必须是在财务上作出口销售处理的货物。出口货物只有在财务上作出销售处理后，才能办理退(免)税，即出口退(免)税的规定只适用于贸易性的出口货物，而对非贸易性的出口货物，如捐赠的礼品、在国内个人购买并自带出境的货物(另有规定者除外)、样品、展品、邮寄品等等，因其一般在财务上不作销售处理，故按照现行规定不能退(免)税。
(4) 必须是已收汇并经核销的货物。按照现行规定，出口企业申请办理退(免)税的出口货物，必须是已收外汇并经外汇管理部门核销的货物。

国家规定外贸企业出口的货物必须要同时具备以上四个条件。生产企业(包括有进出口经营权的生产企业、委托外贸企业代理出口的生产企业、外商投资企业，下同)申请办理出口货物退(免)税时必须增加一个条件，即申请退(免)税的货物必须是生产企业的自产货物或视同自产货物才能办理退(免)税。

9.3.4 应用实例

以"1.1.2 应用实例"中的唐朝公司和 F.F. 公司为例，唐朝公司委托上海凯通报关。上海凯通在报关前先填写好"出口收汇核销单"进行报关，海关在核销单上加盖"放行章"或"验讫章"，并随同加盖海关"验讫章"的一份带有海关编号的白色报关单、一份黄色的报关单出口退税联一同返还口岸代理上海凯通(从上海海关退回一般需1个月左右)，最后口岸代理上海凯通寄给唐朝公司用于向外汇管理部门核销。

填制好的出口收汇核销单如图9.20所示。

收汇核销单 存根	〔出口单位盖章〕	出口收汇核销单				〔出口单位盖章〕〔海关盖章〕	出口收汇核销单 出口退税专用			未经核销此联不得撕开
（苏）编号：327636262		（苏）编号：327636262					（苏）编号：327636262			
出口企业：南京唐朝纺织服装有限公司		出口企业：南京唐朝纺织服装有限公司					出口企业：南京唐朝纺织服装有限公司			
单位代码：3201004261		单位代码：3201004261					单位代码：3201004261			
出口币种总价：USD 32640.00		银行签注栏	类别	币种金额	日期	盖章	货物名称	数量	币种总价	
收汇方式：L/C AT SIGHT			女式全棉上衣	USD 32640.00			女式全棉上衣	2550件	USD 32640.00	
预计收款日期：2001.4.12										
报关日期：2001.3.16										
备注：		海关签注栏：					报关单编号：			
此单报关有效期截止到		外管局签注栏： 年　月　日(盖章)					外管局签注栏： 年　月　日(盖章)			

图 9.20　出口收汇核销单

9.3.5　技能训练

根据下列资料填写出口收汇核销单(样式见图 9.18)。

(1) 信用证。

ISSUING BANK：TOKYO BANK LTD.，TOKYO

L/C NO.：9426

DATE OF ISSUE：080615

APPLICANT：SAWA INTERNATIONAL FOOD CO.，26 TORIMI，OSAKA，JAPAN

BENEFICIARY：TIANJIN NATIVE FOOD CO.，NO.115 DONGFENG ROAD，TIANJIN，CHINA

LOADING INCHARGE：TIANJIN，CHINA

FOR TRANSPORTION TO：OSAKA，JAPAN

DESCRIPTION OF GOODS：20M/T BREAD TWIST AT CIF OSAKA USD 10080.00 PER M/T AS PER CONTRACT NO. NP94051

DOCUMENTS REQUIRED：

+COMMERCIAL INVOICE IN TRIPLICATE AND CERTIFY THAT THE GOODS ARE OF CHINESE ORIGIN.

(2) 补充资料。

核销单编号：945235234

收汇方式：信用证

报关日期：080625，报关单编号：GD9076578

项目小结

在货物出运后，出口公司取到提单，开始制作议付单据，包括海运提单、商业发票、装箱单、产地证、汇票、货物运输保险单等，在规定的时限内向议付银行交单议付，直到收到银行的收汇水单后则说明该笔交易已安全收汇。之后，出口公司持纸质的收汇水单、出口收汇核销单、报关单、商业发票等到外汇局办理核销手续。核销完毕后，再到国税局办理出口退税手续。

课后习题

1. 翻译题

(1) Signed attested invoice combined with certificate of origin and value in 6 copies as required for imports into New York.

(2) Beneficiary must certify on the invoice... have been sent to the accountee.

(3) 4％discount should be deducted from total amount of the commercial invoice.

(4) Invoice must be showed：under A/P No.... Date of expiry Jan. 19th, 2009.

(5) Combined invoice form is not acceptable.

(6) N/M

(7) G. W

(8) N. W

(9) Meas.

(10) Separate packing list showing gross and net weights of each type of goods.

(11) Goods should use substantial packing suitable for long distance transport.

(12) Insurance policy or certificate settling agent's name is to be indicated，any additional premium to cover uplift between 5％ and 10％ may be drawn in excess of the credit value.

(13) Insurance of W. A. must be valid for the period of 60 days after the discharge of goods.

(14) Insurance police in triplicate covering all risks and strike risk，and shortage in excess of 0.5％ on the whole consignment and including warehouse to warehouse clause up to final destination at New York.

(15) All drafts drawn under this credit must contain the clause "Drafts drawn under bank of... credit No... dated..." .

(16) Drafts are to be drawn in duplicate to our order.

(17) Drafts are to be drawn at 30 days after date of draft for 100％ invoice value on our bank.

2. 单项选择题

(1) 出口单证工作依次有(　　)五个方面。

A. 审单、审证、制单、交单和归档

B. 审证、制单、审单、交单和归档

C. 审证、审单、制单、交单和归档
D. 审单、制单、审证、交单和归档

(2) 在国际商务单据的分类中，商业单据通常是指（　　）。
A. 商业发票、装箱单和GSP产地证明书等
B. 商业汇票、重量单和保险单等
C. 商业发票、装箱单和商业汇票等
D. 商业发票、重量单和装箱单等

(3) 在商业单据中处于中心单据地位的是（　　）
A. 商业发票　　　　　　　　　　B. 海关发票
C. 海运提单　　　　　　　　　　D. 保险单

(4) UCP600规定，商业发票的抬头必须以（　　）为抬头。
A. 开证行　　　　　　　　　　　B. 开证申请人
C. 指定付款行　　　　　　　　　D. 议付行

(5) 货物的外包装上有一只酒杯，这种标志属于（　　）。
A. 危险性标志　　　　　　　　　B. 指示性标志
C. 警告性标志　　　　　　　　　D. 易燃性标志

(6) 在商品和包装上不注明生产国的包装是（　　）。
A. 中性包装　　B. 无牌包装　　C. 非使用包装　　D. 使用标志

(7) 按UCP600规定，若信用证中对是否分批装运与转运未予规定，则受益人（　　）。
A. 可以分批装运，也可以转运　　B. 不得分批装运，也不可以转运
C. 可以分批装运，但不可以转运　D. 不得分批装运，但可以转运

(8) 请指出以下哪个短语是运输标志（　　）。
A. Shipping Mark　　　　　　　B. Customary Tare
C. Bulk Cargo　　　　　　　　 D. Sale by Seller's Brand

(9) 提单的抬头是指提单的（　　）。
A. Shipper　　B. Consignee　　C. Notify Party　　D. Voyage No.

(10) 下列表示"已装船提单"的日期的是（　　）。
A. 货于3月10日送交船公司
B. 货于4月2日开始装船
C. 货于4月8日全部装完
D. 货于4月28日抵达日本

(11) 国际港口Amsterdam、Manila、Hangkong所在国家代码分别依次为（　　）。
A. PH、HL、CN　　B. HL、PH、CN　　C. PH、CN、HL　　D. HL、CN、PH

(12) Pusan is the main port of (　　).
A. Japan　　B. England　　C. Korea　　D. France

(13) 转让保险单时，如信用证未明确规定背书方式，应采用（　　）。
A. 空白背书　　B. 记名背书　　C. 记名指示背书　　D. 不必背书

(14) 甲公司与日本公司签订了一批金额10万美元CIF KOBE的工艺品出口合同付款方式为：30%前T/T(USD 30000.00)，70%信用证(USD 70000.00)。来证中对保险加成未做规定，按惯例，则保险单据上保险金额应为（　　）。
A. USD 100000.00　　B. USD 110000.00　　C. USD 77000.00　　D. USD 70000.00

(15) 根据国际惯例，我国对出口商品实行出口退税制度，在出口单位办理出口退税手续时，要向国家税务机构提交（　　）。

A. "一单两票"　　B. "两单两票"　　C. "三单两票"　　D. "三单一票"

(16) 在其他条件相同的条件下，（　　）的远期汇票对收款人最为有利。

A. 出票后 30 天付款　　　　　　B. 提单签发日后 30 天付款
C. 见票后 30 天付款　　　　　　D. 货到目的港后 30 天付款

(17) 信用证上若未注明汇票的付款人，根据 UCP600，汇票的付款人应是（　　）。

A. 开证人　　B. 开证行　　C. 议付行　　D. 出口人

(18) 信用证和托收项下的汇票抬头一般作成（　　）。

A. To bearer　　　　　　　　　　B. Pay to...Only
C. Pay to the Order of...　　　　D. Open

(19) D/P 付款条件下，出口商业汇票上的受票人应是（　　）。

A. 代收行　　B. 托收行　　C. 出口商　　D. 进口商

(20) 某公司有一张承兑的期限为 90 天的银行承兑汇票，票面金额为 500 美元。为提前取得资金，该公司找某银行要求贴现，当时的贴现率为 10%，每笔贴现手续费 150 美元，则该公司贴现后可取得（　　）资金。

A. 4487850 美元　　B. 4478850 美元　　C. 4874850 美元　　D. 4784850 美元

3. 多项选择题

(1) 单据审核的准确性是指（　　）。

A. 单单一致　　B. 单证一致　　C. 单货一致
D. 严格相符　　E. 单同一致

(2) 企业审核信用证项下单据的标准是（　　）。

A. 单据与信用证相符
B. 单据与贸易合同相符
C. 单据与单据之间相符
D. 单据与所代表的货物相符
E. 以上均不正确

(3) 商业发票是国际货物买卖中的核心单据，其作用表现为（　　）。

A. 交接货物的依据　　B. 登记入账的依据　　C. 报关纳税的依据
D. 买卖合同的证明　　E. 有时可替代汇票进行货款结算

(4) 指示性提单的收货人一栏中可以做成（　　）。

A. To ABC Co. Only　　B. To order　　C. To order of issuing bank
D. To the bearer　　E. To order of shipper

(5) 因租船订舱和装运而产生的单据是（　　）。

A. Shipping Note　　　　　　　B. As per Invoice NO. ...（发票号码）
C. Mate's Receipt　　　　　　　D. Bill of Loading

(6) 在我国的进口业务中，出口结汇的方法有（　　）。

A. 收妥结汇　　B. 买单结汇　　C. 定期结汇　　D. 预付结汇

(7) 进口国家要求出口商提供海关发票的目的是（　　）

A. 作为进口估价完税的依据　　　B. 作为征收差别待遇关税的依据

C. 作为征收反倾销税的依据　　　　D. 作为进口商付款的依据

(8) 在实际业务中，凭信用证成交出口的货物，如货物出运后，发现单证不符，而由于时间的限制，无法在信用证有效期或交单期内做到单证相符，可采取的变通办法是（　　）。

A. 担保议付　　　　　　　　　　B. "电提"方式征求开证行意见
C. 改为跟单托收　　　　　　　　D. 直接要求买方付款

(9) 用于议付信用证项下结算的汇票是（　　）。

A. 即期汇票　　B. 远期汇票　　C. 商业汇款
D. 银行汇款　　E. 以上均可

(10) 根据《中华人民共和国票据法》，汇票上必须记载的事项包括（　　）。

A. 确定的金额　　B. 出票日期　　C. 付款人姓名
D. 汇票编号　　　E. 付款项目

4．操作题

(1) 根据信用证条款内容将正确答案填在横线上。

① 信用证条款：
APPLICANT：XYZ COMPANY，ANYTOWN
BENEFICIARY：ABC COMPANY，NANJING
DOCUMENTS REQUIRED：COMMERCIAL INVOICEIN 6 COPIES
信用证未对发票抬头做任何其他规定。
发票抬头应为_____

② 信用证条款：
SHIPMENT FROM：NANJING，CHINA
FOR TRANSPORTATION TO：NEW YORK，USA
DESCRIPTION OF GOODS AND/OR SERVICES：MEN'S SHIRTS
PRICE TERMS：FOB
DOCUMENTS REQUIRED：COMMERCIAL INVOICE IN 6 COPIES
信用证未对价格条款的表述做任何其他规定。
发票上价格条款后的港口应为_____

③ 信用证条款：
SHIPMENT FROM：NANJING，CHINA
FOR TRANSPORTATION TO：NEW YORK，USA
DESCRIPTION OF COODS AND/OR SERVICES：MEN'S SHIRTS
PRICE TERMS：CIF
DOCUMENTSREQUIRED：COMMERCIAL INVOICE IN 6 COPIES
信用证未对价格条款的表述做任何其他规定。
发票上价格条款后的港口应为_____

④ 信用证条款：
APPLICANT：MIDDLEMAJN COMPANY．HONGKONG
BENEFICIARY：ABC COMPANY，NANJING
DOCUMENTS REQUIRED：
FULL SETOF CLEAN ON BOARD OCEAN B/L MADE OUT TO ORDER AND

BLANK ENDORSED MAKED FREIGHT PREPAID NOTIFYING XYZ COMPANY，NEW YORK，USA

COMMERCIAL INVOICE IN 6 C0PIES MADE OUT TO ABOVE NOTIFY PARTY

信用证未对发票抬头做任何其他规定。

发票抬头应为_____

⑤ 信用证条款：

APPLICANT：XYZCOMPANY，ANYTOWN

BENEFICIARY：ABC COMPANY，NANJING

DOCUMENTS REQUIRED：COMMERCIAL INVOICE IN 6 COPIES

信用证未对发票出具人做任何其他规定。

发票的出具人应为_____

⑥ 信用证条款：

APPLICANT：XYZ COMPANYTOKYO

BENEFICIARY：ABC COMPANYNANJING

MANUFACTURER：DEF FACTORY，JIANGNING

DOCUMENTS REQUIRED：PACKING LIST IN 6 COPIES ISSUED BY THE BENEFICIARY CERTIFYING THAT THE PACKAGE IS SEAWORTHY AND THE MANUFACTURER HAS PROVIDED PACKING DETAILS SHEET INSIDE EACH CARTON

信用证未对装箱单做出任何其他规定。

装箱单显示：（   ）

A. 100 PIECES OF T–SHIRTS PACKED 10 PCS IN A BOX AND THEN 10 BOXES IN ONE CARTON

TOTAL PACKED IN 100 CARTONS

WE CERTIFY THAT PACKAGE IS SEAWORTHY AND THE MANUFACTURER HAS PROVIDED PACKIING DEATAILS SHEET INSIDE

ISSUED BY ABC COMPANYNANJING

李文

B. 1000 PIECES OF T–SHIRTS PACKED 10PCS IN BOX AND THEN 10 BOXES IN ONE CARTON

TOTAL PACKED IN 100 CARTONS

WE CERTIFY THAT THE PACKAGE IS SEAWORTHY AND THE MANUFACTURER HAS PROVIDED PACKING DEFAILS SHEET INSIDE EACH CARTON

ISSUED BY ABC COMPANYNANJING

李文

C. 1000 PIECES OF T–SHERTS PACKED 10 PCS IN A BOX AND THEN 10BOXES IN ONE CARTON

TOTAL PACKED IN 100 CARTONS

WE CERTIFY THAT THE PACKAGE IS SEAWORTHY AND THE MANUFACTURER HAS PROVIDED PACKING DETAILS SHEET INSIDE EACH CARTONS

ISSUED BY ABC COMPANYNANJING

李文

D. 1000 PIECES OF T-SHIRTS PACKED 10 PCS IN A BOX AND THEN 10 BOXES IN ONE CARTON

TATAL PACKED IN 100 CARTONS

WE CERTIFY THAT THE PACKAGE IS SEAWORTHY AND THE MANUFACTURER HAS PROVIDED PACKING DETAILS SHEETINSIDE EACH CARTON

ISSUED BY ABC COMPANYNANJING

李文

⑦ 信用证条款：

DOCUMENTS REQUIRED：INSURANCE POLICY/CERTIFICATE UNTO ORDER AND BLANK ENDORSED COVERING MARINE TRANSPORTATION ALL RISKS, WAR RISKS AS PER INSTITUTE CARGO CLAUSES

信用证未对保险单抬头作任何其他规定。

则保险单抬头应为_____TO ORDER_____

⑧ 信用证条款：

DOCUMENTS REQUIRED：INSURANCE POLICY COVERING MARINE TRANSPORTATION ALL RISKS, WAR RISKS AS PER INSTITUTE CARGO CLAUSES

信用证未对投保比例作任何其他规定。

发票显示货物 CIF 总价为 USD 100000.00

则保险单最低投保比例应为_____

⑨ 信用证条款：

L/C AMOUNT：USD 550000.00

DOCUMENTS REQUIRED：INSURANCE POLICY/ERTIFICATE BLANK ENDORSED

COVERINGMARINE TRANPORTATION ALL RISKS, WAR FISKS AS PER ICC(A)

信用证未对保险投保金额做出任何其他规定。

发票显示：

TOTAL MERCHANDISE VALUE	USD 1100000.00
LESS ADVANCE PAYMENT	USD 550000.00
NET DUE UNDER THE LETTER OF CREDIT	USD 550000.00

保险单据投保金额最少应为_____

⑩ 信用证条款：

DOCUMENTS REQUIRED：INSURANCE POLICY/CERTIFICATE BLANK ENDORSED COVERING MARINE TRANSPORTATION ALL RISKS, WAR RISKS AS PER ICC(A)

信用证未对保险单据份数作任何其他规定。

保险单据上未注明：

NO. OF ORIGINALS ISSUED：THREE

向银行提交的正本保险单据份数最少应为_____

⑪ 信用证条款：

DOCUMENTS REQUIRED：INSURANCE POLICY/CERTIFICATE UNTO ORDER

AND BLANK ENDORSED COVERING MARINE TRANSPORT ALL RISKS, WAR RISKS AS PER INSTITUTE CARGO CLAUSES FOR 110 PCT OF INVOICE VALUE WITH CLAIMS PAYABLE AT DESTINATION.

信用证未对报销单据投保日期作任何其他规定。

报销单据无任何保险投保日期的相关陈述。

提单显示：

ON BOARD DATE 为 AUGUST8，2004，ISSUING DATE 为 AUGUST 7，2004

保险单据的投保日期最迟为_____

⑫ 信用证条款：

FROM：BANK OF AMERICA，LOS ANGELES，CA

TO：BANK OF CHINA，JIANGSU BRANCH

DRAFT AT 60DAYS AFTER SIGHT DRAWN ON BANK OF AMERICA, EL MONTE FOR 100 PERCENT OF INVOICE VALUE

汇票显示：

NO. C2233　　　　　　　　　　NANJING，MAY 20，2004

DRAWN UNDER _____ LC NO. 1234 DATED 040417

EXCHANGE FOR USD 18500.50 AT 60 DAYS AFTER SIGHT OF THIS FIRST OF EXCHANGE PAY TO THE ORDER OF BANK OFCHINA THE SUM OF U.S. DOLLARS

EIGHTEEN THOUSAND FIVE HUNDRED AND FIFTY CENTS ONLY

⑬ 信用证条款：

FROM：HANG SENG BANK LIMITED HONGKONG

To：BANKOF CHINA，JIANGSU BRANCH

LC N0.1234 0PENED BY CREDIT LYONNAIS，PARIS DD 031229

OUR REF. N0.6789 IN FAV0UR 0F ABC COMPANY

汇票显示：

DRAWN UNDER CREDIT LYONNAIS，PARIS L/C NO. _____ DD DECEMBER 29，2003

⑭ 信用证条款：

FROM：ABN AMRO BANK，NEW YORK

TO：BANK OF CHINA。JJIANG SU BRANCH

L/C NO.1234 DATED 040324

DRAFTS DRAWN ON ISSUING BANK AT 60 DAYS DATE FOR INVOICE VALUE

提单显示：ON BOARD DATE：MARCH 30，2004

汇票显示：

NO. AB12　　　　　　　　　NANJING MARCH 30，2004

DRAWN UNDER ABN AMRO BANK，NEW YORK IRREVOCABLE LC N0 1234 DATED 040324 FOR USD 35000.00 AT _____ OF THIS FIRST OF EXCHANGE

⑮ 广东省轻工家电有限公司与香港 ABC 贸易公司达成一笔出口交易，卖方按期开来即期不可撤销跟单信用证，买方也于 2003 年 2 月 8 日开出商业发票。请根据如图 9.21 所示信用证提供的内容审核并修改商业发票。

香港南洋商业银行

致：广东省轻工家电有限公司　　　　　　　日期：2003年2月4日

信用证号：472/818　　金额：USD 155 000.00　　通知行：广州中国银行

敬启者：

兹开立不可撤销之信用证以贵公司为受益人，开证人为香港ABC贸易公司，总金额为美元拾伍万伍仟元整，由受益人开具即期汇票以香港南洋商业银行为付款人，支取100%发票金额之货款并随附下到单据：

a. 手签商业发票一式两份。

b. 保险单包括平安险及战争险按110%发票金额投保。

全套洁净"已装船"提单，作成"凭指定"（to order）并"空白背书"（endorsed in bank）列明货物自广州运至新加坡，注明市"运费付讫"通知开证人船名，数量及装运日期之电报副本证明装运下列货物。

c. 50台灯架（Lamp Holder）型号为W105/55874每台3100美元（按销货物确认书JT126号）CIF新加坡。

分批装运：允许分批装运　　　转运：不允许转运．

装运日期不得迟于：2003-3-28　交单日期：2003-4-15　　广州

特别条款：金额及数量可增减5%

凡根据本信用证并按照其所列条款开出之汇票，如及时提交，敝行同意对其出票人、背书人及善意持有履行付款责任。

本证受国际商会1994年修订本之跟单信用证统一惯例500号出版物约束。

香港南洋商业银行

\multicolumn{5}{c}{广东省轻工家电有限公司}				

广东省轻工家电有限公司
GUANGDONG LIGHT ELECTRICAL APPLIANCES COMPANY LIMITED
52，DEZHENG ROAD SOUTH GUANGZHOU，CHINA

商业发票
COMMERCIAL INVOICE

INVOICE NO.：98DSP3298

MESSRS：ABC TRADE CO.　　　　　DATE：FEB. 8，2003
　　　　NO. 80. MOSQUE ROAD, HONG KONG　　L/C NO.：002/9803
　　　　　　　　　　　　　　　　　　　　　　TERMS OF PAYMENT：BY L/C
TRANSPORT DETAILS：FROM GUANGZHOU TO SINGAPORE W/T HONG KONG BY VESSEL

标记及号码 Marks & NOs.	货名 Description of Goods	数量 Quantity	价格 Price	金额 Amount
N/M	LAMP HOLDERS	500 PCS	@USD 3100.00	USD 1550000.00
	Total	500 PCS		USD 1550000.00
			CRR SAN ANTONIO	USD 12028.00
TOTAL QUANTTTY：50 PCS PACKING：50 CTNS				
TOTAL：U. S. DOLLARS ONE HUNDRED SAND FIFTY FIVE THOUSAND ONLY.				
			GUANGDONG LIGHT ELECTRICAL APPLIANCES COMPANY LIMTTED	

图9.22　商业发票

项目十 出口纠纷及处理

通过对本项目的学习,学生应能正确书写出口业务善后函和出口货物索赔函;了解不可抗力的含义及不可抗力事件的处理,熟悉不可抗力条款的内容;了解仲裁的特点、程序及效力,掌握仲裁条款的制定要点;掌握进出口货物索赔的基本步骤,掌握索赔条款的基本内容。

小张公司向越南一出口机床设备 200 台。合同总价为 258 万美元 FOB NANNING;支付方式为分期支付(60% 货款在交货后两年内分八次支付)。2011 年,我方按期交货并完成安装调试,设备投入生产。但是越南公司一直不能完成剩余货款的支付。对于这种情况,小张应如何处理?

(1)掌握户口业务善后函、出口货物索赔函的写法。
(2)掌握进出口货物索赔的基本要领。
(3)能够判断哪些情况属于不可抗力以及不可抗力发生后能够及时有效的处理。
(4)掌握制定合同中索赔条款、不可抗力条款以及仲裁条款内容。
(5)掌握书写理赔函和索赔函的基本技能。

(1)起草索赔函和理赔函。
(2)根据所给信息指定索赔条款、不可抗力条款和仲裁条款。
(3)书写理赔函和索赔函。
(4)书写善后函。

10.1 出口业务善后函

10.1.1 出口业务善后函的种类和写法

当出口方提交整套装运单据后,业务就进入了善后阶段。如果买方或开证行对单据没有提出异议,说明出口方已得到买方或开证行的付款保证。进口方在目的港接受货物后,本笔交易即为顺利完成。但如果买方或开证行认为货物与单证不一致,则拒付。收到拒付通知后,出口方首先要确定拒付原因,与银行相互配合,做好应变工作,共同把无法正常收汇的风险和损失降至最低点。同时迅速与买方联络,寻求解决办法,尽量说服买方接受货物。

在善后阶段,业务员通常就本笔业务的相关情况与客户进行交流,这就是业务善后函。善后函的作用是总结经验、吸取教训、增进友谊,有利于今后的业务发展。根据业务发展情况的不同,善后函可分为两大类。

1. 买方或开证行接受单据后的善后处理

出口方可以感谢对方所作的努力,对增进双方的了解表示高兴;也可以展望未来,希望能继续扩大合作,收到更多的订单,或借此推荐新产品等。例如,

We are glad to know that the issuing bank has honored our draft against L/C No. AB001234. We hope this deal will be the basis of the further development of our business relationships. We can ensure that you will find the goods shipped to your entire satisfaction. We are looking forward to your repeat orders.

2. 遭到买方或开证行拒付时的善后处理

在业务中,难免遭到买方或开证行拒付。遇到此类问题,首先应与进口商联系,弄清每一笔拒付的背景情况,对症下药。

对于开证行的拒付(有理拒付和无理拒付),应具体分析,采取对策。如货物出现品质差异或单据出现不符点时,要针对问题,积极采取措施或配合银行修改单据,挽回损失。再如,买方或开证行为了拖延付款时间好进行验货或者为了要求降价而提出拒付,这时,要据理力争并随时关注货物和进口商的动向。如拒付是由于进口商对货物不满意或出口方原因引起的,可适当让步;如拒付确属进口方损害了出口方的利益,除了与银行联系反驳事宜以外,还要向船公司了解进口商是否已借单提货。如果已经提货,就有可能收款,因为,提单被拿去提货,开证行已无法退回全套单据,只能全额付款。对于一些明显超出处理时限的拒付可以不予理会,许多不符点都是拖延付款时间而已,所以遇到拒付时,不要先否定自己,更不要因为害怕收不到货款而草率同意降价要求。

业务中遭到拒付时,出口方处于极为不利的地位,这时,语气应当诚恳、委婉,并且具有说服力,以赢得买方的谅解,比如回顾双方以往的愉快合作等。重要的是应当强调单证不符点是细微的,并不影响货物的品质,不会给进口方的利益造成损害。例如,

We feel deeply sorry for the mistake in our negotiation documents, which is made as a result of our clerk's carelessness. We really hope this incident will not affect negatively our friendly cooperation. We can guarantee that the quality of the goods is exactly in line with the stipulations of the relative contract. Since our goods have been shipped on time, would you be kind to make the payment through your bank? You may rest assured that such a mistake will never occur again.

当然,有时作出一些具体的让步,如适当减价,也是必要和明智的。

10.1.2 应用实例

2008年10月20日,浙江金苑进出口有限公司收到杭州市商业银行结汇收账通知(银行水单),如图10.1所示。

项目十 出口纠纷及处理

外汇结汇收账通知（人民币）		hzbank 杭州市商业银行	
□日期	2008年10月20日		
□户名	浙江金苑进出口有限公司		
□账号	767081009999		
□外汇金额 USD 51910.00	□牌价 USD 1=RMB 6.8160	□人民币金额 RMB 353818.56	
□摘要		□净额 USD 51910.00	
业务编号：111BP0700178	发票号码：JY08058		
发票金额：USD 52000.00			
国外扣费：USD 25.00			
国内扣费：USD 65.00	备注		
扣费合计：USD 90.00			
申报号码：330100007701081020PO29			
核销单号：338667835			
□会计 王丽	□复核 李红	□记账 张静	

图 10.1 外汇结汇收账通知

2008年10月21日，浙江金苑进出口有限公司外贸业务员小田拿出本笔交易的有关资料，对整笔业务进行回顾，并给 Cadi GmbH & Co. KG 经理 Dirk Nowitzki 书写并发送如下业务善后函，一方面表示感谢，另一方面附上公司最新的价格清单希望有新的合作。

发件人：Tianna@zjjy.com.cn

收件人：dirkn@cadi.com.de

日期：2008-10-21 10:12:47

主题：Thanks for your good cooperation and the latest illustrated price list for you.

附件：The latest illustrated price list.doc

Dear Mr Nowitzki,

We are very much pleased to have received USD 52000.00 against L/C No. HZ4673890 under Contract No. ZJJY0801908. You can be sure that the goods shipped will meet your needs just well. We believe the conclusion of this transaction will help to further our mutual understanding and pave the way for more business in the future.

In order to promote commercial intercourse with overseas business circle, we are pleased to take steps in world trade. Not only various terms of payment, but more forms of business cooperation can be adopted in the time to come. Needless to say, with the development of our trade relations. There will be more and more topics of interest to be discussed between us. We are expecting your advice.

As you might not be aware of the new development in our product range, we are airmailing to you a copy of our latest illustrated price list. If any item interests you, please let us know. We will give you a special discount of 2% for orders exceeding USD 100000 to promote sales at your end.

We hope our handling of your first order will lead to further transactions between us and look forward to your favorable reply.

Yours Truly,

Tianna

Zhejiang Jinyuan Import and Export Co., Ltd.
118 Xueyuan Street, Hangzhou, China
Tel: 0086-571-86739177
Fax: 0086-571-86739178
E-mail: Tianna@zjjy.com.cn

10.1.3 技能训练

2008年7月29日,上海周天有限公司外贸业务员收到中国农业银行上海市分行结汇收账通知(银行水单),如图10.2所示,请根据资料书写一个出口业务善后函。

外汇结汇收账通知(人民币)	中国农业银行上海市分行
□日期　2008年7月29日	第五联
□户名　上海周天有限公司	
□账号　767081008630	
□外汇金额 USD 282386.50　□牌价 USD 1=RMB 6.8094	□人民币金额 RMB 1922882.63
□摘要	□净额　USD 282386.50
业务编号:111BP0700178　　发票号码:JY08058	
发票金额: USD 282800.00	
国外扣费: USD 60.00	
国内扣费: USD 353.50	
扣费合计: USD 90.00	
申报号码: 330100007701081020PO29	
核销单号: 338667835	
□会计　王丽　　□复核　李红　　□记账　张静	

图10.2　外汇结汇收账通知

10.2 不可抗力

国际货物买卖合同订立后,合同双方有完成合同的责任和义务。任何不能完成合同规定的责任和义务或违反合同的一方,都将被追究法律责任。但是有时由于自然原因或社会原因会发生当事人所不能控制的事件,使合同不能继续履行,对此,法律可以免除未履行或未完全履行合同一方对另一方的责任。在国际贸易实务中,要判断哪些事件可以使当事人有权免责,有时是很困难的,为了防止产生不必要的纠纷,买卖双方通常在合同中订有免责条款,即不可抗力条款。

10.2.1 不可抗力概述

1. 不可抗力的含义

不可抗力(Force Majeure)是指买卖合同签订以后,不是由于订约者任何一方当事人的过失或疏忽，发生当事人无法预见、无法预防、无法避免和非当事人所能控制的意外事件，以致不能履行或不能如期履行合同。遭受意外事故的一方，可以免除履行合同的责任或推迟履行合同。

2. 不可抗力的范围

不可抗力事件的范围较广，通常有自然力事件和社会力事件两种。

（1）自然力事件，即人类无法控制的自然力量引起的事故，如水灾、火灾、冰灾、暴风雨、大雪、地震、海啸等。

（2）社会力事件，包括政府的行动，如发布新的法律、法规和颁布禁令、调整政策制度等，以及社会异常事故，如战争、罢工、暴动、骚乱等。

汇率变化、价格升跌、货币贬值、能源危机、机器故障、怠工、关闭工厂、船期变更等不属于不可抗力事件的范围。

10.2.2 不可抗力的法律后果

如果发生不可抗力事件，致使合同不能得到全部或部分履行，有关当事人可根据不可抗力事件的影响，采取解除合同或变更合同的方式，以免除其相应的责任。变更合同是指原订立合同的条件或内容适当地变更，包括替代履行、减量履行或延迟履行。究竟以哪种方式处理，则应视不可抗力事件对履行合同的影响程度而定，或者由买卖双方在合同中具体规定。

在不可抗力条款中，应就不可抗力所引起的法律后果作出明确规定，以利于执行。一般原则是：如不可抗力事件使合同的履行成为不可能，可解除合同；如不可抗力事件只是部分地或暂时地阻碍了合同的履行，那么当事方就不能免除履约责任，而只能采用变更合同的方式，如替代履行、减少履行或延迟履行，以减少另一方的损失。

我国进出口合同一般规定，因不可抗力事件的影响而不能履行合同时，可根据实际所受影响的时间延迟履行合同的期限；如因不可抗力事件延迟履行合同达若干天（如60天或90天），双方应就履行合同的有关问题进行协商。按照这样的规定，当发生不可抗力事件时，可先推迟履行合同的期限；只有当不可抗力事件持续下去超过合同规定的期限以后，才能通过双方协商，最后决定是否解除合同。

10.2.3 不可抗力事件的处理

遭受意外事故的一方必须满足以下两个条件才能够免除履行合同的责任或推迟履行合同。

1. 不可抗力事件的通知

合同中应明确规定发生不可抗力事件后通知对方的期限和方式。如果不可抗力事件发生后影响到合同的履行，遭受不可抗力事件的一方应按约定的通知期限和通知方式，及时将事件情况如实通知对方，对方也应在接到通知后及时答复并采取补救措施。为明确责任，买卖双方对此应在合同中明确规定。

2. 不可抗力事件的证明文件及出具机构

遭受不可抗力事件的一方按约定的方法提供有效的证明文件，列明发生的事故以及事故后果,作为发生不可抗力事件的证据。遭受不可抗力事件的一方如果不能提供证据,或提供的证据与其事故的描述不同,则其无法履行合同的责任将不会被免除或被完全免除。在国外,证明文件一般由当地的商会或法定公证机构出具;在我国,可由中国国际贸易促进委员会出具。

10.2.4 买卖合同中的不可抗力条款

在买卖合同中订立不可抗力条款,一旦发生意外事件影响到合同的履行时,就可根据合同规定的范围和原则确定发生的意外事件是否属于不可抗力,防止对方任意扩大对不可抗力的解释或在履约方面提出不合理的要求。

1. 不可抗力条款的内容

(1) 不可抗力事件的范围。
(2) 不可抗力事件的处理原则和办法。
(3) 不可抗力事件发生后通知对方的期限和通知方式以及出具事件证明的机构等。

2. 援引不可抗力条款的注意事项

当不可抗力事件发生后,合同当事人在援引不可抗力条款和处理不可抗力事件时,应注意如下事项:

(1) 发生事件的一方当事人应按约定期限和方式将事件情况通知对方,对方也应及时答复。

(2) 发生事件的一方当事人应出具有效的证明文件,以作为发生事件的证据。

(3) 双方要根据发生不可抗力事件的原因、性质、规模及对合同履行所产生的影响程度,在合同中明确规定,在什么情况下可以解除合同,在什么情况下可以延期履行合同,否则容易引起纠纷。

(4) 双方可以在合同中明确规定不可抗力事件的范围,以防止发生事故的一方故意扩大或缩小其范围。规定不可抗力条款的方法有三种。

① 概括规定。简单概括的说明由于不可抗力的原因,对不可抗力的内容没有具体说明。例如,If the shipment of the contract goods is prevented or delayed in whole or in part due to force majeure, the Seller shall not be liable for non-shipment or late shipment of the goods of this contract. However, the seller shall notify the buyer by cable or telex and furnish the latter with in 15 days by registered airmail with a certificate issued by the China Council for the Promotion of International Trade(China Chamber of International Commerce)attesting such event or events.(如由于不可抗力的原因,致使卖方不能全部或部分装运,或延迟装运合同货物,卖方对于这种不能装运,或延迟装运本合同货物不负有责任。但卖方须以电报或电信方式通知买方,并须在15日内以航空挂号信件向买方提交由中国国际贸易促进委员会(中国国际商会)出具的此类事件的证明书。)

② 列举规定。详细列明几种不可抗力事件。例如,If the shipment of the contracted goods is prevented or delayed in whole or in part by reason of war, earthquake, flood, fire, storm, heavy snow, the seller shall not beliable for non-shipment or late shipment of the goods of this contract, However, the seller shall notify the buyer by cable or telex and furnish the latter within 15 days by registered airmail with a certificate issued by the China

项目十 出口纠纷及处理

Council for the Promotion of International Trade(China chamber of International Commerce) attesting such event or events.(如由于战争、地震、水灾、火灾、暴风雨、雪灾的原因,致使卖方不能全部或部分装运或延迟装运合同货物,卖方对于这种不能装运或延迟装运本合同货物不负有责任。但卖方须以电报或电信方式通知买方,并须在15日内以航空挂号信件向买方提交由中国国际贸易促进委员会(中国国际商会)出具的此类事件的证明书。)

③ 综合规定。列明双方达成共识的各种不可抗力事件,实践中多采用这种方法。例如,If the shipment of the contracted goods is prevented or delayed in whole or in part by reason of war, earthquake, flood, fire, storm, heavy snow or other causes of force majeure, the seller shall not be liable for non – shipment or late shipment of the goods of this contract. However, the seller shall notify the buyer by cable or telex and furnish the latter within 15 days by registered airmail with a certificate issued by the China Council for the Promotion of International Trade(China Chamber of International Commerce) attesting such event or events.(如由于战争、地震、水灾、火灾、暴风雨、雪灾或其他不可抗力的原因,致使卖方不能全部或部分装运或延迟装运合同货物,卖方对于这种不能装运或延迟装运本合同货物不负有责任。但卖方须以电报或电信方式通知买方,并须在15日内以航空挂号信件向买方提交由中国国际贸易促进委员会(中国国际商会)出具的此类事件的证明书。)

 应用案例10.1

浙江一生产雨衣的厂家与韩国客户签订了雨衣出口合同。买方开来的信用证规定,10月份装运交货,不料9月初,该雨衣厂仓库失火,成品、半成品全部烧毁,以致无法交货。卖方是否可以援引不可抗力条款要求免交货物?

分析:首先应认定该雨衣厂的火灾是否属于不可抗力事故(无法预见、无法预防、无法避免、无法控制)。如实为不可抗力,应由中国国际贸易促进委员会出具相关证明文件,根据《公约》可免除责任。

应用案例10.2

2005年2月13日,中国某公司A和香港某公司B签订了醋酸纤维素板的来料加工和补偿贸易合同。合同的主要内容是中方A公司利用港方B公司和另外两家香港的金融机构共同提供的设备为港方B公司进行来料加工,每生产1吨板材的加工费为1600美元,港方B公司负责提供给中方A公司的来料即醋酸纤维素板的数量为2005年不少于80吨,2006年不少于150吨,2007年不少于200吨,以后每年不少于200吨。中方A公司以来料加工费偿还设备的贷款的本息。但在实际履行中,港方B公司仅在2005年12月30日提供来料34吨,2006年9月4日来料17吨,2007年2月16日来料1.1吨,合计来料52.1吨。2007年10月,双方签订补充协议,再次规定了港方B公司提供来料的义务和数量。结果该补充协议仍未履行,致使中方引进的设备无法得到充分利用,只偿还了设备贷款的本息的一小部分。中方提请仲裁,要求港方B公司赔偿包括设备贷款在内的经济损失。港方B公司答辩称:"B公司未能履行合同的全部义务,是因为国际市场发生重大变化,原料价格上涨,数量短缺,无法买到原料所致。最后生产该原料的工厂停产,B公司更是无法买到,这是不可抗力事故,港方不应承担责任。"本案中,港方是否应该承担责任?

分析:港方应该承担责任。

原因如下所述。

(1)根据买卖合同的有关法律和惯例,当事人一方因不可抗力事件不能履行合同的全部和部分义务时,应及时通知另一方并出具有关的证明文件。本案中港方并未及时通知对方并出具有关证明。

(2) 不可抗力事件必须是该事件的发生和后果是当事人不可避免的、不能克服的。本案合同及补充协议中并未规定具体一家或几家工厂提供原料,所以,一家工厂停产不能提供规定的原料,并不能证明其他工厂也无法生产和提供同类的原料。对此,港方所述的理由不充分,不足以证明该事件的发生和后果是不可避免的和不能克服的。

(3) 不可抗力事件还必须是事前无法预见的。而本案中,双方在签订补充协议前、港方已经没有完全履行合同。在签订补充协议时,港方理应预见在执行补充协议时将存在在签订补充协议前曾出现过甚至还继续存在的不能履行的风险。

由上述分析可知,港方以一家工厂停产买不到规定的原料为不可抗力要求免责的说法是不成立的。本案具有补偿贸易和来料加工的性质,没有港方的来料,中方就没有加工费可以补偿进口设备的价款,就势必影响合同的全面履行,港方应负违约责任并承担赔偿中方的经济损失。

10.2.5 应用实例

唐朝公司和加拿大客户F.F.公司就女式全棉上衣进行交易,签订合同,合同中不可抗力条款如下:

If the shipment of the contracted goods is prevented or delayed in whole or in part by reason of war, earthquake, flood, fire, storm, heavy snow or other causes of Force Majeure, the seller shall not be liable for non-shipment or late shipment of the goods of this contract. However, the seller shall notify the buyer by teletransmission and furnish the latter within 10 days by registered airmail with a certificate issued by the China Council for the Promotion of International Trade(China Chamber of International Commerce)attesting such event or events.

若由于战争、地震、洪水、火灾、暴风雨、雪灾或其他不可抗力的原因,致使卖方不能全部或部分装运或延迟装运货物,卖方不承担责任。但卖方必须以电讯方式通知买方,并在10天内以航空挂号信件向买方提交由中国国际贸易促进委员会(中国国际商会)出具的该类事件的证明书。

10.2.6 技能训练

将下列不可抗力条款翻译成英文:

如由于战争、地震、水灾、火灾、暴风雨、雪灾的原因,卖方不能全部或部分装运或延迟装运合同货物,卖方对此不负有责任。但卖方须以电信方式通知买方,并须在15日内以航空挂号信件向买方提交由中国国际贸易促进委员会出具的此类事件的证明书。

10.3 争议与索赔

在国际贸易中,买卖合同的履行一般需要经过很长的时间,业务环节多,而且买卖双方一般不能当面交接货物,所以货物在运输过程中一旦出现品质缺陷、数量短缺等问题,很容易引起责任争议。为了避免买卖双方发生争议或发生争议后便于分清责任,有必要事先对争议和索赔条款进行规定。

10.3.1 争议

争议(dispute)是在交易一方认为另一方未能部分或全部履行合同规定的责任与义务时引起的,争议很有可能导致索赔、仲裁和法律诉讼。

产生争议的原因有很多,不同国家的法律和国际惯例有不同的解释。总体而言,产生纠纷的原因可以概括为以下几种:

(1) 合同不成立。

(2) 合同条款规定不明确,如 prompt shipment、quantity about 10000 M/T、destination:European main ports 等不明确的条款规定可能会引起买卖双方不同的理解。

(3) 在合同执行过程中,不可抗力事件导致合同违约或延期,但是交易双方对于不可抗力事件产生的法律后果有不同解释。

(4) 卖方原因导致合同无法履行或延期履行,如不按合同规定的交货期交货或不交货;所交货物的品质与合同或信用证规定不符、包装不良、数量缺失或迟期交货等。

(5) 买方原因导致合同无法履行或延期履行,如 FOB 条件下买方没有及时派船接货、没有及时开立信用证、不按合同规定付款赎单或无理拒收拒付货物等。无理拒收拒付货物等。

(6) 船公司原因导致运输过程中货物受损或短失。

(7) 保险公司对货物受损和短失负责。

买卖双方出现争议时,应以谨慎和灵活的方式处理,以免双方将来的合作关系受损害。交易双方应在平等和互利的基础上友善的谈判,或者通过第三方进行调解。如果争议无法通过谈判方式解决,买卖双方应提交仲裁。

10.3.2 索赔和理赔

1. 索赔与理赔的含义

索赔(claim)指在国际贸易中,合同一方违约并对合同另一方造成了直接或间接的损失,遭受损害的一方向违约方提出损害赔偿。

理赔(settlement of claims)指合同的违约方表示接受受害方所提出的索赔并对索赔进行处理。索赔和理赔是一个问题的两个方面,在国际贸易中,损害赔偿是最重要的,也是最常用的违约补救措施。

2. 索赔对象

索赔对象涉及出口商、船公司、保险公司、进口商或其他责任人。根据损失的原因和责任的不同,可以按以下几种情况向各方当事人提出索赔。

(1) 属承保责任范围内的货物损失,向保险公司索赔。货物在有效期内发生属于保险责任范围的损失,保险公司就要接受被保险人按保险单的有关规定向其提出的赔偿要求。

凡由不可抗力造成货物损毁、无适当责任人可以交涉,遭到有关责任人合理拒赔或赔偿不足者,都可以向保险公司赔偿。保险公司的承保责任均以保险单为准,发生的损失必须在保险责任范围内。

(2) 系承运人责任所造成的货物损失,向承运人索赔。货物在运输过程中货物出现问题,如短卸、误卸、破损、破漏、毁坏、水渍、其他污染等,船公司就要接受货主按照运输合同的有关规定向其提出的赔偿要求。船公司所负责任自装船起至离船为止,即签发提单时起至收回提单为止。

（3）系买方责任造成的损失，则向责任方提出索赔。具体包括以下情况：①合同签订之后，市价下跌，买方认为不合算，故意不开或迟开信用证，或在信用证中提出过高的条件，使卖方难以履行；②在FOB条件下，由于某种原因，买方延迟租船，致使卖方不能按时发货而造成损失；③托收条件下，货物发出后，买方无理拒付货款。

（4）系卖方责任造成的损失，则向责任方提出索赔。出口商因货物短缺、漏装、损毁、内在缺陷、包装不良、交货延迟或品质不符等原因给进口商造成损失，就要接受进口商的赔偿要求。

但有些时候短损很难鉴别，如"包装良好因运输操作不佳而致短损"就是船公司的责任，而"包装不良导致短损"则是出口商的责任。两者的鉴别有赖于公证机构的介入，凭其出具的公证报告才能判定责任的归属。

（5）其他责任人：

① 货到目的港以后相关人员的责任。装卸公司责任，如卸船后搬运工疏忽而发生损害，责任在码头装卸公司；入码头仓库内发生短损，责任在港务管理部门；自码头仓库至内陆仓库运输途中发生短损，责任在承运公司。

② 银行责任。如因银行职员办事疏忽，不按信用证条件付款，或遗失、误寄、错开、错改单证，导致合同某一方利益受损。

③ 公证机构责任。如公证不当或证明不实，因而使某一方索赔无效遭受损害，公证行也应负相应的责任。

应用案例 10.3

我方某公司与日商签订一笔床单合同。合同按CIF大阪即期L/C方式付款，合同和信用证中均规定不允许分批装运和转船。我方按时将货物装上直达轮，并凭直达提单在信用证有效期内向银行议付货款。该轮船中途经过某港时，船公司为了接载其他货物，擅自将我方货物卸下，换装其他船舶继续运往伦敦。由于换装的船舶设备陈旧，该批床单比原定时间晚了两个月到达。为此，日商向我公司提出索赔，理由是我方提交的是直达提单，而实际是转船运输，是弄虚作假行为。我方是否应该赔偿？本案应该如何处理？为什么？

分析：我方不应赔偿。应让买方凭直达提单向承运人交涉，凭保险单向保险公司交涉。因为按CIF条件成交，货物在装运港越过船舷后的风险应由买方承担，所以船方擅自转船造成的损失也应由买方承担。另外，CIF属象征性交货，只要卖方按合同规定在装运港将货物装船并提交全套合格单据，就算完成了交货义务，而无需保证到货。

应用案例 10.4

我国某公司与韩国ISR公司签订了购销服装的合同，约定由甲公司于2009年12月底之前交付200箱服装给乙公司，而当乙公司收到100箱货物后，于2009年5月明确通知甲公司由于服装销路不畅，不会接收甲公司的继续供货。这时甲公司仓库下存服装10箱。甲公司为了赢利，在收到乙公司通知后，继续按双方合同约定为乙公司收购了其余的90箱服装。后因乙公司拒绝接收后100箱服装，酿成纠纷。

本案中是哪方违约？属于哪种违约行为？本案应如何处理？

分析：在本案中乙公司属于违约的一方当事人，其行为构成了不完全履行的违约责任。依法当事人一方不履行合同义务或者履行合同义务不符合约定的，应当承担继续履行、采取补救措施或者赔偿损失等违约责任。一方违约后，另一方应当采取适当措施防止损失的扩大；没有采取适当措施致使损失扩大的，不得就扩大的损失要求赔偿。在本案中应该要求乙方承担继续履行的责任；但是由于甲方在乙方明确告知即将违约的情况下仍然继续采购了90箱的服装，扩大了损失的范围，所以甲方在本案中也要承担相应的责任。

10.3.3 理赔或索赔的处理

1. 出口商理赔

（1）查对出口货物品质及内容，以及装船时是否有同样缺陷。同时通知制造商查询该批货物制造情形及有关品质检查记录。

（2）调查索赔发生原因，究竟是制造过程的缺陷，还是运输作业的不良，抑或是卖方的疏忽。

（3）研究合同条款，是否为买方无理的索赔要求。

（4）如果卖方对于货物与合同不一致负责，而买方已在索赔期限内或货物质量保证期内向卖方要求索赔，卖方可以以三种方式向买方理赔：①同意买方拒收货物，按货物价值以合同中使用币种向买方进行赔偿，并承担由于拒付产生的一切直接损失和费用，包括利息、银行费用、运费、保险费用、检验费用、仓储费用以及其他必要费用；②根据货物质量的低劣程度和受损程度打折销售给买方；③用符合合同要求的货物替换低劣产品，并承担一切因替换引起的费用和给买方带来的损失。

（5）买卖双方的洽商及其执行事项包括：①根据合同及事实确定索赔事项是否成立；②索赔范围及内容；③协议清偿索赔的具体办法；④根据解决办法，迅速妥善执行。

2. 进口商索赔

1）对货物损失进行鉴定与并收集好索赔文件

（1）确定货物发生损失后，应以书面通知有关当事人（船方、供应商、保险公司）公证的时间、地点，请莅临现场处理联合公证，公证行出具公证报告，内容包括数量、包装及损害情形，责任谁属，如件数不足，究竟是航海中遗失还是搬运、装船、卸货舱内或卸货的仓库搬出及遭遇损失？均应加以判明。

（2）核对提货运输单证，例如提单、装箱单副本、货物件数及包装情形。

（3）索取损失事故证明，如短卸证明（certification of short landing）、海难证明（marine protest or sea protest）、磅码单（tally sheet）等。

（4）做好详细记录。例如，袋装或桶装货物，应就收件与破损件、空包货空桶分别过磅与记载其重量、桶号，并注明是否有备用，如果有记录个数。

2）保留索赔权

发生损失后，立即取得事故责任证明文件，书面形式向有关当事人交涉赔偿。如果单证不齐全，应在效期内提出保留索赔权，以策安全。

3）注意时效，备齐索赔文件向有关方面交涉

（1）向船公司交涉。一旦发生短卸，应备齐检验鉴定证书、承运部门或理货公司签发的事故证明文件、提单、发票等有关的证明文件，先向船方索赔。多数情况下船方都要先向沿途各港探询短装货物下落，然后才能决定赔偿。如果船公司赔付一部分，另外的差额，可向保险公司要求赔付时，要先对保险公司保留索赔权。

（2）向出口商交涉。由于短装、漏装、品质不符、包装不良而致的损失，应向出口商索赔。交涉之前，先把合同条款和信用证核对一下，然后结合检验鉴定证书、索赔账单或索赔要求函件、提单、发票、装箱单、理货报告等证明文件进行索赔函。

（3）向保险公司交涉。进口保险货物发生属保险公司的保险责任范围内损失，如残损短少，一经保险公司或其指定的鉴定机构鉴定后，被保险人应附必要的索赔单证，向保险公司办理索赔。如已向其他责任人提出索赔，而该责任人以正当理由拒赔，应将交涉往来函电连同索赔文件一并提交保险公司；如果船方无正当理由拒赔，应继续交涉，其交涉文件并送保险公司；如果货主向第三者索赔有结果时，应通知保险公司销案。

10.3.4 买卖合同中的索赔条款

合同订立中的索赔条款主要有两种，一种是异议与索赔条款，另一种是罚金条款。在一般商品买卖合同中，多数只订立异议与索赔条款，而对于大宗商品和机械设备的买卖，也可以同时订立罚金条款。

1. 异议与索赔条款

异议与索赔条款（Discrepancy and Claim Clause）一般是针对卖方交货品质、数量或包装不符合合同规定而订立的，内容主要包括索赔依据、索赔期限以及索赔金额的处理方法。

1）索赔依据

索赔依据是受损方提出索赔时必须提供的、证明对方违约事实真相的书面材料。在国际货物买卖合同中，通常规定由双方约定的商检机构出具的检验证书作为双方交接货物、结算货款和办理索赔的事实依据。

2）索赔期限

索赔期限是合同中的受损方向违约方提出索赔的时限，对超过约定时限的索赔，违约方可以不予理赔。合理的索赔期限应根据不同种类的商品的特点，并结合运输、检验条件和检验所需的时间等因素进行合理的规定。食品、农产品等易变质商品的索赔期尽量规定得短一些；一般货物的索赔期限通常为货到目的港后30～45天；机械设备等高技术含量的产品，其有关数量的索赔期一般为货到目的港 11 天，有关规格性能等品质方面的索赔期一般为 12 个月。

一般合同约定索赔期限的起算时间有：货物到达目的港后××天起算、货物到达目的港卸离海轮后××天后起算、货物经检验后××天起算与提单签发日期后××天起算五种。

除约定索赔期限外，还有法定索赔期限，即根据有关法律，受损方有权向违约方索赔的期限为：《公约》规定这一期限为 2 年，我国《合同法》则将这一期限规定为 4 年。约定索赔期限的效力，一般高于法定索赔期限。

3）索赔金额

由于索赔金额事先难以预计，故订约时一般不作具体规定，待出现违约事件后，再由有关方面酌情确定。一般规定，一方当事人违反合同应负的损害赔偿额，应与另一方当事人因他违反合同而遭受的包括利润在内的损失额相等。索赔金额的计算有以下几种方法：

（1）索赔金额应为在合同被宣告无效的一段合理时间内，合同价格与替代物的交易价格或转卖价格之间的差额。

（2）如果合同被宣告无效，而货物又有时价，索赔金额则是合同规定的价格与宣告合同无效时的时价之间的差额，而不是合理时间之外或采购时的价格。

(3)如果卖方延迟交货,而恰值该货物市价下跌:则合同规定交货时的交货地价格与实际交付时的交货地价格之差,连同由此给买方造成的实际损失,即为索赔金额。

(4)如果卖方交付的品质、包装不符合合同规定,那么,实际交付的货物价格与符合合同规定的货物时价之间的差额为索赔金额。

(5)如果买方延迟派船接货,卖方同意保留合同,那么卖方因买方延迟派船而增加的仓租、利息、保险费就是合理的索赔金额。

4)异议与索赔示例

Any claim by the buyers on the goods shipped shall be filed within 30 days after the arrival of the goods at the port of destination and supported by a surveyed report issued by a surveyor approved by the sellers. Claims in respect of matters within responsibility of the insurance company and/or shipping company will not be considered or entertained by the sellers. (买方对于装运货物的任何索赔,必须于货物到达目的港(地)之日起30天内提出,并须提供卖方同意的公证机构出具的检验报告。属于保险公司、轮船公司或其他有关运输机构责任范围内的索赔,卖方不予受理。)

2. 罚金条款

罚金条款(Penalty Clause)又称违约金条款,即在合同中规定,如果一方违反合同义务,依据约定或法律规定应向对方支付一定数额的罚金的条款。罚金条款较多使用于卖方延期交货或买方延期接货或延迟开立信用证等情况。罚金条款可采取两种方式:在合同中规定罚金金额或规定罚金占合同总金额的比例。罚金金额由交易双方商定,并规定最高限额,通常罚金数额以不超过总金额的5%为宜。

注意事项:我国法律还规定,当事人就迟延履行约定违约金的,违约方支付违约金后,还应当履行债务。

罚金条款示例:

In case of delayed delivery, the sellers shall pay to the buyer for every week of delay a penalty that amount to 0.5% of the total value of the goods whose delivery has been delayed. Any fractional part of a week is to be considered a full week. The total amount of penalty shall not, however, exceed 5% of the total value of the goods involved in late delivery and be to be deducted from the price amount by the paying bank at the time of negotiation, or by the buyers directly at the time of payment. In case the period of delay exceeds 10 weeks after the stipulated delivery date, the buyers have the right to terminate this contract. But the sellers shall not thereby be exempted from the payment of penalty. (如发生延迟交货,卖方应向买方支付罚金,罚金为每7天收取延期交货部分总值的0.5%,不足7天者以7天计算。但罚金不得超过延期交货部分总额的5%,由付款银行在议付货款中扣除罚金或由买方于支付货款时直接扣除罚金。如卖方延期交货超过合同规定期限10周时,买方有权撤销合同,但卖方仍应不延迟地按上述规定向买方支付罚金。)

10.3.5 应用实例

索赔函和理赔函的应用实例如图10.3~图10.7所示。

FASHION FORCE CO., LTD.

P.O.BOX 8935 NEW TERMINAL, ALTA, VISTA OTTAWA, CANADA
TEL: 001-905-947-2658   FAX: 001-905-947-2648

Dear Sirs,
We received your Ladies Cotton Blazers under the contract No. F01LCB05127 this morning. We thank you for promptness in delivering the commodities we ordered on 20th Oct .The number of pieces delivered by your carrier this morning was 2520, whereas our order was for only 2250.
Unfortunately , our present needs are completely covered and we cannot make use of the extra goods .Please inform us by fax what we are to do with the extra goods .
We look forward to your early reply.

Best Regards,
FASHION FORCE CO., LTD.
Mike Kingsley (Mr.)
Dec.26, 2000

敬启者：
　　我方已于今早收到你方女士全棉上衣(合同号：F01LCB05127)。我方非常感谢贵方及时发货。然而，今早贵方承运人送来2520件货物，而我方只订购了2250箱。很遗憾，我方目前的需要已完全饱和，无法接受多余的货物。请传真通知我方如何处理。
　　期待贵方对此事早日作出答复。

谨上
FASHION FORCE 公司
麦克·金斯利先生
2000年12月26日

图 10.3　买方因到货数量过多向卖方发出的索赔函

FASHION FORCE CO., LTD.

P.O.BOX 8935 NEW TERMINAL, ALTA, VISTA OTTAWA, CANADA
TEL: 001-905-947-2658   FAX: 001-905-947-2648

Dear Sirs,
The Ladies Cotton Blazers we ordered from you (contract No. F01LCB05127) should have reached us a week ago. Needless to say , the delay in delivery has put us to great inconvenience. It is therefore imperative that you dispatch them immediately.Otherwise we shall be obliged to cancel the order and obtain the goods elsewhere. Please look into the matter as one of urgency and let us have your reply as early as possible .
We look forward to your early reply.

Yours Faithfully,
FASHION FORCE CO., LTD.
Mike Kingsley (Mr.)
Dec.26, 2000

敬启者：
　　我方从贵方订购的女士全棉上衣(合同号：F01LCB05127)应于一星期前收到。很显然，发货的延迟给我方带来了很大的不便。因此，贵方必须立即发货，否则我方将被迫取消订单，到另处订货。
　　请紧急处理此事，并尽快告知结果。

谨上
FASHION FORCE 公司
麦克·金斯利先生
2000年12月26日

图 10.4　买方因包装不妥向卖方发出的索赔函

项目十 出口纠纷及处理

FASHION FORCE CO., LTD.
P.O.BOX 8935 NEW TERMINAL, ALTA, VISTA OTTAWA, CANADA
TEL: 001-905-947-2658   FAX: 001-905-947-2648

Dear Sirs,

We are writing to inform you that the Ladies Cotton Blazers (Contract No. F01LCB05127) arrived in such an unsatisfactory condition that we have to lodge a claim against you. It was found upon examination that 10% of them are broken and some are badly scratched. We immediately had them examined by our surveyor. Enclosed are the survey report and some photos taken of the blazers, which evidence that the goods are improper packed. Therefore, we cannot offer it for sale at the normal price and suggest that you make us an allowance of 20% on the invoiced cost .This is the amount by which we propose to reduce our selling price .If you cannot accept, Im afraid we shall have to return them for replacement .

Sincerely,
FASHION FORCE CO., LTD.
Mike Kingsley (Mr.)
Dec.26, 2000

敬启者：
　　我方写信通知贵方，女士全棉上衣(合同号：F01LCB05127)已收到，但货物状况很不令人满意，故我方不得不提出索赔。经检查，我方发现有10%的货物破损，而且一些也有严重磨损现象。我方立即调查员对上衣进行检查，附件是调查报告和一些上衣的图片，可以证明货物的破损是由于包装不妥造成的。
　　因此，我方无法以原价售出货物。建议贵方依照发票金额给予20%的折扣，这是我方所建议降低的售价额度。如果贵方无法接受，我方将不得不退货，要求替换。

谨上
FASHION FORCE 公司
麦克·金斯利先生
2000年12月26日

图 10.5　卖方对买方发出的理赔函

ZHEJIANG GONGMAO CO., LTD.
ZHONGCHENG MANSION RM2501 NO.2987, JINXIU ROAD, WENZHOU 325000, CHINA
TEL: 0086-577-7577-2658   FAX: 0086-577-7577-6487

Dear Sirs,

We are sorry to note from your letter of May 5 that the subject goods we have shipped to you are found defective. After we received your letter, we immediately contacted our manufacturers. Although they always exercise strict control over the quality of their products, unexpected events do sometimes occur, and they have agreed to accept full responsibility for the present incident and have promised to ship replacements without delay. They also ask us to convey to you their apologies and promises that similar mistakes won't happen again. The new toys are expected to reach you early next month. Please hold the defective toys at our disposal. We add our apology for the trouble we have caused you and hope that this oversight of ours won't affect the future business between us.

Sincerely,
ZHEJIANGGONGMAO CO., LTD.
XU MINGXU (Mr.)
Dec.26, 2000

敬启者：
　　我方从贵方5月5日的信中很遗憾的得知，贵方发现我方发的货有问题。在收到贵方的信后，我方立即联系了加工商。尽管加工商一直都对货物的质量控制严格，但实发事件仍然不可避免。加工商已经同意为此次意外负全责并承诺毫无延迟的将替代货物发过去。他们也请求我方向贵方转达歉意并保证以后类似的错误不会再发生。新的玩具预期在下个月发到贵方公司。请将劣质玩具交给我们处理。
　　我方为给你方带来的麻烦道歉，希望这次疏忽不会影响我们之间将来的贸易。

谨上
浙江工贸公司
徐明旭
2000年12月26日

图 10.6　卖方对买方发出的拒绝理赔函

ZHEJIANG GONGMAO CO., LTD.

ZHONGCHENG MANSION RM2501 NO.2987, JINXIU ROAD, WENZHOU 325000, CHINA

TEL: 0086-577-7577-2658   FAX: 0086-577-7577-6487

Dear Sirs,

We regret to see from your fax dated Dec. 11 that on arrival one of the cases of order No. SI106 was found damaged. But I'm afraid to say that all the cases were in perfect condition at the time they were loaded, as is evidenced by our clean Bill of Lading. Therefore it is quite obvious that the damage must have been caused in transit. In this case the liability clearly rests with either the ship owner or the insurance company. As this transaction was closed on CFR basis, we would suggest that you approach them for settlement of your claim. However, in view of the long business relation between us, and in order to help you fulfill consignment with your customers, we agree to ship you another 200 cases of toys at 3% off contracted price. Please reply soon to tell us whether this is agreeable to you.

Yours Faithfully
ZHEJIANGGONGMAO CO., LTD.
XU MINGXU (Mr.)
Dec.26, 2000

敬启者：

我方从贵方12月11日的信中很惋惜的得知货物到达之后，贵方发现订单号为SI106的货箱受损。但是我方肯定箱子在装船的时候没有问题，我方的清洁提单可以证明。因此很明显，货物是在运输途中受损的。在这种情况下，责任属于船公司或保险公司。由于这次交易是CFR价，我们建议贵方向其索赔。

但是，考虑到我们之间较长的贸易关系，以及为了帮助贵方向顾客交货，我们允诺以合同价的97%的价格再发200箱玩具给贵方。如果赞同这个提议的话请尽快联系我们。

谨上
浙江工贸公司
徐明旭
2000年12月26日

图10.7 买方因发货延迟向卖方发出的索赔函

10.3.6 技能训练

请根据以下内容向卖方索赔，撰写索赔函。

我方已收到贵方女士丝绸连衣裙（合同号：F01LCB05127），但货物状况很不令人满意，故我方不得不提出索赔。经检查，我方发现有20箱的货物破损，里面的裙子已经收到严重的破坏。我方立即请保险公司的调查员对货物进行检查，附件是调查报告和一些货物的图片，可以证明货物的破损是由于包装不妥造成的。

因此，我方对遭受的8000美元的损失向贵方提出索赔。

10.4 仲　　裁

在国际贸易中，当买卖双方在合同履行过程中因种种原因发生争议时，应试图采用友好协商方式解决，如果协商无法解决，则可采取通过第三者调解、提交仲裁机构仲裁(Arbitration)或甚至进行司法诉讼等方式来解决争议。

10.4.1 仲裁概述

1. 仲裁的含义

仲裁(Arbitration)是指贸易双方当事人，在争议发生之前或之后达成书面协议，自愿将无法通过友好协商方式解决的争议提交双方所同意的仲裁机构予以裁决。

2. 仲裁的特点

仲裁与诉讼相比，具有以下显著特点：
(1) 仲裁是以双方当事人自愿为基础，双方当事人自行选定仲裁员，具有一定的灵活性。
(2) 仲裁程序简单，处理问题比较迅速及时，且费用比诉讼费低。
(3) 仲裁裁决是终局性的。仲裁裁决对双方当事人均有约束力，败诉方不得上诉，除非其可证明仲裁是违背法律的或者证明仲裁机构或仲裁员在仲裁仲裁过程中出现不公平行为。如果败诉方不能自动执行该裁决，胜诉方可以请求法院强制执行。

与协商相比，仲裁更有可能解决争议，而且其约束力更强。与法律诉讼相比，仲裁更灵活，更快，费用也低。仲裁是以交易双方自愿为基础的，因此，并不会破坏双方将来的合作关系。

我国一向提倡并鼓励以仲裁的方式解决国际商事争议。我国现已成为当今世界上主要的国际商事仲裁中心之一。在我国进出口合同中，一般都订立了仲裁条款，以便在发生争议时通过仲裁方式解决争端。

10.4.2 仲裁协议

仲裁协议是合同双方当事人表示愿意把双方之间的争议交付仲裁解决的一种书面协议，是仲裁机构或仲裁员受理争议案件的依据。仲裁协议有两种形式：
(1) 争议发生之前，在合同中的争议纠纷中订立的仲裁条款(Arbitration Clause)。合同双方当事人表示一旦出现纠纷，同意将争议提交仲裁。
(2) 由双方当事人在争议发生之后订立的，表示同意把已经发生的争议交付仲裁的仲裁协议(Submission)。这类仲裁形式独立于合同。

当争议发生后需要提交仲裁时，当事人应提交包含仲裁条款的合同或争议之后订立的仲裁协议，否则仲裁不予接受。

外贸易仲裁委员会在《仲裁程序暂行规则》(Provisional Rules of Arbitration Proceedings)中规定，从法律效力上讲，合同中订立的仲裁条款和以其他形式订立的仲裁条款完全相同。

仲裁协议具有以下作用：
(1) 约束双方当事人只能以仲裁方式解决争议，不得向法院起诉。
(2) 授予仲裁机构和仲裁员对争议案件的管辖权。
(3) 排除法院对有关案件的管辖权。在仲裁协议的三个作用中，这个是最重要的。凡是有仲裁协议的，当事人不得向法院起诉。如果一方违背仲裁协议，自行向法院起诉，另一方可根据仲裁协议要求法院不予受理，并将争议案件退交仲裁庭裁断。

10.4.3 买卖合同中的仲裁条款

1. 仲裁地点

仲裁地点与仲裁所适用的法律密切相关。仲裁地点不同，适用的法律可能不同，对买卖双方的权利、义务的解释就会有差别，其结果也会不同。因此，交易双方故在仲裁条款中必须就仲裁地点作出明确具体的规定。在我国外贸业务中，应尽量把中国作为仲裁地点。

在我国外贸业务中，关于仲裁地点的规定主要有如下三种方式。

1) 约定在我国仲裁

Any disputes arising out of or relating to this contract, shall be settled amicably through negotiation. In case no settlement can be reached through negotiation, the case shall then be submitted to the China International Economic and Trade Arbitration Commission, Beijing, China, for arbitration in accordance with the Commission's rules of arbitration. If in… the arbitration shall be… The arbitral award is final and binding upon both parties. (凡因本合同引起的或与本合同有关的任何争议，双方均应通过友好协商解决。如果争议无法通过协商解决，则应提交中国国际经济贸易仲裁委员会，中国北京。按照该会的仲裁规则进行仲裁。仲裁裁决是终局的，对双方均有约束力。)

2) 约定在被告国仲裁

Any disputes arising out of the performance of, or relating to this contract, shall be settled amicably through negotiation. In case no settlement can be reached through negotiation, the case shall be submitted for arbitration. The location of arbitration shall be in the country of domicile of the defendant. If in China, the arbitration shall be conducted by the China International Economic and Trade Arbitration Commission in accordance with its rules of arbitration. The arbitral award is final and binding upon both parties. (凡因执行本合同所发生的或与本合同有关的一切争议，双方应通过友好协商解决；如果协商不能解决，应提交仲裁。仲裁在被申请方所在国进行。如在中国，则由中国国际经济贸易仲裁委员会根据该会仲裁规则进行仲裁。如在……仲裁应由……根据其仲裁规则进行仲裁。仲裁裁决是终局的，对双方均有约束力。)

3) 约定在双方同意的第三国仲裁

Any disputes arising out of the performance of, or relating to this contract, shall be settled amicably through friendly negotiation. In case no settlement can be reached through negotiation, the case shall then be submitted to… for arbitration, in accordance with its rules of arbitration. The arbitral award is final and binding upon both parties. (凡因执行本合同所发生的或与本合同有关的一切争议，双方应通过友好协商解决；如果协商不能解决，应提交××(国)××(地)××(仲裁机构)，根据该仲裁的仲裁规则进行仲裁。仲裁裁决是终局的，对双方均有约束力。)

2. 仲裁机构

仲裁机构不是国家的司法部门，而是依据法律成立的民间机构。国际贸易中的仲裁机构有两种类型。

1) 临时机构

临时仲裁机构是为了解决争议，由双方共同指定的仲裁员临时组成的仲裁庭，争议处理完毕,即自动解散。在买卖双方应在合同仲裁条款(或协议)中,双方当事人需要在仲裁条款中就双方指定仲裁员的办法、仲裁员人数、组成仲裁庭的成员、是否需要首席仲裁员等问题做出明确规定。

2) 常设机构

双方当事人可在合同中约定一个常设仲裁机构,并按照该仲裁机构的仲裁规则或双方选定的仲裁规则进行仲裁。目前,世界上许多国家和一些国际组织都设有常设仲裁机构。国际上著名的常设仲裁机构有瑞典斯德哥尔摩仲裁院、瑞士苏黎世商会仲裁院、英国伦敦国际仲裁院、美国仲裁协会、日本国际商事仲裁协会等。

我国的常设仲裁机构是中国国际经济贸易仲裁委员会和中国海事仲裁委员会。中国国际经济贸易仲裁委员会在上海和深圳分别设有分会。

3. 仲裁程序及规则

仲裁程序是指进行仲裁的手续、步骤和做法,主要包括仲裁申请、仲裁庭的组成、仲裁审理及作出裁决等。各国仲裁法和仲裁机构的仲裁规则对仲裁程序都有明确的规定。我国现行的仲裁规则是自2005年5月1日起实施的《中国国际经济贸易仲裁委员会仲裁规则》。

4. 仲裁的效力与执行

仲裁是终局性的,裁决一经作出,就具有法律效力,对当事人双方均有约束力,双方都必须执行。任何一方当事人不得向法院起诉,也不得向其他任何机构提出变更裁决的请求。当事人应自动履行裁决,仲裁机构无强制执行裁决的权利和义务。裁决书写明期限的,应在规定的期限内自动履行;如未写明期限的,应当立即履行。如败诉方不执行裁决,则胜诉方有权向法院起诉,请求法院予以强制执行。如果仲裁地和败诉方在同一个国家,能够比较顺利地执行;反之,执行起来就比较困难。

在我国作出的仲裁裁决,需要在外国执行时,若对方是与我国签有互相执行仲裁裁决协议的,或对方是1958年《承认及执行外国仲裁裁决公约》的缔约国并同意执行我国仲裁裁决,即可顺利执行;否则,我方只有请对方国家法院强制执行。至于外国仲裁机构的裁决需要我国法院承认和执行的,一方当事人可直接向被执行人住所地或者其财产所在地的中级人民法院申请。我国法院依照我国缔结或参加的国际条约或者按照互惠的原则办理。

5. 仲裁费用

一般仲裁规则都规定仲裁委员会除按照仲裁规则所附的仲裁费用表向当事人收取仲裁费用外,还可以向当事人收取其他的实际开支,如仲裁员办理案件的报酬、差旅费、食宿费及聘请专家、鉴定人员和翻译的费用。

仲裁费用通常由败诉方承担,当事人部分胜诉,部分败诉的,由仲裁庭根据当事人责任大小确定其各自承担的比例。

应用案例 10.5

中国某外贸公司(买方)与日本甲公司(卖方)签订了一份购买15套A型设备和8台K型仪器的合同,总价值40万美元,价格条件CFR大连,装运期为1997年9月底,付款条件是,买方在货物装运前两个月开立货款全额的不可撤销付款信用证。1997年9月30日买方通过银行开出了以卖方为受益人的信用证(未交押金),卖方于10月9日、31日分两批发运货物,从议付银行议付了货款,议付行从开证行处获得偿付。10月15日，第一批货物15套A设备到港，11月8日，第二批货物8台K仪器到港，这两批货物买方都是在未取得正本提单情况下，以副本提单从船公司代理处提取。经省商检局检验认定，15套设备具中有4套不合格，根本不能生产出标准部件，且无法修复。其余11套设备及8台仪器无质量问题。买方认为，所购15套设备系相互配套使用的，4套不合格，则其余11套失去使用价值，遂于1998年3月24日向日方发出一份备忘录，要求将15套设备全部退回，日方既没有签字，也没有答复。买方最终提起仲裁，请求仲裁庭裁决：

(1) 将15套A设备作退货处理，卖方返还已收的全部货款并承担全部退货费用。

(2) 8台K仪器比合同规定的交货期延迟5周到港，卖方应支付延迟到货的罚金4万美元。

(3) 买方购买的15套A设备用于出租，由于A设备不合格，买方已向承租用户赔偿损失2万美元，这笔损失应由卖方负担。

仲裁庭对上述请求应如何处理？为什么？现假设，如在开证行要求买方付款赎单时，买方鉴于货物状况，在单证相符情况下拒绝向开证行付款赎单，开证行会受到什么损失？应如何处理？

分析：

(1) 买方只能退还4套不合格的模具，不能退还全部15模具，因为其余11台模具是合格是，可继续使用。卖方应退不给买方4套不合格模具的货款并应承担4套模具退回的一切费用。

(2) 卖方8台检测仪的交付确实在合同规定的期限之后，这种延迟是由于买方开立信用证延迟造成的。合同要求信用证应在交货前两个月开出，买方直到9月30日才开出信用证，按这个日期计算，卖方实际交货期并没有违反合同，买方要求支付延迟到货罚金的请求不成立。

(3) 买方将模具出租的事实卖方难以预见，且属于另一法律关系，买方赔偿用户的两万美元损失不应由卖方承担(或答"买方这一部分请求不成立")。

(4) 如买方拒绝向开证行付款赎单，开证行将遭受极大损失，因为买方虽持有提单却提不到货物，也没有押金可补偿。开证行可以凭提单要求船公司交付提单项下的货物或赔偿全部货款，也可依据信用证法律关系要求买方履行单证相符时的付款赎单义务。

10.4.4 应用实例

唐朝公司和加拿大F.F.公司就女式全棉上衣进行交易，签订合同，合同中仲裁条款规定如下：

Any disputes arising out of or relating to this contract, shall be settled amicably through negotiation. In case no settlement can be reached through negotiation, the case shall then be submitted to the China International Economic and Trade Arbitration Commission, Beijing, China, for arbitration in accordance with the Commission's rules of arbitration. The arbitral award is final and binding upon both parties.（凡因本合同引起的或与本合同有关的任何争议，双方均应通过友好协商解决。如果争议无法通过协商解决，则应提交中国国际经济贸易仲裁委员会，中国北京。按照该会的仲裁规则进行仲裁。仲裁裁决是终局的，对双方均有约束力。）

10.4.5 技能训练

浙江中诚外贸有限公司与美国客户KIRSTON CO.，LTD.就洋菇罐头进行交易，约定仲裁地点为美国。

如由于战争、地震、水灾、火灾、暴风雨、雪灾的原因，卖方不能全部或部分装运或延迟装运合同货物，卖方对此不负有责任。但卖方须以电信方式通知买方，并须在15日内以航空挂号信件向买方提交由中国国际贸易促进委员会出具的此类事件的证明书。

请对以上事件进行仲裁。

项目小结

善后函的作用是总结经验、吸取教训、增进友谊、有利于今后的业务发展。出现不可抗力事件时,首先要将通知对方,并出具相应的证明,当事人结合不可抗力事件,或者解除合同或者延期履行合同。在处理索赔案件时,首先要确定索赔案件的性质,然后根据事故性质找出相关责任人进行索赔。裁决是终局性的,对双方均有约束力。仲裁地点应尽量选择在本国进行,并要选择常设的仲裁机构进行审理裁决。

课后习题

1. 单项选择题

(1) 不可抗力免除了遭受意外事故的一方当事人(　　)。
　A. 履行合同的责任　　　　　　　　B. 对损害赔偿的责任
　C. 交付货物的责任　　　　　　　　D. 支付货款的责任

(2) 中国国际经济贸易仲裁委员会是我国的(　　)。
　A. 官方性常设仲裁机构　　　　　　B. 民间性常设仲裁
　C. 官方性临时仲裁机构　　　　　　D. 民间性临时仲裁机构

(3) 多数国家都认定仲裁裁决是(　　)。
　A. 终局性的　　　B. 可更改的　　　C. 无约束力的　　　D. 不确定的

(4) 发生(　　),违约方可援引不可抗力条款要求免责。
　A. 战争　　　　　　　　　　　　　B. 世界市场价格上涨
　C. 生产制作过程中的过失　　　　　D. 货币贬值

(5) 我国出具不可抗力事故证明的机构为(　　)。
　A. 商会　　　　　B. 仲裁机构　　　C. 商检局　　　　D. 贸促会

(6) 我某粮油食品进出口公司与美国田纳西州某公司签订进口美国小麦合同,数量为 100 万公吨。麦收前田纳西州暴雨成灾,到 10 月份卖方应交货时小麦价格上涨。美方未交货。合同订有不可抗力条款,天灾属于该条款的范围,美方据此要求免责。此时,我方应(　　)。
　A. 构成不可抗力,予以免责,并解除合同。
　B. 未构成不可抗力,坚持美方应按合同规定交货。
　C. 构成不可抗力,可以解除合同,但要求损害赔偿。
　D. 构成不可抗力,但不要求损害赔偿,亦不解除合同,而要求推迟到下年度交货。

(7) 在国际货物买卖中,较常采用的不可抗力事故范围的规定方法是(　　)。
　A. 概括规定　　　B. 不规定　　　　C. 具体规定　　　　D. 综合规定

(8) 某国外进口商在广交会订购我出口商品,合同中规定的一般条款中有商检、索赔、仲裁和不可抗力条款。交货以后进口商发现部分商品品质较差,拒绝收货,并以向当地法院起诉威胁出口商降价。在这种情况下,出口公司应如何答复(　　)。
　A. 因订有仲裁条款,应按条款规定仲裁解决

B. 因在中国签约，故应向中国法院起诉
　　C. 建议通过双方协商同意的第三国法院处理
　　D. 应该在出口国仲裁

(9) 双方当事人在合同中明确规定"货物运抵目的港后30天内索赔"。这种索赔期限是（　　）。
　　A. 法定索赔期限　　B. 约定索赔期限　　C. 固定索赔期限　　D. 无效索赔期限

(10) 在合同中逐一列明不可抗力事件的种类，这是（　　）。
　　A. 综合式规定　　B. 列举式规定　　C. 概括式规定　　D. 具体规定

(11) 以仲裁方式解决双方争议的必要条件是（　　）。
　　A. 交易双方当事人订有仲裁协议
　　B. 交易双方当事人订有合同
　　C. 交易双方当事人口头同意将争议提交仲裁
　　D. 当事人不向法院起诉

(12) 一CIF出口合同的货物在海运途中因为不可抗力灭失，买方可以（　　）。
　　A. 向卖方索赔
　　B. 向承运人索赔
　　C. 向承保该货物的保险公司提出保险索赔
　　D. 不能向任何人索赔

(13) 根据1958年《承认及执行外国仲裁裁决公约》，受损方有权向违约方索赔的期限为（　　）。
　　A. 2年　　B. 3年　　C. 4年　　D. 5年

(14) 交易的一方认为对方未能全部或部分履行合同规定的责任与义务而产生的业务纠纷是（　　）。
　　A. 理赔　　B. 争议　　C. 索赔　　D. 仲裁

(15) 买卖合同、相关法律和国际惯例的规定，是索赔时的（　　）。
　　A. 事实依据　　B. 法律依据　　C. 违约证据　　D. 违约证明

(16) 合同规定的检验机构出具的检验证书可以作为索赔的（　　）。
　　A. 事实依据　　B. 法律依据　　C. 索赔金额　　D. 违约证明

(17) 在合同中对卖方较为有利的索赔期限可规定为（　　）。
　　A. 货物运抵目的港（地）后××天内
　　B. 货物运抵目的港（地）后卸离海轮后××天
　　C. 货物运抵最终目的地后××天
　　D. 货物运抵买方仓库后××天

(18) 进出口合同中索赔条款有两种规定方式，一般情况下订立（　　）。
　　A. 罚金条款　　B. 索赔条款　　C. 异议与索赔条款　　D. 违约金条款

(19) 关于索赔期限的说法错误的是（　　）。
　　A. 索赔期限可以规定为"货到目的港后××天内索赔"
　　B. 法定索赔期限为1年
　　C. 超过索赔期限提出的索赔要求无效
　　D. 约定索赔期应在合同中明确规定

(20) 关于不可抗力的说法正确的是（　　）。
　　A. 不可抗力就是意外事故
　　B. 发生不可抗力之后当事人无须履行合同
　　C. 如果不可抗力使合同履行成为不可能，双方可解除合同
　　D. 发生不可抗力后双方的合同终止

2. 多项选择题

(1) 不可抗力事故的构成条件是（　　）。
A. 事故发生在合同订立以后
B. 发生了合同当事人无法预见、无法预防、无法避免和无法控制的客观情况
C. 事件的发生使合同不能履行或不能如期履行
D. 遭遇意外事故的一方负全责

(2) 不可抗力事故引起的法律后果是（　　）。
A. 遭遇事故的一方可要求损害赔偿
B. 遭遇事故的一方可要求解除合同
C. 遭遇事故的一方可要求延期履行合同
D. 遭遇事故的一方可要求交付替代货物

(3) 在国际贸易中，解决争议的方法主要有（　　）。
A. 友好协商　　　　B. 调解　　　　C. 仲裁　　　　D. 诉讼

(4) 在对外索赔和理赔工作中，（　　）是很关键的问题。
A. 保护好受损货物　　　　　　　　B. 想法核实对方的财产
C. 收集好索赔的依据　　　　　　　D. 掌握好索赔的期限

(5) 在国际货物买卖中，较常采用的不可抗力事故范围的规定方法是（　　）。
A. 概括规定　　　B. 不规定　　　C. 具体规定　　　D. 综合规定

(6) 仲裁与诉讼相比，具有以下哪些特点（　　）。
A. 以双方当事人自愿为基础　　　　B. 仲裁程序简单
C. 费用比诉讼费低　　　　　　　　D. 裁决是终局性的

(7) 我国的常设仲裁机构有（　　）。
A. 中国国际经济贸易仲裁委员会　　B. 中国海事仲裁委员会
C. 中国国际贸易促进委员会　　　　D. 中国进出口检验检疫协会

(8) 不可抗力事件的范围较广，通常有（　　）。
A. 意外事件　　B. 社会力事件　　C. 自然力事件　　D. 非意外事件

(9) 出口商索赔的对象可以有（　　）。
A. 出口商　　　B. 船公司　　　C. 保险公司　　　D. 进口商

(10) 以下合同条款规定不明确的有（　　）。
A. prompt shipment　　　　　　　B. quantity about 3000 M/T
C. Destination：African main ports　D. Quantity：234 cartons

3. 操作题

(1) 浙江中诚外贸公司从英国瑞奇进出口有限公司订购精密仪器 20 台（合同号：GFJUF090615），CIF SHANGHAI，约定发货期为 9 月份，但是直到 10 月份，浙江公司仍没有收到发货通知。请你为浙江中诚外贸公司向英国瑞奇进出口有限公司写一封索赔函。

(2) 请结合本项目所学的不可抗力条款的相关理论和知识，从概括规定、列举规定和综合规定的三种不可抗力规定方式中选择一种规定方式，进行合同不可抗力条款的制定。

4. 案例分析题

(1) 2003 年 4 月，我某外贸公司与加拿大进口商签订一份茶叶出口合同，并要求采用合

适的包装运输，成交术语为 CIF 渥太华，向中国人民保险公司投保一切险。生产厂家在最后一道工序将茶叶的湿度降低到了合同规定值，并用硬纸筒盒作为容器装入双层纸箱，在装入集装箱后，货物于 2003 年 5 月到渥太华。检验结果表明：全部茶叶变质、湿霉，总共损失价值达 10 万美元。但是当时货物出口地温度与湿度适中，进口地温度与湿度也适中，运输途中并无异常发生，完全为正常运输。以上货物的损失该由谁来赔偿，为什么？

（2）某贸易商以 FOB 价向我国某厂订购一批货物，在买卖合同中定明若工厂未能于 7 月底之前交运，则工厂应赔付货款 5％的违约金。后工厂交运延迟 5 天，以致贸易商被其买方索赔货款得 3％。在这种情况下，贸易商是否可向工厂索赔，索赔 5％还是 3％？

（3）有一美国公司 A 向外国一贸易商 B 购买一批火鸡，供应圣诞节市场。合同规定卖方应在 9 月底以前装船。但是卖方违反合同，推迟到 10 月 7 日才装船。结果圣诞节销售时机已过，火鸡难以销售。因此，买方 A 拒收货物，并主张撤销合同。在这种情况下，买方有无拒收货物和撤销合同的权利？

（4）国内某研究所与日本客户签订一份进口合同，欲引进一精密仪器，合同规定 9 月份交货。9 月 15 日，日本政府宣布该仪器为高科技产品，禁止出口。该禁令自公布之日起 15 日后生效。日商来电以不可抗力为由要求解除合同。日商的要求是否合理？我方应如何妥善处理？

（5）中国技术进出口总公司（简称中技总公司）与挪威一公司达成一笔合同，购买 9000 多吨钢材。1985 年 3 月 14 日，卖方首先向中技总公司发出电传称"货物已在装运港备妥待运"，要求买方开出信用证。买方于 4 月 19 日通过中国银行上海分行开出以卖方为受益人，金额为 2295000 美元的不可撤销信用证后，卖方随即将全套单证提交中方公司；提单上载明钢材数量为 9161 吨。同年 6 月 1 日中国银行上海分行根据提单和发票将货款 229 万美元付给了卖方。然而，事实证明，卖方根本没有将钢材装船，向买方提交的提单、钢材质量检验证书、重量证书和装箱单等单证，都是伪造的。买方在经过多次催促交涉没有结果的情况下，遂向上海中级人民法院提起侵权诉讼。上海中级人民法院认为被告（卖方）负有侵权的民事责任，判决原告中技总公司胜诉。卖方对此不服，向上海市高级人民法院上诉，其理由之一是："双方签订的购销钢材合同中有仲裁条款，原审法院无管辖权。"上海市高级人民法院审理后认为，"上诉人（合同中的卖方）利用合同形式进行欺骗，侵占被上诉人的巨额货款，已非合同权利义务争议，而是侵权损害赔偿纠纷。依据《中华人民共和国民事诉讼法（试行）》第 185 条和第 22 条规定，原审法院对本案具有管辖权。上诉人以中国已加入《承认及执行外国仲裁裁决公约》为由，否认原审法院的管辖权，这是对该公约的片面理解，不予采纳。"法院驳回了上诉人的上诉，维持原判。请运用仲裁及仲裁承认方面的知识，分析这一案例，并作出自己的判断。

（6）A 国的甲公司与 B 国的乙公司签订了购销麻纺织品的合同，约定由甲公司于 1999 年 12 月底之前交付 200 吨麻纺织品给乙公司，而当乙公司收到 100 吨货物后，于 1999 年 5 月明确通知甲公司由于麻纺织品销路不畅，不会接收甲公司的继续供货。这时甲公司仓库下存麻纺织品 10 吨。甲公司为了赢利，在收到乙公司通知后，继续按双方合同约定为乙公司收购了其余的 90 吨麻纺织品。后因乙公司拒绝接收后 100 吨麻纺织品，酿成纠纷。在本案中，是哪方违约？属于哪种违约行为？本案应如何处理？

参 考 文 献

[1] 陈念祥,张思羽. 金牌外贸业务员找客户——16种方法·案例·评析 [M]. 北京:中国海关出版社,2006.
[2] 黎孝先. 国际贸易实务 [M]. 3版. 北京:对外经济贸易大学出版社,2000.
[3] 刘文广. 国际贸易实务 [M]. 2版. 北京:高等教育出版社,2006.
[4] 张涛. 企业境外成功参展三步曲 [N]. 国际商报,2011-05-10.
[5] 黄海涛. 2008. 外贸七日通 [M]. 北京:中国海关出版社,2008.
[6] 《外贸操作实务》编委会. 外贸操作实务 [M]. 北京:中国海关出版社,2009.
[7] 章安平. 出口业务操作 [M]. 北京:高等教育出版社,2009.
[8] 张海燕,肖旭. 进出口跟单操作 [M]. 北京:高等教育出版社,2008.

北京大学出版社高职高专经管类规划教材书目

序号	书 名	主 编	定价	出版日期	序号	书 名	主 编	定价	出版日期
1	统计学基础	阮红伟	30	2009	47	国际贸易实务	李湘滇 等	34	2011
2	统计学原理	廖江平 等	25	2009	48	国际贸易实务操作	王言炉 等	38	2011
3	统计学原理与实务	姜长文 等	26	2009	49	国际商务谈判	卞桂英 等	33	2008
4	经济法原理与实务	孙晓平 等	38	2009	50	国际商务谈判(第2版)	刘金波 等	35	2011
5	经济法实用教程	胡卫东	39	2009	51	国际商法实用教程	聂红梅 等	35	2010
6	财经法规	李 萍 等	35	2009	52	进出口贸易实务	周学明 等	30	2008
7	会计基本技能	高东升 等	26	2010	53	商务英语学习情境教程	孙晓娟	27	2011
8	基础会计	常 美	28	2010	54	金融英语	刘 娣	24	2009
9	基础会计教程	侯 颖	30	2009	55	财政基础与实务	才凤玲 等	34	2007
10	基础会计教程与实训	李 洁 等	28	2009	56	财政与金融	谢利人 等	37	2008
11	基础会计教程与实训(第2版)	李 洁 等	30	2011	57	市场营销学	李世宗 等	28	2008
12	基础会计实训教程	王桂梅	20	2009	58	市场营销	钟立群	33	2010
13	基础会计原理与实务	侯旭华 等	28	2009	59	管理学原理	季 辉 等	26	2008
14	财务管理教程与实训	张 红 等	37	2008	60	管理学基础	李蔚田	34	2010
15	财务会计	张双兰 等	40	2011	61	管理学原理与应用	秦 虹	27	2010
16	财务会计(第2版)	李 哲 等	32	2010	62	企业管理	张 亚 等	34	2008
17	财务会计实用教程	丁增稳 等	36	2008	63	通用管理实务	叶 萍	39	2009
18	财务活动管理	石兰东	26	2011	64	现代公共关系原理与实务	张美清	25	2007
19	财务管理	翟其红	29	2011	65	现代企业管理	于翠华 等	38	2009
20	财务管理	林 琳 等	35	2011	66	现代企业管理	刘 磊	32	2011
21	Excel财务管理应用	陈立稳	33	2011	67	商务礼仪	李 巍	33	2009
22	成本会计	李桂梅	28	2009	68	商务礼仪	金丽娟	29	2011
23	成本会计	陈东领 等	25	2010	69	现代商务礼仪	覃常员 等	24	2009
24	成本会计	徐亚明 等	24	2011	70	商务沟通实务	郑兰先	31	2011
25	成本费用核算	王 磊	27	2011	71	人力资源管理	李蔚田	40	2008
26	成本会计实训教程	贺英莲	23	2008	72	人力资源管理实务	赵国忻 等	30	2011
27	成本会计实务	王书果 等	36	2011	73	电子商务实务	胡华江	27	2009
28	审计学原理与实务	马西牛 等	32	2007	74	电子商务实用教程	卢忠敏 等	33	2011
29	审计业务操作	涂申清	30	2011	75	电子商务英语	陈晓鸣 等	22	2010
30	审计业务操作全程实训教程	涂申清	26	2011	76	网络营销理论与实务	范军环 等	32	2010
31	税务会计实用教程	李克桥 等	37	2008	77	商务谈判	范银萍 等	32	2009
32	涉税业务核算	周常青	29	2011	78	市场调研案例教程	周宏敏	25	2008
33	企业纳税实务	司宇佳	25	2011	79	市场调查与预测	徐 林 等	27	2011
34	会计电算化实用教程	张耀武	28	2008	80	市场营销理论与实训	路 娟	27	2011
35	会计电算化实用教程(第2版)	刘东辉	20	2008	81	市场调查与预测	熊衍红	31	2011
36	会计英语	杨 洪	20	2009	82	管理信息系统	刘 宇	30	2009
37	行业特殊业务核算	余 浩	29	2011	83	商品学概论	方凤玲 等	20	2008
38	财经英语阅读	朱 琳	29	2010	84	广告原理与实务	郑小兰 等	32	2007
39	资产评估	董亚红	40	2009	85	零售学	陈文汉	33	2009
40	国际结算	徐新伟	32	2009	86	消费心理学	臧良运	31	2009
41	国际结算	黎国英	25	2009	87	营销策划技术	方志坚	26	2008
42	货币银行学	曹 艺 等	28	2009	88	中小企业管理	吕宏程	35	2008
43	国际金融基础与实务	冷丽莲 等	33	2008	89	连锁经营与管理	宋之苓	37	2010
44	国际贸易概论	黎国英 等	28	2009	90	秘书理论与实务	赵志强	26	2008
45	外贸单证	程文吉 等	28	2011	91	现代物流管理	沈 默 等	37	2007
46	国际贸易理论与实务	程敏然 等	40	2008	92	消费心理与行为分析	王水清	30	2011

请登录 www.pup6.cn 免费下载本系列教材的电子样书(PDF版)、电子课件和相关教学资源。

欢迎免费索取样书,并欢迎到北京大学出版社来出版您的大作,您可在 www.pup6.cn 在线申请样书和进行选题登记,也可下载相关表格填写后发到我们的邮箱,我们将及时与您取得联系并做好全方位的服务。

联系方式:010-62750667, sywat716@126.com, linzhangbo@126.com, 欢迎来电来信咨询。